Lucius Burckhardt

Gerade noch gutgegangen

Fünf Jahrzehnte Planungskritik

Herausgegeben und kommentiert von
Markus Ritter & Martin Schmitz

Martin Schmitz Verlag

Die Texte wurden in der ursprünglichen Rechtschreibung belassen.

Die Deutsche Bibliothek verzeichnet diese Publikation in der Nationalbibliografie; detaillierte bibliografische Daten sind im Internet über http://dnb.ddb.de abrufbar.

ISBN 978-3-927795-86-0

Grafik: Jürgen Frohnmaier www.yoyus.com | Berlin
Coverfoto: Annemarie Burckhardt
Druck: Thiele & Schwarz | Kassel

www.martin-schmitz-verlag.de

INHALT

Den Auftakt der Textsammlung bilden zwei autobiografische Texte aus dem Nationalrats-Wahlkampf im Jahr 1987. Erstmals nahm die Grüne Partei an Nationalrats-Wahlen teil – in Basel mit dem Spitzenkandidaten Lucius Burckhardt auf der Liste der neu gegründeten „Grünen Alternative Basel (GAB)", im Verbund mit der Liste der Progressiven Linken (POB). In diesen Texten stellt Burckhardt sein ganzes Erwachsenenleben dar als ein zielbewusster Kampf gegen die verfehlte Bau- und Verkehrspolitik in Basel. Die Grünen haben keinen Sitz erobert, aber die Progressiven Linken (POB) konnten ihren Sitz erfolgreich verteidigen.

Alle Abbildungen wurden dem Diaarchiv von Annemarie & Lucius Burckhardt entnommen, das in der Universitätsbibliothek Basel aufbewahrt wird. Viele Abbildungen sind wie ein Spaziergang durch die Stadt angelegt. Siehe das Symbol oben auf den Seiten!

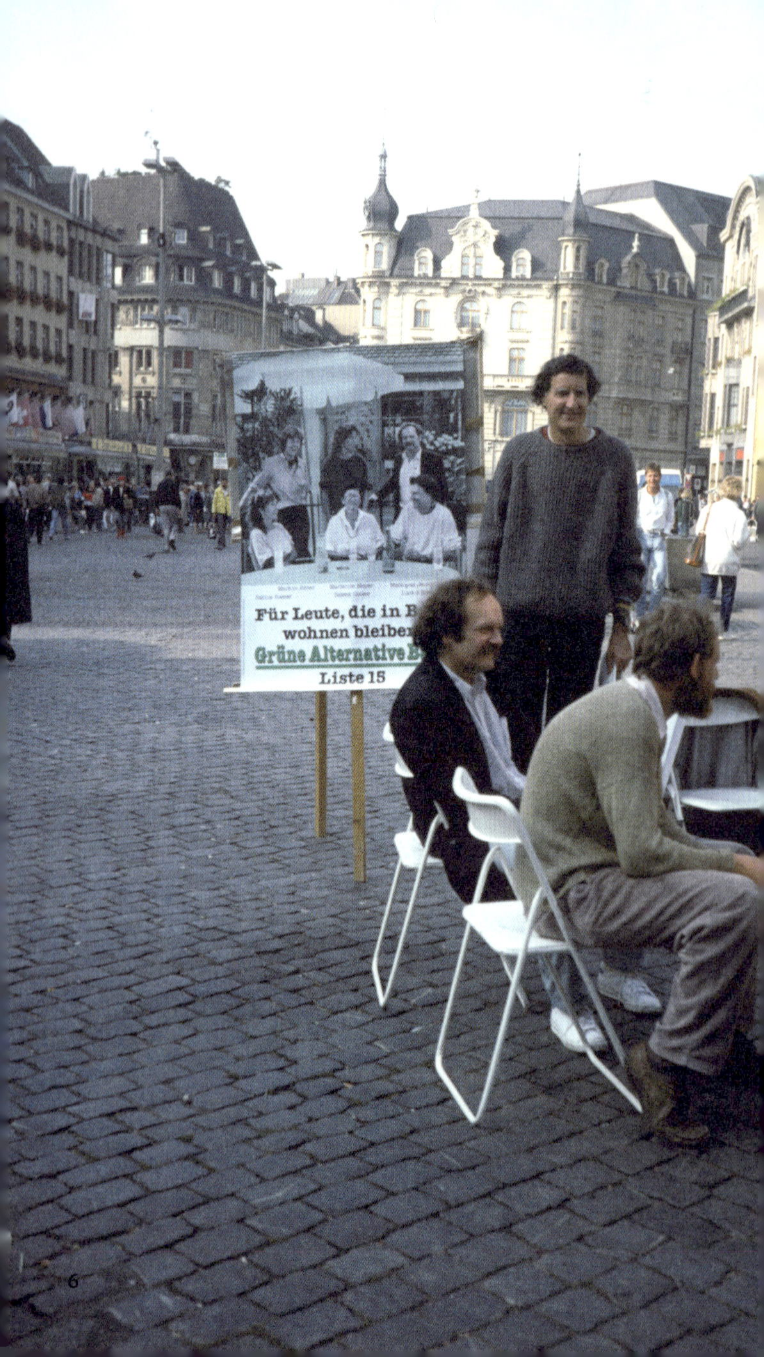
Für Leute, die in B
wohnen bleiben
Grüne Alternative B
Liste 15

Lucius Burckhardt (1987)

1. Seit ich die Stimmfähigkeit erlangt habe, kämpfe ich gegen die verfehlte Bau- und Verkehrspolitik in Basel. Erstmals mit dem Korrektionsplan von 1949, und jüngstens mit der Nordtangente wurden Projekte vorgeschlagen, die das Verkehrsproblem nicht nur nicht lösten, sondern verschlimmerten, und die Situation der Fussgänger und Radfahrer immer unerträglicher werden liessen. Für mich ist die Kandidatur in einer Grünen Partei gewissermassen die Zusammenfassung dieser Kämpfe.

2. Die Situation des Liberalismus in Basel hat sich verändert. Die alten Liberalen kamen aus privaten Wirtschaftszusammenhängen; Basel war für sie lediglich Wohnsitz. Heute hängen die überwiegenden Teile des Bürgertums und fast alle ihrer politischen Exponenten direkt oder indirekt von Staatsaufträgen ab. Früher waren die Liberalen die Nein-Sager vor allem in Steuerfragen; heute wissen sie, dass die Steuergelder vielleicht zurück in die Taschen des oberen Bürgertums gelangen.

3. Bei stagnierender Bevölkerung will nicht nur die Wirtschaft ständig wachsen, auch die Städte treiben Wachstumspolitik und glauben, mit Investitionen Industrie, Handel und Einwohner anlocken zu können. Dieser unheilvolle Wettlauf wurzelt in dem finanzpolitischen Aberglauben, Infrastrukturmassnahmen, also der Bau von Zufahrten und Zentren bringe schon die

erwünschte neue Wirtschaftsstruktur. In Wirklichkeit verdrängt man damit aber Einwohner und zerstört die Wohnlichkeit der Stadt.

4. Meine politische Vergangenheit ist grün, obwohl es dieses Wort erst in jüngster Zeit gibt. Insofern empfinde ich die Tatsache, dass sich in Basel eine grüne Bewegung um mich gruppiert, als eine Bestätigung und als den Auftrag, die begonnene Politik im grösseren Rahmen fortzusetzen.

5. In der Schweiz muss man noch für Dinge kämpfen, die in anderen Ländern, BRD, Holland, Österreich usw. längst durchgedrungen sind. Bei uns entwerfen die Tiefbauämter noch übergeordnete Verkehrsstrassen durch die Städte, während man in der BRD längst den dort so genannten „Rückbau" erwägt. Auf Bundesebene würde ich mich auch für einen neuen Regionalismus und für demokratische Entscheidungen in den einzelnen Landesteilen einsetzen, nachdem Autobahnbau und Atomkraftwerke als Hebel dienten, den alten Föderalismus zu zerstören.

6. Die Probleme, die auf uns zukommen, sind die Folgen der Tatsache, dass wir bestimmte Grenzen der Belastbarkeit der Natur überschritten haben. Im Augenblick droht die grössere Gefahr von jenen Vertretern der polytechnischen Wissenschaften, die behaupten, sie könnten diese Folgeprobleme lösen. Wir müssen uns darüber klar sein, dass die Umweltprobleme nicht lösbar sind mit den polytechnischen Methoden, mit welchen die Strassenbauer das Verkehrsproblem lösen

wollten. Die Politik muss also lernen, dass Probleme auf uns zukommen, die nicht nach einer einfachen Lösung verlangen, sondern nach umfassenden Strategien und langfristigen Konzepten, nach einem Umdenken.

7. Meine politische Tätigkeit begann 1949 mit dem Widerstand gegen die „Talentlastungsstraße“: damals wollten die Verkehrsfachleute Basels Verkehrsprobleme mit der Verbreiterung der Schneidergasse „endgültig lösen“. – Seither verfolge ich eine Politik der Erhaltung der Wohnlichkeit in Basel gegen Planung auf Bundes- und Kantonsebene und habe fortlaufend für die Erhaltung von Wohnlichkeit und gegen zerstörerische Planung gekämpft.

8. Sicherlich hat der Nationalrat an Einfluss verloren dadurch, dass zu viele von Interessengruppen ferngesteuerte Mitglieder gewählt wurden. Eine Anzahl neuer und unabhängiger Nationalräte kann aber die legitime Gewalt gegenüber Verwaltung und Großauftragnehmern zurückgewinnen. Ein Wechsel ist hier fällig.

9. Auf Landesebene werde ich für die Erhaltung der natürlichen Ressourcen eintreten, gegen die Zerstörung des Bodens durch eine falsch geleitete Landwirtschaft, und für den öffentlichen Personen- und Warenverkehr, gegen unsinnigen Straßenbau. Auf lokale Bevölkerungsteile muss wieder mehr Rücksicht genommen werden. Auch für die Wiederherstellung des föderativen und die regionalen Rechte werde ich mich einsetzen.

10. Wichtige ökologische Anliegen sind auch solche einer recht verstandenen Ökonomie. Umweltschäden aus Renditegründen sollten wir uns nicht mehr leisten: sie sind in Wirklichkeit Verluste. Wenn die Wirtschaft einmal die von ihr verursachten Schäden und Risiken selber tragen muss, wird sie auch wieder umweltfreundlich – so flexibel ist sie noch.

Basel im 20. Jahrhundert

„Gerade noch gut gegangen", so titelt Lucius Burckhardt seinen Ausblick 2000, geschrieben im Jahr 1980. Die vorliegende Textsammlung über politische, gesellschaftliche, ökologische und städtebauliche Entwicklungen in Basel dient der kritischen Rechenschaft. Fünfzig Jahre lang hat sich Lucius Burckhardt zu Wort gemeldet. In diesem Zeitraum ist in Basel die Altstadt geschützt, die trinationale Regio Basiliensis gegründet, der städtische Autobahnbau verhindert, die Grüne Partei aufgebaut und die Fachhochschule mit den Bildungsinhalten Kunst und Design errichtet worden. Spektakuläre Erfolge wurden erzielt zum Schutz der Altstadthäuser, in der Denkmal-, Baum- und Naturschutzgesetzgebung, in der politischen Partizipation und im Bildungswesen der Kreativberufe; da stimmt die Formel, dass es „gerade noch gut gegangen" ist. Was aber den Straßenverkehr, den fahrenden und ruhenden sowie dessen Flächen-Inanspruchnahme betrifft und was Ökologie und Biodiversität erfordern, ist es bisher keineswegs gut gegangen. Ob zum 100. Geburtstag von Lucius Burckhardt im Jahr 2025 sein versöhnlicher Optimismus auch für den Autoverkehr und die Ökologie angebracht sein wird?

Der engagierte Blick auf die Heimatstadt ist in seinem Leben fast immer aus Distanz erfolgt. Aufgewachsen in Davos, hat Lucius Burckhardt zwar bereits als Student (1944–1955) in Basel gelebt. Damals hat er sich aber im politischen Kampf mit ihr überworfen. Anschließend zog es ihn nach Dortmund und Ulm, und beruflich ist er bis 1973 nach Zürich und dann bis 1997 nach Kassel orientiert. Erst nach der Kasseler Dozentenschaft und bis zum Ableben 2003 war Basel wieder sein ganzer Alltag.

Die Kleinstadt Basel

Eine knappe Charakterisierung der Stadt Basel soll die Kulisse von Burckhardts Streitort ausleuchten. „Heimat ist immer in der eigenen Zeit"! Aus dieser Überzeugung ist Burckhardt aufgebrochen, um wünschbare von unwünschbaren Entwicklungen seiner Heimatstadt zu unterscheiden. Diese Unterscheidung, und die Bestimmung von Lösungsansätzen ist ihm zwar nicht immer überzeugend gelungen – aus heutiger Sicht. Aber stets hat er einen Standpunkt jenseits privater Interessen eingenommen. Sein Standpunkt ist der Blick des Citoyens. Das war in seiner Lebensumwelt keineswegs Standard. Die Stadtentwicklung ist ein Einkommenszweig der Immobilienwirtschaft. Die Baukonjunktur erhitzte sich in der Nachkriegszeit stark. Städtischer Immobilienbesitz galt seit der Weltwirtschaftskrise als das krisensicherste Investment.

Die räumliche, flächenmäßige Ausdehnung im Gemeindegebiet Basels war zwar bis 1950 schon weitgehend abgeschlossen, die Baulandreserven aufgebraucht. Die Entwicklung eines Verkehrssystems, das der Stadt hätte zuträglich sein sollen, rückte nun in den Fokus.

Die Einwohnerschaft der Stadt wuchs seit 1950 von 190.000 auf 232.000 im Jahr 1973 und sank dann bis 2006 auf 186.000 zurück, um seither wieder anzusteigen auf 201.000. Die Agglomerationsgemeinden Basels im In- und Ausland sind im gleichen Zeitraum förmlich explodiert. Die Basler Stadtentwicklung und Stadtplanung sind in Hinsicht auf die Wohnlichkeit für die Stadtbevölkerung seit den 1950er Jahren ein politisch virulentes Thema. Unsere Textauswahl bildet dieses Themenspektrum ab.

Der Plan für eine „Talentlastungsstraße" mitten durch die Altstadt mutet heute hilflos und uninspiriert an. Aber das

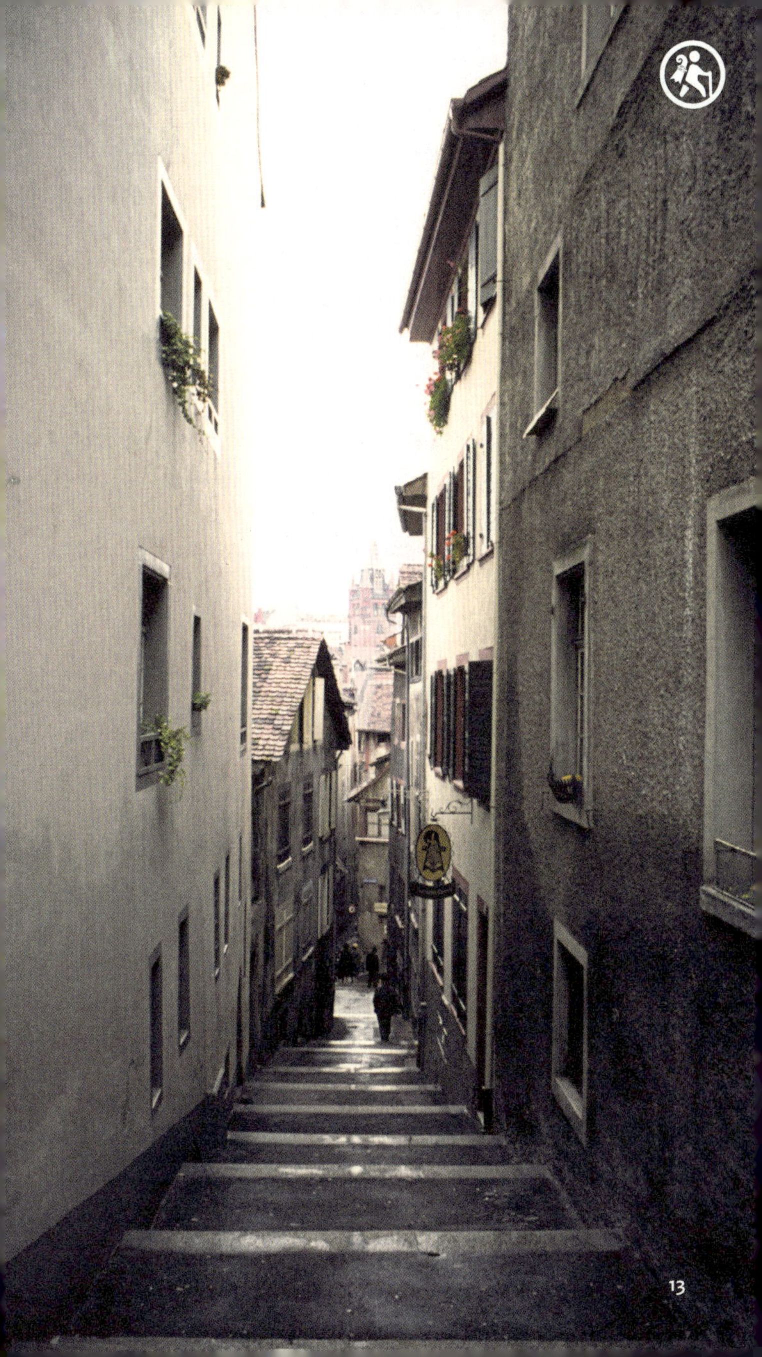

Projekt war damals, um 1950, immerhin die Mehrheitsmeinung sämtlicher politischer Parteien und der Organisationen von Heimatschutz bis Lokalwirtschaft. Ohne überzeugende Argumente erzählte man sich die Mär von der blühenden Stadt dank der Verkehrserschließung.

Diese Überzeugung konnte Lucius als Student der Volkswirtschaft und Soziologie unmöglich teilen. Vielmehr widerstrebte sie seinem jugendlich unverfrorenen Blick auf die wahren Verhältnisse einer prosperierenden Stadtwirtschaft.

Das Studentenblatt der Basler Studierenden lag in der progressiven Hand des Kommilitonen Markus Kutter. Freie Meinungsäußerungen aus der Studentenschaft waren willkommen. Lucius Burckhardt hatte eine solche freie Meinung: „Die Altstadt in Gefahr". Diesen Titel hat er als ein neues Narrativ für die Basler Stadtentwicklung verankert.

Der Straßenbau beherrschte die sozialdemokratische Stadtplanungs-Politik. Behindert war dieses Issue in den Dreißigerjahren zunächst durch Umstände von Wirtschaftskrise und Krieg. Die Erfindung geht zurück auf eine Zeit, als das Automobil in Basel noch ganz belanglos war – es ging zunächst um sanitärische Ziele, um „Altstadtsanierung".

Die zerbombten deutschen Städte vor Augen, erschien Lucius Burckhardt die mutwillige Zerstörung der gotischen Altstadt nicht überzeugend. Im Gegenteil, er provozierte das Nachdenken des Heimatschutzes über seine ideellen Ziele.

Denkmalpfleger Riggenbach, eine eitle und darin vollkommen populäre Figur, hatte den Heimatschutz in die innersten Gemächer einiger Prunkstücke der Basler Baugeschichte verlegt. Die umfassende Renovation des repräsentativen Rathauses gilt als ein Meisterstück.

Lucius Burckhardt erweiterte dagegen die Diskussionsebene auf den Stadtraum insgesamt. Die Geschichte, Nutzung, funktionale und symbolische Bedeutung sowie die soziale Verankerung der Entwicklungsschritte in der städtischen Bürgerschaft sind seine Stadtentwicklungsthemen. Kleinstädtisch austarierte Diskurse hat Burckhardt mit prägnanten Zwischen- und Weckrufen in der Fach- und Tagespresse herausgefordert. Er strebte in seiner Stoßrichtung nach gemeinschaftlichen, urbanen Idealen.

Die Sammlung von strategischen Visionen, Einwürfen, Paraphrasen zur Entwicklung der Vaterstadt Basel in der zweiten Hälfte des 20. Jahrhunderts haben ihre Wurzel in einer wohlmeinenden Citizenship. Mögen sie in einzelnen Formulierungen und Positionen schroff erscheinen – es soll aber ein guter Weckruf sein. Als solche sollte man diese Texte lesen. Ein Citoyen im besten Wortsinn führt öffentlich Debatte über Entwicklungen in seiner Heimat. Dabei ist er oft in Sorge, beflissen um tragfähige Alternativen. Wer sich darauf einlässt, entdeckt einen Standpunkt für Stadtentwicklungsfragen der sich vom konkreten Streitobjekt zu grösseren Horizonten öffnet. Citoyens ohne verheimlichte private Kapitalinteressen prägen immer noch die Stadtentwicklung in Basel maßgebend und vorteilhaft für die Einwohnenden. Selbstverständlich ist das heute keineswegs mehr. Die guten Beispiele stimmen hoffnungsvoll.

Burckhardts Texte zu Basel erzählen immer alternative Perspektiven. „Seine" Stadt ist nie von der Mehrheit so gesehen und schon gar nicht entwickelt worden. Ihm schwebte immer eine grüne Stadt vor. Ökologisch sind seine Positionen längst vor jedem zeitgenössischen Alarmismus gefestigt. Koexistenz mit Umwelt und Natur ist ihm ein Leben lang selbstverständlich. Das Unwort „Suffizienz" gebrauchte er nie, er lebte dessen Sinngehalt.

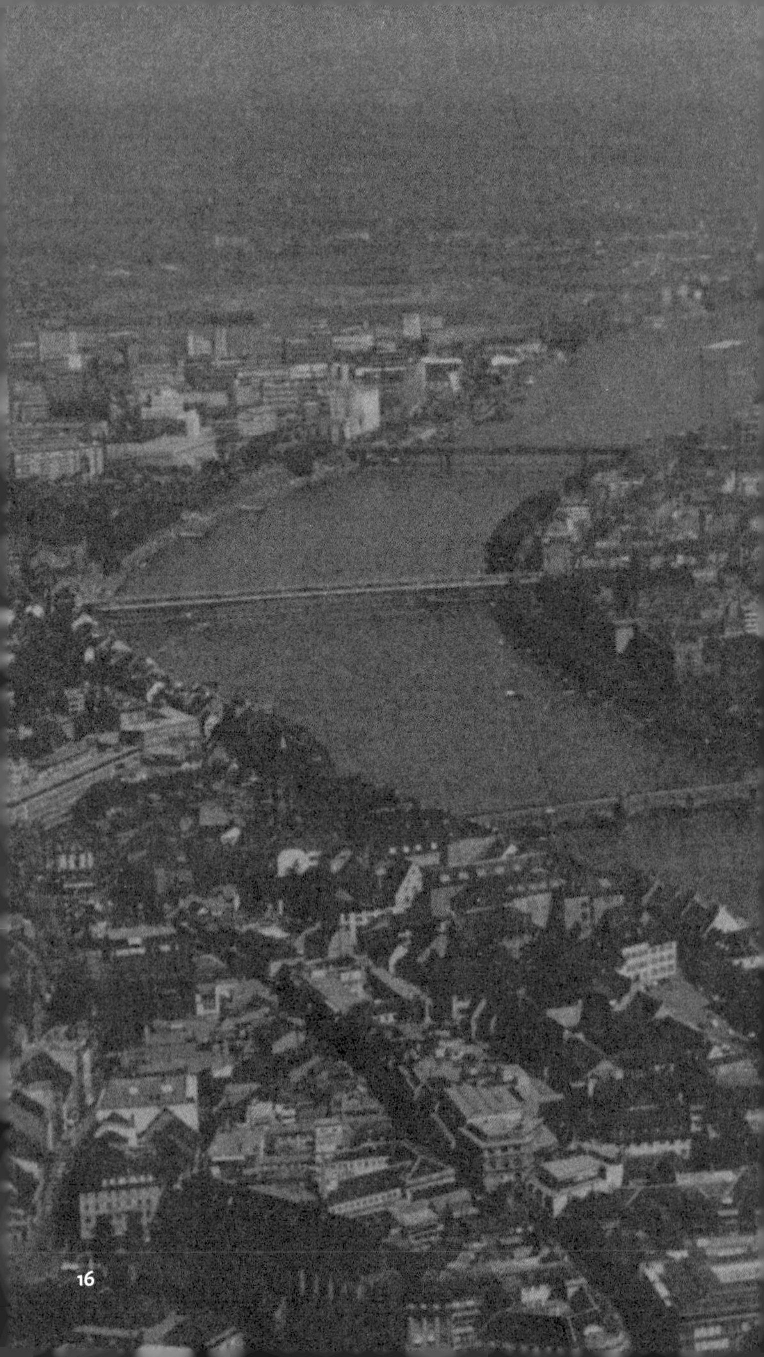

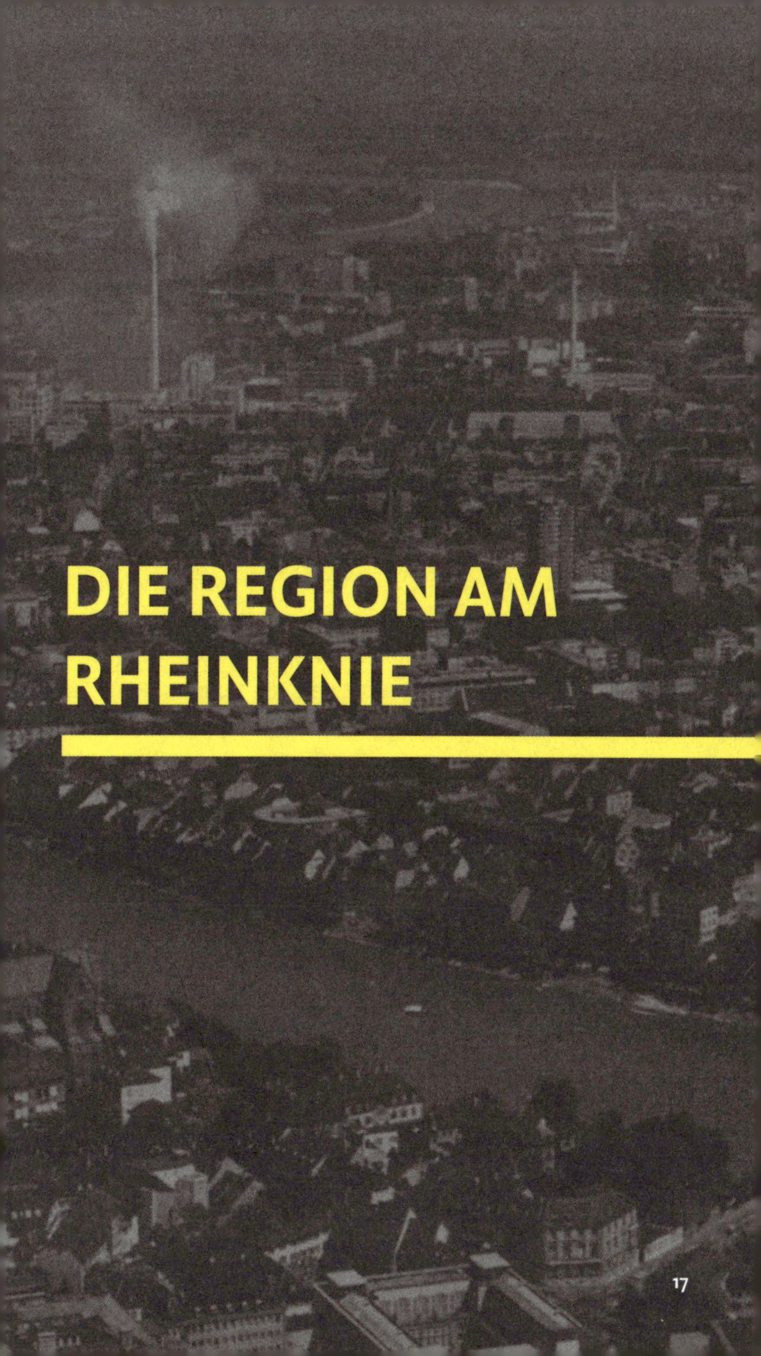

DIE REGION AM RHEINKNIE

Die Stadt Basel ist eingebettet in ein ländliches Umland, mit ihm verbunden und getrennt in ereignisreichen Geschichtsentwicklungen. Der Text von Lucius Burckhardt aus den Sechzigerjahren schildert eine trinationale Region. Sie markiert den Standpunkt und den Blick auf die Verhältnisse, aus denen Lucius Burckhardt die urbanen Stadtentwicklungsfragen angegangen ist.

Dem folgenden Text liegt ein Referat zugrunde, das Lucius Burckhardt zur Eröffnung der Tagung der neu gegründeten „Regio Basiliensis" 1965 hielt. Diese Vereinigung hat sich zum Ziel gesetzt, die Raumentwicklung in der trinationalen Region von Basel als ein gemeinschaftliches Vorhaben in den drei Ländern Schweiz-Deutschland-Frankreich zu behandeln. Lucius Burckhardt schildert die gemeinschaftliche Geschichte in der Basler Region als einen schicksalhaften Werdegang unter zahlreichen Partnern und in wechselhaften politischen Konstellationen. Für den prosperierenden Wirtschaftsstandort Basel war damals die Überwindung der Feindbilder zwischen Deutschland und Frankreich ein existenzielles Problem geworden. Den Grenzraum am Rheinknie erneut als einen gemeinsamen Schicksalsraum für seine Bewohnerschaft zu erkennen, setzte sich die Vereinigung „Regio Basiliensis" zum Ziel.

Zur gleichen Zeit feierte die Kantonalbank Basel-Landschaft ihr hundertjähriges Bestehen mit einer Festschrift. Lucius Burckhardt würdigt darin mit seinem Aufsatz die Geografie und die Raumentwicklung des Landkantons. Er tut dies in einer Weise, die kein Gewicht auf die Frage der Wieder-Vereinigung der beiden Basler Halbkantone nach der Trennung im Jahr 1833 legt.

Diese Frage war in einer Volksabstimmung zu entscheiden und wurde 1969 verworfen. Dem Potenzial des selbständigen

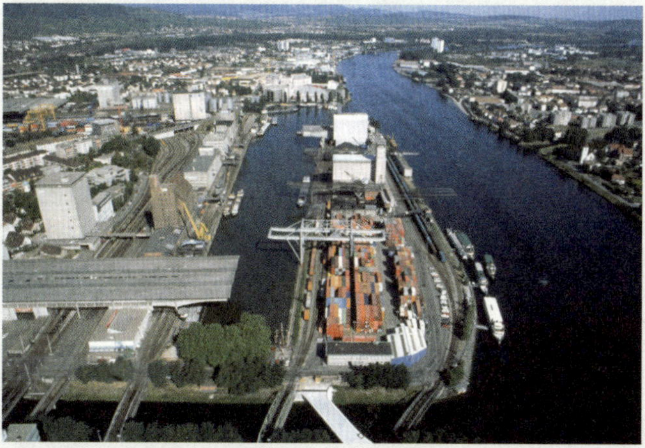

Landkantons gilt vielmehr Burckhardts Aufmerksamkeit. Und selbstverständlich streicht er die Bedeutung der koordinierten Planung im Gesamtraum der Region hervor. Schließlich hatte er soeben der Basler Universität eine Forschungsstelle für die Regionalwissenschaften vorgeschlagen (siehe Kapitel „Lehre und Forschung" ab Seite 375).

Die Region am Rheinknie in Geschichte, Gegenwart und Zukunft (1965)

In meinem kurzen Versuch, Ihnen etwas über unsere Region zwischen Jura, Vogesen und Schwarzwald zu erzählen, möchte ich mich nicht auf das Problem einer genauen wissenschaftlichen Abgrenzung einlassen. Ein Satz von Johann Jakob Bachofen scheint mir die ausreichende Definition einer regionalen Einheit, einer Landschaft zu geben: „Mit den Wundern der Natur verbinden sich die Schicksale des Menschengeschlechts zu einem Bilde."

Landschaften Europas

Solche jeweils die Wiege einer Kultur bildende Landschaften haben wir mehrere in Europa: die römische Campagna, die Toscana, die Ile de France, das Becken von Wien, Prag, Köln, Burgund, die Niederlande und schliesslich auch unsere Region am Rheinknie, die wir damit in eine recht hohe und anspruchsvolle Reihe gestellt haben. Ein besonderes Schicksal verwehrte es ihr, einen eigenen Namen und die Bedeutung zu erhalten, welche in ihrer geographischen Konfiguration und durch die Lage in Europa vorgezeichnet war.

Kein einziger der aufgezählten Räume, um welche doch die europäische Geschichte kreiste, bildet sich heute als Staat auf der Landkarte dar. Die einen, erfolgreichen, wurden von der Geschichte emporgerissen und bilden die Metropolen der Nationen. Andere setzten ihre Rolle aus und sind heute Teile grösserer Einheiten. Auf unseren Raum kann man vielleicht ein Bild anwenden, das Ernst Jünger gern gebraucht: vom ruhigen Punkt in der Mitte des Cyclons. Der Wirbelsturm der Geschichte liess in unserem Raume einen verträumten Mikrokosmos kleiner und kleinster Souveränitäten stehen, welche schliesslich in das Magnetfeld der drei Nationen gerieten, die hinter der jeweiligen Gebirgsschwelle Jura, Vogesen und Schwarzwald sich aufbauten.

Abseits der Macht

Dieses beklagen kann nur, wer in der Geschichte die Macht allein bewundert. Die Zugehörigkeit zu den grossen Kräften schliesst auch Verluste ein: neben den Ansprüchen einer Weltmacht kann sich der bürgerliche Geist schlecht entfalten. Bei uns, abseits der grossen Kräfte, sprosste frei hervor, was an historischen Gestalten sich bilden mochte: Ritterschaften, Mönchsherrschaften, Stadtkulturen, Zunftregierungen, der Humanismus, die Häresien, feudale Rechte, bürgerliche Emanzipation, Volksrechte, Freiheiten und Abhängigkeiten in bunter Zahl. Bunt ist deshalb die historische Karte am Oberrhein, trotz der Gleichheit des Dialektes in allen drei Teilräumen. Und am Anfang dieser zentrifugalen Buntheit steht derselbe Name, der die anderen Teile der Europakarte einheitlich färbte: Habsburg. Mit dem Stammsitz in Altkirch im Elsass, mit der Habsburg am Südrand unserer Region und mit der vorderösterreichischen Residenzstadt Freiburg im deutschen Teil war das Erzhaus auch unser Schicksal. Und doch fehlte schliesslich dem Reich, in dem die Sonne nicht unterging, gerade unser alt-habsburgisches Mittelstück.

Die Ursache des Zerfalls aller politischen Kräfte in der Region war der Konflikt des innerräumlichen Anspruchs mit dem imperialen Ziel, das durch die Lage gegeben war.

Noch vor den Habsburgern hätten die Staufen die Möglichkeit gehabt, den Basler Raum zu beherrschen: auch sie wählten das Reich. Habsburgs Entscheidung lässt sich geradezu dramatisch auf einen kühnen Augenblick festlegen: als Graf Rudolf den Bischof von Basel bekriegte, erreichte ihn die Nachricht von seiner Wahl zum Kaiser. Er brach die Belagerung ab und nahm die Krone an; er gab den territorialen Anspruch auf für jenes grössere Ziel, das sein Ahn Guntram schon mit dem Bau der Pfalzkirche von Ottmarsheim angemeldet hatte. – Der letzten Dynastie, die den Raum hätte einen können, den Zähringern, verwehrte das familiäre Geschick die Qual der Wahl.

Zerfall und Eingliederung

Es setzte nun jener Zerfallsprozess in kleine und kleinste Souveränitäten ein. Basel zerstreitet sich mit seinem Bischof; die Teilregion im Süden zerfällt nun in Bistum und Stadt. Es ist nicht die Reformation allein, die diese Trennung vorantrieb: Ein geistlicher Herr und ein bürgerliches Regiment hatten nicht Platz in der Stadt.

Der Bischof zieht in den Jura und errichtet sein Fürstentum, aus welchem ihm die Stadt als Pfand den deutschsprachigen Jura abnahm. 1815 verlor der Bischof den welschen Jura an den Kanton Bern, und 1832 verlor die Stadt den deutschsprachigen Jura, der sich als Kanton konstituierte. Versuche zur „Wiedervereinigung" von Stadt und Land sind im Gange, sie sind sogar das Lieblingsspielzeug unserer städtischen Politiker. Von der Regionalplanung her gesehen brächte die „Wiedervereinigung" wenig, was nicht durch die Bildung einer wahrhaft regionalen Planungsgemeinschaft in weiterem Rahmen besser erreicht werden könnte.

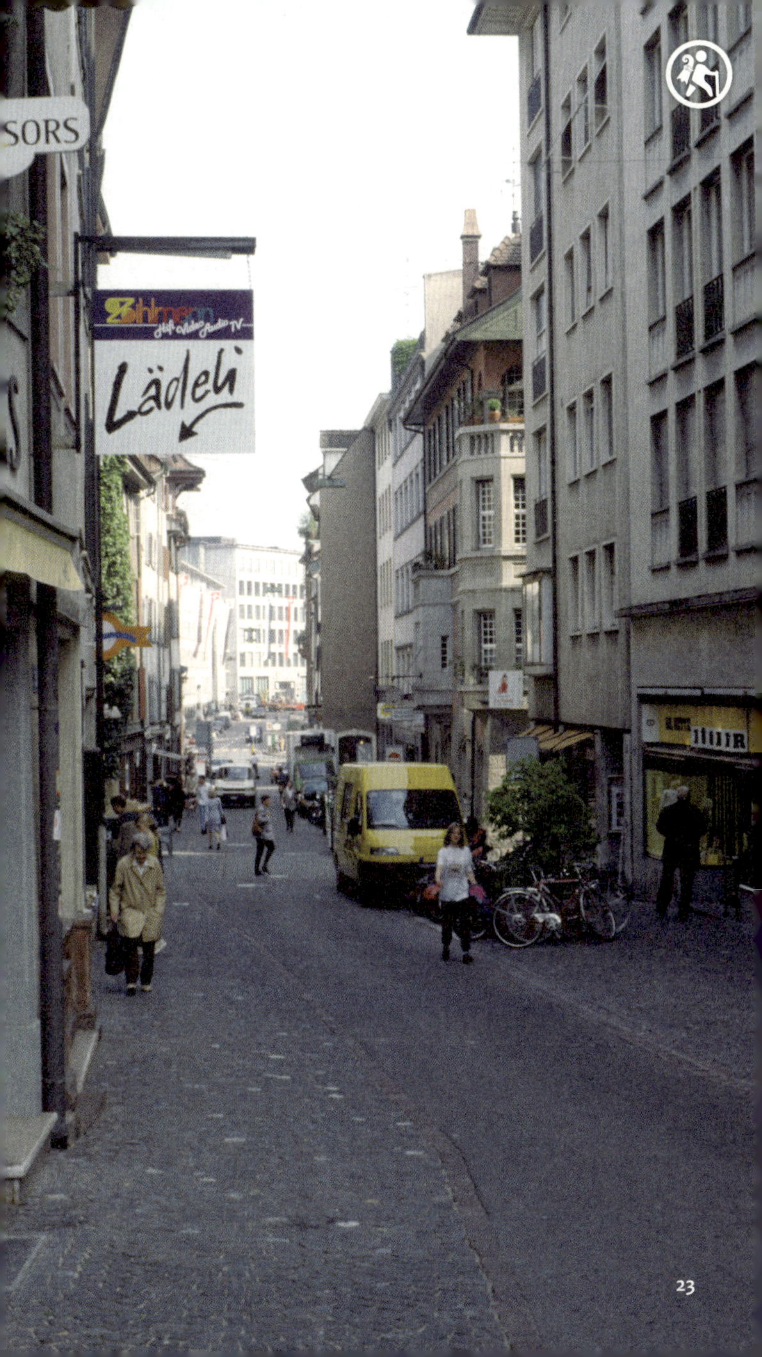
SORS
Läd
Läde
Lädeli

Hatte die Einordnung der südlichen Regionsteile in die Schweiz von 1501 bis 1815 gedauert, so ist das Schicksal des Elsass' im Jahre 1648 entschieden. Zweifellos war Habsburg das Verhängnis: nachdem dieses Haus die Grafen, Ritter, Klöster, Städte und Stände unter seine Herrschaft vereinigt hatte, erfolgte der Verlust an Frankreich. Welches Ludwigs XIV. Motive gewesen sein mögen, ob strategische oder politische oder etwa die Möglichkeit zur Teilnahme am Reich, oder ob das Elsass, das er eigentlich Bernhard von Weimar geben wollte, ihm überhaupt gleichsam wider Willen hängen blieb, darüber sollen andere urteilen. Das Zeitalter der Staatsräson verfolgte dynastische Interessen; niemand fragte die Einwohner nach ihrer Meinung. Diese wären vermutlich nur an der konfessionellen Freiheit interessiert gewesen, und die Franzosen waren um eine Nuance toleranter als die Österreicher. Das honorierten die Elsässer Im Jahre 1789, als in Folge der momentanen Schwäche Frankreichs die deutschen Stände Morgenluft witterten: hier entschied das Volk für Frankreich, und dabei ist es geblieben, auch 1871 und vor allem 1940. Was zunächst Schicksal war, wurde nun Symbiose: alemannisches Volk französischer Nation.

Die vergleichsweise geringe strategische Wichtigkeit des rechtsrheinischen Gebietes beliess dieses im feudalen Zustand und im Wesentlichen in den Händen des Hauses Habsburg, der Markgrafen von Baden und kleinerer Dynastien. Wie die Schweiz ihre Ordnung durch die Mediationsakte, so erhielt auch Baden die seine aus der Hand Napoleons: Er schuf das Grossherzogtum, das ihn so lange überdauern sollte, das Musterländle, wie es die älteren unter uns noch gekannt haben. Unter den badischen Grossherzögen vermochte sich früh eine demokratische

Tradition zu bilden und, obwohl die Industrialisierung gering war, ein früher Sozialismus, der dem Lande sogar noch in der Volksabstimmung von 1933 eine merkliche Resistenz verlieh. Mit der Abdankung Grossherzog Friedrichs im Jahre 1918 begab sich das letzte autonome Stück unserer Region in die Obhut einer grösseren Gemeinschaft.

Niederalemannischer Geist

Welch ein Gegensatz nun zwischen der verwirrenden politischen Geschichte und dem geistigen Raum: hier herrscht nicht Einheit zwar, aber doch Gemeinsamkeit, Ausgewogenheit, Weltläufigkeit, gemischt zuweilen mit Kauzigkeit, wie sie der Geschichtslosigkeit entspringen konnte, zuweilen mit grüblerischem Tiefsinn, wie ihn das Ausgeliefertsein an ein von aussen kommendes Schicksal mit sich bringt. Oft schimmert eine nüchterne Klassizität durch, oft aber auch ein Körnchen dionysischer Gegenkraft.

Gerade dieses Widersprüchliche macht uns stets bei jenen verdächtig, die Lösungen, Durchbrüche, Macht und Ordnung suchen. Wo soll man uns einreihen, wie soll man uns klassieren? Wohin gehört ein Johann Peter Hebel, gewiss ein Vertreter des klassischen Biedermeier, sogar einer biedermännischen Klassizität? Dass ihm so oft der Schalk hervorschaut, mag noch angehen; aber dann schlägt er zumal ein Thema von solcher Mächtigkeit an, dass die Einordnung versagt.

Ich denke jetzt an das Gedicht von der Vergänglichkeit, bei welchem er die Städte unserer Landschaft in den Staub der zukünftigen Geschichte sinken lässt: Es ist das alte Thema des Totentanzes, ein Leitmotiv in unserem Raum, dem auch der so kühle Holbein seinen Tribut entrichten muss.

Selbst der aufgeklärte Mathematiker Bernoulli, als er die Formel der Spirale entdeckte, sah in ihr ein Todessymbol: „Eadem mutata resurgo".

Schicksal und Deutung

Wie hat man bei uns, da man das Geschehen nicht beeinflussen konnte, es zu deuten versucht! Anhand der Schrift begriff das einfache Volk die Geschichte: Die deterministische Gedankenwelt der Armenbibel entstammt unserem Raum, der Gedanke des Heilsspiegels, der dem Wissenden vorgezeichneten Erlösung der Menschheit. Conrad Witz lieh seine Gestaltungskraft diesem seltsamen Zweig geschichtlicher Interpretation. – Wage ich es, von hier den Faden zu ziehen zur welthistorischen Betrachtungsweise Jacob Burckhardts, die sich geradezu biographisch aus der Situation der Machtlosigkeit seiner Vaterstadt erklären lässt? Die Katastrophe der Kantonstrennung von 1832 hatte ihn die deutende Einsicht gelehrt. Und welch ein Griff aus der Enge in den Weltraum: der kauzige Lehrer Balmer entdeckt in seinem Hause an der Alemannengasse die kosmische Spektralanalyse, Grundlage der modernen Physik und Astronomie.

Niemals war unsere Landschaft dem Mystischen, dem Versponnenen zugewandt. Bleiben wir bei Conrad Witz: wie heiter, wie einfach, wie durchsichtig und begrenzt ist sein Raumbild: ohne Nebel, aber auch ohne Sonnengeflimmer, ein recht alemannischer, illusionsloser Raum. Und mit welcher Selbstverständlichkeit siedelt er mitten in unsere Bürgerstadt und unsere grüne Umgebung die biblische Heilsgeschichte und die ganze wunderbare Welt der Heiligen an! Und machen wir den Sprung durch die Jahrhunderte zu Böcklin: nahtlos gehen bei ihm unsere

Juraberge in die klassische Landschaft Arkadiens über und in die biblische der „Ruhe auf der Flucht". Und ähnlich geht es Spitteler, der die griechischen Götter so augenfällig durch den Langenbrucker Faltenjura und die Bauerngärten von Liestal ziehen lässt, als wären es Orkus und Olymp.

Toleranz und Fortschritt

Das Forschende, das Deutende brachte uns die Häresie. Ketzerei und Oppositionslust sind unserem Raume so eigen wie nirgendwo sonst. Die Häresie ist unduldsam; wo sie aber so zahlreich auftritt, wird sie schon aus Selbsterhaltungstrieb tolerant. Das erste Buch gegen Ketzerverfolgungen, woanders konnte es geschrieben sein als in Basel? Toleranz ist nicht Unglaube, es ist nur ein Wartenkönnen auf Besserung im Jenseits oder Diesseits. Die eschatologische Grundstruktur unseres Protestantismus bereitete auf seine Weise den Fortschrittsgedanken vor. Es waren nicht erst die französischen Bajonette, welche Freiheit und Gleichheit verkündeten. Der fromme Isaac Iselin hatte den Gedanken des geistigen Fortschritts von Basel aus für den deutschen Sprachraum angetönt. Liberalismus und Sozialismus traten in allen drei Raumteilen in gemässigten Antagonismus. Der fortschrittliche Gedanke der Arbeiterfürsorge fand in der Mülhauser Cité Industrielle ihren ersten Ausdruck. Der Badener Friedrich Ebert war der erste republikanische und sozialistische Reichspräsident. Aus der vielleicht nicht so reichen Zahl revolutionärer Naturen in Basel nenne ich immer Hannes Meyer, den letzten Leiter des Weimarer Bauhauses.

Lassen Sie mich nach diesem Galopp durch niederalemannisches Geistesleben noch einmal auf den Boden regionaler Gegebenheiten absteigen! Betrachten wir das

Christaller'sche Feld der zentralen Orte in Süddeutschland, so sehen wir, dass die Landesgrenzen auf den Aufbau der Siedlungsstruktur kaum einen Einfluss gehabt haben. Ungebrochen setzt sich das Netz der bäuerlichen Siedlungen, der zumutbaren Wegstrecken zum nächsten Marktort und zur übergeordneten Zentralität der Marktorte und Städte durch alle drei Länder fort. Noch die Industrialisierung, die unter einem freihändlerischen Stern begann, brachte keine allzu ungleiche Verteilung. Erst im Zeitalter des Nationalismus werden die Grenzen spürbar. Plötzlich wachsen die Orte Lörrach und Weil am Rhein in Deutschland, Hüningen und Saint-Louis im Elsass. Es sind, wie Christaller richtig bemerkte, nicht etwa Vororte von Basel jenseits der Grenze, sondern vielmehr Ersatz-Zentralitäten für den durch die Schliessung der Grenzen ausgefallenen Zentralort Basel. Es liegt ihnen also gerade nicht die Verflechtung mit Basel zugrunde, sondern im Gegenteil die versorgungsmässige Autarkie der ausländischen Teilräume. Ich erwähne dieses Detail, um zu zeigen, dass nichts falscher wäre als etwa die Vorstellung, dass sich Basel mit der Bildung der Regio ein Umland schaffen wolle, und jene Gebiete gewissermassen eingemeinde, die es ohnehin schon wirtschaftlich in seinen Klauen habe.

Die Regio als Städteschar

Das Ziel der Regio ist es nicht, eine metropolitane Banlieue um unser Basel zu schaffen. Die Absichten gehen vielmehr in Richtung auf ein aktuelles und funktionsfähiges Gebilde der industrialisierten Welt: auf die Städteschar, wie es Gunther Ipsen nannte, auf die Kooperation von mehreren Zentren in industrialisierten Räumen mit zugehörigen Ergänzungszonen für die Erholung.

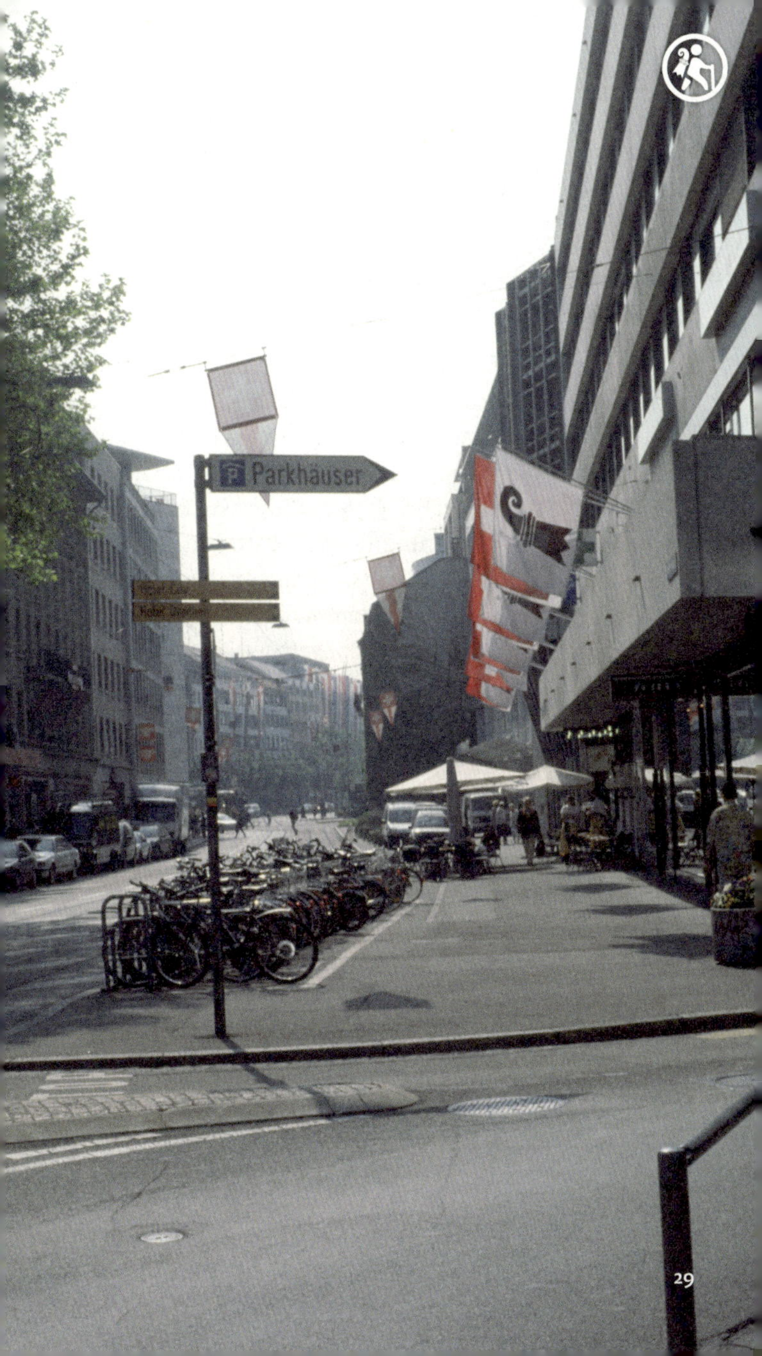
P Parkhäuser

Die Hoffnungen der Regio liegen nahe: im Rahmen des politisch Möglichen soll die Struktur des Raumes so beeinflusst werden, dass die Standortvorteile der einzelnen Punkte dieses Raumes optimal genutzt werden und dass sie für alle Bewohner des Raumes benutzbar sind.

Planung in Frankreich, Deutschland und in der Schweiz

Dabei müssen wir Schweizer zunächst die Schüler sein und ein Pensum absolvieren, das die bei den anderen Länder schon durchgemacht haben. Sie werden morgen einen Blick tun auf die vorzüglichen Planungen im Elsass und im Breisgau. Schon im Jahre 1958 ist die grosse Konzeption der bandstadtartigen Ordnung des Haut-Rhine in parallele Zonen entstanden, ein Entwurf, der zugleich die freie Hand des Planers und die vollkommene Einpassung in die geographische Situation widerspiegelt: aktive Geographie! Auch im Breisgau und am Hochrhein haben sich grosse Planungsgemeinschaften gebildet, von denen die letztere allerdings zur Hälfte aus unserem geographischen Raum hinausragt. Diese süddeutschen Planungen tragen eine weichere Handschrift, sie gründen sich ebenfalls auf sorgfältige Analysen und folgen den im Gange befindlichen wirtschaftlichen Umwandlungen.

Im schweizerischen Teil der Regio besteht kaum eine über die Ortsplanung und gewisse kantonale Leitlinien hinausgehende Konzeption; wir stossen uns hier an den Grenzen der Souveränitäten der Kantone Basel-Stadt, Basellandschaft, Aargau, Solothurn und Bern. Zu Recht kann man uns vorwerfen, dass wir über die Landesgrenzen hinausblicken, bevor wir die Schranken im eigenen Lande weggeräumt haben. Jedoch geht es uns nicht um das blosse

Aufheben von Grenzen – damit allein ist wenig geholfen. Grenzen haben durchaus ihre stützenden Funktionen, wo eine andere Ordnung fehlt; und wir sind die letzten, die gewachsene Strukturen entfernen wollen, bevor die neuen Ordnungssysteme bereitet sind.

Informieren, Planungsgrundlagen schaffen

Was die Regio gegenwärtig tun kann, um einer solchen Ordnung den Weg zu öffnen, ist die Information. Diese Information besteht in der Aufnahme und Publikation von Daten, beispielsweise in der Darstellung des Strukturatlasses, den Sie in der Ausstellung aufgehängt sehen. Es besteht aber auch in der Vermittlung der neuesten Erkenntnisse der Regionalwissenschaften, wobei Sie uns mit Ihren Beiträgen behilflich sein werden. Ziel ist dabei niemals das Erzwingen von Entscheidungen, sondern die Entscheidungsvorbereitung und die Entpolitisierung der Probleme durch die Bereitstellung neutraler Tatsachen und undiskutierbarer Daten zuhanden aller Instanzen, die Entscheidungen zu treffen haben.

Wir sind allerdings nicht so naiv, zu glauben, dass es ganz ohne Leitvorstellungen abgehen wird. Auch die Auswahl der Daten und die Art der Untersuchungen beinhaltet schon Vorentscheidungen. Wir wollen diese Vorstellungen skizzieren, gerade weil sie sich von den regionalplanerischen Tendenzen in der übrigen Schweiz unterscheiden. Wir sind der Auffassung, dass die industrielle Produktion an die standortmässig günstig gelegenen Orte gehört. Überdies glauben wir, dass die standortgünstigen Teile unserer Region noch bei weitem nicht voll ausgenützt sind. Wir stimmen also nicht ein in die Warnung vor jeder „Ballung“ und in den Ruf nach Dezentralisation, welcher noch zur Folge hat, dass bald jede Gemeinde ihr Industriezönchen ausweist. Das nationale Einkommen muss dort verdient werden, wo dieses in rentabler Weise geschieht, die standortmässigen Mängel, mit welchen die Natur andere Gebiete behaftet hat, müssen notfalls durch einen Finanzausgleich ausgebügelt werden.

Optimale Nutzung

Unser Leitbild Ist also das eines Kraftfeldes: die Region ist ein kooperierendes Gebiet von miteinander verflochtenen unterschiedlichen Nutzungen. Die durch Wasserstrassen und Schienen erschlossenen Nutzungen der Tiefebene gehören der Industrie, die schönen Wohnlagen in den Städten und an bevorzugten Abhängen unserer Vorgebirge werden von einer immer anspruchsvoller werdenden Wohnbevölkerung besiedelt. Die attraktiven Zonen ergeben zusammenhängende touristische Erholungsgebiete in erreichbarer Nähe. Die aus einer solchen Regelung entstehenden Pendlerströme nehmen wir als normal in Kauf; sie sind der natürliche Ausdruck eines geordneten Raumes und deuten auf eine Bevölkerung, die ihre Chancen in diesem Raume wahrnimmt.

Wahlfreiheit

Damit gelangen wir zu unserem zweiten Leitbild: dem der Wahlfreiheit und der optimalen Ausnützung des Angebotes durch jeden Bewohner der Region. Die Leute am Rheinknie sind „Grossstädter“, selbst wenn sie auf dem Lande wohnen. Unter Grossstädter verstehe ich jenen Menschen, der die Möglichkeiten seines Environment voll nützt: der da sein Geld verdient, wo er sein Talent am besten einsetzen kann, und dort wohnt, wo es ihm passt und wo er für die geringsten Kosten die höchste Befriedigung seiner spezifischen Bedürfnisse erhält. Er ist mobil, er wählt frei seine Orte des Einkaufs, die Stätten des Vergnügens und der Erholung. Die Infrastruktur des gesamten Gebietes steht ihm zur Verfügung, er schickt seine Kinder in jene Schulen und Ausbildungsstätten, die ihnen zusagen und ihnen ihrerseits zu einem voll ausgenützten Leben verhelfen. Dass er dabei vorläufig noch den Reisepass oder die Grenzkarte in der Tasche herumtragen muss, ist nach den Stürmen unserer Geschichte eine verhältnismässig geringe Last.

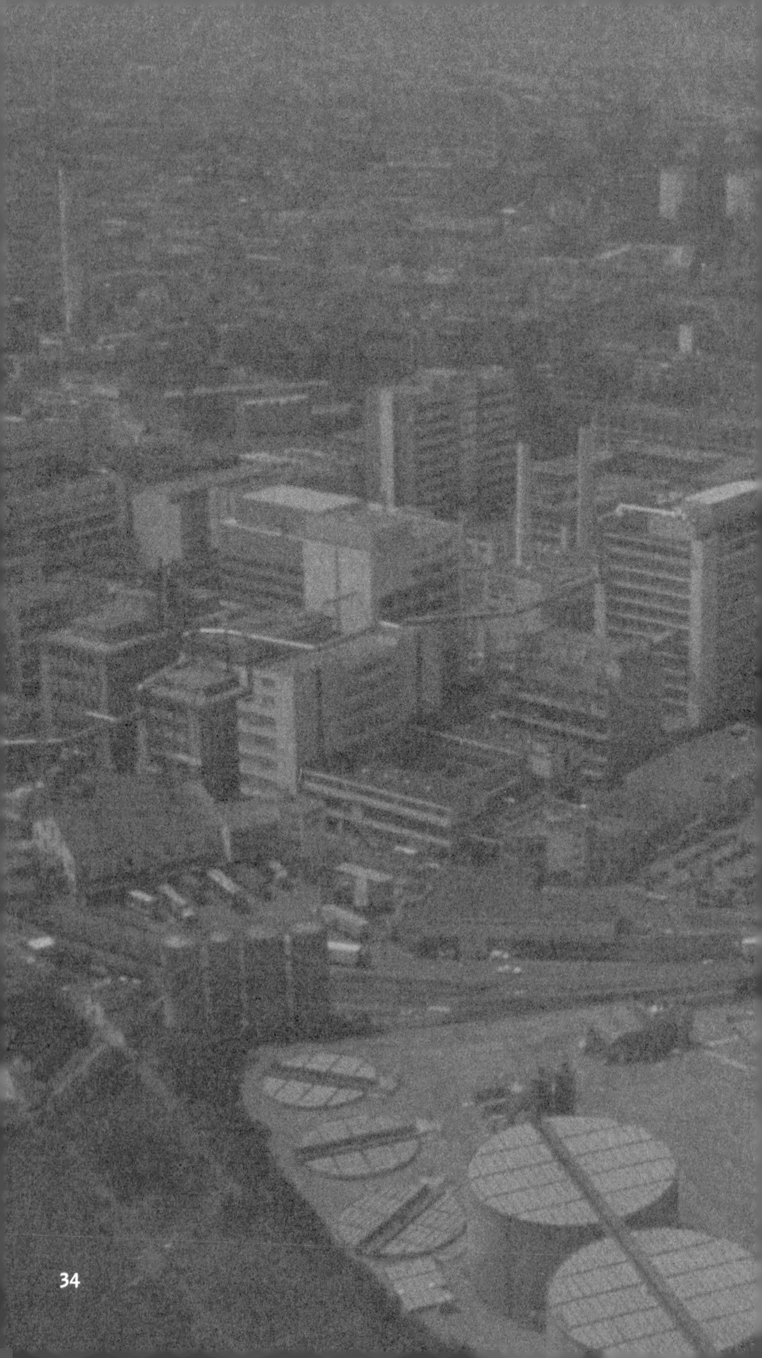

DIE STADT BASEL

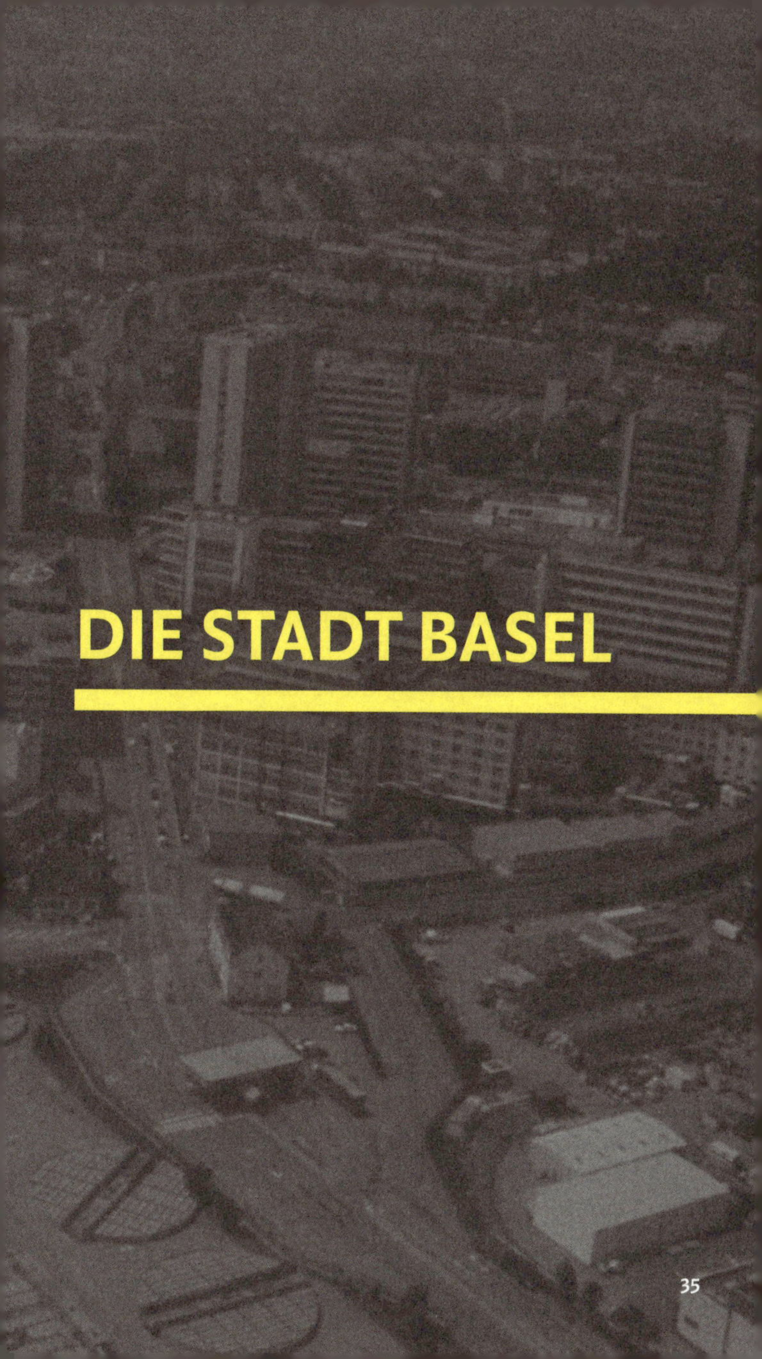

Die in diesem Kapitel versammelten Texte von Lucius Burckhardt gründen im Selbstverständnis eines Citoyens, der seine Sichtweise auf den Stadtraum als Teil der Umwelt versteht. Zusammen mit dem Text im ersten Kapitel „Region am Rheinknie" bilden sie sein Narrativ über Lage und Raum von Stadt und Umland Basels im geschichtlichen Werdegang. Die beiden einleitenden Kapitel sind dem grundlegenden Verständnis der sozioökonomischen und räumlichen Situation der Kleinstadt Basel gewidmet. Diese Texte sind im Laufe von drei Jahrzehnten, von 1963 bis 1992, geschrieben worden.

Der erste Aufsatz zur Stadt Basel konzentriert sich auf die Altstadt, auf den mittelalterlichen Stadtkern, den Lucius Burckhardt bereits als Student als hochgradig bedroht ansieht (siehe die folgenden drei Kapitel). „Wie modern ist das Mittelalter?", lautet die rhetorische Frage. Die historisch gewachsene Altstadt wird als der städtische Wesenskern vorgeführt, dessen Bausubstanz über Transformationen hinweg erhalten werden kann, indem im Bestand schonend-sorgfältig weitergebaut wird. Lucius und Annemarie Burckhardt vertreten den Denkmalschutz seit den Fünfzigerjahren konsequent und mehrfach auch in politischen Aushandlungsprozessen.

Einen weit größeren Rahmen umfasst der zweite Aufsatz: „Die Umwelt im Stadtstaat". Zum 125. Jubiläum der Basler Naturforschenden Gesellschaft hat Lucius Burckhardt das Stadt-Umlandsystem Basels über einen langen Zeitraum hinweg beschrieben. Der „Umweltschutz" hatte um 1992 gerade mal wieder Konjunktur. Dieses Mal stand die interdisziplinäre Umwelt-Geschichte im Fokus der Aufmerksamkeit, eine neue Disziplin. Sie wurde von Physiogeografen angestoßen und suchte sich mit der Geschichtsforschung anzufreunden. Das nutzte Lucius Burckhardt, um einleitend die

Voraussetzungen der Wahrnehmung von Umwelt und Natur im Verlauf der Geschichte zu verhandeln. Er postuliert ein System wechselseitiger Verschränkung. Natur ist, als Totale, „unsichtbar". Jedes Zeitalter fokussiert die Wahrnehmung auf Naturausschnitte. Die „Umwelt im Stadtstaat Basel" handelt Lucius Burckhardt ab, indem er in engen Zeitabschnitten die Interaktion der Gesellschaft mit ihrer – jeweils gegenwärtig problematisierten – Umwelt ausleuchtet. Der Aufsatz ist in siebzehn „Tiefenbohrungen" des Gegenwartsbewusstseins gegliedert, in 17 Zehnjahresepisoden von 1830 bis 1990. Was Lucius Burckhardt hier im munteren Erzählton präsentiert, ist eine Geschichte des Basler Städtebaus, der Siedlungs- und Verkehrsentwicklung, des Umgangs mit Umweltgiften und mit der spontanen Vegetation und Biodiversität. In der Originalpublikation ist als Beilage aus jeder Zehnjahresperiode ein charakteristischer Originaltext beigegeben, den wir hier im Nachdruck auslassen.

Die Umwelt erscheint in diesem Aufsatz als ein komplexes System, das die Gesellschaft bisher nicht angemessen verstanden hat – und trotzdem greifen wir permanent auf alle Umwelt-Ressourcen zu. Dreißig Jahre nach Burckhardts Umweltgeschichtsschreibung wird diese Kernthese weiterhin bestätigt, aber auch die Endlichkeit der Umweltressourcen drastisch in das Bewusstsein gebracht. Das „frisch, fröhliche Bauen", wie es Lucius Burckhardt in den Sechzigerjahren einmal umschrieb, ist zur Neige gegangen. Wer über die kumulierten und zurückliegenden Fehler im Umgang mit der Natur im aktuellen Diskurszusammenhang nachdenken will – selbstverständlich mit dem Erkenntnisinteresse, diese zukünftig zu vermeiden – findet in diesem Aufsatz reichlich Anschauungsstoff.

Wie modern ist das Mittelalter? (1987)

Das Ideal einer Stadt gibt es nicht. Aber durch die Rückbesinnung auf alte Strukturen kommt man ihm näher.

Die Altstadt einer noch lebendigen Stadt ist immer zweierlei: eine alte Stadt und das Zentrum einer neuen Stadt. Die Entwicklung eines solchen historischen Kerns wird durch die dynamisch wachsenden Bodenpreise bestimmt und von einer Baupolitik gesteuert, die zwar Abriss und Neubau kontrolliert, aber keine Perspektiven für eine sinnvolle Erhaltung der Bausubstanz vorgibt. Auch die Denkmalschützer haben sehr oft nur kosmetische Funktion. Sie erhalten Fassaden, leisten ihren Beitrag zur Veränderung, Veredelung und Verniedlichung des Stadtbildes, haben aber keinen Einfluss auf die Nutzung der vom Abriss verschonten Bauten.

Das Wachstum einer lebendigen und produzierenden Stadt birgt immer das Risiko, dass die Altstadt zerstört wird. In Basel wurde schon vielfach festgestellt, dass die Veränderungsprozesse in der Stadt – das, was man so gemeinhin als „die Spekulation" bezeichnet – mehr Gebäudesubstanz zerstört haben als der Bombenkrieg in vergleichbaren deutschen Städten.

Diese Zerstörung kann im optimalen Falle eine Stadt sogar anziehend machen, dann, wenn es gelingt, die Vielfalt und Mischung der Nutzungen zu erhalten.

Im unglücklichen Falle allerdings führt sie zur Totalerneuerung, und die ist auch dann nicht schön, wenn sie sich unter Wahrung der alten Fassaden vollzieht, weil damit auch das Funktionieren der Stadt zerstört wird. Diesen komplexen Organismus, der durch das Zusammenwirken von Wohnen, Arbeiten, sich begegnen, zusammen reden,

Zeit haben und vielem mehr am Leben erhalten wird, empfinden wir als schön. Schönheit hat eine sichtbare und eine nicht sichtbare Komponente. Und dass die Schönheit Basels in den letzten vierzig Jahren gelitten hat, steht außer Frage. Aber die Umwandlungen, die Basel infolge seiner wirtschaftlichen Entwicklung zu erdulden hat, haben eine eigene Geschichte.

Mit dem Anbruch der Neuzeit war Basel eine Handwerkerstadt mit dem Schwerpunkt auf der Papierproduktion. Die leistungsfähigen Papiermühlen zogen nach sich, was wir, etwas frivol, die „Bildungsindustrie" nennen könnten: das Konzil von Basel, die Gründung der Universität, den Humanismus unter Führung von Erasmus von Rotterdam, eine Wissenschaftsproduktion, die von der Theologie über die Medizin und Botanik zur Mathematik reichte, und natürlich die entsprechende Druckindustrie.

All dieses wurde im 18. Jahrhundert überrollt durch die Seidenbandweberei auf mechanisierten Stühlen, zunächst noch in Heimarbeit und später in Fabriken. In den besseren Wohnlagen lösten die breitgelagerten Barockhäuser der Seidenherren die einfachen und maßvollen Studierstuben der Gelehrten ab. Nicht für lange: Im 19. Jahrhundert verließen zunächst die Fabriken den teuren Stadtboden und schließlich auch die Fabrikherren die stickig gewordene Stadtluft: Nach 1900 wurde die alte Stadt zur Altstadt.

Wie in allen wachsenden Industriestädten teilt sich diese Altstadt in zwei Hälften: Die reiche und die arme Altstadt, Eastend und Westend, in Basel seltsam vertauscht in den vornehmeren Osten und den ärmeren Nordwesten. Inmitten dieser Altstadt befinden sich Inseln eines gänzlich anderen Typus: der städtische Bodenbesitz, bestehend aus den säkularisierten Klöstern. Diese Einsprengsel werden die Orte der jeweils neuesten Infrastruktur: Auf dem Areal des St. Elisabethen-Klosters werden Theater und Kunsthalle erbaut, auf jenem des Klosters Gnadental die Gewerbeschule; Waisenhaus, Krankenhaus, Völkerkundemuseum, das neue Kollegiengebäude der Universität entstehen und vergehen auf diesen historisch der Öffentlichkeit zugefallenen Arealen, die sich an den Rhythmus des Wirtschaftsprozesses nicht zu halten brauchen.

Der private Grundbesitz in der Altstadt besteht, grob gesprochen, aus zwei Typen von Gebäuden: Dem alten Handwerkerhaus, nicht selten mit Bude oder Laden im Erdgeschoss, oder Studierzimmer beim Gelehrtenhaus, und dem neueren Typ, den Häusern der Seidenbandhändler, mit Geschäftsräumen und Warenlagern im unteren Geschoss, mit Prunkräumen im Obergeschoss und hofartigen Vorfahrten.

Wenn man nun die erhaltene und die zerstörte Gebäudesubstanz durchgeht, so ergibt sich ein Paradox (und dieses Paradox macht auch zugleich die Unterscheidung zu den Verhältnissen in den bombenzerstörten Städten aus): Der ältere Raumtypus erweist sich als der langlebige, vielfach verwendbare, anpassungsfähige: Das normale Zimmer hat sich seit dem Mittelalter nicht verändert, es besteht also auch kein Grund, es zu zerstören.

Das barocke Kaufmannshaus dagegen ist aufs höchste gefährdet: Wo nicht unter Opfern und aus Pietät eine Familie oder ein Geschäft ein solches Haus bewahrt haben, wurde es ersetzt, was sich in der Regel so vollzog, dass die darin residierende Familie sich eine Villa am Stadtrand oder in einem Vorort baute.

Und nun das Erstaunlichste: Was das 19. oder beginnende 20. Jahrhundert an die Stelle der Kaufmannshäuser setzte, erwies sich als noch kurzlebiger. Diese Spezialgeschäfte für den gehobenen Anspruch, etwa Läden mit Seidenstoffen als Meterware, mit Wollstoffen für Oberbekleidung, mit Leinwand und Herrenhüten, exklusiver Haushaltsware, Werkzeuggeschäfte oder gar Passementerien, die feinen Besatzartikelhandlungen, kamen auch schnell wieder aus der Mode; die Gebäude waren in kurzer Zeit veraltet und mussten erneuert werden.

So besteht Basel, vereinfacht dargestellt, aus der „armen Altstadt", wo sich die mittelalterlichen Gebäude in großer Zahl erhalten haben, und aus der „reichen Altstadt", in der selbst das neueste Gebäude schon gefährdet ist.

Schauen wir uns nun einige Beispiele an, die uns illustrieren, was man den „Altstadtprozess" einer Stadt nennen könnte: Wir beginnen im Herzen der Stadt, an der Bäumleingasse/Ecke Luftgässlein, und entdecken da ein altertümliches Haus, das sich als ein Konglomerat aus mehreren Gebäuden erweist und heute den Namen „Erasmushaus" trägt; der eigentliche Name war „Haus zum Luft". In dem Buchantiquariat, das zwei Geschosse belegt, wird gerne erzählt, dass sich hier Erasmus von Rotterdam bewusst in das Gebäude einer Druckerei gesetzt hat, um seine Schriften und Übersetzungen gleich am Druckstock redigieren und korrigieren zu können. Aber das soll uns nur am Rande interessieren. Beeindruckt sind wir von der unverminderten Nutzbarkeit dieses alten Gebäudes: Ein Laden, ein Lager, ein Büro, ein hübsches, aber noch bescheidenes Treppenhaus, all dieses übersteht die Zeiten; und beiläufig registrieren wir, dass in diesem Gebäude sogar zeitweilig eine der Seidenbandindustrien untergekommen war, die andernorts den baulichen Erneuerungsprozess einleiteten. Überqueren wir die Straße, so beobachten wir, dass auch das Geschäft des Galeristen *Beyeler,* ein internationales Unternehmen, das die Museen der Welt mit Gemälden von Braque und Picasso versorgte, in Räumen wohnlichen Zuschnitts seinen optimalen Standort gefunden hat. Das Mittelalter hat nicht an Aktualität verloren und gibt einer distinguierten Kundschaft einen vornehmen, aber maßvollen Rahmen.

Von der Bäumleingasse in die Freie Straße sind es nur wenige Schritte. Betrachten wir gleich das Haus Sodeck, das auf der gegenüberliegenden Seite die Einmündung der Bäumleingasse begrüßt. Im Parterre ist ein Modegeschäft *Trois Pommes,* die Obergeschosse enthalten Geschäftsräume der Modebranche. Das Haus ist neu und ist ein Baudenkmal insofern, als es das erste „postmoderne" Gebäude Basels ist. Zum ersten Mal wurde hier, in pionierhafter Weise, die Langweiligkeit der Geschäftshausfassaden der sechziger und Siebzigerjahre durchbrochen, der sich eintönig wiederholenden mehr oder weniger reich oder arm ausgestatteten Metall- und Glas-Fassaden. Hier also eine Fassade voller Gedanken, Anspielungen: Ein Schiffsbalkon durchbricht die keramische Fläche eines Bauteils, der umrahmt und gestützt wird von einem Fassadenteil aus rotem Sandstein, dem Ur-Baustein der Stadt Basel. Und welches ältere Gebäude wurde durch diesen Neubau ersetzt? – Leider ein gleiches: Hier stand ebenfalls ein pionierhafter Bau, der seinerseits sowohl technisch wie geschmacklich die Konventionen durchbrach und zeigte, was Beton und Jugendstil-Phantasie zusammen ergeben.

Wir folgen aber jetzt nicht der Freien Straße, obwohl sie uns vieles erzählen könnte: insbesondere die Entwicklung des Spezialgeschäftes im ausgehenden 19. und beginnenden 20. Jahrhunderts und dessen Verdrängung durch das

Warenhaus, das überall das Billige und überall dasselbe anbietet.

Stadtboden und ganz besonders Innerstadtboden muss sich eben verzinsen, und der Zins ergibt sich aus dem Umsatz, nicht aus der besonderen Leistung, die darin besteht, dass hochspezialisierte Geschäfte auch selten verlangte Waren anbieten: Ein solches Angebot bedeutet, Lager zu halten, innerstädtischen Raum also für etwas in Anspruch zu nehmen, was sich nicht alle Tage umsetzen lässt, und das rentiert sich nicht mehr. So wird in der Freien Straße, der Falknerstraße und der angrenzenden Gerbergasse die Reichhaltigkeit des Angebotes durch das banale Angebot ersetzt, das schneller einen höheren Umsatz auf der teuren Stadtfläche erwirtschaften kann, und mit den Geschäften wechselt auch der Baubestand.

Wir machen den Umweg über den Münsterplatz. Diese stille, scheinbar intakt verbliebene Insel in dem an sich am stärksten veränderten Teil der Stadt. Am Münsterplatz konzentrieren sich die Häuser der Seidenbandfabrikanten. Durch ihre großen Tore fuhren die Wagen voller Seidengarn zu den Heimarbeitern, beladen mit Bändern kamen sie wieder zurück. Über dem Erdgeschoss, das nur dem Geschäft gewidmet war, lebten die Familien, die sich nach 1900 in die östlichen Stadtquartiere zurückzogen.

Die Häuser am Münsterplatz sind im wesentlichen öffentlicher Besitz; ihre farblich sorgfältig aufeinander abgestimmten, aber nicht gleich getönten Fassaden symbolisieren nur noch Privatbesitz, und auch dieses Symbol wird dementiert durch die gleichmäßige Pflege der immer gleichen Geranien vor den Fenstern. Vor einigen Jahren tat der Staat einen kleinen Schritt zur Reprivatisierung und Belebung: Ein Erdgeschoss wurde an das *Café Isaak* verpachtet, das gerne nach einem Münsterbesuch und nach dem obligaten Blick von der Pfalz aufgesucht wird.

Setzen wir unseren Weg durch die Augustinergasse und den Rheinsprung fort, so führt er uns an den beiden größten barocken Kaufmannshäusern vorbei, die im 18. Jahrhundert wohl ein gutes Dutzend alte Liegenschaften konsumiert haben müssen und auch nur durch die staatliche Nutzung erhalten sind: Das sogenannte „Weiße Haus", Domizil der Familie Bachofen, diente jahrzehntelang als Telefonverwaltung, und das noch größere „Blaue Haus", das lange von der Familie noch gehalten wurde, ist heute Justizdepartement. Gegenüber, rheinwärts gelegen, ein Gebäude, zwar des öffentlichen Bereiches, das aber gut die Dauerhaftigkeit der älteren, ältesten Bausubstanz zeigt: die alte Universität. Was von der Straße aus zu sehen ist, ist allerdings eine Aufstockung des vergangenen Jahrhunderts; das gegen den Rhein gelegene Parterre zeigt aber noch die Struktur jenes mittelalterlichen Adelspalastes, der 1460, man merke: als Provisorium, zum Sitz der neugegründeten Universität gemacht wurde, diese auch bis 1939 blieb, und heute die Theologie und die Zoologie beherbergt.

Durch die Eisengasse gelangen wir in die westliche Altstadt jenseits des Marktplatzes. Am Fuße des Spalenbergs finden wir jene Galerie, die wohl am meisten für die aktuelle Information ihres Publikums tut, *Stampa,* eine wahrhaft zeitgenössische Galerie, in einem alten Gebäude der „armen Altstadt", die hier beginnt. Hier nun ist interessant zu beobachten, wie die so weitgehend erhaltene, in der Struktur mittelalterliche Bausubstanz heute bereit ist, manche von den Nutzungen aufzunehmen, die durch den City-Prozess der reichen Altstadt, also durch die

Bodenwertsteigerung, aus dieser verdrängt werden. Natürlich hat dieses auch zur Folge, dass die einstige arme Altstadt nicht mehr arm ist und ebenfalls Bodenwertsteigerungen erleidet: Lediglich ein strenger Denkmalschutz kann hier die Struktur noch erhalten. Das lohnt umso mehr, als die überkommene Baustruktur heute noch brauchbar ist und sich für jedes erhaltene alte Haus in Basel schnell ein Nutzer findet.

So wird dieses Viertel allmählich zum gehobenen Einkaufsquartier: Die seltenen, nur in Innenstädten angebotenen Waren, die von der Freien Straße verdrängt wurden, sind teilweise hier zu finden – und was hier nicht zu finden ist, ist überhaupt nicht zu finden, denn niemand sucht und niemand verkauft einen schicken Borsalino-Hut in den Außenquartieren.

Werfen wir noch einen Blick in eine vom Touristen weniger begangene Gasse, die Hebelstraße. Diese Straße aus dem 17. und 18. Jahrhundert beherbergt eine Kette von villenartigen Herrensitzen, darunter den eines souveränen Fürsten: des Markgrafen von Baden-Durlach, der sich in Basel ein bequeme *pied-à-terre* geschaffen hatte.

Dieser markgräfliche Palast war über lange Zeit das bürgerliche Krankenhaus Basels, bis sich der Krankenhausbetrieb in unheilvoller Weise über das Quartier ausdehnte und in Konflikt geriet mit der ebenfalls, vom neuen Kollegiengebäude am Petersplatz her, sich ausdehnenden Universität. So zerrieb sich der historische Baubestand zwischen den Auswüchsen dieser beiden staatlichen „Betriebe", wobei die Spital-Lobby sich als durchsetzungsfähiger erwies. Unerfreulich und maßstablos, zudem teilweise überflüssig, zersetzte es das historische Geviert zwischen Hebelstraße und Predigerkirche.

Dass eine Altstadt zugleich eine alte Stadt und das Zentrum der neuen ist, muss kein Widerspruch sein. Im Gegenteil: Gelingt diese Symbiose zwischen Erhalt der Bausubstanz und maßvoller Erneuerung, so erhält sich nicht nur äußerlich ihr „Bild", sondern es ergibt sich die subtilste Annehmlichkeit einer städtischen Umgebung, die Mischung. Sie ermöglicht es, dass wir zu Fuß unsere Besorgungen erledigen können, zum Friseur gehen, etwas zum Essen kaufen, dann ein Paar Schuhe finden, das zu unseren überschlank geformten Füßen passt, schließlich noch für abends eine Theaterkarte lösen.

Im misslungenen Falle ergibt sich die Rangfolge der neuen Nutzungen nach ihrer Fähigkeit, einen optimalen Pachtzins zu erwirtschaften: im Zentrum die Banken, umgeben von Fluggesellschaften, dann die Versicherungen und schließlich die Kaufhäuser. Basel hält zwischen diesen beiden Möglichkeiten eine prekäre Mitte, neigt zur Zerstörung des Angebotes in den ehemals reichen Einkaufsstraßen, aber auch zur Aufwertung der armen Altstadt. Dabei erweist sich die uralte Bausubstanz als anpassungsfähig, die erneuerte aber als – echte oder vermeintliches – Hindernis. So kämpft in Basel die Denkmalpflege am härtesten um ihre jüngsten Schützlinge, und diese haben es auch am schwersten, nach erfolgtem Schutz eine angemessene Nutzung zu erhalten.

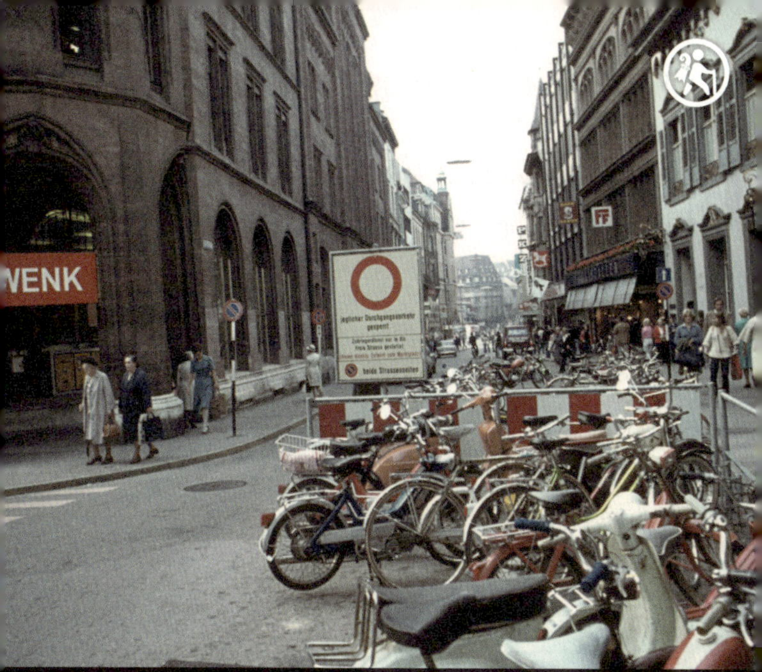
WENK

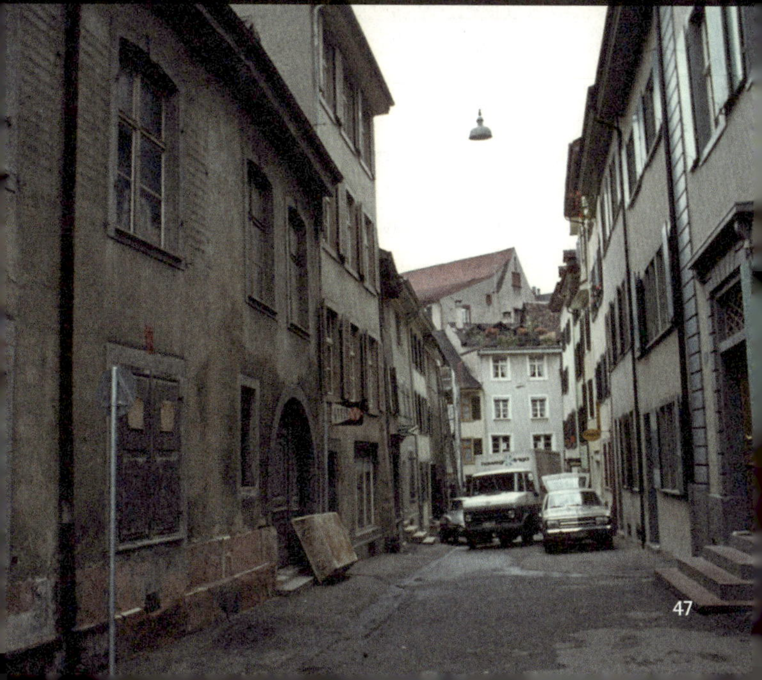

Die Umwelt im Stadtstaat (1992)

Methodische Vorbemerkungen

Das Vorhaben, eine Geschichte der Umwelt einer Stadt oder Region zu schreiben, hat methodische Tücken. Der Begriff der Umwelt wird in der Naturwissenschaft in zwei verschiedenen Bedeutungen gebraucht, wobei die eine gegen die andere nicht mehr scharf abgegrenzt wird. Die klare wissenschaftliche Bedeutung ist diejenige, die Baron Uexküll dem Begriff gegeben hat: Die Umwelt eines Lebewesens ist die Gesamtheit derjenigen Faktoren, die auf das Verhalten dieses Lebewesens einen Einfluss haben. Dass diese Bedeutung auch auf Menschen anwendbar ist, hat Uexküll in seinen scherzhaften Untersuchungen in „Die Umwelt meiner Freunde" gezeigt. Auch der Volksmund kennt diese Bedeutung und gibt ihr in Redensarten Ausdruck: „Was ich nicht weiss, macht mir nicht heiss"; – meine Umwelt, nach welcher ich handle, besteht also aus denjenigen Faktoren, die für mich wahrnehmbar sind oder waren.

Heute wird der Begriff Umwelt in einer weiteren Bedeutung verwendet: Die Umwelt ist die Gesamtheit der Faktoren, die das System der lokalen Biosphäre bestimmen, ob wir diese Faktoren kennen und messen oder nicht. Nach dieser Bedeutung hat sich meine Umwelt auch dann verändert, wenn ein mir unbekanntes und unsichtbares Gift eine mir unbekannte Tier- oder Pflanzenart ausgerottet hat, ohne dass ich das bemerkt habe. Aber ist diese Umwelt überhaupt beschreibbar? Ist sie nicht ein Konstrukt, mit dem wir heute operieren, ohne dass wir es tatsächlich mit Inhalt füllen können? Diese zweite Umwelt kennt nur der allumfassende Weltgeist, und stellvertretend für diesen Aussagen zu machen, führt in den Irrtum. Also sind vielleicht die beiden Umwelten, die Uexküll'sche und die umfassende, gar nicht so sehr verschieden; vielmehr enthält diese zweite Umwelt in der Realität auch nur das, was wir durch unsere Wahrnehmungsorgane und Messgeräte aufnehmen können. Dieses aber ist historisch und geschichtlichen Veränderungen unterworfen.

Wie können wir also, so lautet die Frage, für einen Ort oder eine Region eine Geschichte der Umwelt schreiben, wenn sich doch dabei nicht nur die Umwelt verändert hat, sondern auch die Gesamtheit der Wahrnehmungen, die wir heute als Umweltwahrnehmungen erkennen? Die Umwelt hat sich verändert: stützen wir uns also auf Fotografien, und für die frühere Zeit Aufzeichnungen und Malereien? Aber vermutlich hat man nur das fotografiert, was man für bedeutungsvoll hielt, und so fotografiert, dass diejenigen Erscheinungen herauskamen, die man damals für wichtig hielt. Trotz allem naturkundlichen Fleiss, allem Interesse und aller Sammeltätigkeit ist unser Bild der natürlichen Umwelt noch keineswegs lückenlos: nach der Sandoz-Katastrophe von 1986 hat man festgestellt, dass man über den Zustand der Rheinsohle und ihre Fauna nicht vollständig Bescheid wusste, so dass die „vorher / nachher"-Vergleiche schwierig waren.

In der von uns zu beschreibenden Zeit zwischen 1830 und 1990 haben sich nicht nur in der äusseren Umwelt gewaltige Veränderungen bemerkbar gemacht; viel stärker hat sich unsere Einstellung zur Umwelt und damit unsere Wahrnehmung verändert. Die grösste Veränderung ist sicherlich diejenige, die uns von Ausbeutern der Natur zu Teilnehmern am natürlichen System machte. Die biblische Aufforderung, sich die Erde untertan zu machen, ist gerade zu Anfang des Industriezeitalters recht wörtlich genommen worden. Die Umwelt bot sich dar als ein Feld der Ausbeutung, und die Handlungen des Menschen darin wurden noch als so gering angesehen, dass man sie ohne weiteres Nachdenken der grossen Natur zur Bewältigung zumutete. Selbst Kreise, die sich an der Natur freuten und sich für Naturwissenschaft interessierten, beteiligten sich fröhlich und ohne viel Nachdenken an dieser Zerstörung. Der Urgrossvater des Schreibenden schoss am Rheinufer den letzten verirrten Steinadler, der sich hier blicken liess, und der Vater des Schreibenden fing in der St. Albanvorstadt das vermutlich letzte Blaue Ordensband, das sich in unseren Lüften schaukelte. Damit sei nicht behauptet, dass die wissenschaftliche Sammeltätigkeit wesentlich an der Ausrottung von Tierarten beteiligt war, es soll nur eine Mentalität gezeigt werden, die auf Ausbeuten und Sammeln, nicht aber auf Beobachten und Bewahren gerichtet war.

Eine weitere gewaltige Veränderung der Umweltwahrnehmung vollzog sich durch die Aufhebung des Gegensatzes von Stadt und Land. Die Wahrnehmung von Landschaft, das Interesse für die natürliche Umgebung, die Haltung zur Landwirtschaft und auch das naturwissenschaftliche Interesse an der Natur waren eingebettet in das so bestimmende und scheinbar unaufhebbare Gegensatzpaar von Stadt und Land. Der Städter und Städter sind es, die das Weltbild geformt und niedergeschrieben haben – verliess seine Stadt durch das Stadttor und befand sich dann in einer neuen, ihn verzaubernden Umwelt: Auf dem Lande. Zurückgekehrt in die Stadt erzählte er von den Schönheiten, die er wahrgenommen hat, und von den

Pflanzen und Tieren, die er dort sammelte oder beobachtete, schliesslich auch berichtet er von den Tätigkeiten des „glücklichen Volks der Gefilde, noch nicht zur Freiheit erwachet" (Schiller). Wer damals einen Atlas der städtischen Biotope hätte anlegen wollen, wäre lauthals verlacht worden; und wie wichtig wäre uns heute dieser Atlas gerade zur Abfassung der vorliegenden Arbeit!

Eine dritte Veränderung betrifft die Machbarkeit: Der naturwissenschaftlich-technisch orientierte Mensch erachtet gewisse Veränderungen der ihn beherrschenden Umstände für erreichbar, andere nicht. In einer weiten Strecke unserer Untersuchungsperiode bezog sich das Gefühl der Machbarkeit auf die Aussenwelt: Brücken sind baubar, das Eisenbahnnetz erwies sich als herstellbar, die Industrie synthetisierte kostbare Produkte aus wertlosen Rohstoffen. Andere Dinge wurden schicksalhaft hingenommen: Um den für die Gesellschaft benötigten Reichtum zu erzeugen, mussten gefährliche Tätigkeiten in Kauf genommen werden, in gewissen Berufen wurde man nicht alt. Die Staublungen der Bergleute, die Vergiftungen der Chemiearbeiter wurden hingenommen wie die Gefahren des Kriegs. Heute sehen wir in der Sicherung der Gesundheit am Arbeitsplatz die oberste Priorität aller Produktion. Damit wurden auch diese scheinbaren Gegebenheiten zu beeinflussbaren Variablen.

Die Feststellung dieser drei grossen Mentalitätsänderungen, die Wende von der Ausbeutung der Umwelt zur Teilnahme an derselben, die Aufhebung des Stadt/Land-Gegensatzes, und das Ende der schicksalhaften Hinnahme der Gefährlichkeit der Industrie zeigen uns unser methodisches Problem: Handelt eine Geschichte der Umwelt von dem, was wir heute als Umwelt bezeichnen und beobachten? Daraus ergäbe sich die Schwierigkeit, dass die älteren Messdaten jeweils fehlen, da man natürlich nicht gemessen hat, was man gar nicht wahrnahm oder nicht für wichtig hielt. Zudem würden wir uns eines fahrlässigen Vorgehens schuldig machen, wenn wir uns dazu verleiten liessen, den heutigen Umweltbegriff gewissermassen als überzeitlich zu sehen und zu glauben, dieser sei der Geschichte entwachsen und nunmehr endgültig.

Die vorliegende Arbeit ist also vielmehr ein Versuch, eine Meta-Ebene herzustellen: Nämlich eine Geschichte der Geschichte der Umwelt oder ihrer Wahrnehmung zu wagen. Dazu bedienen wir uns einer Zeiteinteilung in Dezennien, die jedem Dezennium eine Entwicklung oder eine Umweltwahrnehmung zuordnet, die sich für dieses Dezennium als von diskutierter Wichtigkeit nachweisen lässt. Unsere Arbeit ist also diachron, sie teilt die Diachronie aber in Stücke, die synchron behandelt werden. Manche Phänomene der Umwelt sind Konstrukte der Wissenschaft und treten so lange auf, als die Wissenschaft sie für existent oder für wichtig hält. Solange man glaubte, Krankheiten würden durch Miasmen übertragen, gibt es Beobachtungen und sogar Messungen von Miasmen, wie es sie weder vorher noch nachher gibt. Natürlich löst ein solches Konstrukt heute beim aufgeklärten Leser ein Lächeln aus, denn wir sind überzeugt, dass wir nicht mehr mit solchen Konstrukten arbeiten! – Vorsicht: Der Begriff der Umwelt selbst ist ein solches Konstrukt; die Umwelt gibt es nicht wirklich, sondern gegenwärtig pflegen wir mit ihr zu arbeiten, um überhaupt die Welt zu verstehen, um die ablaufenden Prozesse in jene systemförmige Form zu bringen, unter welcher wir sie heute zu verstehen glauben. Ich ziehe mir jetzt den Zorn aller wahren Freunde der

Natur zu, wenn ich es ausspreche: Auch das Waldsterben ist ein Konstrukt. Das heisst nun nicht, dass ich die Phänomene leugne und behaupte, dem Wald gehe es so gut wie noch nie; ich sage damit lediglich, dass die meisten Leute erst seit der Wortprägung „Waldsterben“ ein Auge dafür haben, dass der Wald unter den Bedingungen der Industrialisierung in eine gewisse Stress-Situation geraten ist. In dieser Situation ist er aber schon seit Jahrzehnten, Jahrzehnten, während welcher sowohl die deutschen Forscher mit ihren grossen Fichtenpflanzungen als auch später die Schweizer Waldforscher des Rübel-Institutes mit ihrer Plenterwirtschaft behaupteten, der Wald sei das Bild der Gesundheit schlechthin, ja, sei das letzte gesunde Stück der Natur. Nicht der Wald hat sich in wenigen Jahren von einem gesunden zu einem kranken Biotop gewandelt, sondern seine schleichende Krankheit ist plötzlich für die Forschung wahrnehmbar geworden. Aber wie können wir eine Geschichte des Waldsterbens schreiben, wenn doch die früheren Forscher gar keine entsprechenden Zählungen oder Messungen hinterlassen haben?

So haben wir uns zu der geschilderten Misch-Methode entschlossen: Nämlich in Abschnitten von Jahrzehnten objektbezogen zu arbeiten, ein Phänomen wie die Siedlungsentwicklung oder die Gewässerverschmutzung in das Zentrum dieses Jahrzehntes zu stellen und dazu synchrone Bezüge aufzuzeigen, insbesondere, da wo das gelingt, die zeitgenössische Wahrnehmung nachzuweisen, ohne aber dann diachron unser eigenes Urteil immer unter den Scheffel zu stellen. – Ist es noch nötig zu sagen, dass die Arbeit ein Versuch darstellt, der mit Irrtümern behaftet ist und Anregungen bieten soll, und der nach exakterer Bearbeitung ruft?

Allen Überlegungen aber liegen die in dieser Einleitung beschriebenen zwei Hypothesen zugrunde, nämlich erstens: Die Umwelt gibt es nicht an sich, sie braucht ein Subjekt: Denjenigen nämlich, welcher in seiner Zeit die Umwelt wahrnimmt und definiert. Zweitens: Damit im Felde der Umwelt gehandelt wird, muss sie politisch werden. Ein Missstand oder eine drohende Gefahr müssen als „Issue" von einer Partei oder Gruppierung aufgenommen und publiziert werden; eine politische Kraft muss sich bilden oder eine vorhandene muss auf ihre Fahnen schreiben: „wenn Ihr uns wählt, dann sorgen wir für ... bessere Wohnungen für die Minderbemittelten, für Grünanlagen in der Stadt, für die Bekämpfung des Waldsterbens usw.".

Der lange schon vorhandene Missstand oder die Gefahr können durch Erkenntnisse der Wissenschaft, durch Beobachtungen, durch oppositionelle Gruppen oder sonst wie ins Bewusstsein treten; durch den Verstärker der Presse und der Politik müssen sie zum Gegenstand der Diskussion werden, und so werden sie schliesslich durch öffentliches Handeln bekämpft oder behoben.

Die Umwelt ist geschichtlich nicht nur durch das historische Entstehen der Umweltgefahren und Umweltveränderungen, sondern auch durch den geschichtlichen und politischen Ablauf der Bewusstmachung und Bekämpfung. Insofern zeigt sich gerade im heutigen Bild von der Umwelt ein tiefgreifender Widerspruch: Während wir auf der Theorieebene unser menschliches Dasein immer mehr eingebettet sehen in systemartige Zusammenhänge und deshalb auch über die Folgen und die Folgen der Folgen unserer Handlungen nachdenken sollten, sind wir politisch immer noch in der eindimensionalen Situation, dass der Politiker einen einzelnen Missstand aufgreift und ihn ohne Rücksicht auf Nebenfolgen bekämpft.

1830–1840: Die Kantonstrennung

Durch Leonhard Euler und die Bernoullis hatte die theoretische Naturwissenschaft in Basel einen Vorsprung gewonnen. Jedoch war sie immer noch Theorie, und ihre praktische Anwendung war nichts als eine unterhaltsame Skurrilität. Magnetismus und Elektrizität wurden in geselligem Kreise vorgeführt, das Experiment der kommunizierenden Gefässe diente allenfalls dazu, einen Springbrunnen zu betreiben. An der Universität herrschte immer noch eine Hierarchie der Wissenschaften, die in der Theologie gipfelte. Die Pflicht, die niedrigeren Wissenschaften zu lehren, wurde teilweise durch das Los zugeteilt.

In Frankreich hatte der Saint-Simonismus eine Verbindung von Wissenschaft zu Industrie und Wirtschaft geschaffen. Saint-Simon teilte die Menschen ein in zwei Kategorien: Die Nutzlosen und die industriell Tätigen, Wertschöpfenden. Erstmals erkannte man einen Zusammenhang zwischen Forschung und Produktion. Die führenden Physiker wurden gleichzeitig Techniker und lehrten Mechanik an den polytechnischen Schulen; die Industriellen und Banquiers hielten es von nun an für nötig, sich mit der Wissenschaft vertraut zu machen als der Quelle des industriellen Fortschritts.

Die im Jahre 1817 erfolgte Neuordnung der Basler Universität gliederte den alten „Realien"-Fächern Ordinariate an und schuf damit eine eigenständige philosophisch-naturwissenschaftliche Fakultät. Bewusst oder unbewusst, der Erkenntnis oder bloss der Not gehorchend, folgte man einem neuen Weltbild: Die zu erforschende Umwelt ist nicht mehr im Himmel, sondern gleichrangig auch auf der Erde; und diese Forschung hat auch eine Anwendungsmöglichkeit: Sie wird Ausgangspunkt einer zukünftigen Wertschöpfung. Das in dem von uns behandelten Jahrzehnt erfolgende einschneidende Ereignis, die Kantonstrennung, rechtfertigte nachträglich diese Veränderung in ungeahnter Weise.

In höherem Masse als es gemeinhin angenommen wird, war Basel eine nach feudalem Muster lebende Stadt. Wohl brachten schon im 18. Jahrhundert die Händler und Exporteure einiges Geld in die Stadt, aber die Wirtschaft einer Stadt ruhte grundlegend immer noch auf einer von ihr ökonomisch oder politisch beherrschten Landschaft. Der Geldkreislauf war regional: Eine städtische Autorität hat das Recht, ländliche Steuern einzufordern; überdies beziehen private städtische Besitzer oder Darlehensgeber Pachten und Zinsen vom Lande. Diese primäre Einkommensgruppe einer Stadt (Werner Sombart nennt sie die „Stadtgründer") geben ihr Geld nur teilweise für den Kauf von Lebensmitteln auf dem Lande aus. Vielmehr ernähren sie durch ihre Einkünfte und Ausgaben das städtische Handwerk und den Handel: Sie lassen schneidern, sticken, sie lassen bauen, dekorieren, ihre Tafel wird ausgestattet mit Fayence, Porzellan, Silber, Glas und Gold. Es entsteht eine „zweite" Bevölkerung, nach Sombart die „Stadtfüller". Es ist dieses im Mittelalter der Ursprung der eigentlichen bürgerlichen Stadt. In Basel und in anderen Städten gelang es diesem Bürgertum, den ursprünglichen Stadtgründer, den bischöflichen Hof, loszuwerden und einige der eigenen Bürger in die Stellung der ökonomischen Stadtgründer zu befördern. Beide Wirtschaftsteile, Stadtgründer wie Stadtfüller, stillen ihre fundamentalen Bedürfnisse durch den Kauf agrarischer Produkte und statten somit die Landschaft mit jenen Finanzmitteln aus, aus welchen die Steuern, Abgaben und Renten gezahlt werden.

Gegenüber diesem fundamentalen Geldkreislauf zwischen einer Stadt und ihrem Umland wird die Rolle des exportierenden Handwerks und des Handels oft überschätzt. Das kommt daher, dass solcher Export relativen Reichtum schafft: Die reichsten Städter sind jene, die sich an diesen Exportgeschäften beteiligen; das ändert aber nichts an der Tatsache, dass die Gesamtstadt als solche aus dem Umland ernährt wird und durch den Geldkreislauf der Tribute das Umland dazu zwingt, die Stadt zu ernähren. Entsprechend wichtig und auch wertvoll sind die agrarischen Gebiete einer Stadt, und eine Stadt ist umso grösser und reicher, je weiter und fruchtbarer ihr Umland ist. – Nur aus diesen Überlegungen ermisst man die Katastrophe und gleichzeitig auch die Chance der Kantonstrennung von 1832.

Was sich andernorts allmählich herausbildete, in England seit dem Ende des 17. Jahrhunderts, in Deutschland teilweise erst nach der Gründung des Kaiserreiches, das kann in Basel zumindest an einem Datum festgemacht werden, eben an jenem der Kantonstrennung. Mit diesem Akt wandelt sich Basel von der feudalen zur liberalen Stadt. Im grossen Frankreich und im kleinen Basel haben die Revolutionen wenig an den ökonomischen Verhältnissen geändert, vieles jedoch am Bewusstsein. Nach dem Verlust der Landschaft muss sich Basel als eine im Industriellen und wirtschaftlichen Bereich wertschöpfende Stadt empfinden. Das hindert nicht, dass immer noch besitzende Bürger aus ihren Gütern in der Landschaft Renten beziehen, und der Wert dieser Landschaft zeigt sich gerade in der Teilung: Die Inventare sprechen hier eine deutliche Sprache: Wertlos und nahezu wertlos sind kulturelle Güter. Erschreckend ist auch die Unfähigkeit, mit diesen umzugehen. Was in den Besitz der Landschaft kommt, wird verschleudert. Wertvoll dagegen sind Grund und Boden; der Hunger der Landschaft nach solchem Besitz ist ungeheuer. Immerhin erweist sie sich ebenfalls als unfähig, mit diesem Herrschaftsbesitz umzugehen: Nach wenigen Jahren besitzen meist städtische Privatleute das, was früher der öffentliche Besitz des Staates war. Die Städter kauften diese Güter durchaus als Investitionen zurück: Noch konnte man von der Landwirtschaft leben; erst später verschmerzte man ihren Wertverlust dadurch, dass man sie in die Freuden der Sommerfrische verwandelte. Noch Christoph Merian hat sich als Landwirt verstanden.

Ein historischer Augenblick, die Kantonstrennung, ersetzt keine langfristige Entwicklung. Wir behaupten nicht, dass die Wirtschaft der Stadt Basel in diesem Augenblick selbsttragend wurde. Vielmehr verweisen wir auf das neue Bild der eigenen Umwelt, die dieses Ereignis in der Stadt hervorrief. Zunächst, wie allgemein bekannt, machte sich Konsternation breit. Man fühlte sich blamiert, beraubt, und zudem von den wichtigsten Bundesgenossen, der Eidgenossenschaft, verraten. Man war nun vollkommen auf sich selbst gestellt. Doch liegt in dieser Isolation auch ein Impuls: Die nun inselartig in der „feindlichen" Umwelt liegende Stadt muss in städtischer Weise produktiv werden: Und dafür bietet sich nur das Engagement in der Weltwirtschaft an: Die Industrie und die mit ihr verbundenen Bankgeschäfte weisen den Weg.

In den 1830er Jahren schuf Heinrich von Thünen auf Tellow ein eindrückliches Bild der Stadt und ihres Umlandes: „Der isolierte Staat". Ein solcher isolierter Staat war Basel

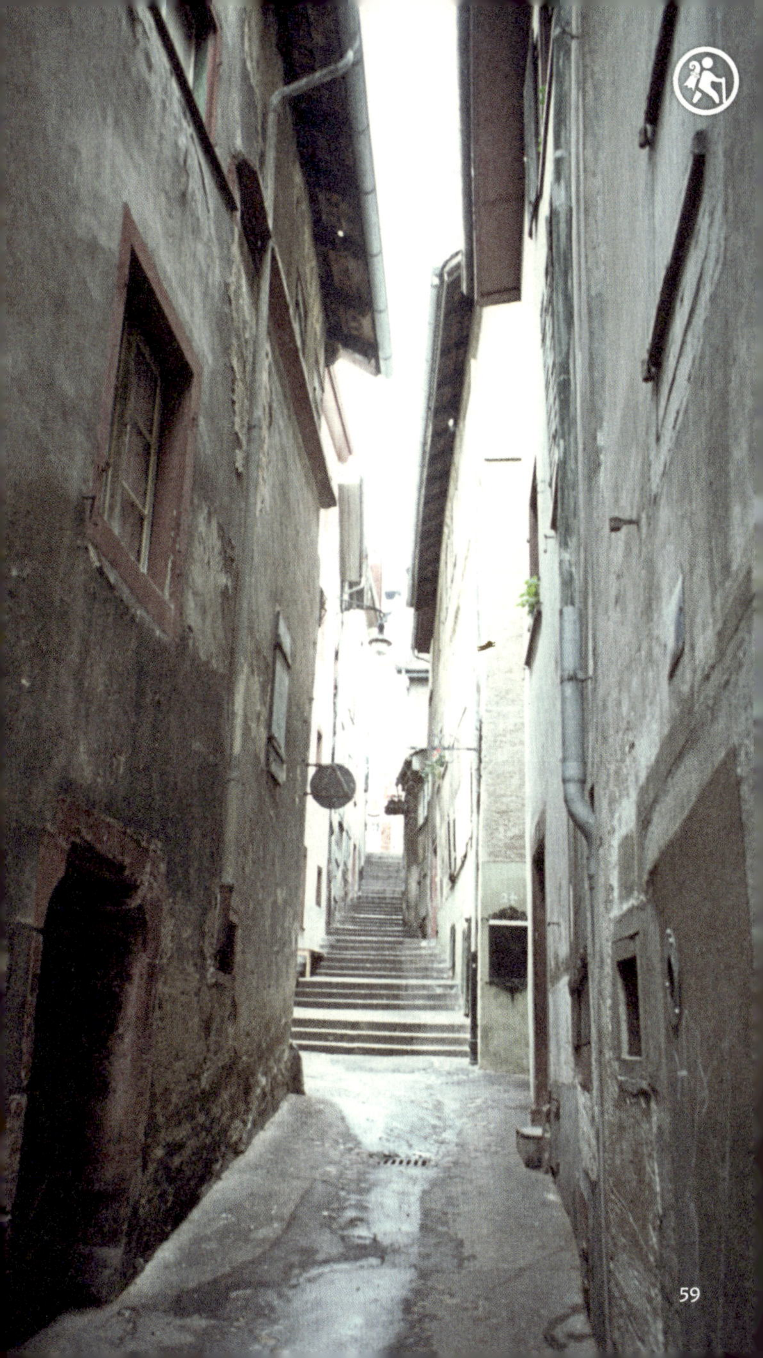

so lange, als es ein räumlich winziges Zentrum einer von ihm beherrschten Landschaft war. Mit den nötigen Abstraktionen und cum grano salis bildeten sich die Ringe ab: Die schweren Güter, das Holz, ertragen den geringsten Transportaufwand und müssen nahe der Stadt erzeugt werden, ebenso verderbliche Güter; weiter aussen findet sich Getreide, dann Vieh, dann die Wildmark. Thünens Modell ist in eigenartiger Weise ewig gültig und doch zeitgebunden: Als Transportmodell geht es in Ricardos Grenzertragstheorie und in Alfred Webers Standorttheorie ein; als Bild aber verliert es sich mit dem Aufstreben der Industriestädte und mit dem Bau der Eisenbahn. Das schöne Rechenexempel des Bauern, der seinen Hafer in die Stadt zu Markte bringt und dessen Pferd umso mehr von der Ware wegfrisst, je länger der Weg dauert, dieses Bild kann heute nur noch an einem auf dem Weltmeer kreuzenden Öltanker anschaulich gemacht werden.

Wir haben unsere Geschichte der Umwelt in Jahrzehnte aufgeteilt. Jedes Jahrzehnt illustrieren wir zusätzlich mit einem oder mehreren Zitaten, deren Ton und Inhalt die Stimmung der Zeit wiedergeben.

1840–1850: Die Eisenbahn

Schon im Jahrzehnt nach der Kantonstrennung klopft die Welt an die Pforten der nun auf sich selbst zurückgeworfenen Stadt. Die von Saint-Simon aus dem Schlaf geweckten französischen Ingenieure und Bankiers planen eine Eisenbahn von Strassburg nach Saint-Louis oder nach Basel, je nachdem, ob diese Stadt ihre Pforten dafür öffnet oder nicht. Damit beginnt für Basel das Eisenbahnzeitalter; zurecht so benannt, denn die Eisenbahn ist zweifellos die grösste finanzielle und industrielle Anstrengung des gesamten Jahrhunderts, die grösste zusammenhängend gedachte Idee aller Zeiten und die stärkste ästhetische Veränderung des städtischen Raumes. Aber vorerst geht es um einen ganz kleinen Schritt: Um die Frage, ob die Stadt Basel ihre Mauern durchbrechen lässt und die Eisenbahn ins Stadtinnere einführt oder nicht. Auch die Debatte um die Aufnahme der Eisenbahn bezeugt die starke Prägung des überkommenen Raumbildes. Der Raum ist geteilt in den Raum innerhalb und ausserhalb der Mauern. Ein Jahrzehnt vor der Niederlegung des Mauerkranzes ist nicht nur dessen reale Existenz, sondern auch dessen ordnende Bedeutung noch unerschütterlich präsent.

Die Eisenbahn brachte ja nicht nur ein schnelleres Transportmittel, sondern ein neues Denken; die Vernetzung schneller Verkehrswege bringt eine andere Raumwahrnehmung, beispielsweise die Einheit der Zeit. Die Uhren bei der Abfahrt in Mülhausen und bei der Ankunft in Basel müssen dieselbe Zeit verfolgen, sonst ist ein Fahrplan nicht möglich. Sicherlich ist diese universelle Zeit keine neue physikalische Entdeckung; dass sie sich aber in der Vernetzung eines schnellen Verkehrsmittels realisiert, muss eine ähnliche Erweiterung des Raumgefühles erzeugt haben wie zur Zeit der Renaissance die Entdeckung der Unendlichkeit des Raumes und deren Anwendung auf die Perspektive.

Liest man die Ratsberichte über die Debatte der Aufnahme der französischen Eisenbahn in Basel, so erstaunt zunächst, dass dort keine eisenbahnkritischen Äusserungen fallen.

Der Widerstand gegen die Aufnahme der Eisenbahn gründet sich nicht in einem allgemeinen Kulturpessimismus; auch bei den Gegnern der Aufnahme der Eisenbahn ist die Bahn als solche akzeptiert, nur will man sie nicht in den eigenen Mauern.

Es ist anzunehmen, dass zwischen den Befürwortern und Gegnern der Aufnahme der Eisenbahn im Stadtinnern Differenzen bestehen, die sich auf ihre wirtschaftliche Lage gründen. Die Eisenbahn dient dem beschleunigten Fernhandel und schadet dem neu etablierten Schiffahrtstransport und unter Umständen einem zur Überteuerung neigenden lokalen Gewerbe.

Eine solche Differenz kommt aber in den Debatten nicht offen zum Ausdruck, vermutlich auch deshalb nicht, weil dieses alte Gewerbe im Rat noch gar nicht vertreten ist. Vielmehr wird die Debatte zwischen fortschrittlichen und rückschrittlichen Aristokraten geführt. Während Bürgermeister Sarasin die Vorteile herausstreicht, die der Stadt daraus erwachsen, dass sie den Bahnhof unter ihrer eigenen Jurisdiktion und Kontrolle hat, also im Innern, macht sich Oberst Vischer, derselbe, der den unglücklichen Feldzug gegen Baselland auf dem Gewissen hat, zum Sprecher der Gegner. Seine Argumente sind militärisch und polizeilich. Er warnt davor, dass eine so kleine und schwach bestückte Stadt ihre Mauern öffnet gegenüber einem so übermächtigen Lande wie Frankreich; nicht einmal das grosse Belgien begehe eine solche Unvorsichtigkeit. Die Argumentation gipfelt in der schlimmsten aller Horrorvisionen, nämlich darin, dass französische uniformierte Zöllner im Basler Bahnhof wirken, gewissermassen die Bemannung des trojanischen Pferdes. Aber auch die Befürworter sind noch beherrscht vom Bilde der Mauer: Sie halten es nicht für zumutbar, dass ein aus Strassburg kommender Besucher von Basel ausserhalb der Mauer aussteigen und dann zu Fuss oder zu Pferde seinen Weg ans Ziel suchen muss. Die Alternative von aussen und innen überlagert also bei Weitem die praktische Suche nach einem geeigneten Ort.

Man behalte die Selbständigkeit, wenn man die Bahn in die Stadt holt, steht der Meinung gegenüber, man verliere die Selbständigkeit, wenn man die Bahn in die Stadt holt. Welcher Art diese Selbständigkeit sei, die man gewinnen oder verlieren kann, wird nicht genau klar. Wir vermuten, dass hinter den militärischen und polizeilichen Argumenten wirtschaftspolitische stehen. Eine „Liberale", internationalistisch denkende Kapitalfraktion der Produzenten und Exporteure steht einer protektionistischen, von den lokalen Monopolen profitierenden Fraktion gegenüber. Realistisch ist zweifellos der Gedanke, dass dort, wo der Bahnhof steht, ein Vorort erwächst; nehmen wir die Bahn nicht auf, so wird Saint-Louis zur konkurrierenden Schwesterstadt von Basel, wie es einst Carouge vor den Toren von Genf eine war. Und ein ähnliches Schicksal könnte uns auch seitens der badischen Nachbarschaft erwachsen, und schliesslich ist auch noch offen, wie wir es gegenüber unserem schweizerischen Bundesgenossen halten wollen.

Die Frage der Lage des Bahnhofs und seiner Stellung zu den Wohnquartieren wird durch das ganze 19. Jahrhundert hindurch die wichtigste städtebauliche Frage für Basel. Kopfbahnhof oder Durchgangsbahnhof, so lautet die Alternative nunmehr, sobald man einmal den ersten Schritt getan hat und die Mauern öffnete. Auch hinter dieser scheinbar praktischen Frage stecken unterschiedliche Interpretationen der Umwelt. Ist unsere Stadt ein Ziel, machen sich die Leute aus Strassburg und Zürich auf die Socken, um nach Basel zu gelangen, oder ist unsere Stadt eine Station in einem weltweiten Netz, wo man aussteigen oder auch weiterfahren kann? Der Durchfahrtsbahnhof ist das Zeichen der kleinen Orte, ist deklassierend. Kopfbahnhöfe hielten sich nur in den grossen Städten, London, Paris, Berlin; – und in Zürich ...

Verbrämt wurde diese Frage der Kopfbahnhöfe oftmals hinter anderen Argumenten. Auf der Suche nach dem richtigen Ort des Zentralbahnhofs entstanden eine grosse Anzahl von Varianten; neben den Behörden beteiligten sich viele Fachleute und Privatleute an dieser Diskussion. Längere Zeit wurde eine Lösung befürwortet, bei der die von Zürich kommende Eisenbahn bei St. Jakob nach Süden abbiegt, dem Fusse des Bruderholzes entlangfährt und dann an der heutigen Stelle des Bahnhofs SBB, aber um 90° gedreht in einen Kopfbahnhof mündet. Diese Lösung wurde mit dem bemerkenswerten Argument propagiert: dann gebe es keine Bevölkerung „hinter der Bahnlinie“. Die Erfahrung, dass in vielen Städten, Zürich, Genf, Dortmund, das „Born on the wrong side of the Railway track“ zur Deklassierung führe, war offenbar bis nach Basel gedrungen. Es fragt sich allerdings, ob die Eisenbahn wirklich die Ursache der Deklassierung ist, oder ob die Aufstiegschancen in der Dortmunder Nordstadt nicht ebenso schlecht wären, wenn die Eisenbahn sie rechtwinklig durchqueren anstatt tangential abschneiden würde.

Die Basler Lösung in der Kopfbahnhof-Frage ist bezeichnend: bis auf den heutigen Tag sind unsere Bahnhöfe Zwitter. Der Bahnhof SBB könnte ein Durchgangsbahnhof nach Frankreich sein, wird aber nicht als solcher benützt. Seit dem Bau der Verbindungsbahn ist der Badische Bahnhof mehr oder weniger ein Durchgangsbahnhof geworden. Interessant ist, dass das Bild beider Bahnhöfe, nämlich ihre Fassaden, einen Kopfbahnhof darstellen.

Vom Bahnhofplatz SBB gesehen würde man nicht erwarten, dass die Züge tangential, nicht orthogonal abfahren.

1850–1860: Der Stadtrand

Hatte das vorangegangene Jahrzehnt den Anschluss Basels an das Eisenbahnnetz gebracht und damit den Blick in die Ferne zu anderen, ebenfalls kulturell und kommerziell tätigen Städten, mit denen man in Austausch treten konnte, so brachte das folgende Jahrzehnt die Schleifung der Befestigungsanlagen und die Öffnung in die nahe umgebende Fläche. Wiederum, aber dieses Mal bezogen auf das lokale Kontinuum, haben wir es mit der Öffnung, mit der Aufhebung des Innen und Aussen zu tun. Es ist seltsam, aus den Akten zu entnehmen, welche Veränderungen der Wahrnehmung sich hierzu in den Köpfen der Beteiligten abspielen mussten.

Anlass zu den Beschlüssen über die Schleifung der Befestigung, welche übrigens wohlverpackt sind in Beschlüssen über den künftigen Strassenbau, gibt das sogenannte „Anbauen", nämlich die Erweiterung der Stadt vor den Toren. Wie in anderen militärisch befestigten Städten folgte unmittelbar auf Mauer und Graben nach aussen ein Glacis, das nicht bebaut werden durfte. Die Notwendigkeit des Glacis ist offenbar schon seit einiger Zeit nicht mehr eingesehen worden und Bauten wurden gestattet oder toleriert. Die Eisenbahn und die Industrialisierung hatten in dem besprochenen Jahrzehnt einen Aufschwung gebracht, welcher zu einem gesteigerten Verkehr (wir wissen nicht, ob die regierungsamtliche Angabe eines „verzehnfachten" Verkehrs wörtlich zu nehmen ist oder bildlich) sowie zu einer Bautätigkeit ausserhalb der Mauern wie nie zuvor geführt. Ärgerlich war dabei, dass für das Bauen innerhalb der Mauern und ausserhalb der Mauern unterschiedliche Gesetze galten und unterschiedliche Gremien zuständig waren, und dass für das Bauen ausserhalb der Mauern wichtige Bestimmungen fehlten. Die Schleifung der Mauern scheint also im Wesentlichen die Aufhebung einer imaginären Grenze in den eigenen Köpfen und Papieren gewesen zu sein, da man die in der Stadt gültigen Strassen- und Baugesetze nun auch für die Anbauten anwenden musste.

Die Begründungen, mit welchen der Kleine Rat den Grossen Rat für seine Pläne zu gewinnen sucht, sind äusserst umsichtig und subtil und geben Rückschlüsse auf die noch herrschenden Gefühle und Vorstellungen. Zunächst muss die Vorstellung abgebaut werden, die Befestigungen hätten noch einen militärischen Wert. Dass die Stadt keiner Belagerung mehr standhalten konnte, scheint allgemein bekannt; bekämpft werden muss lediglich noch das Argument, hinter den Befestigungen könne man den heranrückenden Feind so lange hinhalten, bis aus der Eidgenossenschaft Entsatz käme. Hier bringen die jetzt Fortschrittlichen das schlagende Argument: mit der neuen Eisenbahn ist dieser Entsatz binnen kürzester Zeit schon da! Auch im lose föderalistischen Staatenbund bringt offenbar die Eisenbahn eine neue Sicherheit durch rasche Hilfeleistung.

Weit wichtiger erscheint das Problem des Gesindels und seiner Überwachung durch die Polizei. Während wir heute eher geneigt sind, allfälliges Gesindel im Stadtinnern und brave Leute auf dem Lande zu suchen, so war offenbar das allgemeine Umweltempfinden umgekehrt: Im Stadtinnern schlafen die braven Bürger den Schlaf der Gerechten, während, in Schach gehalten durch die Posten an den Toren, aussen das Gesindel herumschleicht. Laut Kommentar des Kleinen Rates befinden sich die Bürger aber nur noch in einer scheinbaren Sicherheit, es ist durchaus möglich, dass sich Gesindel schon innerhalb der Stadt befindet. Der Polizei jedenfalls stellt sich eine neue Aufgabe: Sie hat nicht mehr eine Linie zu bewachen, nämlich den Mauerring, sondern eine Fläche. Dieses sei nicht neu, versichert der Kleine Rat: Gesichert sei ohnehin nur die ummauerte Stadt gewesen, in den Anbauten habe man schon lange eine flächige Sicherheit durch Patrouillen aufrechterhalten müssen. Diese Fläche werde sich nun um das Gebiet der Innenstadt vergrössern, was aber zu verkraften sei, da die neuen Verhältnisse der gewachsenen Industrie- und Handelsstadt ohnehin eine Steigerung der polizeilichen Beaufsichtigung nach sich zögen.

Mit der Schleifung der Mauer tritt eine städtebauliche Frage auf, die einerseits zeigt, dass die Stadtmauer noch nicht ganz aus den Köpfen verschwunden ist, die aber andererseits bis auf den heutigen Tag keine Antwort gefunden hat: Wo und wie endet die Stadt? Hier geistert Ludwig Marings „Generalplan der Stadt Basel" von 1857 herum, der offenbar keinen offiziellen Charakter hat, sondern der durch ein privates Geschenk des Bürgermeisters Sarasin an den Eisenbahningenieur Maring honoriert wurde. Der Plan nimmt akademische Vorstellungen auf, wie sie in Paris, Berlin oder Wien bei Stadterweiterungen im Schwange waren, und wendet sie auf Basel an. Die Stadtbefestigung wird umgewandelt in eine Anlage, wie das ja dann auch geschah. Ausserhalb dieser Anlage beginnen weiträumige Strassenanlagen, deren Muster barocken Parkanlagen entnommen sind, und die von strassenbegleitenden, hofbildenden Wohnhäusern umgeben sind, die wir uns wohl als vier- bis sechsgeschossig vorzustellen haben. So sieht das moderne Stadthaus an Haussmanns Boulevards und in Berlin am Kurfürstendamm und an der Kantstrasse aus: Im Erdgeschoss Läden, in der Bel-Etage und im zweiten Obergeschoss luxuriöse Bürgerwohnungen, und im Dach Wohnungen und Zimmer für die Bediensteten, Verkäufer und Kellner. Die Eingänge dürfen wir uns als Durchfahrten vorstellen, in den Höfen der vornehmeren Häuser waren die Remisen für die Kutschen und Pferde, in den einfacheren Quartieren entsprechend Werkstätten und Warenlager. Was uns hier aber besonders erstaunt: Diese Stadt endete abrupt mit einer ringförmigen Allee, jenseits welcher eine Aufreihung von den parkartigen Anlagen gelegenen Einzelbauten zu sehen ist, vermutlich öffentliche Institute, Schulen, Kliniken und Ämter. Die Stadt also erhielt wiederum einen Abschluss, und zwar einen monumentalen. Trotz aller „Anbauten" waren Stadt und Land immer noch getrennte, getrennt zu haltende Gebiete.

Marings Plan wurde nicht verwirklicht. Vielmehr legte der Stadtgeometer einen Plan auf der Basis des Machbaren an, und das hiess, in Übereinstimmung mit dem, was ohnehin geschah, und mit den Interessen der privaten Grundbesitzer. Teile von Marings Plan sind dabei übernommen: So die baumbestandenen Anlagen in den Gräben und die davon ausstrahlenden Strassen vom Typus Engelgasse und Hardstrasse. Die Strassen und Plätze aber waren viel bescheidener als bei Maring; ein Relikt solcher Planung ist vielleicht noch der Sevogelplatz. Hier ist auch in den Bâloise-Häusern ein Stückchen der erhofften Bebauung zu sehen, wenn auch aus späterer Zeit. Ein „Abschluss" erfolgte gleichwohl: Eine Folge von Tangentialstrassen, die noch heute das Wort „-ring" im Namen führen.

Immerhin zeigt auch die zum Beschluss erhobene, recht unvollständige Planung des Stadtgeometers Hartmann hohe Ansprüche: Sie dokumentiert den Anspruch auf städtebauliche Schönheit oder zumindest die Vermeidung von Hässlichkeit, wie sie sich in unübersichtlichen und unlogischen Verwinklungen der Strassen manifestiert. Überdies benützt der Kleine Rat in seinen Begründungen mehrmals das „allgemeine Wohl", das es zu verfolgen gilt, natürlich stets mit der Einschränkung, dass es mit den allgemeinen Interessen in Einklang gebracht werden müsse und schliesslich auch im wohlverstandenen Interesse der Grundbesitzer sei.

Mit der Schleifung der Wehranlagen setzt sich eine neue Interpretation der Umwelt des Städters durch: Der Strich der Stadtmauer wird ersetzt durch eine flächige Wachstumszone; die Sicherheit im Inneren erweist sich als relativ und ständiger Überwachung bedürftig. Noch wird eine Abgrenzung zum Land gesucht und notdürftig auch erstellt. Was interessanterweise nicht auftritt, ist die Vorstellung, es müsse der Industrie ein eigenes Wachstumsareal oder eine Zone zugewiesen werden. Noch kann in dieser Beziehung jeder Grundbesitzer schalten und walten, und das schon angerufene öffentliche Wohl wird noch nicht wahrgenommen.

1860–1870: Der grüne Ring des Bauerwartungslandes

Das Jahrzehnt präsentiert sich zwiespältig: Von einem heutigen Gesichtspunkt aus interessieren die ersten grossen Umweltschäden der chemischen Industrie. Der Fabrikant Müller-Pack, ein Strohmann der Firma Geigy, produziert das Färbemittel Fuchsin, das als Abfallprodukt mit Arsenik verseuchtes Wasser erzeugt. Die Behörden erweisen sich als weitgehend unfähig, mit diesem Problem umzugehen. Schliesslich sind die Brunnen in der Umgebung der Fabrik so vergiftet, dass die Bevölkerung ernstlich Schaden nimmt. Da die Epoche des Fuchsins ohnehin zu Ende ist und von den neuen Anilinfarben abgelöst wird, lässt Geigy seinen Strohmann Konkurs gehen und die Regierung erlässt ein Verbot der Farbproduktion mit Arsenik. Lediglich das Sanitätskollegium erkennt, was hier in Anfängen aufscheint; die Behörden der Stadt aber scheinen die Arsenik-Affäre als einen Zwischenfall anzusehen.

Die Stadt ist offenbar mit etwas anderem beschäftigt, nämlich mit der Aufarbeitung dessen, wovon wir im vergangenen Abschnitt 1850–60 gehandelt haben: Den Folgen der Niederlegung der Stadtmauer und der Ausdehnung ins Land. „Wo ist der Rand der Stadt“, wurde da gefragt, und die Antwort wird nun sichtbar: Der Perimeter der Aktionsfläche des Bürgers ist abhängig von seinem Verkehrsmittel. Wer zu Fuss gehen musste, war auf die fussläufige Stadt angewiesen. Die ärmere Bevölkerung wohnte in der Nähe ihres Arbeitsplatzes, die Stadt füllte sich. Das einzige schnellere und bequemere Verkehrsmittel war das Pferd: Als Reittier und als Zugpferd war es noch privat, das Pferdetram existierte in Basel noch nicht.

Die Diskussion um den neuen Stadtrand erübrigte sich, die Stadt wurde zusammengehalten durch die Fussläufigkeit. Lediglich die Aristokratie liess ihre Augen über den Rand der Bebauung hinausschweifen. Diese Zone ausserhalb der Stadt bot zweierlei. Einmal angenehme erholsame Sommeraufenthalte, und andererseits die Aussicht auf einen späteren, gewinnreichen Verkauf dieses Landes. Einige Familien besassen schon Güter ausserhalb der

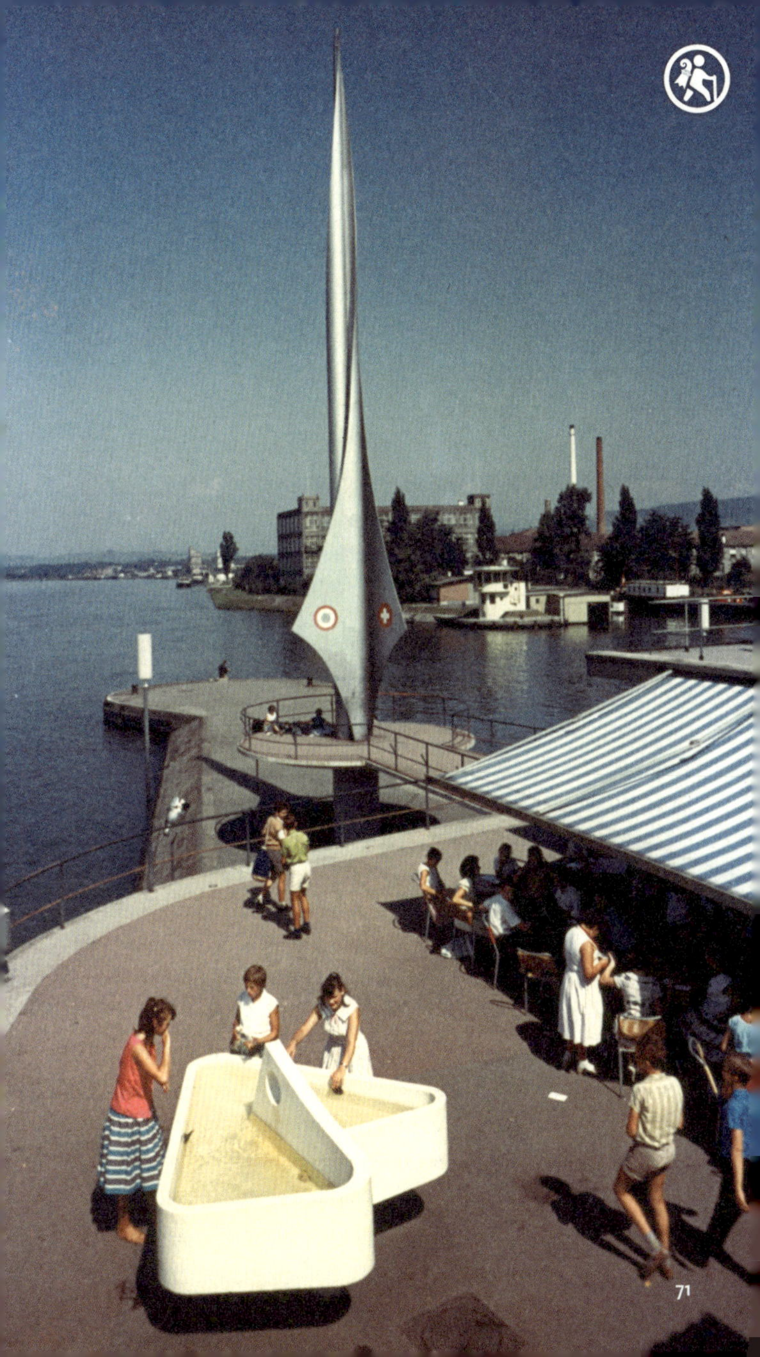

Stadt, der Bäumlihof, der Wenkenhof, die Neue Welt, das Brückengut und die Ermitage in Arlesheim, die Sandgrube, der Vogelsang, die Gundeldinger Schlösschen und das Schlösschen Klybeck ... Diese Landsitze hatten den Charakter von Landgütern und waren teilweise auch bewirtschaftet. Schon seit dem Beginn des Jahrhunderts gab es ja die Mode des Sommeraufenthaltes auf den eigenen Gütern, die sich auch noch in weit grösserer Entfernung befinden konnten: In Reigoldswil, in Langenbruck, in Augst oder im Ausland, in der Markgrafschaft oder im Elsass.

Unser Jahrzehnt 1860–70 zielt auf eine andere Qualität: Es entsteht so etwas wie ein zugleich erholsamer wie spekulativer „Green Belt" um die Stadt. Systematisch kaufen sich die Familien der Aristokratie einen Ring unmittelbar jenseits der fussläufigen Stadt. Allen voran die Merians: Das Heimatland, der Surinam, die Luftmatt, Brüglingen; andere Vermögensbesitzer vervollständigen den Ring: Am Wolfbahnhof sitzen die Bachofen, im anschliessenden Bahnhofareal Bürgermeister Sarasin, am Bruderholz versuchen sich die Ehinger; im Kleinbasel schliesst sich der Ring durch die Solitüde, den Rankhof, den Vogelsang. Wer Geld hat, der entflieht zumindest im Sommer per Sattel oder per Kutsche der engen Stadt und geniesst von aussen den Anblick ihrer Silhouette.

Es interessiert hier nicht, inwieweit diese Spekulationen zu einem finanziellen Erfolg führten und inwieweit diese Besitzungen die in sie gesetzten Erwartungen finanziell erfüllten. Tatsache bleibt, dass sie die Planungen beeinflussten: schon der erwähnte Maring-Plan, der für den Bürgermeister Sarasin privat erstellt wurde, sieht so aus, als habe er dazu gedient, das Sarasin 'sche Land der Centralbahn anzudienen. Was uns hier interessiert, ist die neue Ästhetik: Die städtische Umgebung wird als „malerisch“ erlebt – oder gestaltet. Die nunmehr gegen das Umland geöffnete Stadt erhält nicht den Maring‘schen Abschluss durch öffentliche Gebäude. Vielmehr wird aus München der am Englischen Garten tätige Gärtner von Effner geholt, der nun den Stadtrand als künstliche Landschaft, als englischen Garten definiert. Die Ausfallstrassen führen von der Stadt nicht mehr in die Landwirtschaft, sondern in die geschönte Natur. Von Effner macht wohl als erster die Basler darauf aufmerksam, dass man in den Langen Erlen nicht nur Hasen schiessen kann, sondern dass dort durch die systematische Verschönerung der Baumgruppen und der Lichtungen ein Tierpark entstehen könnte. Ebenso zeigt er ihnen die Schönheit des badischen Rheinufers rheinaufwärts vor der Kulisse des Grenzacher Horns. Werden die von den entfestigten Zonen übriggelassenen Flächen in einem einigermassen verwaschenen „englischen“ Stil bepflanzt, und plätschern die sanft geführten Schlängelwegchen etwas kraftlos zwischen den mageren Bosquetten dahin, so werden doch die Ausfallstrassen, der äussere Gellert, die St. Jakobstrasse, auch längs des Birsig das Birsigwäldchen, malerisch und schön angelegt. Dem Besuch des Gärtners Karl von Effner aus München folgte die Anstellung eines Münchner Gärtners Gustav Schuster als Stadtgärtner.

Was also ist aus der ihrer Mauern beraubten Stadt geworden? Im ersten Jahrzehnt entstand die immer noch übervölkerte, allzu eng bewohnte Stadt mit ihrem relativ scharfen Rand, darum herum eine teils öffentlich, teils privat gepflegte Zone künstlicher Landschaft, die ich als die „Kutschenstadt“ bezeichnen möchte. Sie ist erreichbar in nützlicher Frist nur mit dem Pferde, und wer nicht über viel Musse verfügt, hat auch in ihr nichts zu suchen. Das Gesindel, einst aussen beheimatet, versteckt sich nun besser in der Stadt; die Hunde der Hofbesitzer sorgen dafür, dass es aussen keine Existenz hat. Erst wenige Leute nehmen wahr, dass die Stadt nicht gleichmässig von einem grünen Ring umgeben werden kann: Gewisse Richtungen, nach Riehen, nach St. Jakob, nach St. Margarethen bleiben bevorzugt, andere werden allmählich von der Industrie in Anspruch genommen. Im Schlösschen Klybeck, dem Sommeraufenthalt des Philosophen Johann Jakob Bachofen, würde man kaum mehr eine Sommerfrische vermuten.

Das Idyll des grünen Ringes trügt: rheinabwärts, rheinaufwärts auf der Kleinbasler Seite und am Riehenteich beginnt sich die Chemie breitzumachen. Andere Zonen des Ringes lassen unverhohlen ihren spekulativen Charakter hervortreten. Auf undurchsichtige Weise verbündet sich der städtebauliche Fortschritt mit der Grundstückspekulation. Der ältere und der jüngere Sarasin als Politiker verbünden sich mit dem älteren und dem mittleren Stehlin als Architekten. Diese vier Personen sind insofern fortschrittlich, als sie erkennen, dass die Stadt Basel, ändert sie nicht ihre Baugesinnung und ihre Baugesetze, bald in der Provinzialität stecken bleibt. Sie sind aber auch gefährlich, indem sie diese Erkenntnis zu nicht ganz uneigennützigen Resultaten gelangen lassen.

1870–1880: Das Gift

Die Geschichte der Umweltschäden ist die Geschichte der Wahrnehmung der Umweltschäden. Diese Wahrnehmung ist behindert durch den ausbeuterischen Ansatz, den die Bibel unserer Kultur mitgegeben hat: „Macht Euch die Erde untertan“. Dass die Folgen unseres Tuns die Umwelt verändern, wird zunächst eher als Leistung oder als Erfolg wahrgenommen, allenfalls als gleichgültige Begleiterscheinung, als Umweltschaden aber erst dann, wenn der Schaden eine andere Produktion behindert. Vergiftete Abwässer können den Fischbestand eines Gewässers zerstören, Rauch und Abgas die Anpflanzung schädigen und ungeniessbar machen. Bis in die allerjüngste Zeit war man noch geneigt, solche Schädigungen als die Notwendigkeit des Fortschritts, als die Nachteile einer überlegenen Produktionsweise zu sehen, die eben einer altmodischen, nämlich der landwirtschaftlichen, zugefügt werden. In unserer Region erinnern wir uns an den Kampf des Fricktales gegen die Fluorschäden, im Geographieunterricht lernte man, dass Tannen und Fichten nicht „typisch" seien für das Ruhrgebiet in Wirklichkeit waren sie wegen der Abgase der Kokereien und der Bessemer-Birnen ausgestorben. In der Umgebung der Chemischen Werke Hüls waren die Behörden geneigt, etwa reklamierenden Gemüsepflanzern die beruhigende Antwort zu geben, die Wertschöpfung der CWH sei doch um so vieles wichtiger für die Region als das bisschen Gemüse, dass man solchen Beschwerden nicht nachgehen wolle.

Am ehesten wahrnehmbar, weil unmittelbar bedrohend, ist die Gewässerverschmutzung, die „Brunnenvergiftung". Auf sie bezieht sich die Arsenik-Affäre, auf die wir schon hingewiesen haben, und die sich 1864 abspielte, als die der Firma Geigy benachbarte Familie Stampfer einschliesslich zweier Hausangestellter sich aus dem Wasser ihres Sodbrunnens eine schwere Arsenikvergiftung holten. Es war bezeichnend, wie die Behörden der Stadt die Angelegenheit behandelten: nämlich als ein Unfall, der an ein bestimmtes Produktionsverfahren gebunden ist. Da es Geigy gelungen war, für das Verfahren der Fuchsin-Herstellung einen Strohmann, Müller-Pack vorzuschieben, wurde dieser gebüsst und Geigy konnte ungestört mit anderen Verfahren fortfahren. Lediglich die Sanitätskommission traf damals eine Feststellung, die in ihrer Absolutheit dann wieder romantisch klingt, die aber damals den richtigen Weg gewiesen hätte: Das Sanitätskollegium berichtete an den Kleinen Rat am 29. Dezember 1866, „dass sie (die Anilinfarben-Fabrikation) eigentlich mit Gift arbeitet und Gift ihr Lebenselement ist; dass sie dieses Gift in festem, flüssigem und gasförmigem Zustand dem Boden, dem Wasser und der Luft mitteilt, und dadurch, wenn ihr nicht strenge Schranken gezogen werden, eine langsame, aber sichere Zerrüttung aller normalen Gesundheitsverhältnisse herbeiführt".

Anders dachten die Ingenieure, wiewohl sie einsahen, dass zumindest für diese Fuchsin-Fabrikation offene Senkgruben nicht mehr genügen. Aber offenbar waren sich die Ingenieure über das weitere Vorgehen nicht einig. Während Ingenieur Goppelsröder die Anlegung von wasserdichten Gruben vorschlug, in welchen das Arsen dann verbleiben solle und nicht ins Grundwasser gelange, schlugen die Naturwissenschaftler Prof. Städeler, Schönbein und Merian die Erstellung einer Röhrenleitung vom Areal der Geigy in den Rhein vor. Der von Müller-Pack gesuchte Kompromiss, die Abwasser-Leitung nur bis zum Wiesenfluss zu lenken, wurde von der Regierung abgelehnt mit dem Hinweis auf die zeitweilige Trockenheit dieses Bachbettes, also nicht etwa auf die Folgen für die Wiese, deren Ufer und den darunterliegenden Grundwasserstrom. Schliesslich einigte man sich darüber, dass die arsenhaltigen Rückstände in Fässer gefüllt und in den Rhein geleert werden sollen.

Später, und nach der Verurteilung Müller-Packs, forderte die Regierung dann die Anlage einer Abwasserleitung von Geigy bis in den Rhein auf Kosten des Betreibers.

Die weiteren Geschehnisse zitieren wir anhand der von Alfred Bürgin verfassten Geschichte der Firma „Geigy 1758–1939": „Das Wegschaffen der Rückstände und Abwasser bereitete der Firma und den Behörden noch einige Umtriebe, konnte aber schliesslich in einer befriedigenden (!) Weise gelöst werden. Die arsenikarmen Abwasser leitete man in gusseisernen Röhren in die Tiefwasser des Rheins. Die stark arsenhaltigen Rückstände mussten dagegen eingedampft und in Fässer verpackt werden. Anstoss erregte jedoch (?) die Leerung dieser Fässer. Geigy liess sie nämlich frühmorgens von der Rheinbrücke direkt in den Strom entleeren. Später konnte er (Geigy) die Abfälle nach Deutschland, Holland und England verkaufen. 1872 wurde bei Düsseldorf eine besondere Aktiengesellschaft gegründet, die die Abfälle zur weiteren Verwertung übernahm. Eine der ersten Massnahmen Geigys hatte darin bestanden, dass er im Sommer 1865 einen Teil der wegen des Arsenikverfahrens gefährlichen Fabrikation des Fuchsins in eine ländliche Gegend (!) verlegte. Er errichtete in Schweizerhalle in der Nähe der Saline am Rheinufer eine kleine Fuchsin-Fabrik mit vier metallenen Kristallisationsgefässen. Die technische Leitung übergab er dem von Müller übernommenen Chemiker Dr. Bindschedler ..." Wohin die arsenikhaitigen Abfälle in Schweizerhalle gelangten, wird sich der geneigte Leser selber sagen können. Anstatt dass sie in Basel in den Rhein geleert wurden, waren sie schon drin.

Die Geschichte des Fuchsins ist nur ein kleiner Abschnitt in der Entwicklung der Basler Farbchemie. Durchgehend wurden die Extraktionen aus natürlichen pflanzlichen oder tierischen Geweben ersetzt durch die synthetische Herstellung. Dadurch entstehen vorübergehend oder dauernd giftige und schädliche Nebenprodukte, Geigy mit seiner Fuchsin-Geschichte blieb lediglich deshalb in den Fängen der Behörde, weil die Fabrik nicht an den Rhein grenzte, wie dies die Betriebe von Clavel, Dollfus und anderen taten. Der Rhein wurde als ein so mächtiger Vorfluter betrachtet, dass man sich jegliche Vergiftung erlaubte. Natürlich veränderten diese eingeleiteten Gifte die Fauna des Rheins in gewaltigem Masse. Hierüber wurden aber in der so eifrig naturwissenschaftlich forschenden Stadt nur wenig Beobachtungen angestellt. Zweifellos erlebten die Fischer den Rückgang der Beute, uns liegen aber keine Berichte vor, dass solche Klagen eine politische Form gewonnen hätten oder gar gesetzgeberische Folgen gezeitigt hätten. Wir lassen aber diesem Kapitel einige wörtliche Zitate des Doktoranden der Naturwissenschaft Ferdinand Neeracher folgen, der in seiner Dissertation über die „Insektenfauna des Rheins“ berichtet hat.

Seit dem Industriezeitalter müssen wir zwischen den abbaubaren Verunreinigungen des Abwassers und den schädlichen oder giftigen unterscheiden. Die herkömmliche Technik der Reinigung, die Sihlgrube, wurde für herkömmliche Abfälle, nämlich Fäkalien entwickelt. Sie filtert die Abwässer in die Feststoffe, die allmählich verrotten, und die Flüssigkeit, deren Verschmutzung im Boden allmählich regeneriert. Die Überraschung des Arsenik-Skandales bestand darin, dass die Sihlgrube gegenüber „chemischen“ Abwässern wirkungslos ist.

Organische Abfälle bauen sich so lange ab, als sie die Selbstreinigungsfähigkeit des Bodens oder des Wassers nicht überlasten, also solange genügend Sauerstoff vorhanden ist und die Mikroorganismen Zeit haben, den Abbau vorzunehmen. In dem von uns besprochenen Jahrzehnt war auch für die abbaubaren Verschmutzungen der Zeitpunkt gekommen, in welchem die herkömmlichen Behandlungsweisen versagten. Der Mehrverbrauch an Trinkwasser belastete die Sihlgruben, und mehrfach brachen Epidemien, Cholera (1866) und Typhus aus. Erst nach 1860 entwickelte die Medizin klarere Vorstellungen über die Verbreitung ansteckender Krankheiten; vorher war das empirische Wissen des Volkes eher weiter entwickelt und näher der Wahrheit als die Interpretationen der Wissenschaft.

Der Zustand der kleinen Nebenflüsse des Rheins, insbesondere des Birsig und des Rümelinbaches, muss schlimm gewesen sein. Aber immer noch hatte man ja den unerschöpflichen Vorfluter Rhein! Das Kanalisationsgesetz von 1876 zeugt von der ersten Wahrnehmung des Problems in der Stadt. Indem man das Problem dem Rhein zur Reinigung übergab, folgte man dem Beispiel der meisten Grossstädte in dieser Zeit.

Es ist müssig, von heute aus diese Entscheidung zu kritisieren; schliesslich ist die Wahrnehmung dieser Gewässerverschmutzung im Grossen erst eine Errungenschaft unserer jüngsten Zeit. Immerhin ist damals mit dem Entschluss zur Entwässerung in den Rhein (oder in anderen Städten in entsprechende Vorfluter) eine Weiche gestellt worden, die auch anders hätte gestellt werden können. Wir können nur ahnen, wie sich eine Technologie der Neutralisierung der Fäkalien an Ort und Stelle entwickelt hätte, inwieweit sie organischen Dünger produziert hätte, der der Landwirtschaft nützlich geworden wäre und

Kunstdünger vermeidbar gemacht hätte, und wie weit diese Technologie gereicht hätte.

Unsere Generation hat die Abwasser-Kläranlagen gebaut. Dabei müssen wir uns klar sein, dass diese fraktionell arbeiten, das heisst, dass sie nur jene Schadstoffe dem Wasser entnehmen, für deren Entnahme sie gebaut sind. Die durch die Kläranlagen der Chemie fliessenden Wasser sind nicht „rein", sondern man entnahm ihnen bestimmte, als gefährlich erachtete Stoffe. Dieses ist auch bei der Beurteilung der Fauna und Flora der Vorfluter, also des Rheins, zu beobachten. Durch die Klärung der Abwässer wird nicht die alte Rheinfauna und -flora wiederhergestellt, vielmehr bevölkert sich der Rhein mit denjenigen Lebewesen, die die immer noch vorhandenen chemischen Belastungen aushalten. In der Bevölkerung werden die Edelfische als besonders empfindliche und damit als indikatorische Tierarten betrachtet. Es zeigt sich aber, dass sie auch in stark verändertem Wasser leben können, wenn nur bestimmte Gifte fehlen. Das Wiederauftreten zahlreicher Fische heisst also nicht, dass der Rhein nun wieder sei wie zuvor, also vor der Industrialisierung: Gerade der Bericht von Neeracher zeigt, dass der Rhein unter den Bedingungen der anfänglichen Vergiftung durch chemische Fabriken immer noch viel reicher bevölkert war als heute; die Perfiden, die Neeracher rechtsufrig auf einige Kilometer vermisst, sind heute überhaupt verschwunden.

1880–1890: Die neuen Aufgaben

Übelstände können wissenschaftlich festgestellt sein und dennoch nicht wahrgenommen werden; so war es in Basel mit der Gewässerverschmutzung durch Fäkalien; Übelstände können wahrgenommen werden, aber die

Wissenschaft interessiert sich nicht dafür: So war es in Basel mit dem Gestank gewisser Fabriken. Schliesslich können Übelstände insofern unbemerkt bleiben, als sie privat verarbeitet werden und weder zur öffentlichen Klage noch zur wissenschaftlichen Untersuchung führen – ein Beispiel hierfür ist der Lärm.

Wir bezeichnen das hier besprochene Jahrzehnt als das Jahrzehnt der neuen Aufgaben, die teilweise aufgefangen werden durch eine neue Verwaltung, die sowohl auf politischer wie auf technischer Ebene neue Organe schafft. So wird das alte Baukollegium durch das Baudepartement ersetzt mit einem, anstelle des alten Hochbauinspektors, nunmehr eingesetzten Kantonsbaumeister, wobei Heinrich Reese als erster diese Stelle erhielt.

In das besprochene Jahrzehnt fallen der Bau der Wettsteinbrücke und die Planung der Johanniterbrücke; beide Brücken sind Folgen und Ursachen von Bauimpulsen, es entstehen das Wettsteinquartier und das Matthäus-Quartier. „Spekulation" hatte damals noch nicht den durchwegs negativen Charakter, mit welchem wir heute dieses Wort versehen: „Bauen auf Spekulation" hiess einfach, dass der Architekt oder Bauunternehmer in dem Augenblick, wo er baut, noch keine Abnehmer hat, dass er also auf eigene Rechnung und nicht auf Bestellung baut. Solche Spekulanten sind es, die die neuen Quartiere erschliessen und bebauen, und es entsteht 1877 das Gesetz über Spekulationsstrassen. Bisher hatten die Eigentümer von grösseren Grundstücken das Recht, die Häuser und ihre Zufahrten im Innern so zu verteilen, wie es ihnen richtig schien; dieses neue Gesetz bestimmt, dass ein zusammenhängendes öffentliches Strassennetz alle vorhandenen und künftigen Häuser verbindet ohne Rücksicht darauf, ob die so gezogenen Baulinien private Interessen berühren oder verletzen. Hinter dem Gesetz über Spekulationsstrassen steht also die Vision einer verkehrsmässig wohlerschlossenen Stadt. Die Rechte jener Besitzer, die sich in dem vermeintlichen „Grüngürtel" festgesetzt haben und nun ihre ehemalige Sommerfrische so dicht wie möglich bebauen wollen, werden erheblich beschnitten.

Als Folge der neuen Erkenntnisse über die Verbreitung der Cholera und des Typhus und auch aufgrund des Vorbildes anderer Städte beschliesst die Regierung endlich eine allgemeine Kanalisation. Diese erscheint in der damaligen Zeit als Fortschritt; wir wissen heute, dass sie die Probleme lediglich vom Stadtgebiet in den Rhein verlagert hat. Dennoch wird dieser Schritt der Regierung im Volke – und zweifellos auch in der Oberschicht und der Schicht der Meinungsbildner des Volkes, noch nicht verstanden, und zwar nicht deshalb nicht, weil man etwa frühe ökologische Ahnungen gehabt hätte, sondern weil man die Absichten der Regierung für grössenwahnsinnig hielt. Die Vorlage wird in einer Volksabstimmung mit dem für heute sensationellen Ergebnis von vier zu eins verworfen. Die Kanalisation wird trotzdem gebaut, muss ja gebaut werden, wenn auch langsamer und in kleineren Etappen. Der Birsig wird zugedeckt, was im Gebiete der Steinen, des heutigen Barfüsserplatzes und der danach erstellten Falknerstrasse zu einer erheblichen Verbesserung sowohl der Geruchsbelästigung wie auch des Anblicks der städtischen Situation führte.

Andere öffentliche Aufgaben wurden in Angriff genommen: Es entstanden ein Telefonnetz sowie eine durchgehende Strassenbeleuchtung. Die Beleuchtung der Nacht auch ausserhalb privater Räume hat zur Voraussetzung

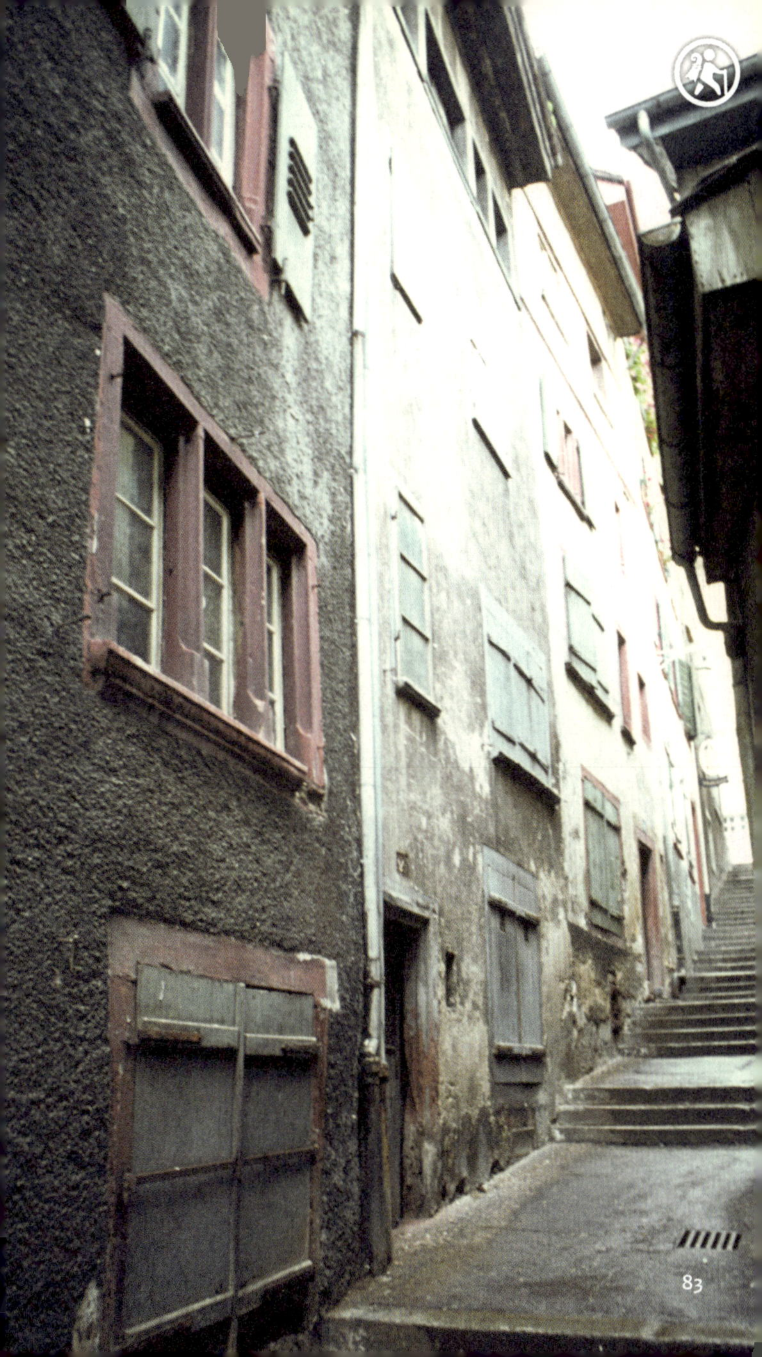

eine veränderte Stellung zur Umwelt: Wem gehört die Nacht? Was geht im Dunkeln vor? Und wer ist verantwortlich in diesen öffentlichen, aber unheimlichen Strassen und Plätzen? Über den nächtlichen Ausgang gab es früher scharfe Gesetze; zur Zeit der Dunkelheit durfte die Strasse nur mit einer mitgeführten Fackel oder Laterne betreten werden. Wer ohne Beleuchtungskörper erwischt wurde, wurde festgesetzt. Dass die Nacht nun verfügbar ist, eine zeitliche Zone möglicher Kolonisierung (Melbin Murray) wird, war neu. Die Obrigkeit erweiterte mit der nächtlichen Beleuchtung die Bewegungsfreiheit in der übervölkerten Stadt zwar nicht räumlich, aber doch zeitlich.

Die „neuen Aufgaben“ erweisen sich also als Eingriffe der neu geordneten Verwaltung in Bereiche, die vorher nicht anders, sondern gar nicht geordnet waren; die vielmehr dem natürlichen Gang der Dinge und der Initiative von Privatleuten überlassen blieben. Die Akzeptanz der neuen Massnahmen war unterschiedlich; offensichtlich gab es in den führenden Kreisen und bei den Meinungsbildnern zwei Fraktionen, deren Interessenlage zu unterschiedlichen Wahrnehmungsformen dieser neuen Aktivität der Obrigkeit führten. Wir versuchen, diese beiden Haltungen idealtypisch zu skizzieren. Auf der einen Seite steht der exportierende Produzent, für Basel typisch der Seidenbandfabrikant. Er verdient sein Geld am Absatzort, in Paris, Lyon oder London. Von seinem Standort, Basel, verlangt er lediglich, dass es einen geordneten Geldverkehr, ein zuverlässiges Gerichtswesen und gute Strassen gibt. Im Übrigen möchte er von allem möglichst wenig, einerseits, damit sich die Obrigkeit möglichst wenig in seine eigenen Angelegenheiten mischt, andererseits liebt er es nicht, Steuern zu zahlen.

Der Staat mit seinen neuen Aufgaben kreiert fortlaufend eine zweite Kapitalfraktion: Diejenige, die mit der Ausführung der vom Staat geplanten Leistungen betraut ist und daran verdient. Diese Kapitalfraktion ist natürlich „fortschrittlich", denn sie versteht den Fortschritt als die wachsende Erfüllung neuer Aufgaben durch öffentliche Aktionen, und sie zahlt auch nicht ungern Steuern, denn sie weiss, dass jede Steuererhöhung erneute Aufträge im Hochbau, Tiefbau, Wasserbau und bei der Installation bringt. Diese beiden Kapitalfraktionen erhielten sich noch lange; die Bandfabrikanten starben aus, die Grosschemie zählte wohl anfangs zur ersten Sorte, profitiert aber – durch Strassenbau, durch den Hafenbau, durch die Leistungen der Universität, der Feuerwehr, des Krankenhauswesens so erheblich von den Leistungen des Staates, dass sie sich schliesslich in den 70er Jahren des 20. Jahrhunderts der „fortschrittlichen" Fraktion anschloss. Besiegelt wurde dieses durch den Untergang der „Basler Nachrichten", des Organs der „Nein-Sager".

Auf der symbolischen Ebene manifestieren sich diese beiden Bevölkerungsteile durch zwei künstlerische Äusserungen, die in dieser Zeit entstanden: Die Festspiele und die Fastnacht. Die Festspiele waren die Ausdrucksform der alten Gesellschaft: In ihnen wurde eine Rangordnung vorgespielt, wie man sie eigentlich für naturgegeben und richtig hielt. Die Fastnacht war die Domäne der Ja-Sager, der unterhalb der Seidenbandherren rangierenden unternehmerischen und handwerklichen Schicht. In ihr konnte die Sturheit der Nein-Sager straflos und für alle verständlich parodiert werden. Basel entwickelte eine Fastnacht wie keine andere Stadt: Der Geruch des altfränkischen, des Rokokos und des Karnevals konnte vollständig abgestreift werden; zeitgenössische Künstler verliehen einem Gefühl des Fortschritts humorvollen Ausdruck. Gegen diese populäre Manifestation kamen die konservativ beherrschten Festspiele auf die Dauer nicht auf.

1890–1900: Die Strassenbahn

Die Strassenbahn selbst als technische Installation ist kein bedeutender Eingriff in die Umwelt: Sie beeinflusst das Strassenbild nur wenig, sie erzeugt keine grossen Emissionen, sie verändert als technisches Bauwerk die Stadt kaum. Dass die Strassenbahn als Einwirkung auf die Umwelt charakteristisch ist für das anbrechende Jahrhundert, liegt vielmehr auf zwei anderen Ebenen: Auf einer Ebene der Imagination und auf der Ebene der realen Ausdehnung des Perimeters der Erreichbarkeit.

Die Strassenbahn ist ein Verkehrsmittel sui generis und wird auch als solches empfunden. Sie ist weder die Motorisierung der Droschke noch ist sie eine verkleinerte Eisenbahn. Beides, die Droschke und die Eisenbahn, sind zielorientierte Verkehrsmittel, sie bringen den Benutzer oder ein Gut vom Abfahrtsort zum gewählten Ziel. Die Strassenbahn ist in ewiger Bewegung, ihre Wagen folgen sich in kurzen Abständen; in der Regel richtet man sich nicht nach dem Fahrplan, sondern man hofft, es komme bald wieder eine Bahn vorbei. Man steigt ein und steigt dann wieder aus, beim Pferdetram sprang man sogar auf und ab an beliebigem Ort; beim elektrischen Tram dann an bestimmten Haltestellen, die sich ebenfalls in kurzen Distanzen folgen. Die Strassenbahn ist also, worauf Stephan Appenzeller hinweist, eher eine Vorform des utopischen Trottoir roulant als eine modernisierte Neuauflage traditioneller Fahrzeuge.

Die Strassenbahn dehnt andererseits das Perimeter der für Bürger bewohnbaren Stadt auf das drei- bis vierfache der bisherigen Fussläufigkeit aus. Nicht zufällig steht sie in England, Deutschland und Österreich am Anfang der Gartenstadtbewegung. Die erste elektrische Bahn von Siemens in Berlin nach Lichterfelde-West erzeugte genau jenes Quartier für den gehobenen Mittelstand, dessen Vorbilder der Architekt Hermann Muthesius in England studiert hatte. Schon lange wollte diese bürgerliche Schicht den Engnissen und der proletarischen Situation der Grossstadt entfliehen, nur reichten die finanziellen Mittel nicht, es der Aristokratie gleichzutun. Und nicht nur die finanziellen Mittel fehlten: Es fehlten auch die Vorstellungen, wie dieses denn sein könne, wie ein berufstätiger Städter mit gebundenen Arbeitszeiten, schulpflichtigen Kindern und der Notwendigkeit des täglichen Einkaufs für den Haushalt, auf dem Lande wohne. Die englische Cottage-Bewegung, das „Haus an der Sonne" des Schweden Gustav Larsson, und schliesslich die Gartenstadtbewegung brachten die Vorbilder: Das Haus des Bürgers auf dem Lande ist weder ein Schloss noch ein Bauernhaus, auch kein Stadthaus natürlich, sondern eine modernisierte Abart von all diesem zusammen und keinem davon: Eben die Cottage-Villa. Erst als dieses ländliche Leben des städtischen Bürgers vorstellbar wurde, bekam für ihn auch die Strassenbahn einen Sinn; und erst als die Strassenbahn vorhanden war, konnte sich der Bürger den Auszug aus der Stadt vorstellen.

Zunächst hatte die Entstehung der Strassenbahn, schon des Pferdetrams, andere Wurzeln. Die Eisenbahn war ein unverhältnismässig potentes Verkehrsmittel, darin ihrer Zeit voraus. Hunderte von Personen oder viele Tonnen von

Waren kommen an einem städtischen Bahnhof an. Die historische Stadt erweist sich als ausserstande, diese Arrivés zu verarbeiten. Hundert Gäste mit ihren Gepäckstücken brauchen in der Stadt hundert Fuhrwerke, hundert bis zweihundert Pferde, wo sollen sich diese überhaupt aufstellen? Wie kommen sie durch die engen Gassen? Wie bewältigt man das Umsteigen von einem Kopfbahnhof zum anderen, in Paris vom Bahnhof Montparnasse zum Nord- oder Ostbahnhof, in Wien vom Südbahnhof zum Westbahnhof? In Basel vom Centralbahnhof zum Badischen Bahnhof? Verschiedene Rezepte werden erprobt: Wien baut den Stadtbahnring, Paris die Boulevards, Basel plant die Verbindungsbahn, tut aber vorläufig nichts bis auf die (private) Einrichtung einer Pferdebahn. Schliesslich, als die Zustände unhaltbar werden und etwas geschehen muss, kommt wie gerufen die Siemens'sche Erfindung der elektrischen Strassenbahn. Die Verbindung der beiden Bahnhöfe wird dabei zum notwendigen Nebenzweck, die viel grössere Wirkung ist der städtische Personentransport von neuen, aussenliegenden Wohnquartieren zu städtischen Arbeitsplätzen und Schulen.

Mit der Einführung der Strassenbahn wird die Elektrizitätsversorgung auf eine neue Stufe angehoben. Zum ersten Mal wird Starkstrom öffentlich und auf grosse Distanzen transportiert. Die unsichtbare Kraft wird je nach geistigem Standort begrüsst oder bekämpft: Für einige kamen neue, unabsehbare Risiken in die Stadt, andere begrüssten den lebensspendenden Strom, von dem sie noch so vieles erwarteten, auch solches, das nach heutiger Kenntnis von der Elektrizität nicht bewerkstelligt werden kann. In bemerkenswerter Weise stellte sich die Fastnacht auf die Seite des neuen Verkehrsmittels, trotz grämlicher

Warnungen, die Laternen könnten in Berührung mit den Strassenbahndrähten kommen.

Auch die Emissionen des einmal eingerichteten Trams wurden unterschiedlich beurteilt: Manche bezeichneten seine Fahrt als geräuschlos und verlangten, dass Warnsignale eingerichtet würden, andere empfanden das Gerumpel und Gequietsche als nahezu unerträglich. Dass die elektrische Strassenbahn reinlich ist, wird nicht extra erwähnt. Immerhin war aber allmählich das Pferd ins Gerede gekommen. In der Tat sind die Pferdeäpfel in den Strassen unappetitlich, insbesondere unhygienisch ist der zunächst mit Regen verteilte und dann zu einem feinen Staub eingetrocknete Mist, der mit jedem Luftzug durch die Strassen fegt. Bemerkenswerterweise ist die Wahrnehmung des Pferdedrecks klassengebunden: Zuerst fällt er denjenigen auf, die selber nicht die Mittel haben, Pferde zu benützen. Die Vornehmen aber sind „halt nicht so zimperlich“, der Pferdedreck ist eben unvermeidliche Kehrseite ihrer Vergnügungen. Überdies ist Pferdedung wohlschmeckender als Kuhdung, worin ein englischer Bischof sogar einmal einen Beweis der göttlichen Vorsehung erkannte, da mit Pferden ja auch Standespersonen in Berührung kommen, deren Nasen nicht beleidigt werden dürfen. 1892–95 dauerte der Bau der ersten Strassenbahnlinie vom Centralbahnhof zum Badischen Bahnhof über die Mittlere Brücke, 1897 erfolgte die Netzerweiterung nach Birsfelden und Kleinhüningen, 1900 diejenige nach Saint-Louis und ins Gundeldinger-Quartier. Die eigentlichen künftigen Villenvororte wurden 1907 und 1908 erreichbar, nicht zufällig sind dies die Jahre der grössten Erfolge der Deutschen Gartenstadtbewegung. Pratteln, der Industrievorort, wird erst 1922 erschlossen. Dies zeigt deutlich den zunächst mittelständischen Charakter dieses Transportmittels: Die Strassenbahn erweitert den Wohnradius für den Mittelstand; für die Arbeiterklasse vergrössert sie allenfalls, wenn sie es sich leisten kann, den Perimeter sonntäglicher Ausflüge.

Verkehr erzeugt Verkehr. Die Transportmittel haben nicht aufgestaute Verkehrsbedürfnisse abgenommen, sondern erst potentiell vorhandene Verkehrsbedürfnisse wahrnehmbar werden lassen. Die Eisenbahnen brachten einen nie geahnten Menschenstrom in die Städte; der Durchstich des Gotthards erhöhte die Wichtigkeit des Centralbahnhofs, ebenso wie die Vollendung des nördlichen Bahnnetzes die Erneuerung des Badischen Bahnhofs notwendig machte. Um die Jahrhundertwende kommt erneut die Diskussion um die Kopfbahnhöfe auf. Der Bau der Strassenbahn genügte nicht, die Eisenbahnen wollen Durchgangsbahnhöfe. Die Regierung verweigert sich: Sie kämpft für die Kopfbahnhöfe. Ein Bundesratsbeschluss von 1898 gibt der Bahn recht: Der Centralbahnhof wird zum nie richtig funktionierenden Durchgangsbahnhof. Wie schon erwähnt, bildet er aber gegen die Stadt einen Kopfbahnhof ab. Der Badische Bahnhof, innerhalb Deutschlands teilweise Durchgangsbahnhof, wartet noch auf den Bau der Verbindungsbahn.

Die vorerst nicht dem Tram angeschlossenen Vorortsbahnen endeten ihrerseits an „Kopfbahnhöfen“: an der Heuwaage und am Aeschenplatz. Sie waren bemerkenswert schlecht in das Gesamtnetz integriert, sowohl in das Bahnnetz wie in das Tramnetz. Auch sie aber haben das ihre dazu beigetragen, dass sich die in ihnen gelegenen Villenvororte besiedelten, insbesondere Arlesheim und Dornach. Weniger bedeutend, aber ebenfalls merkbar, wirkten sie in der Gegenrichtung: Mit den Aliothischen und anderen Fabriken in Arlesheim entstandenen Arbeitsplätze, die allenfalls auch von der Stadt aus erreicht werden konnten. Das Schmalspurnetz der Strassenbahn und der Vorortsbahnen erzeugen das neue Kontinuum der nicht endenden Stadt, des nicht beginnenden Landes. Die ästhetischen Folgen dieser endgültigen Niederlegung der „Mauern" prägen das ganze folgende Jahrhundert.

1900–1910: Die Hygiene

Das Ende des alten Jahrhunderts hatte zwei neue Spezialisten hervorgebracht: Den medizinischen Hygieniker, dessen Wissenschaft in Basel 1894 ein eigenes Institut bekommen hatte, das Stachelschützenhaus, und den Hygieneingenieur, der Aufgaben übernahm, die die Architekten bisher verschmähten, nämlich die Beratung von Industriellen für den Bau von Arbeiterwohnungen und Wohlfahrtseinrichtungen. Mit zwei Entdeckungen strebte die Hygienebewegung ihrem Höhepunkt zu: Ab 1892 (Ivanowski entdeckte den Tabakmosaik-Virus) setzte sich die Erkenntnis durch, dass es unterhalb der immerhin noch in einem einfachen Mikroskop zu beobachtenden „Bazillen" bösartige Eiweiss-Makromoleküle gab, die sich wie Lebewesen vermehrten. Auch die andere Entdeckung machte das Unsichtbare zum Thema: 1902 gelang Röntgen die Durchleuchtung des Körpers.

Diese medizinischen Entdeckungen ergaben ein Bewusstsein, das wir heute als ein verändertes Bild der Umwelt betrachten können. Die Gesundheit ist bedroht durch Umwelteinflüsse, die für den Laien nicht feststellbar sind. Stets ist der Mensch unsichtbaren Gefahren ausgesetzt. Die einzige kontrollierbare Bevölkerung ist die Arbeiterschaft:

An ihr können Schirmbild-Reihenuntersuchungen durchgeführt werden; dabei ergibt sich, dass Personen, die von ihrer Krankheit keine Ahnung gehabt haben, plötzlich zur Kur abkommandiert werden. In Davos entsteht die „Basler Heilstätte“ 1893, die die von unsichtbaren Mächten ergriffenen Patienten aufnimmt.

Damit enthüllt sich auch die zweite, bessere Hälfte des neuen Umweltbildes: Die heilende Natur, die wohltätige Sonne, die abhärtenden kühlen Lüfte und Gewässer, das Hochgebirge und das Tessin mit ihren scheinbar extremen, in Wirklichkeit ungemein schonenden und stärkenden Klimaverhältnissen töten die Bakterien und heilen den Körper. Die für uns unsichtbaren ultravioletten Strahlen beseitigen den Schaden, den die Röntgenstrahlen entdeckten. Das Ganze aber wirkt für den Patienten rätselhaft und geheimnisvoll, denn allein der Facharzt entscheidet anhand von wolkigen Röntgenaufnahmen über den schlechten oder wohltätigen Verlauf der Krankheit.

Wo entstehen die bösen Krankheiten? – In den dunklen Wohnungen, den niemals von der Sonne beschienenen Hinterhöfen und Spielplätzen. Das Jahrzehnt der Hygiene änderte die Bebauung Basels total, und zwar für Reiche und Arme. Der Geschosswohnungsbau kommt auf die Anklagebank. Das Ziel wird die Gartenstadt oder wenigstens die durchgrünte, zweieinhalbgeschossige Zeilenbebauung.

Zu Ende des vergangenen Jahrhunderts hatten die Architekten Stehlin in drei Generationen versucht, dem Basler Patriziat Lebensart und Wohnkultur beizubringen. Für die reichsten und etablierten Familien eignet sich die Grossvilla, etwa an der St. Alban-Anlage, für die aufstrebenden Nachkommen aber empfiehlt sich das „Appartement“, die Grosswohnung in der Bel-Etage eines fünfgeschossigen

Wohnhauses. Dieser von Paris und Berlin übernommene Typus des Luxus-Wohnbaus hielt sich in Basel nicht; die so errichteten Häuser, etwa am Aeschengraben, rentierten nicht und verschwanden bald wieder. Letzter Ausläufer solcher Wohnkultur ist das Viadukthaus von Linder.

Aber auch die Stadt der Angestellten und Arbeiter wuchs nicht in der gewohnten Form des Geschosswohnungsbaues weiter. Die im Kleinbasel angefangenen Miethausquartiere wurden nicht vollendet; was nun begann, war die grossflächige Erschliessung des gesamten Nordens und Westens für zweieinhalbgeschossige Ein- bis Zweifamilienhäuser.

Europaweit hatte sich der Gartenstadtgedanke durchgesetzt und sich auch verbunden mit der Hygienebewegung. Dabei hatte man allerdings den Kern des Gedankens von Ebenezer Howard vergessen oder unterschlagen: Dass es sich bei den Gartenstädten um neue Städte mit neuen, von der Grossstadt unabhängigen Arbeitsplätzen handeln sollte. In den Händen der Bauspekulanten degenerierte die Gartenstadt auf mittlerer, bürgerlicher Ebene zur Parzellierung schön gelegener Gelände am Stadtrand in der Weise, dass sie mit freistehenden, von der Strasse weggerückten Einfamilienhäusern besetzt werden konnten. Auf der Ebene der Kleinbürgerschaft errichteten die Spekulanten eben jene zweieinhalbgeschossigen Einfamilienhäuser, mit welcher sie den Basler Norden und den Westen auffüllten. Dabei spielte die Stadt das Spiel der Vollauffüllung mit: Hier hätte Gelegenheit bestanden, eine geplante Stadt mit schön geführten Strassenzügen zu errichten, die sich nach Sichtachsen, Himmelsrichtungen und Windströmungen hätten orientieren können. Der Verlauf der Terrassierung zum Rhein hinab hätte Gelegenheit geboten, auch das Innere der Quartiere mit Lagegunst zu versehen. Die schliesslich gewählten Strassenführungen folgten aber weitgehend den Bedürfnissen der Vollauffüllung und der maximalen Ausnützung des Geländes. Eine Chance wurde vertan, auch den neuen Quartieren einen eigenen Charme und eigene Bildhaftigkeit zu verleihen.

Mit der Hygiene begann auch die Diskussion, ob die Wohlfahrt Gegenstand privater Philanthropie bleiben oder staatlich werden sollte. Es entstanden die Kindergärten zunächst als private Initiative, dann auch die Kinderkrippen, in welchen zunächst Töchter des gehobenen Bürgertums volontierten. Die Rolle des „bürgerlichen Waisenhauses“ musste neu überdacht werden. Für „Findelkinder“ fehlte noch jede öffentlich geführte Institution.

Die Sauberkeit wurde zur Voraussetzung der Gesundheit. Die Bevölkerung musste sich waschen und baden; es entstanden die Brausebäder. Die Dusche, zunächst eine medizinische Behandlungsweise, ersetzte allmählich die Badewanne. Eine Möglichkeit zur Kontrolle der Gesundheit eröffnete sich in den Schulen. Die Laustante erschien zu regelmässigem Besuch. Besser noch aber war die Anleitung zur Selbstpflege. Den Töchtern wurde unentgeltlicher Unterricht in der Kinderpflege erteilt. In Kochkursen wurden moderne Formen der Volksernährung vorgeführt: Die Margarine, der Suppenwürfel. Mit diesen Produkten konnte auch die Fabrikarbeiterin abends ihrer Familie eine nahrhafte und gesunde Mahlzeit kochen.

In der wachsenden Stadt wurden auch die Toten zum Umweltproblem. Längst waren die Kirchhöfe zu eng geworden und am Stadtrand entstanden Friedhöfe. Auch diese erwiesen sich als zu eng, und es mussten in grösserer Entfernung der Stadt ausgedehnte Gelände eingeplant

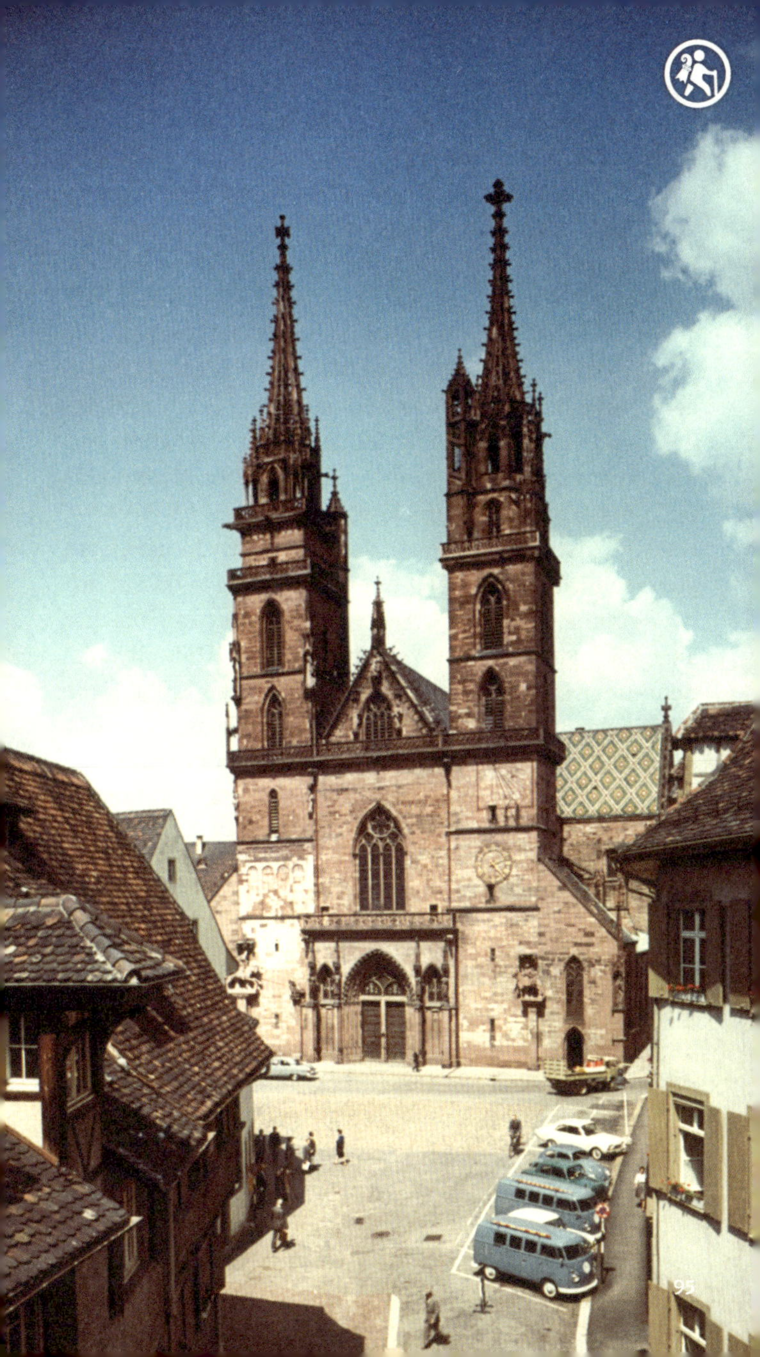

werden. Wie soll das weitergehen? Werden unsere Städte von den Friedhöfen eingegürtet, wie man dies im islamischen Orient zu beobachten begann? Eine alte und doch neue Beerdigungsform wurde ins Auge gefasst, stiess aber auf grosse ideologische und religiöse Widerstände: die Kremation.

Im Horburg entstand 1898 ein erstes Krematorium, das aber bald ersetzt wurde. Der Feuerbestattungsverein verstand sich als aufklärerische und fortschrittliche Hygienebewegung, die die Bevölkerung vor einem alten und zunehmend als schädlich empfundenen Zopf bewahrte. Zur Asche verwandelt kann der Körper der Natur in gereinigter, aseptischer Form zurückgegeben werden.

Noch existierte das Wort „Umwelt“ nicht: In der heute gebräuchlichen Form tritt es erst, wir werden darauf zurückkommen, 1968 auf. Die Hygienebewegung brachte aber erstmals eine Art von umfassender Umweltwahrnehmung: Das Subjekt ist umgeben von einer Welt, die schädliche und heilende Eigenschaften ausströmt; nur durch eine umfassende Lebensreform kann der moderne Mensch sich zweckmässig in die so beschaffene Natur eingliedern.

1910–1920: Die verlorene Heimat

In dem Jahrzehnt, in welches der Erste Weltkrieg fällt, waren die Bewohner Basels wohl stärker mit sich selbst als mit ihrer Umwelt beschäftigt. Natürlich gaben sich viele der Täuschung hin, nach dem Kriege werde die Welt wieder in ihre gewohnte Bahn zurückkehren; der Krieg aber ist nicht nur ein Zerstörer, sondern auch ein gewaltiger Erneuerer aller Verhältnisse. Die Rückkehr, wie wir sehen werden, erfolgte also nicht in die alte Wirklichkeit, sondern vielmehr in Bewegungen, welche Reste dieser alten Wirklichkeit kulissenartig bewahren wollten.

Das Kriegsjahrzehnt begann zunächst friedlich, aber doch mit der grössten Landschaftsveränderung, die jemals auf dem Kantonsgebiet stattgefunden hatte: Der Errichtung des Badischen Bahnhofs und Güterbahnhofs. Damit verwandelte sich der ganze Nordwesten rechts der Wiese von einer Naturlandschaft und Erholungslandschaft, einem Jagdgebiet und Ausflugsgebiet, in eine „Werkstättenlandschaft". Vielleicht haben viele heutige Basler aus dem Bewusstsein gestrichen, wie gross diese Veränderung war; der Rangierbahnhof bedeckt immerhin 235 ha und umfasst 17 Brücken und mehrere Tunnels. Insbesondere landschaftsverändernd wirkte natürlich die Aufschüttung für den Damm, auf welchem die badische Eisenbahn dann die Wiese überquert und in den Bahnhof einfährt. Damit wurde Kleinhüningen von seinem natürlich angrenzenden nördlichen und östlichen Umland abgeschnitten und verkümmerte seither von einer Idylle zu einem Industriedorf. Wer würde es heute noch glauben, dass einer der schönsten und beliebtesten Sonntagsausflüge die Kutschenfahrt oder der Ritt durch Kleinhüningen längs der Wiese und Weil nach Leopoldshöhe war?

Mit den Kutschenfahrten war es ohnehin zu Ende. Was die Strassenbahn nicht geschafft hatte, das schaffte der Krieg: Die Pferde wurden eingezogen; auch die Reichen mussten zu Fuss gehen oder die Strassenbahn benützen. Vorübergehend, so glaubte man; aber wer hat nach 1918 wieder einen Pferdezug angeschafft und einen Kutscher angestellt? Schon eher wohl ein Automobil. Es besteht ein Zusammenhang zwischen Landschaft, Landschaftswahrnehmung und Verkehrsmittel.

Die Eisenbahn schuf die Zielorte, Interlaken, Zermatt, Rigi-Gipfel und Oostende. Die Kutsche, anders als der Spaziergang, verlangt eine Landstrasse zu nahen Zielorten mit Aussicht und Gartenrestaurant. Verschwinden diese Zielorte und ihre Zufahrten, so wird auch die Kutsche unattraktiv; verschwindet die Kutsche, so schliessen auch die ihr zugeordneten Gartenwirtschaften. So veränderte sich die Umgebung von Basel zwar unmerklich, aber eben doch grundlegend. Auch für die Reichen begann nun der allgemeine Sonntagsspaziergang an der Endstation der Strassenbahn oder des Birsigtalbähnchens.

Dass die zunächst durch die Industrialisierung und ihre Verkehrsbauten, dann aber durch den Krieg entstandenen Veränderungen, vielleicht auch auf der Ebene des Unbewussten, nicht spurlos an den führenden Kreisen vorbeigingen, zeigen auch eine Reihe von Gründungen und Bewegungen, die sich nun je auf ihre Art mit der Umwelt befassen, indem sie von einer bestimmten Interpretation dieser Umwelt ausgehen. Die alte Gesellschaft erfindet den Naturschutz, gründet den Nationalpark, erfindet den Heimatschutz und institutionalisiert ihn, gründet die Basler Denkmalpflege (1913) und auf der politischen Ebene, man verzeihe die Gleichsetzung, die Bürger-, Gewerbe- und Bauernpartei.

Ungemein bezeichnend die Anfänge des Naturschutzbundes: Die Vettern Sarasin bilden sich im Humboldt'schen Sinne an einer weltweiten Natur- und Landschaftskunde, wenden die Erkenntnisse nun auf die von industriellen und sozialen Bewegungen bedrohte Heimat an, und lassen das Ganze einmünden in ein fern-nahes Ersatz-Environment, den Schweizerischen Nationalpark. Es ist hier nicht der Ort, dessen teilweise irreale ideologische Grundlagen auseinanderzunehmen; geradezu blind erscheint uns heute die Vertreibung der Pfleger dieser Landschaft, der Sennen. Offenbar musste dem „beschmutzten“ Environment der städtischen Umgebung nun ein vollständig reines, auch vom Menschen gesäubertes, weitgehend unzugängliches Gebiet gegenübergestellt werden, gewissermassen ein Reservat im eigenen Gehirn.

Ebenso bezeichnend die Basler Denkmalpflege: dieselben Kreise, durch deren Geldanlagen die alte Stadt ruiniert wurde, engagieren sich für deren Erhaltung. Wenn wir das Basler Festspiel als eine symbolische Manifestation der alten Gesellschaft erwähnten, der die neue Gesellschaft dann die Fastnacht entgegensetzte, so ist die Denkmalpflege zumindest der Kulissenhalter für beide Darbietungen. Was den Heimatschutz anbelangt, so bemerkt man hier einen allmählichen Übergang von einem naturbezogenen zu einem rein historischen Denkmalbegriff. Die Seele des Heimatschutzes liegt auf dem Lande, und es war zunächst nicht klar, ob es in der Stadt überhaupt eine solche Bewegung brauche. Gegenüber der Denkmalpflege legt der alte Heimatschutz vielleicht mehr Gewicht auf den Bildcharakter des Environments als auf die Rolle des historischen Dokuments.

Die Bürger-, Gewerbe- und Bauernpartei, in Basel-Stadt ohne Bauern, ging ursächlich hervor aus der Niederschlagung des Generalstreiks. Mentalitätsmässig war sie aber vorbereitet durch die existentiellen und ideologischen Veränderungen, die Industrialisierung und Krieg der gewerblichen Fraktion des Bürgertums zugefügt hatten. Die Industrialisierung bedrohte die Existenz des Handwerkers und Gewerblers. Sein scheinbarer Verbündeter, der Grossbürger, hielt sich in dieser Bewegung schadlos, ja gewann an Kapitalkraft. Der Krieg brachte für die Schweiz eine Spaltung zwischen französisch gesinnten und deutsch gesinnten Bevölkerungsteilen, die keineswegs etwa zusammenfiel mit deutsch und welsch, sondern in Basel mitten durch die Gesellschaft, durch Familien und durch Freundeskreise hindurchging. Aus Gründen, die hier nicht zu verfolgen sind, verband sich die Weltanschauung des Handwerkers mit der deutschen Seite; der Triumph der Alliierten, verbunden mit den Aufständen der Sozialisten, versetzte das alte Gewerbe in eine Verlierer-Position, aus der die Gründung der BGB noch der bessere Ausweg war als der Beitritt in rechtsradikale Bewegungen. Das Gefühl der geraubten Heimat bestimmte die Weltanschauung und Umweltwahrnehmung dieser Kreise bis 1945.

1920–1930: Luft, Licht und Sonne

Die Bebauung der restlichen Stadtflächen (Basels) vornehmlich im Westen und im Nordwesten in einer doch noch verhältnismässig niedrigen und lockeren Bebauung wird subjektiv erlebt als ein Erschöpfen der Landreserven. Die natürliche Entwicklung einer Stadt, dass einer ersten niedrigen Bebauung eine zweite, verdichtete folgt, wird nicht mitgedacht. Entsprechend dem beim nördlichen Nachbarn sich entwickelnden Gefühl des „Volks ohne Raum" betrachtet sich Basel als die Stadt ohne Land, die eingeengt ist zwischen Landesgrenzen und der Kantonsgrenze. Dabei wird übersehen, dass Basel durchaus noch über Bauland verfügte, dass auch die bebauten Zonen noch verdichtet werden konnten und dass das Überschreiten der Kantonsgrenze keine Probleme machte. Die Kritik am Wohnungsbau der Gründerzeit, die Hygienebewegung und die Gartenstadtbewegung sowie die nachfolgenden

Initiativen Naturschutz, Denkmalpflege, Heimatschutz hatten ein gewisses grossstadtfeindliches Gefühl zur allgemeinen Grundlage der Umweltwahrnehmung gemacht. Stadt konnte nur noch gedacht werden in Zusammenhang mit ihrer Auflockerung, mit Sonneneinstrahlung, Grünflächen, Kinderspielplätzen.

Die Architekten aus dem Umkreis des 1907 in Deutschland und 1913 in der Schweiz gegründeten Werkbunds waren auf der Suche nach einem historischen Vorbild des „richtigen“ städtischen oder vorstädtischen Lebens auf das kleine Musterstädtchen Carouge gestossen, das zur Barockzeit von den Savoyern im Vorfeld von Genf in streng geplanter Form gebaut worden war. Als Hannes Meyer Gelegenheit bekam, im Freidorf (Muttenz bei Basel) eine genossenschaftliche Siedlung zu errichten, wählte er das Bild dieser kleinen, durchgrünten Barockstadt um ein zentrales Gebäude, das Gemeinschaftshaus. Hier sollte der Gesellschaft ein neues Ideal gegeben werden: das der Gemeinschaft. Gemeinschaft gegen Gesellschaft, Nachbarschaft gegen Grossstadt, das waren auch die Ideale von Hans Bernoulli, der auch auf Stadtboden eine Reihe von Siedlungen anregte, insbesondere in den Hirzbrunnen.

Die Erfahrung der 1929 hereinbrechenden Krise, die unter einem konservativen Bundesrat und einer noch konservativeren Nationalbank strikt als Deflation inszeniert wurde, führte zu einer Problematisierung der Eigentumsfrage am Stadtboden. Wie ist es einerseits möglich, dass Spekulanten an einem für die Allgemeinheit notwendigen Gut Geld gewinnen können, dass anderseits brave Hausbesitzer unter den Bedingungen der Deflation ihren Besitz verlieren, weil der Bodenwert nicht mehr den Hypothekarwert deckt? Müsste nicht der Boden das permanente, das Geld das volatile Gut sein? Wäre es nicht richtig, den Boden nur in Erbpacht zu vermieten, das Geld aber mit einem negativen Zins zu belegen und allmählich schwinden zu lassen? – Der Gedanke des Freigeldes und der Bodenreform erfasste vielleicht nur enge Kreise; immerhin gelang es Bernoulli, mit seinem Buch „Die Stadt und ihr Boden" den prozessualen Charakter der Stadtbildung wieder bewusst zu machen und das sterile Gefühl der Auffüllung und des Volks ohne Raum zu durchbrechen.

Die Stadt muss leben, muss sich entwickeln, wohl auch verdichten, und diese Entwicklung muss durch Planung, nicht durch Eingemeindung und Annexion aufgefangen werden.

1930–1940: Sterbendes Volk

Nachdem das vorangegangene Jahrzehnt die Auffüllung des Westens und des Nordens mit niedrigen Wohnhäusern „auf Spekulation" gebracht hat, wobei der Versuch zu einer geordneten Stadtplanung misslang, brachte die Krise einen Stillstand der Bautätigkeit. Der Bund, die Kantone und die Nationalbank standen der Krise hilflos gegenüber; nachdem man jahrelang die Nationalökonomie als eine hochverdächtige Wissenschaft abgelehnt hatte, stand sie nun eben auch nicht zur Verfügung. Vielmehr verhielt man sich nach der Allerweltsweisheit des „guten Hausvaters" und schränkte, in der Situation allgemeinen Geldmangels, die Staatsausgaben ein, so dass im Inland der Wert des Frankens stieg, obwohl er gegenüber dem Ausland abgewertet werden musste. In der Folge dieser Politik mussten in Basel zahlreiche Betriebe die Pforten schliessen, insbesondere bedeutete es das Ende der traditionellen Basler Seidenband-Industrie.

Obwohl durch diese Vorgänge auch wohlhabende Bürger Geld verloren, verschärfte die Deflation die Spannung zwischen Arm und Reich, da die inländische Kaufkraft des Frankens stieg. Wer also noch über flüssige Kapitalien verfügte, brauchte seinen Lebensstandard nicht einzuschränken. Infolgedessen wuchsen die sozialen Spannungen und noch vor der Mitte des Jahrzehnts ergab sich bei den Wahlen erstmals ein „Rotes Basel". Dieses Rote Basel versuchte nun, die verpassten Gelegenheiten einer erfolgreichen Stadtplanung nachzuholen, was unter den gegebenen Bedingungen der Auffüllung natürlich nur Stadtsanierung bedeuten konnte. Das Auge fiel auf die Innenstadt und die Altstadt, wobei die Altstadt als sanierungsbedürftig, die Innenstadt als verstopfungsgefährdet erschien. Die Aussenquartiere wurden weiterhin unter dem Gesichtspunkt einer einzuführenden Freizeit-Infrastruktur behandelt.

Das Auftreten der aus Künstlern und Architekten bestehenden „Gruppe 33" markierte das neue Lebensgefühl oder Umweltgefühl gegenüber der Stadt. Was wir heute gerne aufsuchen und was wir stolz unseren Besuchern und Gästen von auswärts zeigen, die Altstadt, das wurde unter dem Gesichtspunkt aufzulösender Elendsviertel behandelt. Die Architekten Mumenthaler und Meyer präsentierten einen Vorschlag, wie man die gesamte Kleinbasler Altstadt zwischen Wettsteinbrücke und Mittlerer Brücke mitsamt dem neu erbauten Arbeitsamt abreissen könnte und dieses Areal mit „gesunden", freistehenden dreigeschossigen Zeilenbauten überstellen könnte, rechtwinklig zum Rheinweg. Lieber als weiterhin die Ungerechtigkeit zu dulden, dass nur die erste Häuserzeile den schönen Blick auf Rhein und Münster geniessen kann, soll gerechterweise gar niemand mehr diesen Blick haben, sondern die Leute sollen sich gegenseitig in die Zimmer schauen. – Das soziale Basel orientierte sich am vorausgegangenen Neuen Frankfurt, ohne aber die Feinheiten der dortigen Raumgestaltung durch Ernst May und Leberecht Migge ganz zu kapieren.

Auf der offiziellen Ebene entstand der Schumacher-Plan. Scheinbar weitblickend wendet er das Bild der neuen Arbeiter-Vorstädte, Neues Frankfurt, Berlin-Siemensstadt, Britz oder Buckow-Rudow auf die Innenstadt von Basel an. Das Rote Basel, anstatt die Fehler der vorausgegangenen Spekulationsbebauung zu korrigieren, zeigte hier seine eigene Blindheit gegenüber den vorhandenen Werten des Naturraums und des historischen Bestandes. Ein Glück, dass Geldmangel und das Darniederliegen des privaten Bauens die Verwirklichung des Schumacher-Planes weitgehend illusorisch machten.

Jede Generation ist unumschränkte Besitzerin ihres Erbes; jede nachfolgende Generation ist geneigt, ihr die Zerstörung zum Vorwurf zu machen. Sicherlich zielte das Rote Basel ins Herz des konservativen Bürgertums, wenn es bewusst eine Reihe der wichtigsten historischen Bauten zerstörte und an deren Stelle prestigiöse Neubauten setzte. Zur Finanzierung dieser Bauten hatte man ein eigenes Instrument geschaffen: den Arbeitsrappen. Wer noch Arbeit hatte, musste von jedem Franken einen Rappen abgeben für denjenigen, der arbeitslos war und im Baugewerbe Arbeit suchte. Dieses Bauen sollte als fortschrittliches Erlebnis des Stadtbewohners eingesetzt werden, deshalb erfolgten Abbruch und Neubau an prominenter Stelle.

Die drei im genannten Zeitraum zerstörten Bauten sind der Württemberger Hof, an dessen Stelle das Kunstmuseum gesetzt wurde, der Sägerhof, dessen Innenarchitektur heute teilweise im Kirschgarten gesehen werden kann (der Aubusson-Salon), und der nebst anderen Bauten dem Spiegelhof weichen musste, und als drittes prominentes Gebäude das alte Zeughaus, mit Ausmalungen von Conrad Witz, an dessen Stelle Salvisberg das Kollegiengebäude errichtete. Insbesondere das Kollegiengebäude, das weder dem prominenten Standort gerecht wird noch auch nur das wertvolle Land, auf welchem es steht, gebührend nutzt, zeugt von der Mentalität der damaligen Zeit: Stadtplanung ist Arbeit gegen die Stadt, ist Auflösung der Stadt in ein durchgrüntes Allerlei.

Wo in den Dreissigerjahren dem Schweizer das Herz schlug, das studiert man am besten in der gelungensten aller Veranstaltungen dieser Zeit, in der Landi. Hier werden alle diese Ideen offengelegt, die das vermeintlich rote, in Wirklichkeit im Lernprozess blockierte Basel auch in sich trug. Das verkitschte Festspiel, das Basel der Landi beigesteuert hatte, zeigt zur Genüge, dass diese Stadt in keiner Weise weiter entwickelt war als die übrige Schweiz.

Die Schweizer, so lehrte die Landi, sind ein sterbendes Volk. Wer den Höhenweg beschritt, der wurde von völkischen Ideologien darüber belehrt, dass die Schweizer Bevölkerung früher gesund war, jetzt aber krank sei. In offen rassistischer Weise zeigte man die von Morgensternen zertrümmerten Schädel der tapferen Vorfahren, dazu Grossfotos der noch gesunden bäuerlichen Bevölkerung, die immer noch so urige Typen liefert wie der zwischen den anonymen Porträtfotos von Bauern und Handwerkern gezeigte Bundesrat Etter. Und warum ist die Schweizer Bevölkerung krank? Weil die Geburtenfolge keine Bevölkerungspyramide mehr erzeugt, sondern, wie man verächtlich sagte, die Form eines Bienenkorbs. Die Tatsache also, dass in unserer Bevölkerung dank der Medizin die

Kindersterblichkeit zurückgedrängt werden konnte, was dem Bevölkerungsaufbau eben jene Bienenkorbform gibt, wurde als Krankheit bezeichnet; jene alte Bevölkerung, die in jedem Jahrgang hohe Prozentzahlen verlor, wurde als gesund dargestellt. Kritiklos sind die Schweizer Anthropologen auf die deutsche Rassenpropaganda hereingefallen.

Wo aber wächst noch eine gesunde Bevölkerung heran? Wo gibt es noch Kindersterblichkeit? – Dazu genügte es, in der Kabinenbahn den Zürichsee zu überqueren und sich das Dörfli anzusehen. Zwischen strohgedeckten Häusern wurde da Wein gepflanzt, wurden Kühe unermüdlich geputzt und gestriegelt, standen die Hirtenknaben in Kapuzenhemden herum. Hier, in dem strohgedeckten Fischrestaurant oder vor den Boccalini des Tessiner Grotto konnte der Schweizer Städter erfahren, wo die wirklichen Wehrmänner noch herkommen: aus der Landwirtschaft. – Es ist durchaus tragisch, dass Krise und Linksrutsch nicht zu einer geistigen Erneuerung, sondern lediglich zu einer historischen Selbst-Fehlinterpretation der eigenen Stellung und der Situation in der eigenen Umwelt geführt haben.

1940–1950: Der Krieg als Regression

Im Kriegsjahrzehnt erscheint die Umwelt zunächst als Bedrohung. Die an drei Länder grenzende Stadt kennt nur noch den Aggressor im Norden und klammert sich an die Schweiz. Die Schweiz ihrerseits erscheint zunächst als Verteidiger, dann aber, mit der Réduit-Idee, als diejenige, welche Basel preisgibt, um das Kernland zu retten. Schliesslich erscheinen die Retter von Übersee und überziehen Europa mit einem Luftkrieg, in welchem die Schweiz von den Achsenländern gezwungen wird, Verdunkelung durchzuführen. Dadurch erscheint auch der Retter als

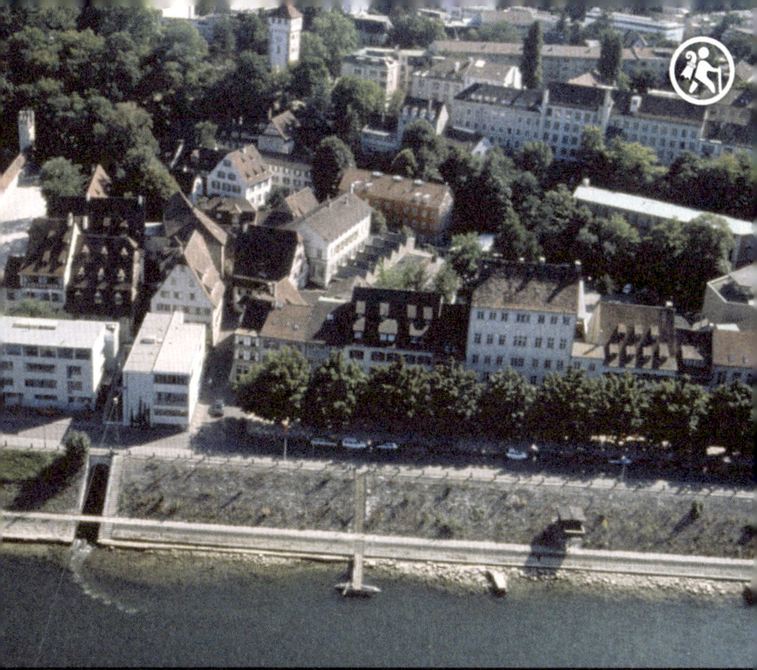

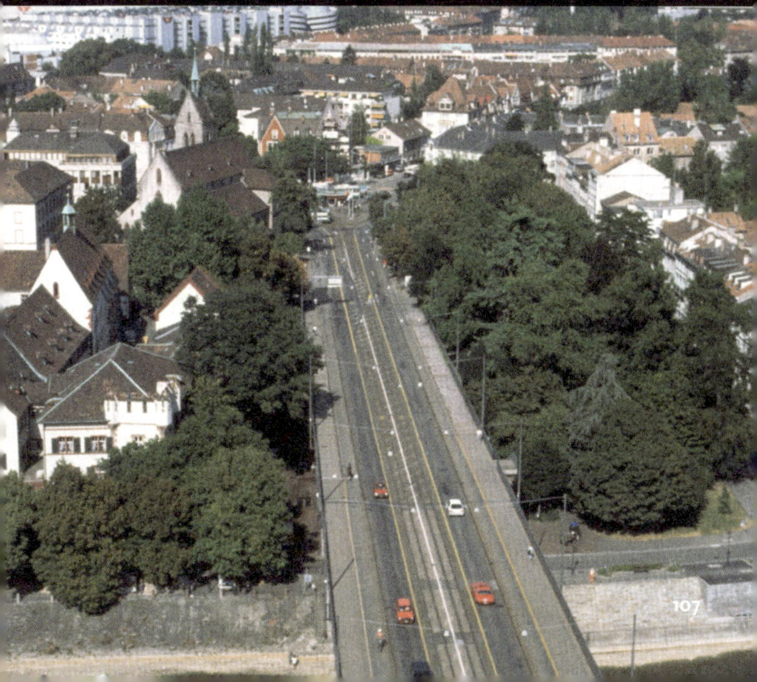

Bedrohung, mit gemischten Gefühlen sah die Bevölkerung auf die Schweizerischen Flugabwehrgeschütze, die verirrte amerikanische Flugzeuge abschossen, und gewaltigen Eindruck machte die Fliegerbombe, die in der Engelgasse niederging.

Der Krieg zeigte sich zunächst als ein militärisches Theater, das nur die Armee etwas anging. Bald aber wandelte er sich und wurde für jedermann spürbar. Die Verknappung des Brennmaterials griff ein in die Lebensgewohnheiten des Einzelnen und in die Institutionen: Schulen wurden verlegt und zusammengelegt, und in Privathäusern und in Wohnungen konnte nur noch ein einzelnes Zimmer beheizt werden. Trotz ausreichendem Wohnraum erhöhte sich so die Nähe und Dichte. Ein weiteres tat die Verdunkelung. Die Nacht wurde wieder zur Nacht; ob Mond und Sterne sichtbar waren oder nicht, wurde wieder massgebend für das nächtliche Verhalten. In dunklen Nächten diente eine blau verhüllte Taschenlampe als Wegweiser. Bemerkenswerterweise war dennoch der Grad der nächtlichen Sicherheit vor Verbrechen weit höher als heute. Dem neben uns im Dunklen tappenden Passanten brachte man Vertrauen entgegen.

Die Lebensmittelrationierung trug interessanterweise auch lebensreformerische Züge. Es sollte dem Schweizer nicht irgendeine, sondern eine moderne und gesunde Speisekarte gesichert werden. Viele rückständige Familien lernten aufgrund der Rationierung eine neuere Ernährungsweise kennen. Dass auch Schokolade und gezuckerte Kondensmilch auf der Lebensmittelkarte erschienen, trug wesentlich zur Verbreitung dieser Produkte bei. Ein übriges leisten die Feldküchen: Die heimkehrenden Soldaten verlangten zu Hause Gerichte, die sie im Militärdienst kennengelernt hatten. Insofern bewirkte die Grenzbesetzung eine Angleichung und Modernisierung. Obwohl die Deutschen den Krieg als „Blitzkrieg“ führten, mangelte es in der Schweiz an Transporten, wohl auch noch an der heutigen Leichtigkeit, Distanzen zurückzulegen. Die Soldaten der Grenzbesetzung waren oft nahe ihrer Familien untergebracht, sahen diese aber wochenlang nicht. Soldaten aus Basel taten in Kleinhüningen Dienst oder in Birsfelden und erschienen zu Hause nur gelegentlich auf Urlaub. Wer gar im Jura oder in den Alpen stationiert war, der war von seiner Familie und seinem Beruf gänzlich abgeschnitten. Die Schweiz erschien wieder als riesiges, vielfältiges und schwer passierbares Land; der Kanton Graubünden propagierte sich in dieser Zeit als „Das Land der hundertfünfzig Täler“.

Einschneidend für den Städter war der verordnete städtische Luftschutz, dessen Anordnungen schon damals bei vielen ein leichtes Lächeln hervorriefen. Die „Hilfsdienstler“ in ihren blauen Denim-Uniformen und mit Gasmasken mussten auf offener Strasse üben, wie man „Gelbkreuz“ mit Chlorkalk unschädlich macht. Nach Beginn des englisch-amerikanischen Luftkriegs gab es zeitweilig mehrmals täglich Fliegeralarm. Die nicht dienstverpflichtete Bevölkerung verweigerte es in stillschweigendem Konsens, Luftschutzkeller aufzusuchen. Die „Luftschutzsoldaten“ aber mussten jedes Mal den Berufskittel mit der Drilichuniform tauschen und zum Einsatzort eilen, gewöhnlich nur, um dort den Endalarm zu hören. So sorgte immerhin der Luftkrieg für eine dauernde Präsenz im Bewusstsein.

Die militärische Abwehrstrategie verfolgte bekanntlich zunächst den Gedanken des Grenzschutzes: Überall in Basel nisteten sich Schützen ein, und es entstanden an wichtigen Stellen Betonbunker. Der berufliche Alltag und die Mobilisation durchdrangen sich innigst. Nach dem Kriegseintritt Italiens änderte sich die Strategie. Das Vorland sollte nach einem kurzen, hinhaltenden Kampf preisgegeben werden, der Kern der Armee verteidigte das „Réduit" in der Innerschweiz. So klug und hilfreich die Strategie historisch gewesen sein mag, so stellt sie uns doch gewisse Fragen: Was verteidigt eigentlich die Armee? Wer ist eigentlich die zu schützende Bevölkerung? Wer soll überleben und in Friedenszeiten die Schweiz wieder aufbauen? – Alles durchaus auch umweltpolitische, umweltpsychologische Fragen.

Die Réduit-Idee traf auf eine von der Landi 1939 wohl vorbereitete Mentalität. Die Schweiz entstammt der Innerschweiz. Die Innerschweiz ist die gesunde Bevölkerungsreserve der Schweiz. Eine vom Feind zerstörte Schweiz wird aus diesem Kern wieder gesünder und besser hervorgehen. Wer aber gehört ins Réduit? – Die dort wohnende Bevölkerung natürlich, vor allem die Bauern. Ihre Arbeit sichert das materielle Leben. Dann die Soldaten, eine durchwegs aus Männern bestehende Bevölkerung und deshalb kaum fortpflanzungsfähig. Und schliesslich die Evakuierten. Wer es sich leisten konnte, der verliess Basel und mietete sich in der Innerschweiz ein. In einer einzigen Nacht verliessen 25.000 Einwohner von Basel ihre Stadt. Manche Kantone verweigerten die Aufnahme. Die ärmeren Kantone waren froh um das Zusatzeinkommen. Die verlassenen Hotels und Ferienwohnungen füllten sich. Die verbotene Nidle musste nicht mehr unter der Gefahr des Erwischtwerdens in die Stadt transportiert werden. – Die leere Grenzstadt und die volle Innerschweiz: Visionen von der „richtigen Schweiz", wie sie Grossstadtfeindlichkeit und Landi vermittelt hatten, hatte sich rasch auf perverse Weise verwirklicht.

Wesentlich für die städtische Umwelt war noch die Anbauschlacht und zwar sowohl auf der realen wie auf der mentalitätsmässigen Ebene. Blumen und grüne Rasen waren verpönt. Überall mussten Kartoffeln gepflanzt werden. Bemerkenswert für heute ist dabei, dass man vor Vergiftung und Altlasten keine Ängste hatte. Die rauchenden Schlote der Chemie, deren Partikel fein verteilt auf das städtische Gemüse herniederrieseln, galten als Zeichen des Fortschritts und des noch andauernden Lebenswillens. Der Landdienst entsprach ebenfalls der Landi-Mentalität. Jeder Schweizer ist eigentlich ein Bauer. Und vor allem jede Schweizerin: die eigens für das Festspiel 1939 geschaffene Basler Tracht war, will man den Reportagen der Schweizer Illustrierten glauben, die geeignete Kleidung für Frauen und „Töchter" beim Jäten und Ernten. Für die „Buben" gab es noch besondere Tätigkeiten: Das Einfangen der Maikäfer und der Colorado-Käfer. Im Colorado-Käfer verdichtete sich insbesondere das Feindbild. Der Schädling und der Volksschädling sollten assoziiert werden, die gestreiften Flügel des Kartoffelkäfers und die gestreifte Sträflingskleidung. Die Verteufelung der „Schädlinge" bereitete auch den Boden für die enthusiastische Begrüssung des DDT. Das Mittel, das wahllos nützliche und schädliche Insekten, und aufgrund der Nahrungskette auch die natürlichen Vertilger der Insekten dezimierte, erschien als der vollkommene Verbündete gegen den bösen Feind, gegen den Teppichkäfer im Hause und Kartoffelkäfer im Garten.

Bleibt noch zu erwähnen, dass ein Tag und Nacht andauerndes leises Eisenbahngeräusch zu hören war: auf der

Verbindungsbahn folgten sich in kurzen Abständen die Güterzüge, die das Rüstungsmaterial aus Deutschland zu den italienischen und afrikanischen Kriegsschauplätzen brachten. Die Atlantikoffensive und die Niederlage Italiens brachte dann erneut den Krieg an die Grenze Basels. Die Verdunkelung zeigte sich von ihrer spannenden Seite: Wer nachts zum Himmel blickte, der sah die Leuchtspurmunition vom Sundgau in die Markgrafschaft und umgekehrt fliegen.

Die Schweiz war aus ihrer feindlichen Umarmung entsetzt. Bald belebten die khakifarbenen Uniformen das Basler Strassenbild und die Uhrengeschäfte. Wer nicht warten konnte, bis wieder Benzin für die zivile Bevölkerung frei gegeben wurde, der baute sich jetzt noch einen Holzgasmotor ins Auto und fuhr rauchend und qualmend durch die Stadt.

1950–1960: Achtung: die Schweiz

Das Jahrzehnt 1950–1960, das im übrigen Europa als das Jahrzehnt des Wiederaufbaus empfunden wurde, brachte der Schweiz den wirtschaftlichen Aufschwung. Um auch in Basel Wiederaufbau betreiben zu können, musste zuerst Bausubstanz zerstört werden. Den Vorwand dafür lieferte der 1949 fertiggestellte „Grossbasler Korrektionsplan“. Um diesen ganz in den Dienst der Spekulation stellen zu können, hatte der Vorsteher des Baudepartements eigens zuvor seinen Stadtplanchef Paul Trüdinger entlassen, grundlos, wie gerichtlich festgestellt wurde. Aber die Gründe lagen auf der Hand: Der Stadtplan, den dann der Vorsteher, fachlich unterstützt nur noch von seinem Stadtbaumeister, nun vorlegte, entsprach nicht mehr den Erkenntnissen der Stadtplanung.

Der Grossbasler Korrektionsplan stand ganz in der Erwartung des beginnenden Automobilaufkommens, wobei dieses aber natürlich bei Weitem unterschätzt wurde. So glaubte man, und dieses war das Kernstück des Plans, den Verkehr im Zentrum der Einkaufsstadt, also auf der Freienstrasse und der Gerbergasse/Falknerstrasse, durch eine „Talentlastungsstrasse" aufnehmen zu können, die aus einer Verbreiterung des Hinteren Gerbergässchens und der Schneidergasse auf zwei Fahrspuren bestand, und die sich beim Hotel Stadthof abrupt wieder in den Verkehr der Gerbergasse ergossen hätte.

Anstatt also das Zentrum dadurch zu entlasten, dass man es sorgfältig auszudehnen versucht, womit man zugleich erreicht hätte, dass sich die Bodenwertspitze abflacht und Randgebiete der City zur Zentralität beitragen, konzentrierte man die künftige Einkaufsstadt in der ehemaligen Altstadt.

In den Dreissigerjahren, noch unter Schumacher, waren erste Pläne zu einer Sanierung der Altstadt entstanden unter dem Schlagwort der „Auskernung". Die Gebäude der Altstadt sollten reduziert werden bis auf die strassenbegleitende mittelalterliche Häuserreihe an der Schneidergasse, am Gerbergässchen, am Heuberg, Gemsberg usw. Die sogenannte sekundäre Hofüberbauung, die Auffüllung der ehemaligen Gärtchen mit Werkstätten und hastig erstellten Wohnungen sollte zugunsten von Luft und Licht abgerissen werden. Die Talentlastungsstrasse zerstörte genau die „Schale" der Auskernung. Dennoch wurde in einer spektakulär geführten Volksabstimmung dem Projekt zugestimmt, denn der Plan, wiewohl fachlich rückständig, verbreitete Optimismus und entsprach den Zukunftserwartungen.

Die Spekulation blieb aber skeptisch. Der Vorsteher des Baudepartements wusste, dass die Talentlastungsstrasse nur in dem Masse entstehen konnte, als Investoren die mittelalterliche Häuserfront abbrachen und neue Gebäude errichteten. Um solche Investoren anzulocken, versprach Ebi den Interessenten, dass das Baudepartement, entgegen der Zonenordnung, über dem erlaubten fünften ein sechstes Geschoss zulassen würde. Die Firma Stamm stieg auf dieses Angebot ein und errichtete das Gebäude „zu den drei Gassen", dem der „Hohe Pfeiler" und andere mittelalterliche Bauwerke zum Opfer fielen. Gegen das illegal bewilligte sechste Geschoss wurde von privater Seite vor Appellationsgericht Klage erhoben. Wiewohl die Kläger keine Aktivlegitimation nachweisen konnten, erkannte das Appellationsgericht, dass hier eine Entscheidung von grundsätzlicher Tragweite sozusagen unter dem Tisch gefällt worden war.

Das Baudepartement verteidigte sich nämlich mit dem Argument, das sechsgeschossige Haus erreiche nur knapp die in dieser Zone erlaubte Traufhöhe. Nicht die Geschosszahl, sondern die Traufhöhe bestimme das Strassenprofil. Wäre diese Argumentation vom Gericht anerkannt worden, so hätte dies eine illegale Aufzonung der gesamten Stadt bedeutet. Überall in den dreigeschossigen Zonen hätten nunmehr viergeschossige, in den viergeschossigen fünfgeschossige usw. Häuser erstellt werden können. Das Appellationsgericht drohte daher, die Klage trotz der fehlenden Aktivlegitimation zu behandeln, wenn die Regierung nicht ihrerseits öffentlich eine Erklärung abgebe, künftig wieder die Geschosszahl und nicht die Traufhöhe als massgebendes städtisches Planungsinstrument zu betrachten. Durch die Erhöhung der Geschosszahl wäre auch die ohnehin geringe entlastende Wirkung der Talentlastungsstrasse zunichtegemacht worden.

Mit diesem Gerichtsentscheid war der Grossbasler Korrektionsplan von 1949 mit seinen gebäudezerstörenden, im Grunde aber marginalen Strassenverbreiterungen weitgehend gestorben.

In der Aeschenvorstadt fiel der Goldene Löwen einem Spekulanten zum Opfer, der auf die neue Baulinie zurück rückte; aber die Verbreiterung der Aeschenvorstadt, die 1949 hätte beginnen sollen, endete erst, wie man weiss, in den neunziger Jahren.

Allmählich erkannte mindestens eine fachlich orientierte Öffentlichkeit die Schwächen von Regierungsrat Ebis Korrektionsplan. Man verlangte nach einem Experten und verfiel unglücklicherweise auf Prof. Kurt Leibbrand, in Krieg und Frieden ein Mann der praktischen Lösungen. Auch Leibbrands Plan verzichtete nicht auf eine Talentlastungsstrasse. Die Idee wurde sogar erweitert um das alte Schumachersche Projekt einer Totentanz-Brücke. Nur ganz verschämt wurden diese Projekte der Öffentlichkeit vorgelegt. Mit Leibbrand begann aber der Gedanke, den für die Autofahrer so lästigen Fussgänger und Tramverkehr in eine zweite Ebene und unter das Pflaster zu legen. In Zürich wie in Basel ist viel gutes Geld und viel politischer Wille in diese absurden Gedanken verlocht worden. Leibbrands Unterpflasterbahn war so stümperhaft projektiert, dass sich aus der Kritik an seinem Plan, ebenso aus der Angst, nunmehr gar keinen Plan und gar keine Tiefbauaufträge zu haben, die sogenannten „Fachverbände" zusammentaten: Unter dieser Bezeichnung planten Mitglieder des BSA, des SIA und des FSAI stellvertretend für das Baudepartement an einem besseren Korrektionsplan, dessen Veröffentlichung und Ende aber in das nun folgende Jahrzehnt fällt.

Die im Kriege vernachlässigten Renovationen, der Mietpreisstopp und das daraus folgende Desinteresse der Hausbesitzer an Mietwohnungen, sowie das Ende der Evakuation und das Wachstum der Basler Industrie führten zu einer erheblichen Wohnungsnot. Auf genossenschaftlicher Basis wurden Wohnungen erstellt, die Erfahrungen des Wohnungsbaues aus den zwanziger Jahren wieder aufnahmen. Das Planungsprinzip war immer noch die Gartenstadt, und die erreichte Baudichte gering.

Aus dem Misslingen des Korrektionsplanes, aber insbesondere aus der Kritik an der planlosen „Verhäuselung" des Territoriums entstand die Idee „Achtung: die Schweiz". Im Januar 1955 wirbelte die so betitelte Schrift von Max Frisch, Markus Kutter und dem Verfasser dieses Artikels ungeheuren Staub auf. Keine grössere Tageszeitung, die nicht ihre Meinung zu diesem Pamphlet angegeben hätte. Der Vorschlag der Verfasser war es, nicht wie bisher im Rhythmus von 25 Jahren eine Landesausstellung abzuhalten, die 1964 wieder fällig würde, sondern sich an deren Stelle Gedanken darüber zu machen, wie die Schweiz ihr Leben und ihre Umwelt, ihre Städte und ihre Landschaft inskünftig gestalten solle. Die Schrift wurde vielfach missverstanden. Die Metapher „wir gründen eine Stadt" wurde wörtlich genommen. Das Problem, das die Verfasser angesprochen hatten, wurde reduziert auf technische Fragen der Stadtplanung. Es bildete sich ein Verein „Die neue Stadt", dem prominente Planer wie Hans Marti und Ernst Egli angehörten, von welchen sich aber die drei Verfasser alsbald distanzierten. Den Verfassern der Streitschrift ging es darum, dass die – fallenzulassende – Gelegenheit einer

Landesausstellung dazu umgemünzt werden sollte, eine andere Zukunftsperspektive zu formulieren als die, dass alles wie bisher weiter geschehe, nur in vergrösserten Dimensionen.

„Achtung: die Schweiz“ hatte keine unmittelbaren Folgen. In den Köpfen aber hatte es immerhin so viel bewirkt, dass die bisherige dilettantische und durch ihr Bündnis mit der Bauspekulation kompromittierte Planung in weiten Kreisen in Misskredit geriet. Die Folgerungen, die daraus gezogen wurden, waren allerdings unterschiedlicher Art. Einerseits ertönte der Ruf nach Mässigung und nach Schonung des Stadt- und des Landschaftsbildes; aus den Kreisen der Profession kam eher die Meinung, es müsse eben grosszügiger geplant und „weitsichtiger“ gedacht werden, wobei die Weitsicht meist gleichgesetzt war mit der exponentiellen Extrapolation des Bevölkerungs- und des Automobil-Zuwachses. Interessant war auch, wie in diesen mit dem Tiefbau verbundenen Kreisen Automobilplanung und Luftschutz immer noch Hand in Hand gingen. Eine „Arbeitsgemeinschaft Zivilschutzbauten und Parkplätze“ wollte 1958 die ganze Stadt unterfahren und unterirdische Parkplätze anlegen, das Stück zu einer halben Million damaliger Franken.

Der Bevölkerungszuwachs wurde bis in die 1960er Jahre von Fachleuten, Statistikern und Soziologen gewaltig überschätzt. Das „sterbende Volk“ war vergessen; die „Schweiz der 10 Millionen“ war ein gängiges Argument für gewaltige Planungen, wobei sich lediglich der Zeithorizont vom Jahr 2000 auf das Jahr 2010 und dann, unsicher geworden, auf den Zeitpunkt „Z 1“ verschob. Das „Leitbild der Schweiz“, ein Bundesauftrag am Institut für ORL-Planung der ETH, hinterfragte nie die Chimäre der Bevölkerungsexplosion, sondern schuf die zugehörigen Bevölkerungs-, Industrie- und Siedlungsleitbilder und sogar ein Leitbild der Landschaft. Die Umwelt war noch vornehmlich ein ästhetisches Problem.

Das Wort „Umwelt“ verbreitete sich erst am Ende der nächsten Dekade. Kritiken über die Naturzerstörung oder Übernutzung waren zuvor immer punktuell. An den Plakatwänden erschien ein gefülltes Trinkglas, aus dessen Innerem ein Totenkopf schimmerte – ein Werk von Hans Erni. Die Typhusepidemie in Zermatt löste neuerlich eine Debatte über das Trink- und Abwasser aus. Indessen entsorgte die Stadt Basel mitsamt ihrer Chemie noch immer in den so bequem vorbeifliessenden Rhein.

1960–1970: Die Umwelt und die Autobahn

Das nun zu besprechende Jahrzehnt ist zunächst das Jahrzehnt der „Fachverbände“. Unter Regierungsrat Wullschleger hatte das Baudepartement weitgehend seine Eigeninitiative an dieses inoffizielle „Organ“ abgegeben. Damit konnten die Ingenieure die Aufträge selber planen, die sie vom Staat erteilt zu bekommen hofften.

In vier ausführlichen Berichten stellten die Fachverbände Forderungen in der folgenden Stufung der Dringlichkeit: 1. Der Autobahnring, 2. der Cityring, 3. die Tiefgaragen am Cityring, und 4. der „Ausbau“ des öffentlichen Verkehrsmittels als Tiefbahn. In Zusammenhang mit dieser Verkehrsplanung entstand gleichzeitig ein dazu passendes Gesamtkonzept: Die Stadt sollte wieder stärker in ihre Quartiere eingeteilt werden, die Quartiere sollten untereinander durch „grüne Finger“ abgetrennt werden. Dieses Konzept der grünen Finger wurde dann später vom geographischen Institut der Universität ausgearbeitet und

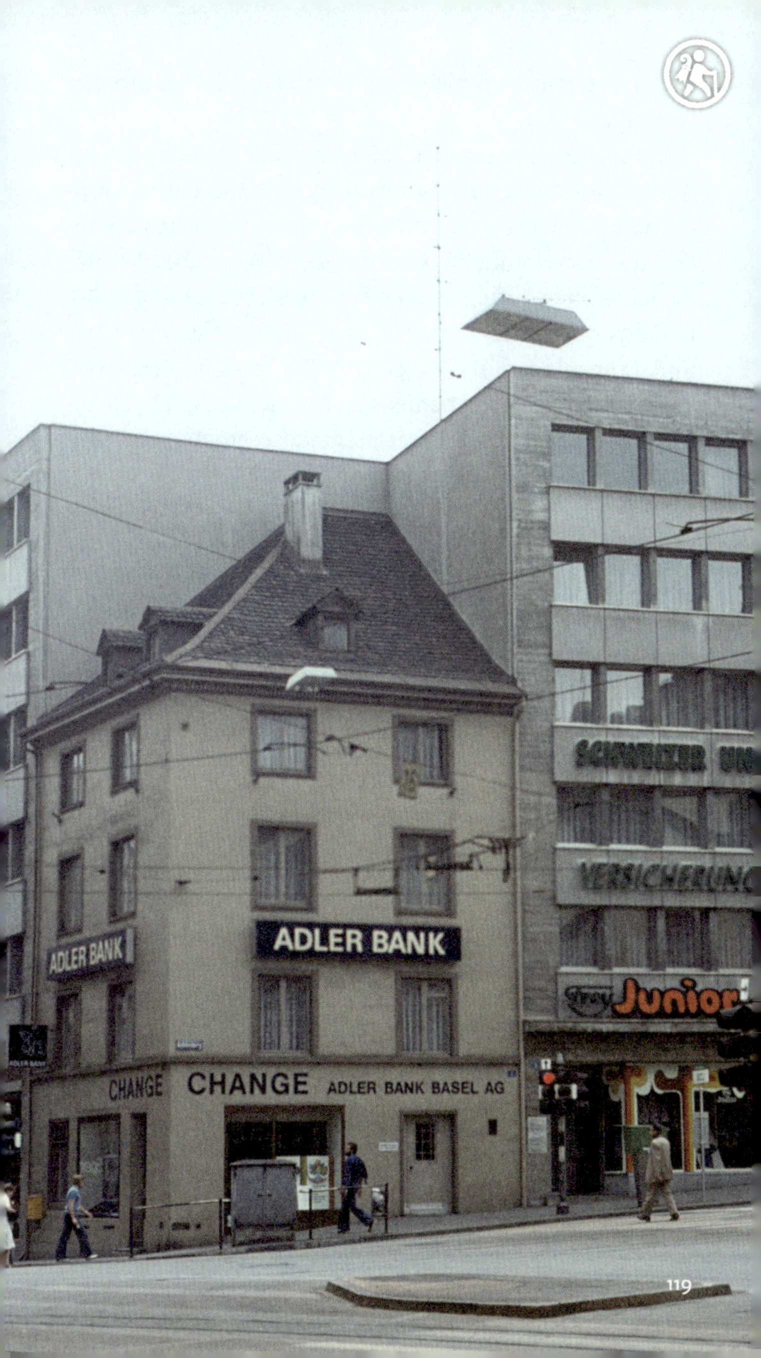
ADLER BANK
ADLER BANK
CHANGE
CHANGE ADLER BANK BASEL AG
Junior

ist tatsächlich noch heute die Grundlage der stadtbasler Grünplanung.

Als höchste Staatskunst galt es damals, wenn es gelang, städtische Strassen zu Autobahnen und Autobahnzubringer zu Strassen von überörtlichem Charakter und zu Bundesstrassen zu erklären und sie damit vom Bund bezahlt zu bekommen. Infolgedessen lief die Strassenplanung des Baudepartementes darauf hinaus, die geplanten Ringe und Tangenten, auf welchen sich der tägliche Berufsverkehr von und zu den chemischen Fabriken abspielt, zu Autobahnen zu machen. Basel plante also einen Autobahnring, der teilweise auch vom Bundesrat anerkannt wurde; zur Enttäuschung Regierungsrat Wullschlegers aber sahen sogar die Berner Behörden, wie überflüssig und teuer der Durchbruch von Süden nach Westen durch die Wohnzonen des Westplateaus sei. Damit war die sogenannte „Gesamtkonzeption" eigentlich schon zusammengebrochen, bevor sie überhaupt da war.

Im Übrigen stand immer noch die Abnahme des Autobahnverkehrs auf die Stadtstrassen in möglichst konzentrierter Form und die Umfahrung der Stadt auf dem halbierten Autobahnring im Norden zuoberst auf der Dringlichkeitsliste. Der Versuch aber, Autobahnring, Cityring, Umstellung der ringförmigen Strassenbahnen auf Bus und die Tieflegung der radialen Strassenbahnen in der Innenstadt in einer Legislaturperiode durchzuboxen, misslang gründlich.

Die Regierung hatte das Vorhaben übereilt, weil sie sich im Grossen Rat vorwiegend auf jene Grossräte stützte, die von der bevorstehenden Amtszeitbeschränkung betroffen waren. Gerade diese Eile rettete uns aber vor den umfassenden Zerstörungen des „Gesamtplans". In einer dramatischen Sitzung wies der Grosse Rat den entsprechenden Ratschlag 6464 zurück.

Langsam drangen neue Erkenntnisse sogar in die technischen Gremien und Fachverbände ein. Zu Ende des Jahrzehnts, am 18. März 1969, erklärte die Gruppe Cityring der Fachverbände, dass die durch die von ihr selbst empfohlenen Massnahmen „die Probleme ... im Grunde genommen nicht gelöst, sondern nur verlagert“ werden. Für diesen Ausrutscher nahmen die grossen Ingenieurfirmen ihre in die Kommission entsandten Ingenieure streng ins Gebet. Dennoch kam schon ein Jahr später ein Echo aus dem Geschäftsbericht des Bundesrates: „Nicht die verkehrsgerechte Stadt, sondern der stadtgerechte Verkehr muss deshalb das Ziel der Verkehrspolitik bleiben; denn wir müssen unsere Städte akzeptieren, wie sie sind.“ Diese späten Erkenntnisse führten dann am 23. September 1971 zu einer Niederlage des Baudirektors, die nie mehr aufgeholt werden konnte. Anstatt wie vorgesehen, dem Ausbau des Cityrings zwischen Heuwaage-Viadukt und Wettsteinplatz zuzustimmen, endete die Sitzung in einigen Grundsatzbeschlüssen, von denen der wichtigste erstmals nun die Priorität des öffentlichen Verkehrsmittels auch in Basel postulierte.

Auch in einem anderen Bereich scheiterte die primitive Planung aufgrund von Extrapolationen und nahm eine neue Qualität an. Die 3. Bauetappe des Basler Bürgerspitals, die die schöne Hebelstrasse zerstörte und am Petersgraben ein Hochhaus entstehen liess, wurde 1964 begonnen und musste 1968 mitten im Bau wegen Planungsfehlern eingestellt werden. Erst nach dreijährigem Unterbruch konnte eine vollkommen andere Lösung, dieses Mal ohne Hochhaus, begonnen und auch vollendet werden. Mit ihr und dem Bruderholzspital zusammen stieg die Bettenkapazität der Region über den Bedarf. Die übertriebenen Prognosen bezüglich des Bevölkerungswachstums rächten sich jetzt. Es entstanden Überkapazitäten in der Infrastruktur. Zur Rechtfertigung der Fehlprognose erfand man den „Pillenknick". Der Rückgang des Bevölkerungszuwachses war aber nicht die Folge der neuen Weise der Geburtenregelung, sondern der Überalterung, – also einer Entwicklung, die für die Statistiker voraussehbar gewesen wäre.

In das hier behandelte Jahrzehnt zählt auch die Gründung und die erste Aktivität der Arbeitsgruppe Regio Basiliensis. Privatleute hatten diese Gruppe entstehen lassen aufgrund einer neuen Interpretation der Situation an der Dreiländerecke: Nicht in erster Linie die Wiedervereinigung, sondern die allmähliche Überwindung sämtlicher Grenzen rund um Basel sollte angestrebt werden. Die „Regio" brachte eine erhebliche Veränderung der Optik: Erstmals entstanden Landkarten, in welchen Basel nicht die linke obere Ecke, sondern den Mittelpunkt bildete. Prof. Annaheim konzipierte den Strukturatlas der Regio, in welchem statistische Zahlen so verarbeitet waren, dass die Entwicklungen in der jeweils schweizerischen, deutschen und französischen Nachbarschaft der Stadt ablesbar und vergleichbar erschienen. Die Regio befasste sich auch mit regionalen, aber internationalen Konzepten wie beispielsweise dem Flughafen. Es gelang ihr aber nicht, in umweltpolitischen Fragen entscheidende Beiträge zu leisten; sei es, weil die Themen zu brisant waren (AKW-Bau), sei es, weil die Regierung sich die Initiative nicht aus den Händen nehmen liess. Vermutlich hätte es die „Regio" zustande gebracht, ein Klärwerk für Basel an vernünftiger Stelle im Elsass unterzubringen; durch die Ungeschicklichkeit des Baudepartementes wurde diese Lösung vereitelt, sodass die ARAs umständlich und teuer auf Basler Boden untergebracht werden mussten.

1970–1980: Der Ölschock

Wie wir in der Einleitung geschrieben haben, war das Wort Umwelt in einem anderen Sinne, als es heute gebraucht wird, durch Uexküll in die Naturwissenschaft eingeführt worden. Erst im Jahre 1968 nahm das Wort im deutschen Sprachraum die Bedeutung an, die es zum Instrument einer Charakterisierung und Kritik des menschlichen Umganges mit der Natur machte. In dieser Form wurde es zunächst von der studentischen Jugend begeistert aufgenommen, dann aber bald Allgemeingut und vom Kern der studentischen Bewegung wieder abgelehnt. Das Bild der Natur als einer „Umwelt" betont den Systemcharakter des Geschehens. Es zeigt auf, dass die Ausbeutung, die Entnahme von Stoffen aus der Natur oder die Belastung der Natur mit Stoffen zu Prozessen führe oder Prozesse beeinflusse, die auf Umwegen wieder an unerwarteter Stelle auf den Menschen zurückwirken können.

Alles hat mit allem zu tun; der Bau des Assuan-Dammes mag wohl die Felder der ägyptischen Fellachen bewässern, er hat aber andererseits im Mittelmeer einen Rückgang der Fische und Arbeitslosigkeit der Fischer zu nicht vorausgesehener Folge. Ähnliche Katastrophen richteten zahlreiche gutgemeinte Eingriffe der europäischen Ingenieure in der Dritten Welt an.

Dieses systemförmige Modell wurde von weiten Kreisen akzeptiert und führte zu der heute weitgehend gängigen Vorstellung, Eingriffe müssten nicht nur sorgfältig geplant werden, sondern in ihren Nebenerscheinungen untersucht und durch „flankierende Massnahmen" abgesichert werden. Im Übrigen müssten die Eingriffe dann, wenn sie unberechenbar seien, möglichst klein und bescheiden durchgeführt werden. Grosse Teile gerade der studentischen Protestbewegungen begnügten sich aber nicht mit dieser Folgerung: Nicht die Umwelt, sagten sie, ist das Thema, sondern die Gesellschaft. Die Katastrophen, die sich aus den Dammbauten im Orient ergaben, dürfen wir nicht auf der Ebene von unzulänglich geplanten, aber im Grundsatz richtigen Eingriffen sehen; vielmehr müssen wir sie als die Folge des entwickelten Kapitalismus und der Disparitäten zwischen diesem und den randständigen Gesellschaften erklären. Nicht die Planungsweise also sei zu ändern, sondern die Gesellschaft.

Die systemartige Vernetzung aller Phänomene miteinander, sowie die Involvierung gesellschaftlicher Fragen hat zur Folge, dass scheinbar ingenieurmässige Fragen von Ingenieuren allein nicht mehr gelöst werden können. Die Probleme erscheinen nun als „bösartig": Der Begriff der bösartigen Probleme (Horst Rittel) besagt, dass technische Fragen in solcher Weise mit gesellschaftlichen oder moralischen Fragen verknüpft sind, dass die Frage weder aufgrund technischer Kenntnisse noch durch eine Volksabstimmung entschieden werden kann. Die Frage beispielsweise, wie eine Strassenkreuzung ausgestaltet werden solle, enthält die Frage, wieviele Unfälle es hier jährlich denn geben dürfe und welcher Art, ob leicht oder schwer, sie sein sollen. Aus ihrem Wissen und ihrer Erfahrung können die Fachleute, Ingenieure und Verkehrspolizei diese Frage zahlenmässig beantworten; nicht beantworten können sie, welches Gewicht wir diesen Unfällen beimessen sollen, wieviel Geld wir zu ihrer Vermeidung ausgeben wollen, ob eine Unterführung für Fussgänger zumutbar sei oder nicht, ob das höhere Risiko für ältere Fussgänger und für Kinder bei einer Strassenverbreiterung aufgewogen sei durch das Glück der Autofahrer, etwas schneller ans Ziel zu kommen.

1971 wurde über den Verfassungsartikel betreffend den Umweltschutz abgestimmt, es ergab riesige Ja-Mehrheiten, wie sie für die Schweiz ganz ungewöhnlich sind. Offenbar hatte das Diffuse dieser ganzheitlichen Betrachtungsweise einen ausreichend überzeugenden Charakter, um einzelne Bedenken zurückzustellen. Denn die Mehrheiten, die dem Verfassungsartikel zugestimmt hatten, fanden sich nie mehr wieder, wenn es sich um ein konkretes umweltpolitisches Problem handelte. Insbesondere auf ihr Lieblingsspielzeug, auf die grossen Sonntagsrutschbahnen der Autobahn, wollen die Stimmbürger bis auf den heutigen Tag nicht verzichten, wiewohl der Zusammenhang von Verbrennungsmotoren zum Waldsterben wohl allen bekannt ist.

1973 wurde der Autofahrer aufgeweckt durch die Energiekrise, den Ölschock. Benzin und Heizöl wurden teurer, fehlten an manchen Stellen und anfangs wurden autofreie Tage eingeführt. Auch in Basel freute man sich über den Anblick leerer Strassen, über die Rückgabe dieses freien Raumes an den Fussgänger und die spielenden Kinder.

Die Atomkraftwerk-Lobby versuchte geschickt, die Energiekrise für ihre Zwecke auszubeuten. Sie stellte sich dar als die unerschöpfliche, von Zulieferungen unabhängige, und von schädlichen Emissionen freie Energiegewinnung. In der Region von Basel tobte der Kampf um das Atomkraftwerk Kaiseraugst; zusammen mit Schwörstadt, Wyhl und Fessenheim hätte sich eine ungewöhnliche Konzentration von Risiken in einem kleinen und dicht besiedelten Raum ergeben. Wie schon bemerkt, hat sich die „Regio Basiliensis“ nicht dazu bequemt, in dieses nun typisch internationale und zugleich regionale Problem einzugreifen. Immerhin konnte die Antiatom-Bewegung so grosse Minoritäten mobilisieren, dass sich die Bauerlaubnis für Kaiseraugst bis zu jenem Zeitpunkt verschleppte, an dem sie – nach Tschernobyl – unaussprechbar geworden war.

Der nach der Gewässerverschmutzung bekannteste Umweltschaden ist das „Waldsterben“. Aus Schweden, der Tschechoslowakei, der DDR kamen Nachrichten, dass ganze Wälder plötzlich eingingen. Zunächst wurden die Nachrichten ungläubig aufgenommen, dann sogar mit einem leisen Triumph: Sind das nicht die Länder der grossen Fichtenaufforstungen? Hat sich die Schweiz nicht rechtzeitig einen gesunden Wald zugelegt, den aus Bäumen verschiedener Arten und verschiedener Altersstufen gemischten Plenterwald? Endlich schienen unsere Förster und ihre grossen Propheten Schädelin und Leibundgut gegenüber dem preussischen Forsttheoretikern recht zu bekommen. Aber die Freude war zu früh. Unzweifelbar erleidet auch der gemischte Plenterwald Waldschäden.

Das Waldsterben brachte eine gewaltige Erschütterung des überkommenen Naturbildes. Bis vor kurzem war der Wald das Gesunde schlechthin gewesen: Gesunder Wald, gesundes Volk, war die Parole. Die Waldschäden waren zweifellos älter und hatten allmählich begonnen: Eine eigentliche Verweigerung der Wahrnehmung hatte die Fachleute bisher daran gehindert, diese Schäden wahrzunehmen. Aber als sie sie einmal wahrgenommen hatten, überschätzten sie bei Weitem die Geschwindigkeit der Veränderung. Binnen kurzem, so prophezeite man, würden wir in unseren Gegenden keine Wälder mehr sehen, lediglich ein steiniges Gebüsch. Die Vision des Waldsterbens hatte für unsere Stadt eine glückliche Nebenfolge: Plötzlich wurde der Wert eines Baumbestandes eingesehen. Die Fällaktionen für den Cityring, wie sie in den sechziger Jahren noch stattgefunden hatten, wären nun unmöglich. Die konservierenden Bewegungen aus der Zeit vor dem Ersten Weltkrieg, Naturschutz, Heimatschutz, Denkmalpflege fanden sich zusammen zum Grossverband der BASNU (1969) und erhielten so grösseres Gewicht, demonstrierten auch zugleich den allgemeinen Zusammenhang aller städtischen Eingriffe.

Ideologischer Träger dieses systemtheoretischen Bildes einer vernetzten Welt, die durch punktuelle Eingriffe aus dem Gleichgewicht kommt, war der Club von Rom. Meadows erstellte in seinem Auftrag das computergestützte Umweltmodell, das die Wirkungsweise von hundert Faktoren aufeinander simulieren konnte. Verändere ich einen Faktor, vermehre ich beispielsweise die Verwendung von Chrom, so hat das irgendwo am anderen Ende eine Folge, es steigt die Verschmutzung oder es verschwinden die Insekten. Der Club von Rom hat das Verdienst, dass er mit der Vorstellung aufräumte, billige Energie bei gesteigerter Energieproduktion ermögliche es, sauberere Umwelt herzustellen, eine reichere Bevölkerung habe dann mehr Rauchfilter und ARAs. Meadows wies nach, dass eine Steigerung der Energie schon heute auf das Potential des Jahres 2000 auch die Verschmutzung des Jahres 2000 schon heute bringt – time sharing ist nicht das Werk der Weitsichtigen, sondern das der dilettantischen Planer.

Die Modelle von Meadows waren eindrücklich und taten ihre Wirkung. Ihr Fehler liegt lediglich darin, dass sie annehmen, der Mensch oder die menschlichen Gesellschaften reagierten rational auf die auftretenden Schwierigkeiten. Die seitherige Wirklichkeit zeigte aber, dass die Energiephänomene, speziell auf dem Sektor des Öls, stets „politischen" Charakter annehmen; sie führen also nicht zur Vernunft, sondern zu Kriegen. Die Signale werden gesehen, aber falsch interpretiert; man glaubt, die Energiekrise dadurch zu lösen, dass man die Energie des Nachbarn raubt.

Erstmals brachte das Jahrzehnt des Ölschocks auch eine Beschäftigung mit einer weiteren Umweltverschmutzung: dem Lärm. Umweltschäden sind nicht nur Vergiftung und Krankheit, sondern auch Stress. Der Lärm wurde zunächst auf primitiver, technischer Ebene behandelt. Man mass ihn in Dezibel. Auf dieser Grundlage wurden denn auch Vorschriften erlassen. Die tatsächlich stressreiche Lärmstörung besteht aber nicht in der Belästigung des Trommelfells, sondern des Bewusstseins: Was am Lärm stört, ist sein Informationsgehalt. Diese Erkenntnis fasste mindestens in einem Falle Fuss: gegenüber dem Flughafen. Anstelle des Dezibels trat die Messeinheit NNI, Noise and Number Index. Nicht die Lautstärke, sondern die Anzahl der Störungen, ihre Regelmässigkeit oder Unregelmässigkeit, weckt nachts den Schläfer. Die Anwendung der Erkenntnisse über Lärmstörung, die Anerkennung dieser Störungen als Teil der Umweltverschmutzung ist aber noch nicht weit gediehen. 1987 wird flächendeckend Verkehrslärm kartiert. Aber solange die Basler Verkehrsplaner auf der Ideologie der „Entlastungsstrassen" sitzenbleiben, wird der Verkehr nicht durch seinen Lärm, sondern durch seine gesamte Existenz stören.

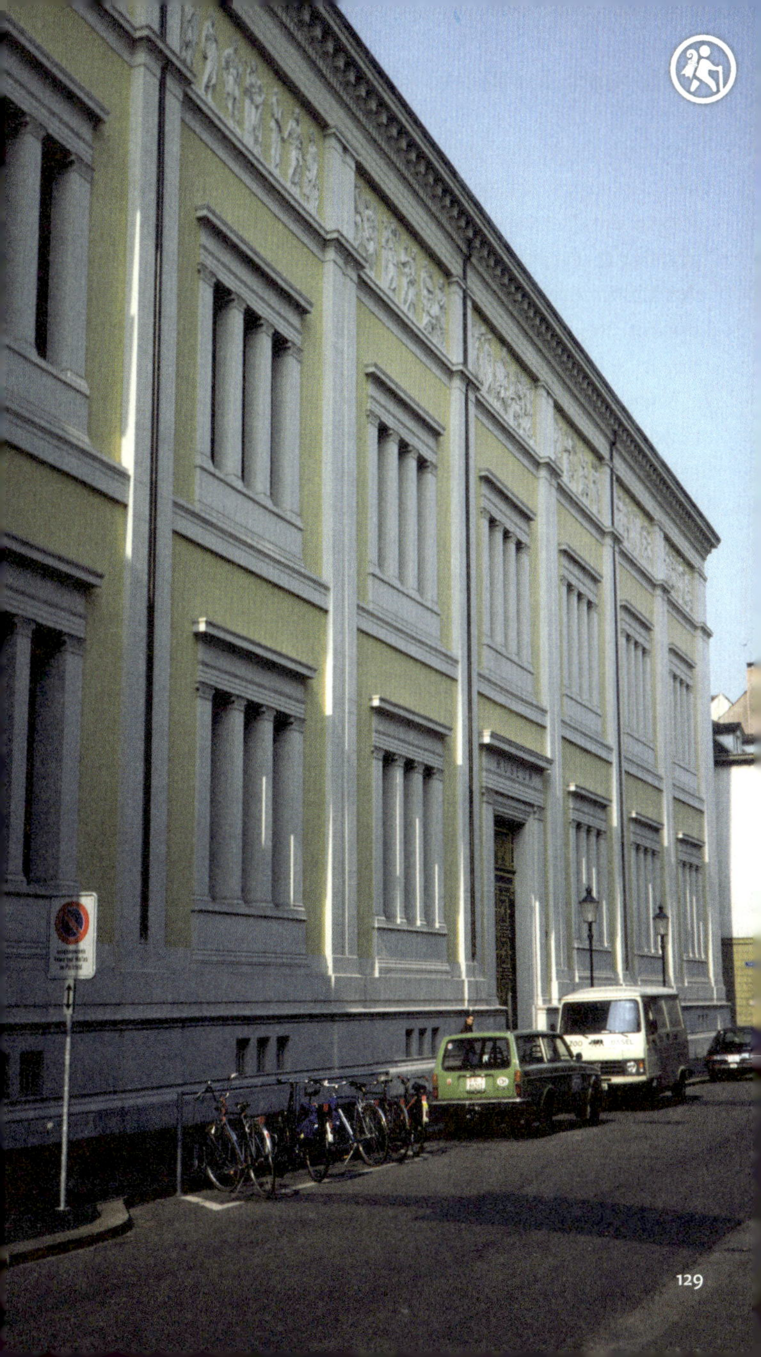

1980–1990: Das Risiko

Das nun folgende Jahrzehnt gibt dem technischen Optimismus einen schweren Stoss: In einem einzigen Jahr erfolgen die drei weltweit beachteten Unfälle, die das Versagen der traditionellen Technik ankündigen: Die Explosion des Challengers, der Störungsfall von Tschernobyl und, in unserer Region, aber mit riesigem Echo, der Brand bei Sandoz in Schweizerhalle.

Nach der Mondlandung hatten die Fernsehzuschauer rund um den Globus den Glauben gewonnen, die Sicherheit auch der Raumfahrttechnik sei gewährleistet. Dass alle diese Sicherheit relativ ist, und dass die Unsicherheit in dem Masse steigt, je mehr technische Komponenten untereinander kombiniert werden, das demonstrierte dann erst die Challenger-Katastrophe. Immerhin berührte einem diese nicht, sie war lediglich eine sensationelle Information. Der Störfall in Tschernobyl kam insofern unerwartet, als die Atomindustrie alles getan hatte, um die vorangegangenen Unfälle, Harrisburg usw., der Vergessenheit anheimzugeben. Tschernobyl klärte dann die Bevölkerung in zweierlei Weise auf: Einmal durch die abgegebenen Empfehlungen, bei Regen nicht auf die Strasse zu gehen, keine Tessiner Pilze und keine französischen Erdbeeren zu essen, – alles neue und erstaunliche Vorsichtsmassnahmen angesichts eines völlig unsichtbaren Phänomens, dessen Zentrum zudem Tausende von Kilometern entfernt war. Die zweite Belehrung war die, dass Tschernobyl nicht durch technische Unzulänglichkeit verursacht war, sondern durch menschliches Versagen. Da konnte die schweizerische Atomindustrie lange behaupten, die Sicherheiten unserer Reaktoren seien um ein Vielfaches grösser und technisch weiter entwickelt; Tschernobyl ist nicht an einem Versagen der Sicherheitseinrichtungen explodiert, vielmehr deshalb, weil die Bedienungsmannschaft diese Automatismen ausgeschaltet hatte. Dieses aber kann auch bei uns geschehen. Vor menschlicher Unzulänglichkeit sind auch die Schweizerischen Bedienungsmannschaften nicht gefeit.

Schliesslich kam der Brand von Schweizerhalle ebenfalls nicht ganz unangemeldet, da die grossen Vergiftungsskandale von Seveso und Bhopal vorausgegangen waren. Kein Einwohner von Basel, der die Nacht auf den 1. November vergessen hätte. Ebenfalls unvergessen blieben die Folgen: Das massenweise Sterben der Fauna im Rhein.

Sandoz reagierte auf den Unfall sogleich auf der propagandistischen Ebene. Mit Hilfe einer amerikanischen Firma wurde ein Goodwill-Programm abgespult, das der Bevölkerung wieder Vertrauen und Sicherheitsgefühle einimpfen solle. Im Zentrum der Propaganda standen die Edelfische, die im Rhein wieder angesiedelt wurden, ohne Rücksicht darauf, ob sie dort Nahrung finden oder nicht. Ohnehin wurden sie sogleich wieder herausgefischt: Sandoz finanzierte eine Aktion: „Buebe und Maitli, chömmed go fische“. In der französischen Schweiz berichtete das Fernsehen recht offen über diese Meinungsmanipulationen; in der deutschen Schweiz spielten die Presse, Radio und Fernsehen die Unwissenden. Mit den drei genannten Katastrophen trat das Risiko als neuer Umweltfaktor in den Bereich der öffentlichen Wahrnehmung. Nach konventioneller Auffassung ist das Risiko dem Wagnis zugeordnet wie der Schatten der Sonne: „Wer sich in Gefahr begibt, kommt darin um“, sagt der Volksmund; solche Weisheit ist das Spiegelbild von „wer wagt, gewinnt“.

Die industriellen Risikofälle zeigen aber, dass das Risiko nicht jene bedroht, die wagen, sondern einen bestimmten anderen Bevölkerungsausschnitt, beispielsweise diejenigen, die in der Nähe eines Gefahrenherdes wohnen. Die Gesellschaft verteilt also das Risiko ungleich, ähnlich wie das Einkommen, und das risikobedingte Unglück betrifft einem unverhofft und ungeplant wie eine Krankheit. Das Kind, das in Seveso auf einer Abfallgrube spielt und sich dabei mit Dioxin vergiftet, hat mit dem Verursacher, der in Basel sitzt, nichts zu tun; der Verursacher seinerseits kann sich in Seveso aufhalten, kann aber auch in Basel in Sicherheit sein.

Fortan führte man die Umweltdebatte unter dem Gesichtswinkel des Risikos. Der neu auftretende Risikofaktor, die Gentechnologie, führte zu leidenschaftlichen risikotheoretischen Diskussionen. Unheimlich an der Angelegenheit ist, dass niemand wirklich das Risiko voraussagen kann. Wenn schon Züchtungen zu solch gefährlichen Tieren führen können wie der Killerbiene, wo erst bringt uns die Gentechnologie hin? So fragen die einen. Gentechnologie ist ein experimentelles Verfahren im begrenzten und kontrollierten Rahmen, so antworten die anderen. Die Sachlage ist so neu und der Gegenstand so rätselhaft, dass eine Gesetzgebung noch nicht einmal in Aussicht genommen ist; das Bewilligungsverfahren für ein gentechnologisches Institut in Basel spielt sich weitgehend im gesetzgeberischen Neuland ab. Dagegen treten zu Wahlzeiten an Versammlungen und an Strassenständen Politiker und Politikerinnen auf, die „wissen", dass Gentechnologie ungefährlich ist. Solcher angeblich wissender Umgang mit dem Unbekannten birgt eben Risiken. Und wieder greift tröstend die Volksweisheit ein: Totale Sicherheit gibt es nicht, belehrt man uns, das „Restrisiko", fortan das Lieblingswort der Fortschrittsgläubigen, ist unvermeidbar. Schliesslich kann dir auch ein Dachziegel auf den Kopf fallen.

1990 ...: Das Ende des Konsenses

Das Vertrauen der Vertrauensvollen in das Unbekannte, das prinzipielle Misstrauen der Misstrauischen führt zu einer letztlich undiskutierbaren Spaltung der Meinungen. Ein Teil der Bewohner unserer Stadt mögen sich mit der beruhigenden Auskunft zufrieden geben, man lebe ja in dieser Stadt eben von der Chemie, so teile man bis zu einem gewissen Grade auch ihre Risiken. Andere aber wollen gerade diese Risiken diskutieren, weil sie es nicht akzeptieren, dass der Gewinn der einen ein Risiko von anderen, Unbeteiligten, einschliesst.

Dieser grundsätzliche Dissens in der Bevölkerung, der nur teilweise ein Generationenkonflikt ist, äusserte sich an einem für Aussenstehende vielleicht nicht nachvollziehbaren Fall: Der Besetzung der alten Stadtgärtnerei. In diesem von Betriebsgebäuden, Treibhäusern und Frühbeeten überstellten Gelände, das für einen „Volkspark" vorgesehen war, siedelte sich ein Teil der städtischen Jugend an, die, an einer Stelle, wo die Industriestadt am dichtesten ist, eine alternative Lebensweise beginnen wollte. Die „Stadtgärtnerei" war auf jeder Ebene ein Abbild einer Gegengesellschaft, die der städtischen Industriegesellschaft den Spiegel vorhielt. Herrscht in der Industrie Arbeitsteilung, so praktizierte die Stadtgärtnerei Zusammenarbeit. Herrscht die Trennung von Stadt und Land, so war die Stadtgärtnerei ein innerstädtischer Bauernhof mit Schweinen und Gänsen. Gehört die Kunst in der Stadt ins Museum, so herrschte auf dem besetzten Gelände die

Einheit von Leben und Kunst. Arbeitet der Bürger aufgrund von Anstellung und Anweisungen, so der „Stadtgärtner" freiwillig und spontan.

Die Bürger, die sich sonntags die besetzte Stadtgärtnerei anschauten, sahen alle diese Bilder nicht. Was sie sahen, war Unordnung, Spontaneität, war eine ihnen fremde Lebensweise. Die „Stadtgärtner" bemühten sich, die Sympathie der Bürger zu gewinnen: Wenn die Bürger uns in der Stadtgärtnerei nicht begegnen, so suchen wir sie selber auf, so dachten sie. Eines Tages zogen sie ihre schönsten Gewänder an, färbten ihre Haare grün und rot, nahmen ihre Musikinstrumente mit und lagerten auf dem Marktplatz. Die Aktion war kontraproduktiv: Ach, so sagte sich der Bürger, solche sind das! Dann muss der Besetzung schleunigst ein Ende bereitet werden. – Schliesslich verloren die „Stadtgärtner" die von ihnen tollkühn herbeigeführte Volksabstimmung.

Seither gibt es auf dem Areal von St. Johann einen Park, der jedem zeigt, wie ein Volkspark nicht sein soll. Aber dieses ist wohl noch das weniger schlimme Ergebnis der verunglückten Volksabstimmung. Bedenklicher stimmt uns, dass es seither zwei Bevölkerungsteile gibt, die die Umwelt unterschiedlich wahrnehmen. Die konventionelle Auffassung der Bevölkerungsmehrheit bleibt: Die Industrialisierung schreitet fort, die Freizeit wird auf der Autobahn verbracht, die Abhängigkeit von der Chemie ist unvermeidlich und birgt das zu tragende Restrisiko. Demgegenüber formiert sich die unterdrückte, die „stadtgärtnerische" Haltung: Die Welt ist verletzt, allein die Solidarität mit der Dritten Welt befreit uns von den industriellen Risiken und sichert die Erhaltung der Ressourcen und der Natur.

Schlussbemerkung

Zur Einstimmung ein Zitat: Im Jahre 1956 gab die Geographie-Zeitschrift „Merian“ ein Heft über Basel heraus. Die Einleitung verfasste der kunstsinnige Historiker und Sammler Christoph Bernoulli. Er schreibt: „Vom Rheinhafen gehen wir zu diesem nahegelegenen Unternehmen (gemeint ist CIBA). Ein Kamin, beinahe so hoch wie der Turm des Ulmer Münsters, ragt weithin sichtbar über die Stadt und gehört für mein Gefühl zum Schönsten und Aufregendsten, was in den letzten Jahren in Basel gebaut wurde. Wir werden das Wunder besuchen, und wenn dieser Kamin, vor blauem Himmel, seine majestätische Rauchfahne aushängt, werden Sie meine stille Begeisterung verstehen.“

Nun, heute verstehen wir diese Begeisterung nicht mehr. Allenfalls können wir verstehen, dass man 1956 noch so blind war, beim Anblick einer industriellen Rauchfahne Begeisterung zu empfinden. Die ganze Paradoxie dieses Beitrags, der hier unternommenen Aufgabe, eine Geschichte der Umwelt darzustellen, eröffnet sich in Bernoullis Sätzen. Christoph Bernoulli war keineswegs etwa blind für die Folgen der Industrialisierung: Er beklagt lebhaft die Zerstörung innerstädtischer Gebäude, die Art der Überbauung aus der Zeit der Expansion der Industrie, und erklärt schliesslich seine eigene Wohnstrasse, die Holbeinstrasse, zur hässlichsten Strasse der Stadt.

In unserem Beitrag wurde versucht, die Umwelt als eine jeweils synchrone darzustellen: Die Umwelt ist die von ihren Zeitgenossen wahrgenommene Umwelt. Das Basel Christoph Bernoullis bot das Bild einer glückhaft aufstrebenden Industriestadt in einem Zeitalter ohne Grenzen des Wachstums; allenfalls vergangene Irrtümer dieser Expansion müssen noch verdaut werden. Dass der Rauch aus dem CIBA-Kamin möglicherweise giftig ist, dass die Höhe des Kamins lediglich dazu dient, dieses Gift auf eine weitere Region zu verteilen, dass es schon damals an der Zeit gewesen wäre, von solchen Firmen Rauchfilter zu verlangen oder aber gewisse Produktionen aufzugeben, kann Christoph Bernoulli nicht sehen. Wir können es nur rückwärts feststellen; wir würden heute Christoph Bernoulli, wenn er noch einmal mit uns kommen könnte, zu Orten führen, wo sich die Natur infolge industrieller Einwirkungen verändert hat, und wir würden sehen, dass er dafür nicht unempfänglich wäre. Aber selber gesehen hat er es nicht, und gesagt hat es ihm keiner.

Genau so leben wir heute in unserer Umwelt: Wir sind uns bestimmter Veränderungen, Gefahren und Schäden bewusst geworden, vielleicht auch gewisser Verbesserungen: Die Rauchfahne versetzt uns zwar nicht in Begeisterung, ruft aber doch in unserem Gedächtnis die Meldung ab, dass da wohl ein Rauchfilter eingebaut worden war. In anderen Bereichen verhalten wir uns wie Christoph Bernoulli: Freudig schreitet der Fussgänger durch die Fussgängerzone im Bewusstsein, dort bevorzugt zu werden. Die unweigerliche Folge einer solchen Fussgängerzone, nämlich die Benachteiligung des Fussgängers an jenen Stellen, wo sie aufhört, und wo sich die grossen Einfahrten der Stadt mit den Ringstrassen schneiden, diese Situationen erleiden wir zwar, erheben sie aber nicht in unser Bewusstsein.

Die Unfallstatistik gäbe zwar Auskunft über die Leiden der Fussgänger an jenen Stellen, wobei sie die Angst, den Schrecken, das Herzklopfen all jener alten Leute verschweigt, bei welchen es nur fast zu einem Unfall kam. Dennoch ist dieser gravierende Teil des Environments – noch – nicht zum Politikum geworden. Im Gegenteil: „Verkehrsverbesserungen“, wie sie in Deutschland oder England, Schweden oder Holland nicht mehr gebaut würden, finden in Basel noch Akzeptanz.

Das Beispiel lehrt uns: Auch wir leben in einer „Umwelt“, die als ein Ganzes nur gedacht werden kann, die aber nur ein Konstrukt ist aus Teilen, die wir tatsächlich schon benennen können, und anderen Teilen, von welchen weder der Verfasser noch der Leser auch nur ahnt, dass sie später einmal zu den wichtigsten Bestandteilen einer Umwelt gerechnet werden. Die Umwelt als Ganzes bleibt damit ein unwissenschaftlicher, ein logisch nicht erlaubter Begriff: Umwelt bedarf einer Zeit, in der sie stattfindet, und eines Subjektes, das sie bewusst erfährt.

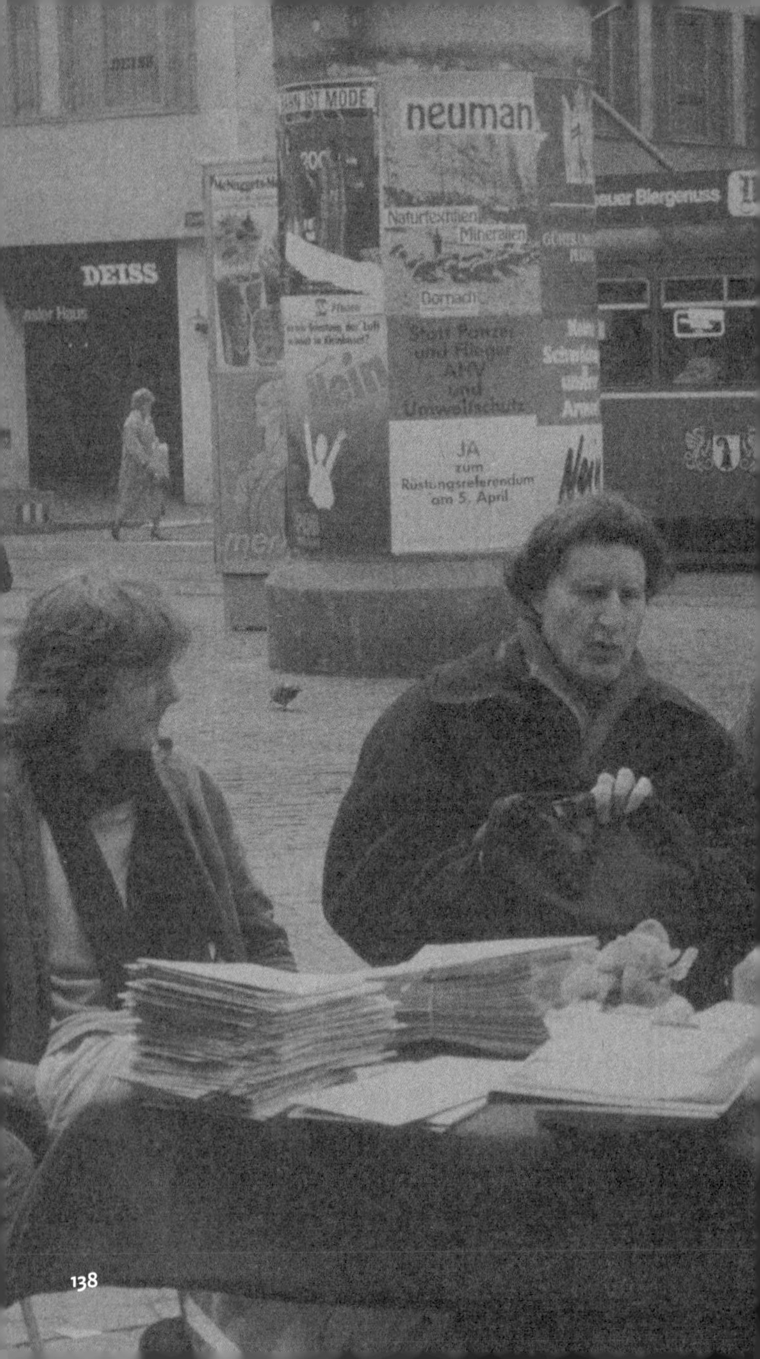
DEISS
neuman
Naturtextilien
Mineralien
Dornach
Statt Panzer
und Flieger
AHV
und
Umweltschutz
JA
zum
Rüstungsreferendum
am 5. April

PLANUNG IST POLITIK

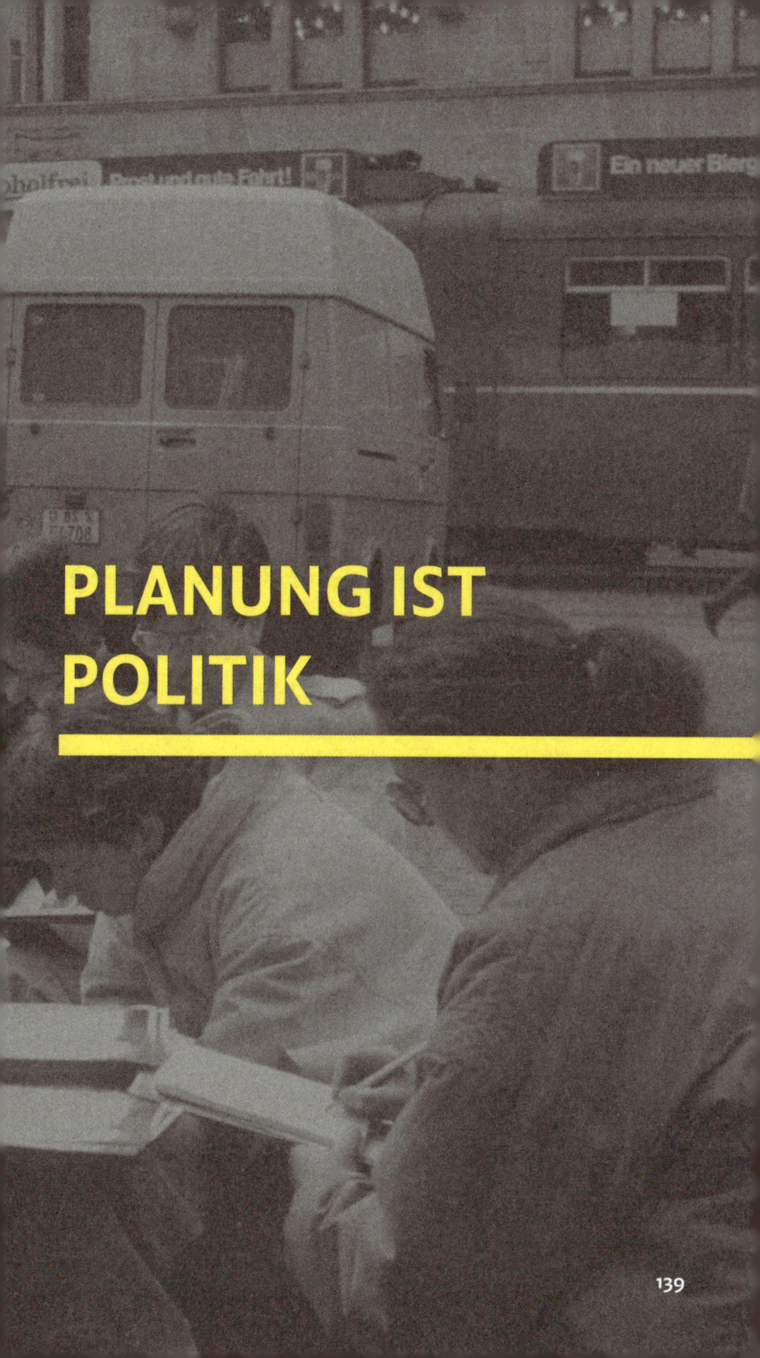

Bei seiner Beschäftigung mit städtischen Entwicklungen ist die transparente Offenlegung der politischen Dimension der Stadtplanung ein frühes Werkzeug von Lucius Burckhardt. Er war 1949 vierundzwanzig Jahre alt und Student der Nationalökonomie und Politologie bei Edgar Salin, dem Philosophen Karl Jaspers und dem Kunsthistoriker Joseph Gantner an der Universität Basel, als er einen ersten politischen Weckruf veröffentlichte (siehe Kapitel „Das Auto ist nie zu Ende erfunden worden“ ab S. 273). Gemeinsam mit seinem Kommilitonen Markus Kutter gab Lucius Burckhardt 1953 das Büchlein „Wir selber bauen unsre Stadt“ heraus, eine Schrift, die den Raum der politischen Aushandlung bei Stadtplanungsvorhaben umfassend beschreibt. Auch das Pamphlet „achtung: die Schweiz (1955)“, mit der Idee zur Errichtung einer modernen Ideal-Stadt als Format der Schweizerischen Landesausstellung 1964, handelt von dieser politischen Stoßrichtung. Die frühen Schriften dienen der Auslotung des politischen Handlungsspielraums, genauer gesagt der Verpflichtung der Parteien, die Führung in der Landesentwicklung den Schreibwerkzeugen der Fachleute zu entreißen und in die Hände der Bürgerschaft zur Entscheidungsverfügung zu legen. Beide Veröffentlichungen betreffen nicht Basel im Besonderen und sind mit Kommentaren ergänzt publiziert worden, zusammen mit Texten und Schriftstücken aus dem Burckhardt-Archiv zum Entstehungszusammenhang von „Wir selber bauen unsre Stadt“ und „achtung: die Schweiz“ (siehe Literaturliste am Ende dieses Buches).

Lucius Burckhardt hat sich aber auch eingehend mit den verfehlten Planungen in Basel seit den 1950er Jahren auseinandergesetzt. Die Altstadt ist in Gefahr! Mit seinen „Munatius-Kolumnen“ in der National-Zeitung, von denen wir vier von insgesamt sechzehn aus den Jahren 1953 bis 1955 abdrucken, ruft er zu kritischer Auseinandersetzung mit politischen Tagesthemen auf. Das Pseudonym Munatius bezieht sich auf den Basler „Städtegründer Lucius Munatius Plancus" und verbirgt dabei den Vornamen des Autors spielerisch.

Die Argumente gegen den Städtebau in den Fünfzigerjahren bezieht Lucius Burckhardt aus sozialen, architekturgeschichtlichen und politischen Theorien. Von Karl Jaspers übernimmt er einen freiheitlichen Planungsbegriff, der zwischen der staatlichen Planung eines Rahmens und dem freiheitlichen Vollzug von Bauaufgaben innerhalb dieser Rahmengesetzgebung unterscheidet. Joseph Gantner lehrt ihn kunstgeschichtliche Kategorien, und im Seminar von Edgar Salin werden die nationalökonomischen Klassiker studiert, selbstverständlich auch Marx. Die Frontstellung im politischen Meinungskampf entwickelt Lucius Burckhardt mit seinen Kommilitonen.

Es vergehen nur wenige Jahre und Lucius Burckhardt trifft in Dortmund an der Sozialforschungsstelle der Universität Münster auf den genialen Mathematiker Horst Rittel, der ihn 1958 nach Ulm holt. Die Theorie der Planung reift in dieser Zusammenarbeit heran. Es ist das Theorem der „bösartigen Probleme", der „wicked problems". Unlösbare Probleme wird sie Lucius Burckhardt später nennen. Und dahinter steckt so etwas wie ein Vorläufer des „linguistic turn" in den Sozial- und Geisteswissenschaften. In der Planung ist die Sprache ein Problem, nicht das Objekt der Planung. Im Reden über Planung, in der sprachlichen und bildnerischen Erzählung kann zwar jedes Planungsproblem „gelöst" werden. Die Ambivalenz der Begriffe ist groß. Aber die Lösungen taugen in der Praxis oft erstaunlich wenig, wenn sie nicht sogar die Problemlage durch neu erzeugte Inkonvenienzen vergrößern. Das Zeitalter der polytechnischen Ingenieure geht in

Burckhardts Gegenwartskritik seinem sicheren Ende entgegen. Diese Einsicht wächst im Laufe der Jahre zur vollkommenen Gewissheit heran. Planungskritik ist zur grundsätzlichen Kritik an der politischen Vermittlung geworden.
Lucius Burckhardt entfaltet in den zwölf Jahren seines Studiums von 1943 bis 1955 eine reichhaltige politische Praxis. Mit einer Kaskade von Referenden und Initiativen kämpft er gegen die bürgerlich-sozialdemokratische Altstadt-Zerstörung und den Straßenbau. Stichwortartig stellen wir hier die wichtigsten Engagements zusammen:

März 1943
Flugplatz Hard Birsfelden, Volksabstimmung im Verhältnis 65:35 verworfen. Lucius engagiert sich gegen den Flugplatz.

1947
Erste Gelegenheitspublikationen

1948
Internationaler Europa-Kongress in Brüssel. Teilnahme vermittelt durch den Schweizer Ökonom, Diplomat und Politiker William Rappard, dessen Mutter Julie Hoffmann mit Lucius Burckhardt verwandt war.

Dezember 1948
Erster Artikel gezeichnet mit „A.L.B." (Albert Lucius Burckhardt) im Studentenblatt: Ernst Jünger, „Überwindung der Masse".

Juni 1949
Studienfreund Markus Kutter übernimmt die Redaktion des Studentenblatts ab Nr. 5/1949 (vgl. Nr. 4/1949, S. 63–65)

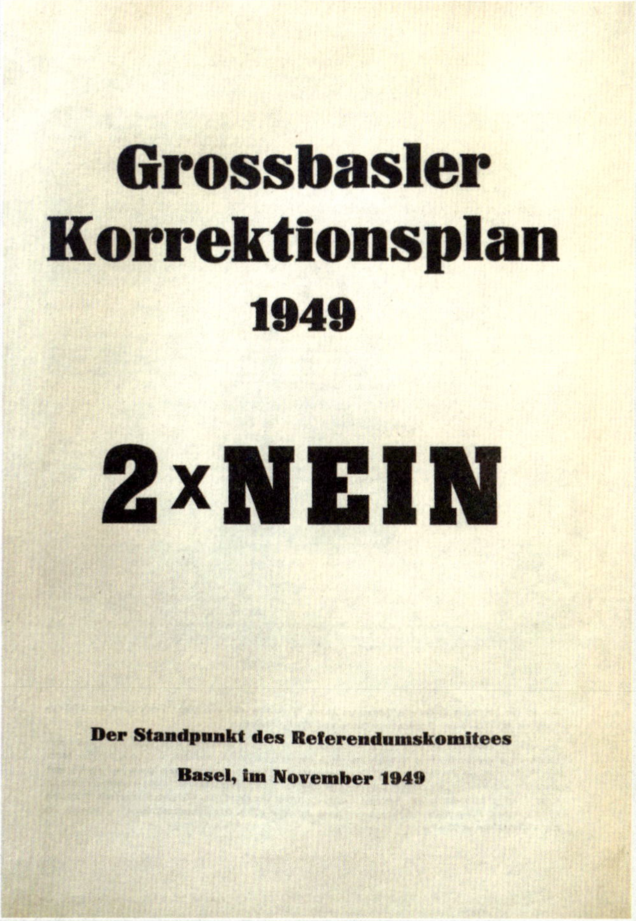

Grossbasler Korrektionsplan 1949

2 x NEIN

Der Standpunkt des Referendumskomitees

Basel, im November 1949

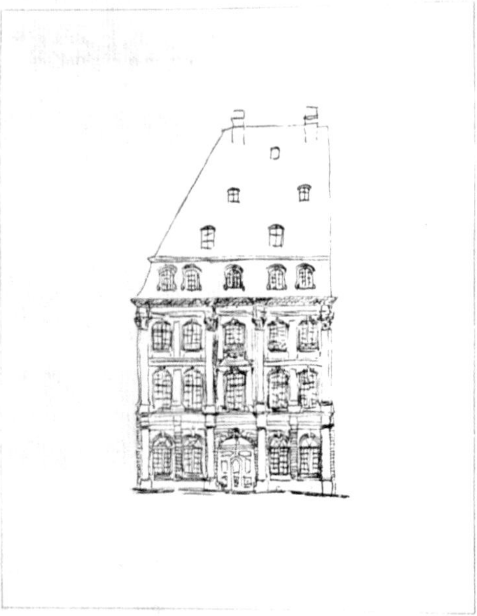

Das ist das Stadthaus in der Stadthausgasse 13 von Werenfels, eine glückliche Verbindung der höchsten Stilkunst seiner Zeit mit Baslerischem Genre und Stadtcharakter.

Auf unserer Abbildung ist gemäss Korrektionsplan bereits alles ringsherum abgerissen. Links und rechts sollen nun grosse Baublöcke à la Spiegelhof, fünf- bis sechsgeschossig, entstehen, und zwar 5 Meter hinter der Vorderfront des Stadthauses. Auf die so gewonnene Brandmauer rechts kann dann, von der Spiegelgasse her gut sichtbar, die Cognac-Reklame vom Giebel an der Hutgasse übertragen werden. Unter der Cognacflasche wird durch das Parterre, unter Assistenz des staatlichen Heimatschutzes mit «höchstem künstlerischem Feingefühl» ein Fussgängertunnel durchgebrochen. Den Bürgerrat friert's! — Der Rest des Korrektionsplans ist ähnlich.

Entweder „Talentlastungsstrasse" oder breitere Gerbergasse

Eine 15 Meter breite Talentlastungsstrasse vom Storchen bis hinter den Stadthof und eine sukzessive Verbreiterung plus Arkadisierung der Gerbergasse ist verfehlt und zu teuer. Entweder neue Entlastungsstrasse — oder Gerbergasse verbreitern; eines recht — nicht beides halb.

Breitere Gerbergasse! – Altstadt erhalten (Sanieren), ohne neue Geschäftsblöcke

Wir sind gegen die Entlastungsstrasse. Sie zerstört ohne Notwendigkeit die Altstadt. Die neuen (bis sechsgeschossigen) Geschäftsblöcke bringen neuen Verkehr: — statt Entlastung also neue Belastung und Komplikation des Verkehrs. Wir wollen die Häuserfront des Bergrandes Spalenberg-Schneidergasse (mit Stadthaus ohne Tunnel!) erhalten, sanieren und dahinter auskernen: Licht und Luft schaffen, Platz für Parking. Dasselbe durch Erweiterung des Rümelinsplatzes (Lagerhaus weg). Der Markt soll bleiben, wo er ist.
Die Entlastungsstrasse als Erschliessungsstrasse bedeutet mit dem Ruin der Altstadt die Gefährdung des dort wohnenden Gewerbes. Dieses soll den ihm günstigen Siedlungsort behalten.

BUS statt Tram! - Neue Parkplätze!

Wir verlangen die Umstellung von Tram auf Bus, zunächst in der Innerstadt. Im Gegensatz zum Korrektionsplan behaupten wir, dass diese für eine gute Verkehrsregelung und für die Strassenbreiten wesentlich ist. Das schnellste, wendigste und geräuschloseste Verkehrsmittel ist auch für unsere Verhältnisse das Gegebene («elastische Dichte»). Umstellungsprojekt liegt vor.

Ev. neue Geschäfte zwischen Theater und Bahnhof!

Barfüsserplatz, nicht Marktplatz, ist der Schwerpunkt der Stadt, um den sich die City gleichmässig entwickeln soll, mit einer guten, klaren Verbindung zum Bahnhof.
Brauchen wir neue Geschäfte, dann ist für diese in Theater- und Steinentorstrasse sowie Richtung Bahnhof reichlich Platz. Steinenschulhaus und Ganthausblock können fallen. Weitere Parkplätze sind dort möglich.

Am Bahnhof die bessere Lösung mit Unterführung!

1948 hat eine Jury mit anerkannten Autoritäten für den Bahnhofplatz im 1. bis 4. Rang die einzig befriedigende, ideale Lösung prämiiert: Klare Orientierung des Verkehrs vom Bahnhof zur Heuwage und Unterführung desselben unter den Ost-West-Verkehr. Die gleiche Lösung haben schon 1946 die einmütigen Ingenieur- und Architektenverbände und die höchsten Fachbeamten des Kantons verlangt. Der Korrektionsplan beseitigt die Verkehrsmisere nicht (keine Unterführung), die ganzen Blöcke seitlich des in der Anlage gleichbleibenden Platzes sollen sukzessive fallen und nur etwas zurückgesetzt wieder neu entstehen. Die von uns vertretene Wettbewerbslösung lockert die Bebauung auf, schafft freie Plätze und bietet für die klare Trennung des Verkehrs eine einzigartige Chance. Unterführung vom Gundeldingerquartier zum Bahnhof wie im offiziellen Projekt.

Nach dem Korrektionsplan würde Basel mit teurem Geld eine Stadt auf Stelzen, eine Stadt der Klagemauern und Kompromisse, mit schlechtem Bahnhofplatz und charakterloser Innerstadt.
Professor Bernoulli bezeichnet die langsame Arkadisierung ganzer Strassen mit ungleich hohen Häusern als «teuren Pfusch»!

Also: Für das gleiche Geld die schönere Stadt mit saniertem Verkehr!

Wir wollen für das viele Geld eine ganze, städtebaulich und verkehrstechnisch optimale Lösung. Halbe, scheinbar billige Nahlösungen sind im Endeffekt unrentabel. Beim Flugplatz hat das Volk für die «halbe» Lösung «Hard C» 8 Millionen glatt verweigert, für die Ideallösung «Blotzheim» 20 Millionen glatt bewilligt. Auch diesmal erfordert die bessere Lösung zunächst das Nein! — Für nachher verlangen wir die sofortige Einsetzung von drei unabhängigen Fachkommissionen (Verkehr-Altstadt-Bahnhof) zur Weiterarbeit mit den Behörden für den besseren Korrektionsplan 1950.

Was kostet die Korrektion?

Das Baudepartement sagt nichts

Ueber die Kosten der Innerstadtkorrektion sagt der offizielle Bericht Nr. 4531 nichts, über diejenigen am Bahnhof nennt er nur 2 vage, absolut unbelegte Zahlen.

Am 16. Nov. 1949 schrieb das Referendumskomitee:

Dr. R. Massini
Missionsstrasse 7
Basel, den 16. November 1949.

An den
Vorsteher des Baudepartementes
Herrn Regierungsrat Ebi

Hochgeehrter Herr Regierungsrat,

es ist uns ein Anliegen, die Diskussion in der am 10./11. Dezember zur Entscheidung kommenden Auseinandersetzung über den Stadtkorrektionsplan in absoluter Sachlichkeit und Objektivität zu führen. Da finanzielle Erwägungen bei dieser ganzen Angelegenheit eine wesentliche Rolle spielen, halten wir es für unerlässlich, die Berechnungen, die den Beschlüssen zugrunde lagen, zu kennen. Ich erlaube mir also, Sie höflich zu fragen, ob Sie uns die Berechnungen der Kosten, mit denen für die Verwirklichung des Planes der Grossratskommission zu rechnen wäre, zur Verfügung stellen könnten (Expropriationen, vom Staat auszuführende Bauarbeiten, Schienenverlegungen etc.). Falls gedrucktes Material nicht vorhanden ist, wäre auch jemand bereit, an Ort und Stelle die betreffenden Papiere einzusehen.

Indem ich Ihnen, hochgeehrter Herr Regierungsrat, zum voraus für Ihr freundliches Entgegenkommen unsern verbindlichsten Dank ausspreche, bleibe ich mit ergebenem Gruss

für das Referendumskomitee
Ihr sign. R. Massini

Hierauf erhielten wir folgende Antwort:

Herrn Dr. R. Massini,
Missionsstrasse 7, Basel

Sehr geehrter Herr Doktor,

wir kommen zurück auf Ihr Schreiben vom 16. Novembe[r] 1949, bei uns eingegangen am 17. November 1949, in welche[m] Sie uns ersuchen, Ihnen die Berechnungen der Kosten, mit de[nen] für die Verwirklichung des Planes der Grossratskommis[sion] zu rechnen wäre, zur Verfügung zu stellen resp. in dies[e] Berechnungen Einsicht nehmen zu dürfen. Herr O. Jauch, Che[f] des Stadtplanbureaus, ist ermächtigt, bei seinem Referat ode[r] im Laufe der Diskussion in der kontradiktorischen Versamm[lung] der Neuen Helvetischen Gesellschaft über die zu erwa[r]tenden Kosten resp. Vergleichskosten die notwendigen Aus[]künfte zu erteilen. Wir hoffen, Ihnen mit dieser Mitteilun[g] gedient zu haben und zeichnen mit vorzüglicher Hochachtung

der Chef des Baudepartemente[s]
gez. Ebi.

z. K. an Herrn O. Jauch, an den Präsidenten der Grossrat[s]kommission für den Korrektionsplan

Herr Jauch nannte in seinem Referat im Safran[]saal keine Zahlen. Unser Delegierter, der ihn um Aus[]kunft bitten wollte, kam nicht zu Wort.

Es ist schon ein Kunststück, in der Finanzstad[t] Basel für eine solche Volksabstimmung Zahle[n] zu bekommen!

Wir schätzen die Kosten in der Innerstadt

Offizieller Vorschlag mit Talentlastungsstrasse

1. Auskernung des Imbergässli-Gebietes u. neuer Marktplatz (Arbeitsrappen) . . . 3 Mill.
2. Talentlastungsstrasse:
   a) Erwerb Singerblock u. nördl. Teil Baselstab-Block 2,8
   b) Block Grüner Heinrich u. Block zwischen Rümelinsplatz und Spalenberg 0,5
   c) Korrektion Schneidergasse zwischen Stadthaus u. Spalenberg . 1,4
   d) Block Bergseite Gerbergässli . . 0,7
   e) Stadthof-Block unt. Leonhardsberg samt Stützmauern u. Anpassung 4,0
   f) Elna-Block . . . . 1,1 — 10,5 Mill.
3. a) Beidseitige Arkadisierung der Eisengasse. Korrektion des Brodlaube-Singer-Blocks mit Querbau vom Helm bis Stadthaus . . . 2,4
   b) Arkadisierung der unt. Gerbergasse 3,1
   c) Korrektion Volksbank-Block . . 1,7
   d) Verbreiterung u. einseit. Arkadisierung der ob. Gerbergasse, Teilstück Kaller bis Barfüsserplatz . 2,3
   e) Neue und verlegte Strassenbahnlinien . . . . 1,0 — 10,5 Mill.

24 Mill.

Das offizielle Projekt zerstört den Charakter der Innerstadt, verdirbt Marktplatz und Barfüsserplatz und vertreibt das Kleingewerbe.

Unser Vorschlag mit breiterer Gerbergasse

1. Auskernung des Imbergässli-Gebietes mit mögl. vielen Parkgelegenheiten (Arbeitsrappen) . . . . 2 Mil[l.]
2. Sanierung des umliegenden Altstadtgebietes einschl. Umgestaltung des Rümelinsplatzes, eventl. auch unterirdisch, für Autopark (grossenteils Arbeitsrappen) . . . . 5 Mil[l.]
3. Talsohlestrasse:
   a) In Eisengasse nur auf Globusseite Arkaden fertigmachen, Brodlaube ca. auf Singerfront zurücksetzen (neue Fahrbahnbreite Eisengasse und Marktgasse je ca. 10 m) 1,4
   b) Untere Gerbergasse verbreitern (Fahrbahnbreite ca. 12 m) . . 3,1
   c) Obere Gerbergasse bis Kaller verbreitern (Fahrbahnbreite zirka 14 m) 2,9
   d) Obere Gerbergasse von Kaller bis Leonhardsberg verbreitern (zirka 14 m) 1,9
   e) Erwerb Elna-Block u. teilweise Wiederverwertung . . . . 0,7 — 10 Mil[l.]

17 Mill.

Der Gegenvorschlag erhält die Altstadt und das Gewerbe, schafft städtebaulich gute Lösungen und bringt klare und genügende Verhältnisse für den Verkehr.

Das Bessere um 7 Millionen billiger!

Wir schätzen die Kosten am Bahnhof

Offizieller Vorschlag ohne Unterführung

Landerwerb	24 Mill.		
+ Tiefbauarbeiten	7 Mill.	= 31 Mill.	
— Landverkauf		10 Mill. =	21 Mill.

1. Etappe:

Ost-West-Strasse durchführen, o h n e Unterführung, mit Senkung vor Apartmenthaus Elisabethenstrasse, City-Garage entfernen und von Elisabethenschanze ca. ½ abtragen, 13 m hohe Stützmauer erstellen — 5 Mill.

2. Etappe:

a) Elisabethenschanze oben noch weiter abtragen, neuen Steinentorberg fertigmachen . . . . — 2 Mill.

b) Bestehende Baublöcke auf beiden Seiten des Bahnhofplatzes sukzessive abbrechen und zurückgesetzt neu bauen — 5 Mill.

1. und 2. Etappe — 12 Mill.

3. Etappe:

Fortsetzung von 2 b) . . . . — 9 Mill.

21 Mill.

Korrektion Elisabethenstr. (Nr. 51—53) ca. — 1 Mill.

(Im offiziellen Bericht nicht enthalten, aber absolut notwendig.)

22 Mill.

Unser Vorschlag mit Unterführung

Landerwerb	23,5 Mill.		
+ Tiefbauarbeiten	8,5 Mill.	= 32 Mill.	
— Landverkauf		10 Mill. =	22 Mill.

1. Etappe:

Hilfsstrasse am obern Rand der Elisabethenschanze bauen, Ost-West-Strasse mit vorges. Unterführung bauen (Hotelneubau auf Elisabethenschanze aus privaten Mitteln!) . . . . — 5 Mill.

2. Etappe:

a) Euler-Jura-Block abbrechen, Ausbau der Unterführung, Steinentorberg absenken;

b) Quertrakt bauen, ev. zweites Hochhaus auf Elisabethenschanze . . . . — 9 Mill.

1. und 2. Etappe: (Schon hier die ideale Verkehrslösung!) . . . . — 14 Mill.

3. Etappe:

Continental/Univers-Block gegen neuen Steinentorberg ergänzen; n u r e v e n t. Schweizerhof-Block erneuern . . . . . — 8 Mill.

22 Mill.

Der offizielle Plan lässt alle Mängel der jetzigen Anlage bestehen. Eine spätere Korrektur ist für alle Zeiten verunmöglicht.

Der Gegenvorschlag bringt eine klare Orientierung des Bahnhofplatzes gegen die Stadt. Er bringt durch Unterführung die klare T r e n n u n g des Verkehrs Bahnhof—Innerstadt vom Verkehr Ost—West.

Für das gleiche Geld die Ideallösung!

Oktober 1949
Der Artikel „Altstadt in Gefahr" im Studentenblatt stößt die öffentliche Kritik am Korrektionsplan und der Talentlastungsstraße an.

5. November 1949
Mit über 2.000 Unterschriften, die in vier Tagen gesammelt wurden (!), wird das Referendum gegen den Korrektionsplan „Talentlastungsstraße" eingereicht.

November/Dezember 1949
Abstimmungskampf Korrektionsplan. Veranstaltungen mit der NHG (Neue Helvetische Gesellschaft) und dem Basler Heimatschutz.

11. Dezember 1949
Referendumsabstimmug:
1. Korrektionsplan mit 22.027 JA zu 15.431 NEIN angenommen;
2. Änderung der Zoneneinteilung mit 26.651 JA zu 15.667 NEIN angenommen.

Dezember 1949
Einsprache gegen das Aufzonungs-Bauprojekt Ullrich in der Schneidergasse.

Mitte 1950
Lucius Burckhardt tritt als Schriftführer dem Vorstand des Basler Heimatschutzes bei.

3. Dezember 1951
Basel zählt erstmals 200.000 Einwohner

22. Dezember 1951
Die Verkehrsliga reicht die Trolleybus-Initiative mit 13.500 Unterschriften für die Einführung eines durchgehenden Trolleybus-Systems anstelle des Tramverkehrs ein.

27. Dezember 1951
Der Grosse Rat stimmt mit großer Mehrheit gegen 12 Nein-Stimmen der Neugestaltung des Claraplatzes (Abriss Schetty-Areal) ohne Kommissionsberatung zu.

Januar 1952
Münsterscheiben-Abstimmung (Charles Hindelang-Glasscheiben). Am 27. Januar 1952 lehnen 14.868 Nein- gegen 6.749 Ja-Stimmen die „Kirchgenossen der Evangelisch-reformierten Kirche" die Erneuerung der Glasscheiben im Münster ab.

1. November 1952
Das Referendum gegen den Stadion-Neubau St. Jakob wird eingereicht.

22./23. November 1952
Der Stadionneubau wird in der Abstimmung knapp abgelehnt. In der Folge baut ein privates Konsortium.

24. September 1953
Initiative zur Erhaltung der Aeschenvorstadt. Es ist eine formulierte Initiative, die den Korrektionsplan in der Aeschenvorstadt abändern und drei Denkmäler unter Schutz stellen will.

1953
Volksabstimmung Trolleybus-Initiative

28. Mai 1953
Der Grosse Rat berät die Korrektion der Westseite der Aeschenvorstadt; verabschiedet die Vorlage und unterstellt sie dem obligatorischen Referendum.

27. September 1953
Die Abstimmung ergibt: 11.537 Ja- gegen 11.187 Nein-Stimmen. Der Grossratsbeschluss ist zwar angenommen, aber mit einer knappen Mehrheit.

Mai 1953
Projektidee für ein Kulturzentrum beim Theater.

Herbst 1953
Das Büchlein „Wir selber bauen unsre Stadt" erscheint, herausgegeben von Markus Kutter und Lucius Burckhardt und einem Vorwort von Max Frisch.

Juli 1954
Kirche Hegenheimerstrasse, Projekt

4./5. Dezember 1954
Abstimmung über die Aeschenvorstadt-Initiative. Nachdem seit der Einreichung im September 1953 bereits viel Bausubstanz niedergerissen worden war, unterlag die Initiative deutlich mit 10.990 Ja- zu 26.664 Nein-Stimmen.

1954/55
Die Neugestaltung des Bahnhofplatzes wird debattiert.

Eine besonders intensive Phase politischer Widerständigkeit dauert von 1972 bis 1983.

Annemarie Burckhardt gibt das Bulletin des Basler Heimatschutzes vierteljährlich unter dem Titel: „Heimatschutz liest für sie" heraus. Die Redaktion besorgt sie zusammen mit ihrem Ehegatten Lucius. Die Zerstörungswelle von Altbausubstanz ist 1972 noch nicht erlahmt und ein Denkmalschutzgesetz in weiter Ferne. Der Schutz der Altstadt, für die um 1975 noch immer der Korrektionsplan der Fünfzigerjahre gilt, rückt nun ganz in den Vordergrund der Heimatschutzbemühungen. Eine Wende zugunsten der Altstadterhaltung setzt merklich um 1970 ein, angefangen mit Hans Brutschin, dem Vertrauten der politisch hyperaktiven Studenten der frühen Fünfzigerjahre. Aber es benötigte die Referenden gegen den Abbruch prominenter Gebäude wie der Safranzunft, der Schmiedenzunft und des Gerichtsgebäudes in der Bäumleingasse, um die Baggerzähne handzahm zu machen. Wir führen wieder stichwortartig die größten Streitfälle an:

September 1974

Kein Abriss des alten Stadttheaters, sondern „Altes Theater – neue Funktion". Der Abbruch erfolgt 1975.

Dezember 1974

Erhaltung des „Haus Sodeck" in der Freien Strasse statt Dieners Abbruch. Die Sprengung erfolgt 1975 klammheimlich am frühen Morgen.

September 1976

In der Volksabstimmung wird das überdimensionierte Warenhausprojekt „Markthof" mit Zweidrittelmehrheit abgelehnt. Diese Abstimmung markiert den Wendepunkt in der Altstadt-Erhaltung.

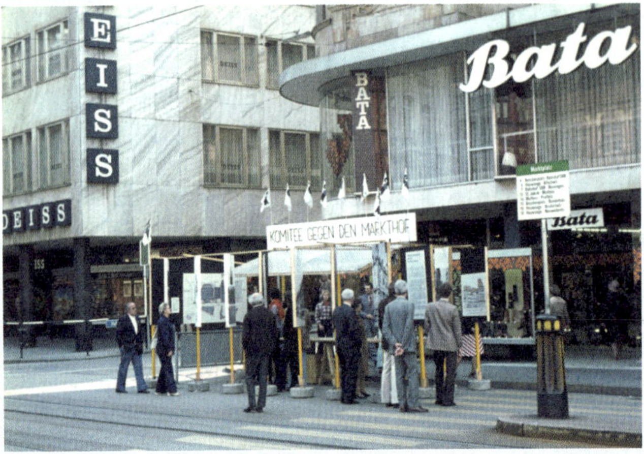

März 1977

Die Bürgergemeinde plant den Abbruch der Villa Karl Hoffmann, die ihr mit der Auflage vermacht worden ist, keine Spekulationszwecke zu verfolgen. Der Abbruch ist 1982 durchgesetzt worden.

Juni 1977

Die Quartiersdemokratie wird propagiert.

1978

Tiefgaragen unter Münsterplatz und Claraplatz. Die Tiefparkings bleiben chancenlos.

März 1978
Die international gebräuchlichen Begriffe „Umgebungsschutz" und „Ortsbildschutz" nehmen Einzug in die Basler Debatte um ein Denkmalschutzgesetz.

September 1978
Der 2. Zwischenbericht zum Denkmalschutzgesetz führt die Kategorien Stadt- und Dorfbild-„Schutz- und Schonzone" ein.

1979
Das Inventar der Neueren Schweizer Architektur INSA wird begründet zum Schutz der Bauten des späten 19. und frühen 20. Jahrhunderts, die nun unter den Abbruchbegehren vorherrschen.

Dezember 1979
„Verkehr ist verkehrt", für einen „menschenwürdigen Verkehr". Die IG Velo wird gegründet.

März 1980
Das Denkmalschutzgesetz, das seit 1963 (!) beraten worden ist, tritt in Kraft.

März 1980
Durch präsidialen Stichentscheid wird der Abbruch mehrerer Wohnliegenschaften in der Ryffstrasse, die von jungen Aktivisten besetzt worden sind, erlaubt.

1980
Annemarie Burckhardt bekommt den Deutschen Preis für Denkmalschutz.

September 1981
Nicht abreissen: erneuern. Ein Abbruchgesetz fördert die Erneuerung von bestehendem Wohnraum anstelle des Abbruchs.

Juni 1982
Stadtspaziergänge werden als Kulturlehrpfade propagiert.

September 1982
Gegen den Neubau der Wettsteinbrücke wird eine Initiative zur Renovation der Brücke lanciert.

März 1983
Ein Stadtspaziergang mit 16 Stationen wird ausführlich skizziert.

Nach der Rückkehr aus Kassel im Jahr 1997 nimmt das politische Engagement von Lucius und Annemarie Burckhardt wieder zu. Dieses Mal in der Grünen Partei Basel-Stadt, deren Gründung sie 1986 eingeleitet hatten.

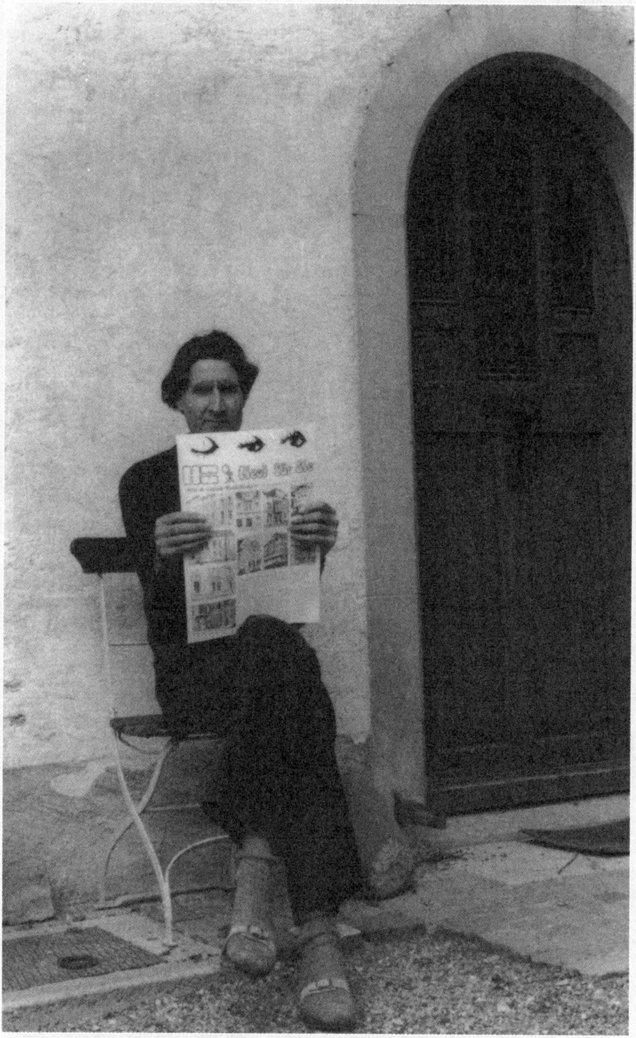

↑ Lucius Burckhardt liest in „HS liest für sie", dem Mitteilungsblatt des Basler Heimatschutzes, bis 1983 elf Jahre unter der Leitung von Annemarie Burckhardt.

1. Grün ist die Hoffnung

Nach der Einführung der Verkehrsampeln erfolgte zunächst einmal ein deutliches Volksgemurmel gegen die ungewohnte Neuerung. Man hatte den Eindruck, dass der Verkehr gebremst werde und dass man zur Zeit der „individuellen Bedienung“ schneller über die Kreuzungen kam.

Heute ist das Einverständnis mit den Ampeln, wie man so hört, gebessert. Man lernte insbesondere die erhöhte Sicherheit schätzen, die sie gewähren. Nur an einer Stelle befriedigt das System immer noch nicht, nämlich an der durch mancherlei Umstände besonders komplizierten Kreuzung am Bankverein.

Bei der Regelung von Kreuzungen mittelst Verkehrsampeln gibt es zwei Möglichkeiten: im günstigeren Falle hat man vierarmige Kreuzung, bei welcher man die zwei gegenüberliegenden Mündungen gleichzeitig öffnen kann, sodass die Wagen im Zweirichtungsverkehr aneinander vorbeifahren. In diesem Falle muss aber in der Strassenmitte genügend Platz sein, dass die nach Links abbiegenden Fahrzeuge aus der Kolonne heraustreten und warten können, bis sie bei gelbem Licht den entgegenkommenden Strom passieren können.

Beim Bankverein musste die weniger günstige zweite Form gewählt werden, bei welcher immer nur eine Strassenöffnung freigegeben wird, diese aber dafür für alle Abbieger. Wird eine Strasse geöffnet, so schneidet der Fahrstrom die vier anderen Öffnungen ab.

Dieses System muss aber den Verkehr ganz entscheidend bremsen. Nun hat man bei der Einführung der

Verkehrsampeln immer darauf hingewiesen, dass eines Tages die Aeschenvorstadt so breit sein werde, dass man sie zweigleisig befahren kann. Dann, so behauptete man, könne ein Verkehrsstrom vom Steinenberg in die Aeschenvorstadt fahren, während gleichzeitig ein zweiter Strom im Gegensinne aus der Aeschenvorstadt nach Wahl in den Steinenberg, die Freiestrasse und in den St. Albangraben fahren kann. Wenn das einmal erreicht ist, kann der Verkehr über den Bankvereinplatz nahezu in der halben Zeit abgewickelt werden, womit diese Kreuzung die doppelte Leistungsfähigkeit erhält wie zuvor.

So dachte man. Längst aber haben die Gegner einer Aeschenverbreiterung darauf hingewiesen, dass diese Hoffnung eine Illusion ist. Es ist richtig, dass die Wagen, die vom Steinenberg zum Aeschenplatz wollen, heute die Öffnung der Aeschenvorstadt auf den Bankverein abschneiden und in Zukunft nicht mehr. Nun besteht aber die Autokolonne am Steinenberg nicht nur aus Wagen, die zum Aeschenplatz wollen, sondern sie ist untermischt mit solchen, die über die Wettsteinbrücke fahren. Wo sollen diese Wagen hin, während sich der Verkehrsstrom aus der Aeschenvorstadt in den Steinenberg ergiesst?

Am oberen Steinenberg, zwischen „Patria" und Schildhof, ist für den Aufwärtsverkehr am Steinenberg nur eine Fahrbahn vorhanden. Die zweite Fahrbahn ist für das Tram reserviert. Ein einziger Wagen, der nicht in die Aeschenvorstadt möchte, sondern abbiegen will, muss die ganze Kolonne der anderen Wagen aufhalten. Solange auch Wagen den Steinenberg befahren dürfen, die zur Wettsteinbrücke wollen, ist es nicht möglich, gleichzeitig die Öffnung des Steinenbergs und der Aeschenvorstadt freizugeben. Also wird man vor und nach der Korrektion der Aeschenvorstadt am oberen Steinenberg gleich lange warten müssen.

Am 10. Juni erschien der Bericht des Regierungsrates über das Initiativbegehren über die Erhaltung der Aeschenvorstadt. Darin wird immer noch daran festgehalten, dass die Verbreiterung der Aesche für die Verkehrsregelung am Bankvereinplatz unerlässlich sei. Wer aber gedacht hat, dass das Baudepartement die Gelegenheit wahrnimmt, um die Leistungsfähigkeit des Bankvereinplatzes wirklich zu steigern, indem am Steinenberg an Stelle der „Patria" Platz für eine Vorsortierung geschaffen wird, der sieht sich getäuscht. Weiterhin wird ignoriert, dass ein Teil der Fahrzeuge, die am oberen Steinenberg warten, auch nach der Verbreiterung nicht in die Aeschenvorstadt einfahren werden.

Deshalb sei hier die Anregung gemacht, die Zahl dieser Abbieger einmal durch eine Verkehrszählung zu bestimmen. Leider ist das nicht ganz einfach. Es genügt nämlich nicht, sich am Museum aufzustellen und zu schauen, wieviele Wagen in die Dufourstrasse einbiegen und wieviele über die Brücke fahren. Man müsste auch noch wissen, ob diese Wagen auch sicher vom Steinenberg herkommen. Es dürfte also nur in jenen Augenblicken gezählt werden, wo am Steinenberg eine Kolonne durchgelassen wird. Wir glauben aber, dass uns eine solche Zahl objektive Auskunft darüber geben würde, ob nach der Verbreiterung der Aeschenvorstadt die Bankvereinkreuzung leistungsfähiger ist oder nicht.

2. Korrektion durch Aufzonung?

Die kurzen Sommerwochen, während welcher die Politik in den Ferien ist, dürfen hier einmal dazu verwendet werden, ein allgemeines Problem zu behandeln, für das man angesichts der konkreten Fälle gewöhnlich keine Zeit hat.

Unsere Innerstadt wird korrigiert aufgrund der sogenannten freiwilligen Korrektion, bei welcher diejenigen Häuser, die gerade umgebaut oder neu erstellt werden, auf die neuen Baulinien zurückzugehen haben. Wenn wir durch die Strassen der inneren Stadt gehen, so lesen wir über den Haustüren oft Baudaten, die um Jahrhunderte zurückliegen. Deshalb fragt man sich, was eigentlich zur Annahme berechtigt, das innert nützlicher Frist ganze Strassenzüge auf freiwilliger Basis auf die neuen Linien zurückgehen werden. Es liegt kein Grund vor, dass die vielen Häuser, die während Jahrhunderten genügten, nun plötzlich alle ihren Besitzern nicht mehr gefallen sollen. Schließlich lag auch während fünfzehn Jahren auf dem Rheinweg eine Baulinie, und nicht ein einziges Haus wurde in dieser Zeit zurückgestellt.

Wann wird ein Liegenschaftsbesitzer sich dazu entschließen, den Totalverlust eines Abbruchs und den Nachteil einer verkleinerten Parzelle in Kauf zu nehmen und neu zu bauen? – Er wird das in dem Augenblick tun, wo die zukünftige Renditeberechnung über die gegenwärtige hinausgeht, obwohl in der zukünftigen Rendite der Verlust des Hauses mit verzinst sein muss. Mit anderen Worten: der Neubau muss auch dann noch höhere Rendite ausweisen, wenn der Wert des früheren Gebäudes in den Bodenpreis einkalkuliert ist.

Der grösste Ansporn, der die Liegenschaftsbesitzer in diesen Jahren neu bauen lässt, ist die Diskrepanz zwischen alten und neuen Mieten. Die Mietpreise sind auf der Basis von 1939 gestoppt, indessen ist der Bodenpreis in der

Innerstadt gestiegen, so dass die Verzinsung, gemessen am jetzigen Wert der Liegenschaft, ungenügend erscheint. Nach einem Neubau können die Mieten neu festgelegt werden im Sinne einer auch in Bezug auf den Bodenwert ausreichenden Rendite. Es ist ein offenes Geheimnis, dass die Bautätigkeit in der Innerstadt grossenteils auf dieser legalen Möglichkeit der Umgehung der Mieterschutzbestimmungen beruht. Wenn dadurch jetzt an einigen Stellen die Verwirklichung des Korrektionsplans in Gang gekommen ist, so fragt man sich, wie es wohl einmal mit seiner Vollendung stehen wird, wenn die Spanne zwischen Alt- und Neumieten nicht mehr besteht.

Wo die mögliche Mietpreiserhöhung als Anreiz nicht genügt, da wird von staatswegen ein zweites Stimulanz verabreicht: Der Staat bewilligt auf der korrigierten Parzelle eine höhere Ausnutzung als bisher. Denn natürlich ist die Rendite des Neubaus der früheren in dem Masse überlegen, als auf dem vorhandenen Gelände mehr Platz vermietet werden kann.

Deshalb sehen wir die Verwirklichung der neuen Strassenlinien überall begleitet von Ausnahmebewilligungen und Aufzonungen. Am Claraplatz wollte so lange niemand bauen, bis der große Rat die speziellen Bauvorschriften wieder aufhob, die er kurze Zeit vorher für diese Stelle errichtet hatte. Das Gebiet zwischen dem Markt und der Schneidergasse wurde von der vierten in die fünfte Zone übertragen, um einen Unternehmer an diese Stelle zu locken, und als das nicht reichte, wurde noch eine Ausnahmebewilligung für ein sechstes Geschoss hinzugefügt. Dabei war noch das Aufschlussreiche an der Sache, dass der Staat diesen Bauherrn die Ausnahmebewilligung in Anbetracht des hohen Landpreises gab, dem er vorher das

Land zu einem „angemessenen“ Preis verkauft hatte, wie es damals im Ratschlag gelautet hatte. Auch die Korrektion St. Elisabethanlage/Bahnhofsplatz soll ja wieder verbunden werden mit einer ganz massiven Aufzonung.

Man hat mit recht als den grössten Vorzug des Korrektionsplanes die Tatsache genannt, dass der Liegenschaftsbesitzer nun wisse, woran er sei. Diese Sicherheit gilt aber nur in Bezug auf die Baulinie. Dagegen erzeugen die dauernden Manipulationen der Bauhöhe und der Ausnützungsziffer, die mit seiner Verwirklichung verbunden sind, eine neue, viel grössere Unsicherheit. Jedenfalls wurde nicht, wie behauptet, die Spekulation unterbunden, denn die Veränderungen der Ausnützungsmöglichkeit, von der ja die Rendite direkt abhängt, beeinflussen den Liegenschaftspreis in weit höherem Masse als der Verlauf der Baulinien.

Aber noch etwas: wenn nun die Verwirklichung der Korrektion untrennbar mit der Erhöhung der Ausnützung und der Wohndichte verbunden ist, so darf man doch auch schüchtern die Frage stellen, wie man sich das mit der Verkehrsdichte denkt. Vor einigen Jahren hatte das Baudepartement die Talentlastungsstrasse des Herrn Schumacher mit den Worten glossiert: „Einmal sollte sie der ‚Verkehrsentlastung‘, zum anderen der ‚wohntechnischen Sanierung und Erschließung‘ dienen.“ Mit der heutigen Methode der freiwilligen Korrektion durch Aufzonung werden wir in die gleichen Widersprüchlichkeiten geraten.

3. Sättigung der Innerstadt

Obwohl das der letzte „Munatius“ vor Weihnachten ist, so wird es doch kein Weihnachtsartikel, und wenn von Sättigung die Rede ist, so nicht von jenem angenehmen Gefühl, dass ich nach Tilgung des Weihnachtsbratens einstellt, – mit dem Weihnachtsbraten hat unsere Sättigung nur das gemein, dass sie uns immer teurer zu stehen kommt.

Noch von einer anderen Sättigung ist nicht die Rede, an die man bisher fast so fest geglaubt hat wie an den Weihnachtsbraten, obwohl sie nicht so gut geschmeckt hätte: die Sättigung des Nachholbedarfs an Automobilen, wie man das nannte. – Diese hat nicht stattgefunden und wird auch nicht stattfinden; die Zunahme des Motorverkehrs wird weitergehen. Denn in Wirklichkeit handelt es sich schon seit Jahren gar nicht mehr um einen Nachholbedarf, sondern um eine echte Nachfrage aufgrund vermehrten Einkommens einerseits und größere Distanzen zwischen Wohnung und Arbeitsplatz andererseits.

Wenn man heute sagt, der Automobilverkehr werde ständig weiter ansteigen, so wird einem oft entgegengehalten, dass es ja eine Grenze geben müsse, da die Zahl der Motorfahrzeuge einen gewissen Bruchteil der Bevölkerungszahl nicht überschreiten könne. Das ist sehr richtig, was die Zahl der Basel-Nummern anbelangt, falsch aber, was den Innerstadtverkehr betrifft. Denn gerade, wer auf der Landschaft wohnt, will und braucht ja das Auto, um in die Stadt zu fahren, und mit dem fortschreitendem Wirtschaftswunder wird auch noch Lörrach an der Verstopfung unserer Brücken teilnehmen. Also: Verlassen wir uns nicht mehr auf den Umschlag in der Verkehrszunahme. In der Ratsdebatte über die „Zweite Ebene“ sagte Regierungsrat Schaller, der Korrektionsplan basiere auf heute schon weit überholten Annahmen der Verkehrsentwicklung. Ebenso gut kann man sagen: Die Krise, die man erwartete, fand nicht statt. Wir haben auf Baisse spekuliert, und es ist eine Hausse geblieben. Nun, besser als umgekehrt!

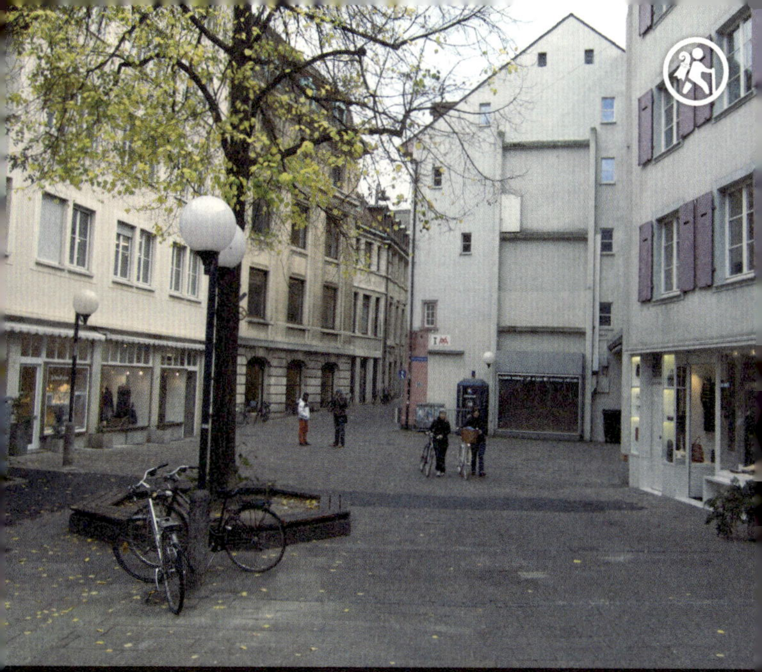

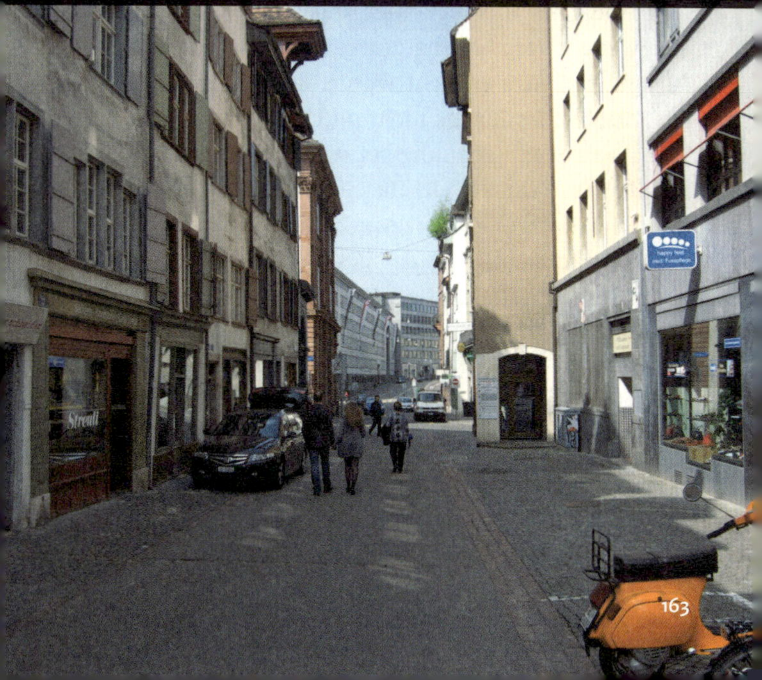
Streuli

Nun möchten wir aber doch wissen: Hat man denn das Problem der Sättigung unserer Innerstadt früher nie ins Auge gefasst? Was sagen denn die alten Ratschläge darüber? – Da gab es zum Beispiel einmal einen „Ratschlag betreffend der Festsetzung eines Allgemeinen Korrektionsplans für das Gross-Basel, Nr. 4224"; offenbar ein Bestseller, denn er ist im Rathaus ausverkauft und das letzte Exemplar darf nur noch unter Aufsicht des Ratskanzlisten eingesehen werden. Dafür erfährt man dann, in einer Fensternische des Rathauses sitzend, allerhand heute Vergessenes, dass man gerne wieder einmal zitieren würde ...

Aber bleiben wir bei der Sättigung. Da steht: „Es ist eine bekannte Tatsache, dass die Strassen in der Geschäftsstadt der Talsohle den Verkehrsspitzen des normalen Vorkriegs-Stoßverkehrs nicht mehr gewachsen waren." „Da die wichtigsten Strassenabschnitte in der Talsohle schon 1937 an oder nah an der Sättigungsgrenze waren ..." „... nachdem feststand, dass auch bei einer Anpassung der Strassen an eine weitere Vermehrung des Verkehrs zwangsläufig eine Sättigungsgrenze erreicht würde, welcher in der schmalen Talsohle des Birsigs nicht durch nochmalige bauliche Verbesserungen Rechnung getragen werden könnte." Und für die ganze Innerstadt: „In diesem Falle würde die theoretische Sättigungsgrenze im innerstädtischen Verkehr, unter Berücksichtigung der besonderen Schwierigkeiten einer Geschäftsstadt, in schätzungsweise circa 60 Jahren erreicht."

In diesem Falle – nämlich, wenn die Berechnungen, auf denen das eidgenössische Departement des Innern damals seinen Hauptstrassenplan aufgebaut hat, sich als richtig erweisen. Nun, bekanntlich waren diese völlig unzureichend. Damit sind auch unsere 60 Jahre Gnadenfrist bedenklich zusammengeschrumpft. So werden, wenn nicht alles trügt, schon wir und nicht erst unsere Söhne, an eine neue Lösung herantreten müssen.

Die Prophezeiung auf eine Beendigung der Automobilzunahme hat sich als falsch erwiesen. Wird sich die neue Prophezeiung auf unbeschränkte Zunahme bewahrheiten? – Darum geht es gar nicht. Es geht überhaupt nicht darum, wer recht behalten hat oder behalten wird – diesen Ehrgeiz überlassen wir der Kartenlegerin –, sondern es geht um die richtige Arbeitshypothese, die wir unseren Plänen zu Grunde legen.

Und wenn nun in der vorletzten Ratssitzung beschlossen wurde, das Problem des Gesamtverkehrsplanes neu aufzurollen, so muss die neue Arbeitshypothese für seine Ausarbeitung heißen: Das Ende der Verkehrszunahme ist noch nicht in Sicht; der Sättigung auch der korrigierten Innerstadt muss ins Auge geblickt werden.

4. Zwölfter Stock links

Bei der Enge unseres Stadtgebietes mussten unsere Architekten früher oder später auf eine neue Wohnform kommen: das Hochhaus. Manchem mag es seltsam scheinen, dass wir von der immer noch im Wesentlichen dreistöckigen Wohnstadt nun plötzlich den Sprung machen zum zwölf- oder fünfzehnstöckigen Wohnhochhaus. Dieser Sprung ist städtebaulich begründet. Wir können nicht die bisherige Wohnstadt Etage für Etage höher bauen. Eine höher gebaute Stadt bedingt eine andere Anlage; ein sechsstöckiges Quartier auf den gleichen Strassengrundrissen wie vorher ein dreistöckiges wäre nichts anderes als ein Elendsviertel. Man kann es falsch finden, dass die Wohnhochhäuser unserer Stadt vom Rande her erobern;

aber auch dieses hat durchaus seinen Grund. Ein Wohnhochhaus kann nur aufgestellt werden, wo noch die genügende Freifläche vorhanden ist, um einer solchen Konzentration von Menschen einen genügenden Raum zu geben, um den Autos eine Parkfläche zu schaffen und um den langen Schatten, den das Hochhaus wirft, nicht den lieben Nachbarn in die Fenster zu werfen.

So können die Hochhäuser nicht in unser gewöhnliches Strassensystem gelegt werden – eine Strasse von Wohnhochhäusern wäre das trostloseste, was man sich denken kann –, sondern unsere Architekten bemühen sich, sie an Orte zu stellen, wo unsere übliche kleinteilige Strassenentwicklung noch nicht durchgeführt wird. Es unterliegt keinem Zweifel, dass in diesem Sinne die Hochhäuser im Kannenfeld ein voller Erfolg waren, der von der ganzen Bevölkerung anerkannt wird.

Man kann sich fragen, ob die Wohnweise des Hochhauses überhaupt wünschenswert sei, und es sind Stimmen laut geworden, welche sagen, dass man die freien Schweizer nicht in solchen Mengen übereinander packen dürfe. Hierzu ist zu sagen: Das Wohnhochhaus ist keine definitive Wohnform. Es muss immer im Zusammenhang mit einem Wohnquartier gesehen werden. Es ist dazu bestimmt, alleinstehenden Personen, kinderlosen Ehepaaren und alten Leuten als Wohnung zu dienen. Sechs bis zehn Prozent der Bevölkerung lebt in diesem Zustand der „Rest-Familie“, und für diesen Bevölkerungsteil könnte das Wohnhochhaus durchaus einen Beitrag an die Behebung der Wohnungsnot leisten. Nur sollten niemals mehr als ein Zehntel der Wohnungen eines Quartiers in Hochhäusern liegen.

Das Hochhaus ist ein Teil seines Quartiers. Es mildert dort die Wohnungsnot, schafft Freifläche und wirkt gleichzeitig zentrumsbildend, indem es Läden und Garagen enthalten kann. In diesem Sinne ist es ein wertvolles Instrument der modernen Quartierplanung.

Leider können wir nun in Basel nicht mehr in diesem gewünschten Sinne planen und uns überlegen, wo solche Hochhäuser wünschenswert wären. In unserem gesetzlichen Zonenplan ist das Hochhaus noch nicht vorgesehen. Wo immer es erstellt wird, geschieht es aufgrund einer Ausnahmebewilligung. Solange das so bleibt, wird jedes eingereichte Projekt Gegenstand einer öffentlichen Diskussion und namentlich der Kritik durch die Anwohner unterworfen sein.

Heute stehen wir vor dem zweiten größeren Wohnhochhausprojekt nach dem Kannenfeld: dem Projekt am Hechtliacker. Bereits hat eine Versammlung von Quartierbewohnern eine Protestresolution eingereicht. Sie gipfelt in der Bemerkung, dass die Erlaubnis für Hochhäuser in dieser bisher zweistöckigen Zone gegen Treu und Glauben gehe. Offenbar würde die Erstellung fümfzehnstöckiger Häuser in der vierten oder sechsten Bauzone weniger gegen Treu und Glauben gehen ...

Es ist durchaus verständlich, dass die Anwohner dieses bisher zweistöckigen Gebietes über die neue Nachbarschaft etwas erstaunt sind. Wir glauben aber, dass sie mit diesem Nachbarn gar nicht so schlecht fahren werden, als es zunächst den Anschein hat. Und zwar aus folgendem Grund: Dass der Hechtliacker wieder verwertet werden muss, wurde bei seinem Ankauf seinerzeit beschlossen. Ihn als Freifläche zu erhalten, bedürfte eines neuen Beschlusses, und es ist fraglich, ob das Finanzdepartement mit diesem Luxus einverstanden wäre. Für einen zweistöckigen Ausbau haben sich keine Interessenten gemeldet;

es scheint, dass das Gebiet so beschaffen ist, dass mit zweistöckiger Bebauung keine Rendite erzielt werden kann. Nun könnte der Fall eintreten, dass das Gebiet, um die Käufer anzulocken, einfach in eine höhere Nutzungszone getan wird. Und in diesem Falle würde das Gelände, dass die Anwohner sich erhalten möchten, auf die banalste und langweiligste Art überhaupt überbaut und unzugänglich. Dagegen wären die Hochhäuser mit ihren kleinen Grundflächen der Weg, um ein Maximum an Gartengelände zu erhalten.

Der Prozess zu den drei Gassen (1952)

Vorbemerkung der Redaktion: Nicht zum ersten Mal wird an dieser Stelle auf die Baslerische Baupolitik kritisch hingewiesen. Die Zerstörung unseres Stadtbildes, die rasch um sich greift, und die Ersetzung manches, für Basel charakteristischen schönen Hauses durch moderne Zweckbauten, deren Allerwelts-„Stil" überall und nirgends hinpasst, lässt gerade die junge Generation schmerzlich empfinden, dass sie einst auszuessen haben werde, was man uns jetzt so grosszügig einbrockt.

Während die staatlichen Kontrollorgane innenarchitektonisch belanglosen Vorstädten oft einen Kampf um ein paar Zentimeter führen, können sie nicht verhindern, dass im Herzen der Stadt nicht nur ästhetisch wertlose, sondern geradezu gesetzwidrig aufgeführte Gebäude emporschießen. Der folgende Artikel gibt dem Leser Gelegenheit, einen Blick auf die Entstehung jenes Häuserblocks zu tun, der als Frucht der ersten Etappe des sogenannten Korrektionsplanes symptomatisch ist für den Geist, aus dem die

Innerstadt umgestaltet, um nicht zu sagen, verunstaltet werden soll.

„Was wohl geschehen wäre, wenn der Rekurs doch geschützt worden wäre, macht der Regierung keine Beschwerden mehr, da er unterdessen zurückgezogen worden ist …", mit diesen Worten quittierte die Prüfungskommission des Großen Rates in ihrem Bericht über die Tätigkeit der Regierung (vorgelegt am 8. Mai 1952) den Abschluss des Schneidergassen-Prozesses. Es lohnt sich sowohl wegen seiner juristischen Eigenart als auch wegen des Lichtes, das durch ihn auf die Basler Baupolitik fiel, auf diesen Prozess zurückzukommen, wobei der Schreibende sich im Voraus als Nichtjurist für alle fachlichen Lapsus entschuldigt.

In der unteren Altstadt, zwischen Hutgasse, Schneidergasse und Glockengasse haben zwei Immobilienfirmen, zum Teil unter etwas eigentümlichen Begleitumständen, eine Reihe von alten Liegenschaften zusammengekauft, um an der Stelle ein Renditehaus zu bauen. Obwohl sie wussten, dass an der ganzen Schneidergasse nur fünfgeschossig gebaut werden darf, reichten sie einen sechsgeschossigen Entwurf ein, dessen Ausführung ihnen am 3. März 1950 prompt durch einen Regierungsratsbeschluss erlaubt wurde. Die Regierung wähnte sich dabei in einem Fall der mit Recht so beliebten Ausnahmeparagraphen gedeckt, welcher für diesen Fall lautet: (Hochbautengesetz § 154/3) „Ferner kann der Regierungsrat für Gebäude an Plätzen, für …, sowie aus städtebaulichen Erwägungen auch für andere Gebäude eine größere Wand-, Firsthöhe und Geschosszahl bewilligen, als sie nach den Zonenvorschriften zulässig wären." Zweimal, 1944 und 1949, hätte die Regierung Gelegenheit gehabt, das Gebiet ordnungsgemäß in die sechsgeschossige Zone überzuführen, sie scheute aber offenbar die Opposition des Großen Rates. Aus dem gleichen Grunde wurde auch im „Ratschlag betreffend der Korrektion der östlichen Seite der Schneidergasse“ vom 1. Dezember 1949 die kommende sechsgeschossige Bebauung noch nicht erwähnt. Jedoch ist darin vom „angemessenen“ Landpreis die Rede, während die Ausnahmebewilligung drei Monate später unverhohlen wegen des hohen Bodenpreises erteilt wird, so dass man sich fragt, ob der Bodenpreis vom 1. Dezember 1949 eigentlich schon den sechs Geschossen angemessen waren ...

Mit der Bauerlaubnis „zu den drei Gassen“ hat die Regierung den Zonenplan desavouiert, indem sie ihn an einer Stelle aus „städtebaulichen Erwägungen“ durchbrach, die sich durch nichts von ähnlichen Liegenschaften der Umgebung auszeichnete. Jeder künftige Bauherr in der Umgebung hätte sich auf diese Präzedenz berufen können.

Um eine solche „kalte Aufzonung“ in der Altstadt zu verhindern, wandte sich das größtenteils aus Studenten gebildete „Comité für die Basler Stadtkorrektion“ zunächst an den Regierungsrat, von welchem es die Antwort erhielt: „... Das in der Innerstadt z. B. höher gebaut werden muss als in den Außenquartieren, beruht auf einer städtebaulichen Erwägung. Diese ist aber einzig wirtschaftlich begründet, da die hohen Bodenpreise im Stadtzentrum und das Bedürfnis vieler Geschäfte, sich im Stadtzentrum niederzulassen, eine höhere Bebauung zwingend nahelegen ...“

Nach dieser Auskunft erschien es dem Comité geboten, Licht nicht nur in die „drei Gassen“, sondern auch in solche merkwürdigen Ansichten über das Hochbautengesetz zu bringen. Es reicht daher, diesmal sekundiert vom

Heimatschutz, eine Verwaltungsklage ein. Das Baudepartement verfertigte daraufhin namens der Regierung eine Verteidigungsschrift, die so interessant ist, dass wir ihr Kernstück hier einrücken wollen:

„Mit der Genehmigung des Basler Korrektionsplans ist die Schaffung der sogenannten Talentlastungsstraße gutgeheißen worden. Mit der vorgesehenen Verbreiterung und Anpassung der dritten Längsverbindung in der Talsohle der Innerstadt wird auf dem linken Birsigufer das gesamte Areal bis an die Grenze der Altstadtzone für eine neue bauliche Nutzung und damit für eine organische Erweiterung des Geschäftszentrum erschlossen. Die natürliche Folge innerhalb dieser Entwicklung wird sein, dass die an der Eisengasse, Gerbergasse und Falknerstraße in ihren Anfängen bereits ausgebildete sechsgeschossige Bebauung als bestmögliche intensive Nutzung im Geschäftszentrum auf der Talentlastungsstraße übergreifen wird und dort auf die Dauer an den hierfür geeigneten Stellen nicht verhindert werden kann. Infolgedessen ist es Pflicht der Behörden, diese Entwicklung bei ihren Entscheiden zu berücksichtigen.

Die möglichst starke Ausnutzung der Innenstadt zu Geschäftszwecken liegt nicht nur im privaten Interesse der einzelnen Grundbesitzer, sondern auch im allgemeinen Wirtschaftsinteresse. Der Regierungsrat hat insbesondere danach zu trachten, dass die vielen kleinen Geschäfte, die infolge der Stadtkorrektion ihren Platz verlieren, wieder in der Innenstadt unterkommen können.

Es ist dies ein schwerwiegendes Problem, dass die privaten Heimatschützler selbstverständlich nicht interessiert und berührt, das aber vom Regierungsrat irgendwie gelöst werden muss. Es ist dies nicht ein Problem, dass nur für die Verwirklichung der Stadtkorrektion von Bedeutung ist, wie Herr Alt-Regierungsrat Dr. Adolf Im Hof andeutet, sondern ein bedeutsames Problem der Stadtplanung, da die Erhaltung unserer Geschäfte von volkswirtschaftlicher Bedeutung für unser Gemeinwesen ist. In allen Großstädten führt die Lösung dieses Problems notwendigerweise zur sogenannten City-Bildung, in Weltstädten zu Wolkenkratzern. Niemand wird behaupten wollen, dass dies nicht städtebaulich begründet ist. Verschließt man sich dieser Erkenntnis, so kommt dies einer kurzsichtigen Selbsttäuschung gleich, die früher oder später unter dem Zwang der Verhältnisse aufgegeben werden muss."

Dreierlei ist darin recht aufschlussreich: Erstens, die Übertretung des Gesetzes „kann nicht verhindert werden", wenn die dahinterstehenden Interessen stark genug sind. Trotz des eindeutigen Zonengesetzes „greift" die sechsgeschossige Bebauung einfach „über" auf die fünfgeschossige Zone. Nicht genug damit, die Durchbrechung der Zonenordnung ist auch noch „im allgemeinen Wirtschaftsinteresse", und wer noch an die einst so stolze Zonenordnung glaubt, macht sich „kurzsichtiger Selbsttäuschung" schuldig. Zweitens: wie entlastet die neue „Talentlastungsstraße" eigentlich? – Indem sie ein neues „Geschäftszentrum erschließt", indem sie „intensiver nutzt", indem sie die Geschosszahl um 20 % erhöht und mit ihren Geschäftshäusern die Auto- und Parkmisere steigert! Drittens: Glaubt das Baudepartement wirklich, dass die „vielen kleinen Geschäfte", die in der Altstadt ihren Sitz verlieren, bei Herrn Rickenbacher und Herrn Stamm wieder Platz finden? Dass ein Schuster so viel Jahresmiete zahlt, wie er in drei Jahren nicht Bruttoeinnahmen hat? Die Altstadtkorrektion ist eine Tragödie, die mit zynischen Sprüchen vom Problem, „das aber doch vom Regierungsrat irgendwie gelöst werden muss“ nicht beschönigt werden kann; oder müssen wir an den Brief erinnern, den ein Hausbesitzer aus dem Block „zu den drei Gassen“ erhalten hat? „Wenn wir nicht freihändig zum Ziel gelangen, werden wir uns bald veranlasst sehen, die Korrektion zwangsweise an die Hand zu nehmen, da wir dem Käufer des ‚Grünen Heinrich‘ die Durchführung der Korrektion versprochen haben, sobald er seinen Neubau ausführen will. Wie wir orientiert sind, sind die Projektarbeiten bereits im Gange ...“ (Basel, 4. Juni 1948, gez. Ebi). Oder an die Baracken auf dem Rümelinsplatz? Oder daran, dass solche Korrektionen schon oft zu geschäftlichen Konkursen geführt haben, wenn die Geschäfte versuchten, ihre angestammten Plätzen trotz der höheren Mieten wieder einzunehmen, wie es z. B. nach der Korrektion der Greifengasse mehrmals der Fall war? Und denkt auf dem Baudepartement eigentlich niemand an die vielen billigen Wohnungen, die auf diese Weise verloren gehen, deren Bewohner, wenn sie keinen gleichwertigen Ersatz finden, oft der Armenversorgung anheimfallen, so dass dieses „allgemeine Wirtschaftsinteresse“ an der Korrektion recht fraglich ist?

Der Verlauf des Prozesses hing nun also davon ab, ob unter „städtebaulichen Erwägungen“ auch solche wirtschaftlicher Natur verstanden werden können. Obwohl eine Ausnahmebewilligung aus allgemeinen Gründen an ein einzelnes Haus ohnehin eine contradictio in se ist, nahm das Gericht eine gründliche Abklärung des Ausdruckes vor, indem es darüber ein juristisches und ein architektonisches Gutachten erstellen ließ. Beide gaben der Regierung Unrecht. Das vom Zürcher Stadtbaumeister erstellte architektonische Gutachten sagt: „Der moderne Begriff

Städtebau geht unzweifelhaft auf das Buch von Camillo Sitte zurück, dass 1889 erschienen ist und in welchem der Verfasser vor allem die ‚künstlerischen Grundsätze' herausarbeitet, die in der ‚schönen Wirkung' von Stadtanlagen aus früheren Zeiten führten. Unter Städtebau – gewissermaßen im engeren Sinne – versteht man auch heute noch all jene Maßnahmen, die das Stadtbild beeinflussen oder es gestalten, also vor allem architektonisch-städtebaukünstlerische".

Und weiter: „Es kann kein Zweifel darüber bestehen, dass es wirtschaftlicher ist, auf einem bestimmten Grundstück sechs Geschosse zu bauen als nur fünf. Diese Tatsache war auch schon vor dem Jahr 1944 bekannt ... der Regierungsrat hat aber damals darauf verzichtet, ... den fraglichen Baublock von der fünften in die sechste Zone einzureihen." „Die Mietzinse aber richten sich nach Angebot und Nachfrage, wobei die ‚vielen kleinen Geschäfte' wohl kaum mit den finanzkräftigen Firmen, die gewöhnlich in Neubauten einziehen, konkurrieren können."

Und nun zum Argument, die Bauhöhe überschreitet das für fünf Geschosse erlaubte Maß von 18 m nicht: „Würde mit der minimal zulässigen Stockwerkshöhe von 2,5 m gebaut, so würde die Wandhöhe einschließlich 30 cm Deckenstärke 14 m betragen. Daraus ergibt sich, dass innerhalb der zulässigen Wandhöhe ohne weiteres ein sechstes Vollgeschoss eingebaut werden könnte. Offenbar wollte aber der Gesetzgeber bei 18 m Wandhöhe nicht von vornherein sechs Vollgeschosse zulassen, sonst hätte er das betreffende Gebiet von Anfang an in die sechste Zone zugeteilt. Vielmehr sollten die Bauten im Allgemeinen die Höhe von 18 m nicht erreichen, wodurch die Belichtung der gegenüberliegenden Bauten verbessert würde."

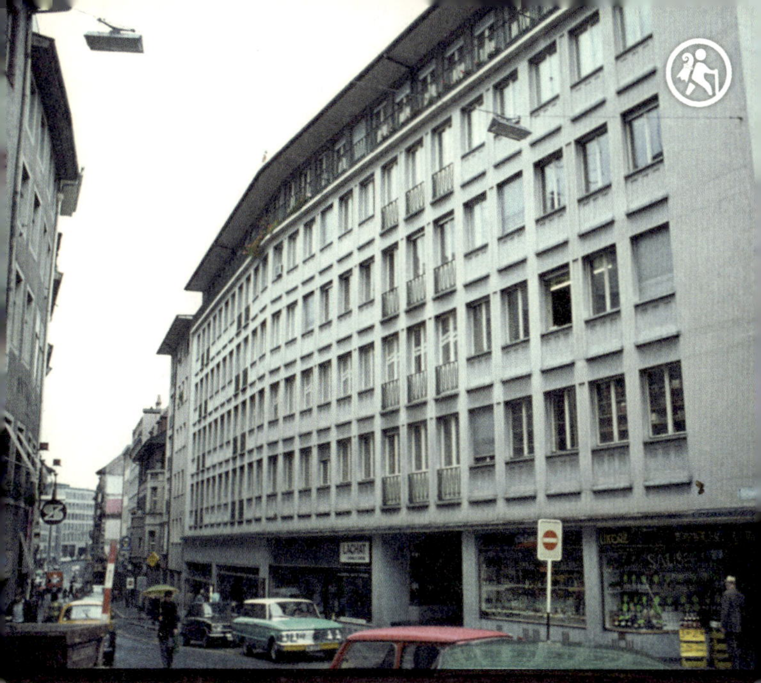
LACHAT

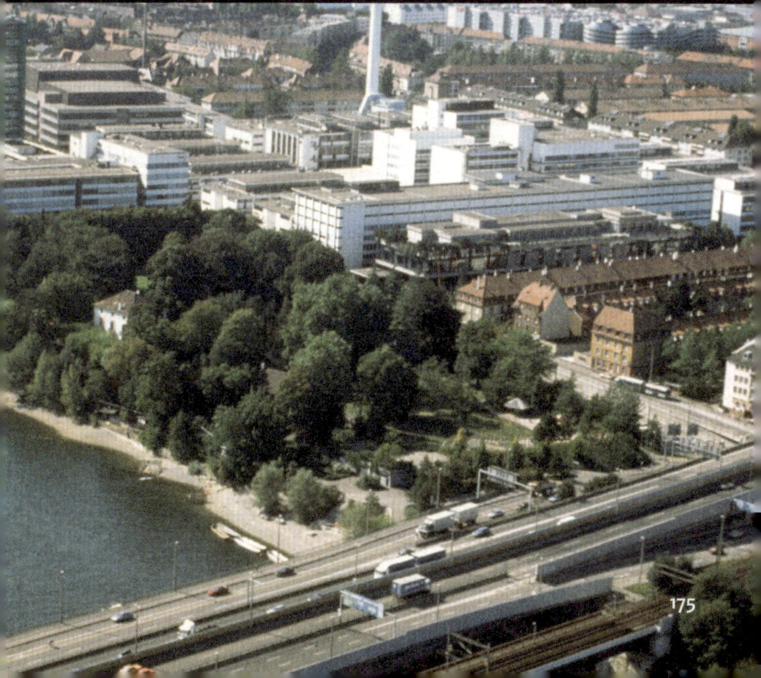

Unter dem Druck dieser Gutachten legte die Regierung im Bericht über die Anwendung des § 154 des Hochbautengesetzes vom 8. November 1951 (Nr. 4730) folgendes nieder: „Städtebauliche Erwägungen im Sinne von § 154/3 des Hochbautengesetzes sind somit ausschließlich ästhetisch-architektonische Überlegungen, wobei eingeräumt werden muss, dass der gesetzliche Wortlaut in diesem Falle nicht glücklich formuliert worden ist." (Den Nachsatz wollen wir dem verständlichen Ärger über einer erlittene Schlappe zugutehalten!). Und „demnach scheiden als städtebauliche Erwägungen im Sinne von § 154/3 solche Erwägungen genereller Natur aus, welche auch hinsichtlich einer Reihe anderer Grundstücke des gleichen Straßenzuges oder der gleichen Zone angestellt werden können, weil sonst die Ausnahme zur Regel und damit die Zoneneinteilung weitgehend aufgehoben werden könnte."

Angesichts dieser klaren Versicherungen und angesichts ihrer etwas unsicheren Position als „Idealkläger", die am Objekt materiell nicht interessiert waren, zogen das Comité für die Basler Stadtkorrektion und der Heimatschutz ihre Klagen zurück. Es ist interessant, dass der Bericht der Prüfungskommission des Großen Rates die Sache aufgegriffen hat und bei der Gelegenheit noch auf andere Mängel der Staatlichen Baubegutachtung hinweist. „Bei aller Anerkennung der Riesenarbeit der Staatlichen Heimatschutzkommission findet die Prüfungskommission, dass man in dieser vor lauter Bäumen den Wald nicht sieht. Das Ergebnis ihrer Arbeit ist eher mager, da man immer wieder auf neue Unschönheiten in unserem Stadtbild stößt. Auf Um- und Neubauten in der Umgebung historischer und denkmalgeschützter Bauten sollte besonders Augenmerk gelegt werden ... Vor allem sollte es nicht passieren, dass das Baudepartement selbst bei Umbauten gegen den Heimatschutzgedanken sündigt."

Und zur Talentlastungsstraße: „Auch die Prüfungskommission ist der Meinung, dass der Staat hier nichts forcieren, sondern die Initiative der privaten Bautätigkeit überlassen sollte. Es liegen in diesem Gebiet noch so viele begehrte billige Wohnungen, für die kein entsprechender Ersatz vorhanden ist ..."

So ist zu hoffen, dass der Abschluss des Prozesses „Zu den drei Gassen" die maßgeblichen Leute zur Besinnung ruft, sowohl in Bezug auf die städtebauliche (die wirklich städtebauliche!) Aufgabe der Baupolitik wie auf die Rechtssicherheit.

Zerstörung und Rettung der Städte – Basler Altstadt (1960)

„Das Herz der Grosstadt ist eine Kleinstadt" – eine Kleinstadt allerdings, die von ihren alten Einwohnern verlassen wurde. Je grösser und wichtiger die Stadt wird, desto mehr und höhere zentrale Funktionen siedeln sich in der Stadtmitte an und machen den dortigen Einwohnern und später sich selber gegenseitig den Raum streitig. Da kann es nun zu dem Phänomen kommen, dass die entstehende City wandert, wie durch Jahrhunderte der Schwerpunkt von Paris gewandert ist und die vernützten Quartiere den Armen überliess.

Basel ist ein anderer Fall: seine City blieb immer am gleichen Fleck, da durch historische Umstände zweimal Landreserven in der Innenstadt selbst freigeworden sind. Zunächst nach der Reformation: Basel war eine Stadt der

Klöster; ihr riesiger Grundbesitz innerhalb des Stadtgebietes, der mit der Säkularisierung verfügbar wurde, war bis ins 19. Jahrhundert hinein noch nicht aufgebraucht. Da machte sich eine zweite Bewegung bemerkbar: das politisch entmachtete Patriziat verliess die Innenstadt und baute sich ein Villenquartier unmittelbar ausserhalb des niedergelegten Mauerrings. Diese zweite Landfreigabe schuf Reserven bis in die neueste Zeit; die so entstandene Landentwertung ist in gewissen Teilen bis heute nicht aufgeholt.

Eingeengt von topographischen Erhöhungen, welche die Wohnquartiere tragen, liegen so nebeneinander unsere Geschäftsstadt und unsere Altstadt. Zweimal in der Geschichte war im richtigen Augenblick Bauland geräumt worden und hatte eine Ausdehnung der City über den traditionellen Raum hinaus unnötig gemacht. Aber auf ein drittes Wunder dieser Art wartete man vergeblich. Indessen setzte in den letzten Jahren die Selbstzerstörung der Geschäftsstadt ein, die in ganz kurzer Zeit das historische Aussehen der Stadt völlig wegwischte. Die Landreserven waren aufgebraucht, Behörden und Publikum aber noch nicht bereit, eine Ausdehnung der City in die Wohnzonen zu akzeptieren; Regierung, Finanzwelt, die Universität und der Spital, Schulen, Grosshandel, Gewerbe und hausfraulicher Einkauf – sie alle betrachteten gleichermassen die historische City aIs ihren einzig möglichen Standort, steigerten sich infolgedessen die Bodenpreise gegenseitig in die Höhe und rissen die alten Häuser ab, um den Raum bis aufs äusserste zu nutzen.

In diesem entstehenden Chaos spielen die Verkehrssorgen eigentlich die verhältnismässig kleinste Rolle, obwohl sie natürlich mit Lautstärke zum wichtigsten Problem deklariert werden. Jedenfalls wurde das wirtschaftliche Phänomen der Akkumulation und Selbstzerstörung der City als ein Verkehrsproblem missverstanden und es kam, wie in allen Städten, die Zeit der „Korrektionspläne“: 1934, 1949, 1959 – jedes Jahrzehnt eine neue Konzeption! Und doch gleichen sie sich darin, dass sie alle darauf ausgehen, den Verkehr besser in die Innenstadt zu bringen, anstatt dass sie die Innenstadt vergrössern und von verkehrsanziehenden Institutionen befreien. Was wäre allein schon gewonnen, wenn der Staat sich zurückziehen würde, nicht in ein neues „Brasilia-Basilea“, sondern indem er einen neuen Brennpunkt am Rande der Innenstadt schaffen würde.

Die Altstadt hat neben der City ihre eigene Lebensberechtigung. Sie ist auch finanziell existenzfähig, wenn man sie nicht allzusehr dem Verkehr aussetzt und die Grundstückpreise nicht übermässig steigen. Spezialläden und handwerkliche Spezialbetriebe sind auf die zentrale Lage angewiesen, können aber nicht die Mietpreise der Geschäftsstadt bezahlen. Ausserdem ist die Altstadt ein wichtiges Wohnquartier; Berufstätige ohne eigenen Wagen mit extrem frühen oder späten Arbeitszeiten sind dankbar für eine ruhige Wohnung im Zentrum.

Glanzstücke des – auf dem Papier noch geltenden – Basler Korrektionsplanes von 1949 war eine „Talentlastungsstrasse“, die die Altstadt zugleich entlasten und erschliessen sollte. Ein Stückchen davon ist verwirklicht; es brachte den bisherigen Bewohnern viel Kummer, den neuen hohe Mieten und auf dem gewonnenen Verkehrsland unordentlich parkierte Lieferwagen. Natürlich fiel auch das Wort Sanierung – aber die neuen Häuser sind höher als die alten, es leben mehr Menschen an weniger Sonne. Diese

Pläne scheinen heute zu ruhen. Aber der Appetit der City ist noch ungestillt. Wirklich gesichert ist die Altstadt erst, wenn durch eine grosszügige und gelenkte Innenstadt-Erweiterung der wirtschaftliche Prozess der Selbstzerstörung gestoppt ist.

Die 1. Basler Chronik im WERK (1960)

Die Nähe der Großratswahlen und der Ersatzwahlen für Bundesrat Tschudi gibt der Basler Politik Auftrieb. Echte und bestellte Interpellationen schaffen Gelegenheit, bisher wohlgehütetes Material in die Öffentlichkeit zu tragen. Und je mehr sich die ideologischen Unterschiede zwischen den Parteien verwischen, desto lieber entnimmt man den Stoff der parteipolitischen Auseinandersetzung dem städtischen Alltag, dem Bau- und Verkehrswesen.

Der rasche Fortschritt der deutschen und schweizerischen Autobahnprojekte erzeugt bei den Baslern den Albtraum, ihre Stadt werde plötzlich das fehlende Glied einer sonst perfekten Kette sein. Bevor man die Anfahrts- und Abnahmesysteme baut, stellt sich aber die bange Frage: Ist Basel Ziel oder Durchgangsort? Und wenn nur Durchgangsort, wird nicht auch der Vorbeifahrende einen Blick von der Pfalz tun wollen? Würde sich der internationale Verkehr doch mit dem städtischen mischen, oder würde er Gebrauch machen von einem Zwischenstück, das unter dem Hörnli das deutsche Autobahnende mit dem schweizerischen direkt verbände?

Vor einem Trugschluß muß vor allem gewarnt werden: Manche glauben, diese Umfahrungssysteme für den internationalen Verkehr entlasten die Zufahrtsstraßen zur

Innerstadt. Aber die Verkehrsmisere wird von den Stadt- und Vorortsbewohnern selber erzeugt; diese bilden auch die Verkehrsspitzen bei Arbeitsbeginn und -schluß; den sehr viel gleichmäßiger anfallenden Fremdenverkehr vermöchten unsere Straßen wohl noch zu bewältigen. – Zum Problem der Zu- und Abfahrtstraßen zu den Autobahnen hat eine Fachkommission aus Mitgliedern des BSA und SIA dem Baudepartement eine neue Lösung unterbreitet, die mit einem Tangentenring von Umfahrungsstraßen arbeitet.

Deutlich im Vorfeld der Wahlen erkundigte sich ein Liberaler nach dem Stand der Revision des Hochbautengesetzes. Hier hofft mancher auf Lockerung, mancher auf strengere Fassung, je nachdem es ihn betrifft. In dem bevorzugten Villenquartier Bruderholz ist eine Verärgerung ausgebrochen, weil einzelne Besitzer ihre Villa zu Etagenhäusern umbauen wollen, während andere finden, das widerspreche dem Villencharakter des Quartiers. Nun schreibt unser Baugesetz die Nutzungsweise der Wohnhäuser nicht vor; es legt lediglich die äußeren Maße fest. – Einige Steinwurfweiten südlich vom Schauplatz dieser Ereignisse ist das anders; dort gilt das neue basellandschaftliche Baugesetz, das jeweilen deutlich den Nutzungscharakter der Bauten einer Zone definiert – in dieser Gegend Einfamilienhäuser.

Es ist zu vermuten, daß bei einer Neufassung starke Lobbies auf eine Verdichtung der Überbauung hinarbeiten werden; unter dem Motto der Sparsamkeit mit dem knappen Bauland des Stadtkantons wird man besonders auf vermehrte Zulassung von Hochhäusern drängen. In diese Richtung zielt wohl auch die neue „Baumschutzzone“ im Rahmen des zu erweiternden Grünzonenplans, die in gewissen Gebieten den Baumbestand erhalten will, ohne ein Bauverbot auszusprechen. Da wird wohl oft das Hochhaus der einzig mögliche Kompromiß sein. Sind wir aber schon so sicher, mit dieser Wohnform die städtebauliche Generallösung für die nächsten hundert Jahre gefunden zu haben?

Sichtbarmachen (1990)

Das Forum Kunst- und öffentlicher Raum ist entstanden durch die Frage einiger Kunstschaffender, ob es nicht sinnvollere Möglichkeiten für das Eingreifen von Kunst gibt, als diejenigen, die der Kunstkredit jährlich zur Verfügung stellt. Geht es hier doch vor allem um das Ausschmücken von Gebäuden, Fassaden und Plätzen, womit jährlich einige Gewissen beruhigt werden, und wo das Dorf Basel, zufrieden oder auch nicht, sieht, es wird selbst für die Kunst Geld ausgegeben. Jedes Jahr tönt es alt aus der Zeitung, wie einzigartig der Kunstkredit doch sei, und es sei schon eine Leistung, was Basel sich da leiste. Obwohl die Kunstschaffenden sich je länger, desto mehr von dieser Nabelschau zu distanzieren suchen, wie auch Änderungsvorschläge immer wieder vernommen werden, brauchen sich die jetzt circa 400.000 Franken mit schöner Regelmässigkeit wie von selbst auf; jedoch hat schon lange niemand mehr den Mut, zu behaupten, Basel sei dadurch schöner, ja sogar lebenswerter geworden. So feiert also jedes Jahr die Bürokratie einen erneuten Sieg über die Kunst ...

Kunst und öffentlicher Raum, diese Formulierung entstand in ihrer jetzigen Form durch Synkussion mit einem Bankangestellten, der der Kunst durch einen Bindestrich, in einer Schöpfung des Alltags, Raum eröffnete. Das dabei eröffnete Konto diente seither der Entgegennahme von Geld aus dem Kunstkredit. Das Geld wird verwendet, um Arbeit zu bezahlen, die die Kunstschaffenden weitgehend erst selbst erfinden. Damit verlegen sie ihre Kreation auf ein Feld, das ihnen nicht von alters her zugewiesen wird und beginnen zu begreifen, dass ihre Fähigkeiten Kapital sind, das einzige, was sie wirklich besitzen, und worüber sie selbst bestimmen können, an welchem „Ort" und zu welchem „Nutzen" sie es investieren wollen. Es bleibt abzuwarten, wann sie das Unternehmen Kunst- und öffentlicher Raum gründen und damit mehr Kredit würdig werden, als der Kunstkredit jemals für die Kunst „verschenken" möchte.

Ende des Ausverkaufs – Vier Thesen zur Kunst–Stadt

1. Die Ursache der baulichen Stadtzerstörung liegt im Verlust der Fähigkeit, künstlerisch zu planen, zu bauen und zu warten. Diese Verarmung ist in allen einschlägigen Berufssparten zu beobachten. Sie hat durch ihre flächendeckende Präsenz im Stadtbild auch dazu geführt, dass korrektive Bilder für humane Planungsvarianten bei den einzelnen Menschen der Bevölkerung allmählich verschüttet worden sind.

2. Zwei grundlegende Fähigkeiten des künstlerischen Planens, Bauens und Wartens: die Aufgabenstellung aus ihrer Ausschnitthaftigkeit in ein gesamtheitliches Anforderungsfeld befördern zu können, die Unplanbarkeit aushalten können.

3. Die Schulen für städteplanerische und städtebauliche Berufe versagen in der Ausbildung der künstlerischen Fähigkeiten. Die technischen Hoch- und Fachschulen sind deshalb eine der Ursachen der Stadtzerstörung. Ihre Schliessung ist kein Schaden, sondern provoziert das Nachdenken über die Misere. Um so mehr ist der Einbezug aller unverschütteten Fähigkeiten in einen demokratischen Gestaltungsprozess voranzutreiben.

4. Wenn die Initiative „Kunst- und öffentlicher Raum" bloss darauf hinzielt, Kunstobjekte frühzeitig in die Planung einzubringen, so hilft sie nicht in der Überwindung der Stadtzerstörung. Kunst und öffentlicher Raum muss heissen: künstlerisches Planen, Bauen und Warten der Stadt.

Wie kommt das Tellen-Denkmal nach Altdorf?

Wir bewundern heute in alten Städten die Kunstwerke auf öffentlichen Plätzen: Den Marc Aurel auf dem Capitol in Rom, den David vor dem Palazzo Vecchio in Florenz, den Colleoni in Venedig. – Ist das Kunst in der Öffentlichkeit? – Vermutlich nicht. Eher müsste man sagen: Es ist Kunst der Obrigkeit. Sicherlich gab es damals auch eine Kunst der Öffentlichkeit, sie aber konnte sich nicht mit bleibenden Kunstwerken manifestieren. Was die Öffentlichkeit damals äusserte, können wir nur vermuten: Wahrscheinlich machte sie Witze, ähnlich den Witzen, die man unter Hitler, Stalin oder Honecker machte. Solche Witze sind durchaus „Kunst in der Öffentlichkeit", wir müssen sie ernst nehmen.

Eine richtige Öffentlichkeit bildete sich erst in der industriellen und bürgerlichen Gesellschaft. Natürlich gibt es auch da eine gesellschaftliche Führungsschicht: Die Leute mit dem „guten Geschmack“. Sie standen an der Spitze der kulturellen Pyramide ihrer Gesellschaft, und die Einordnung in diese Pyramide war gewissermassen freiwillig. Was die Spitzenleute anzogen, Blusen mit Puffärmeln oder Hosen mit Bügelfalten, das trugen nach einiger Zeit alle Leute, und was die Spitzenleute schön fanden, das gefiel bald der gesamten Öffentlichkeit. Die Staatsgründungen, in der Schweiz die Bildung des Bundesstaates, die damit verbundenen Festreden, die Schule mit ihrem neuen Geschichtsunterricht, der Aufbau der europäischen Nationalismen sorgte für Einigkeit: Mit dem Applaus ganzer Nationen errichtete man das Goethe-Schiller-Denkmal in Weimar, den Altar des Vaterlandes in Rom und das Tellen-Denkmal in Altdorf. Wo die neue Obrigkeit die Überwindung der alten Obrigkeit feiert, wer hätte da protestieren wollen?

Die ersten Farbbeutel

Protest gab es erst, als der Geschmack der führenden Leute nicht mehr mit dem Geschmack der Menge übereinstimmte. Von der Kunst, der alle zustimmten, gelangte man zur Kunst als öffentliches Ärgernis. Sogar im biederen Basel flogen die ersten Farbbeutel gegen die Kunst in der Öffentlichkeit. Wer waren die Opfer? – Heute ist es kaum mehr zu glauben: Das Fresko am Stadtcasino von Pellegrini und die Wand von Niggi Stöcklin am Standesamt am Münsterberg! – Offiziell ist unsere Sympathie in diesen Fällen auf Seiten der Kunst, nicht auf Seiten der damaligen „Sprayer“. Drohend verweist man auf den damaligen Faschismus und auf die Verbrennung von Bildern und Büchern. Aber: Auch die Vandalen waren noch ein Teil der

Öffentlichkeit; und im Übrigen verschwindet die Reaktion nicht dadurch, dass man sie kulturell übergeht. Und: Noch der Farbbeutel zollt der Kunst Achtung. Ärgerlicher ist es, dass heute jedermann achtlos an dem vorbeigeht, was ihm nicht gefällt.

Der Hammering Man zieht nicht einmal mehr die Sprayer an

Unsere heutige Gesellschaft ist in kulturelle Gruppen zerfallen, die sich nicht nur zu keiner Verständigung zusammenfinden, sondern vielmehr gar keine Möglichkeit mehr haben, ihren Dissens zu diskutieren. Noch ein Schatten klassischer Diskussion war spürbar im Streit um das Sandoz-Geschenk, den Marktplatz-Bnunnen von Bettina Eichin. Auch der Kampf um die neuen Münsterscheiben von Brice Marden war noch ein artikulierter und damit „klassisch“; aber schliesslich sind die aktiven Kirchgemeindemitglieder auch nur eine Fraktion der Bevölkerung. – Übrigens, wer weiss es noch? Sandoz hat Basel schon einmal ein Kunstwerk geschenkt, es steht am Totentanz und ist von einem renommierten Schweizer Künstler. Aber niemand nimmt sich die Mühe, davor stehen zu bleiben und es zu betrachten.

Das letzte wichtige kulturelle Ereignis in unserer Stadt war der Kampf um die alte Stadtgärtnerei

Unheimlich war dieser Kampf um die alte Stadtgärtnerei deshalb, weil hier zum ersten Mal in Erscheinung trat, dass kein übergeordneter Code mehr vorhanden war, in welchem die Auseinandersetzung hätte geführt werden können. Die Jungen hatten einen Park errichtet, der auf eine hohe Utopie verwies: Leben und Kunst ist eines, mitten in der Stadt ist Arkadien möglich, Gestaltung ist nicht Konsumtion, sondern ein aktiver Prozess ... Dieses waren die Thesen, die in der Stadtgärtnerei vorgeführt wurden. Nichts von alledem war aber sichtbar für jenen Teil des Volkes, dem ein Volkspark vorgegaukelt worden war. Wenn die PdA-Bürger über das Gelände der Stadtgärtnerei spazierten, sahen sie Unordnung, Unsauberkeit und Zerstörung. Das Volk des Volksparks war ausserstande, die Aktivisten als Teile ihres Volkes zu sehen. Und so hat die Regierung schliesslich im Namen des Volkes das Volk vertrieben und dem wahren Volk einen Volkspark errichtet. Ob dieser allerdings dem Bilde entspricht, das sich das wahre Volk von einem Volkspark gemacht hatte, sei dahingestellt ...

Daraus folgt, dass es heute gar keine Öffentlichkeit mehr gibt, in welcher eine gemeinsame Kunst entstehen könnte. Kunst in der Öffentlichkeit könnte nicht einmal mehr Uneinigkeit erzeugen, denn es gibt keine Sprache, in welcher sich diese Uneinigkeit äussern könnte; nicht einmal mehr die Sprache des Spray.

Früher gab es zuweilen ein Erdbeben

Die schönen Orte, an welchen die historischen Kunstwerke stehen, sind „ewig". Wer würde denn eine Veränderung auf dem Capitol, der Piazza della Signoria oder der Piazza SS.Giovanni e Paolo wagen? Die Orte, an welchen sich Kunstwerke mit dem Städtebau verbunden haben, sind alt – und denkmalgeschützt – und werden, sofern kein Erdbeben kommt, noch lange bestehen. Was zahlt die Kunst für den Quadratmeter Stadtboden?

Die moderne Stadt hat einen anderen Charakter. Sie ist es, die die alte Stadt bis auf wenige Reste aufgefressen hat und die sich selber fortwährend weiterhin auffrisst. Der Cityprozess ist ein gesellschaftlicher Verdauungsprozess, bei welchem sich das Verdauungsorgan selbst verdaut. Wo neu gebaut wird, wird intensiver genutzt, es wird mehr Verkehr angezogen, Verkehrsverhältnisse werden verbessert, dadurch wertet sich der Boden auf, auf welchem das neue Bauwerk steht, um schliesslich nach einem noch neueren Bauwerk zu rufen, das diesen teureren Boden noch besser ausnützt. Die moderne Stadt ist in ständiger Entwicklung, und die Planung bestätigt nur, was die Spekulation schon angerissen hat, und beide zerstören ihr eigenes Werk dadurch, dass sie den Stadtboden aufwerten und damit die Voraussetzung für neue Eingriffe schaffen. Selbst das Neuste ist schon veraltet.

Der schöne Traum von der rechtzeitigen Mitarbeit der Künstler

Seltsam an diesem ständigen City-Prozess ist es, dass ihn die Planer selber noch nicht bemerkt haben. Sie planen immer noch die endgültige Lösung. Auch der Masterplan verspricht ja heute die endgültige Lösung des Verkehrsproblems am Bahnhof. Die Älteren unter uns haben schon viele solche endgültige Lösungen erlebt: Die endgültige Lösung des Jahres 1949 war die Talentlastungsstrasse, von welcher immerhin einige Meter verwirklicht worden sind. Zum Glück hat man damals vergessen, die Künstler zu integrieren, sonst hätten wir jetzt vor der Weinhandlung Ullrich ein Denkmal ...

Wie lange hielten sich die Basilisken auf der Wettsteinbrücke? Dem Laien ist der Widerspruch der modernen Stadtplanung längst klar. Die Fläche, die dem Privatfahrzeug in der Stadt zur Verfügung steht, ist kleiner als die

Summe aller in dieser Stadt verkehrenden Fahrzeuge. Infolgedessen wird der Kampf um Verkehrsraum nie zur Ruhe kommen. Wie bei allen Verkehrsbauten, so wurde auch beim Bau der Nordtangente versprochen, dass sie „Verkehr aus den Quartierstrassen zieht". Wir erkennen das Modell: Was heute als Verkehrsberuhigung verkauft wird, verkaufte man in den sechziger Jahren als die autogerechte Stadt, nämlich die sogenannte Kanalisation auf Hauptstränge. Von einer Beruhigung der Quartierstrassen ist wenig zu merken. Der Gedanke, dass Verkehrsplanung an der Nordtangente oder am Bahnhof Raum für ewige Kunst schaffen könne, ist ein Abfallprodukt der Propaganda für Verkehrsberuhigung.

Stadtplanung ist eine Umverteilung von Leiden

Die moderne Stadtplanung besteht darin, dass die Unzuträglichkeiten der Stadt, Immissionen, Unerreichbarkeit, Risiko, entsprechend neuer Machtverhältnisse neu auf die Bevölkerung verteilt werden. Deshalb gibt es in der Stadtplanung keine Projekte, denen eine grosse Mehrheit zustimmt, sondern stets solche, welche einer kleinen Mehrheit Vorteile bringen und einer grossen Minderheit neue Lasten. – Frage: Ist die Kunst dazu da, diese Siege der Mächtigen über die weniger Mächtigen zu verherrlichen? In Freiburg im Breisgau steht ein solches Kunstwerk, von Claes Oldenburg: Da, wo die öffentliche Bauspekulation an Stelle einer Schrebergartenanlage Immobilien errichtet hat, hat Oldenburg, in Erinnerung an die Schrebergärtner einen überdimensionierten Gartenschlauch errichtet. Kann man sich zynischer über die im politischen Prozess Unterlegenen lustig machen? Jawohl, man kann: Die Gestaltung des Volksparks St. Johann zeigt es.

Wenn dereinst der Mustermesse-Platz leer ist …

Interessant ist die Kontroverse zwischen der Stadtplanung und der Mustermesse-Leitung. Die Messeleitung hätte gerne ein Kunstwerk auf dem Messeplatz; die Stadt ist der Meinung, es sei dort noch zu viel Unruhe, zu viel Verkehr; sie verspricht der Mustermesse ein Kunstwerk dann, wenn dereinst der Messeplatz durch eine gigantische Unterführung des Verkehrs verkehrsfrei sein wird. Dann, so sagt die Stadt, ist die Ruhe eingekehrt, die dort für ein Kunstwerk zuträglich ist. – Unsere Prognose: Der Mustermesse-Platz wird dann leer sein, wenn sich die Mustermesse nach Blotzheim verzogen haben wird.

Weshalb sieht niemand den Gott Janus am Totentanz?

Kunst in der Öffentlichkeit ist nur dann öffentlich, wenn sie ihre Umwelt thematisiert. Moderne Kunst ist vorwiegend Museumskunst, und auch bei Ausstellungen unter freiem Himmel erlebt man es, dass die Künstler für ihre Werke Nischen bevorzugen, die eine museumsartige Abschirmung bieten. Solche Kunst im Freien zu sehen, mag schön sein, wie es auch manchmal nett ist, auf dem Münsterplatz ein Konzert zu hören; – aber Kunst im öffentlichen Raum ist das nicht.

Gott Janus von Bänninger steht am Totentanz als ob er im Hof des Kunstmuseums stünde. Mit der Situation des Totentanz‘ befindet er sich weder in einer positiven Übereinstimmung noch in Auseinandersetzung. Gott Janus erzählt uns nichts Neues über den Totentanz. Deshalb gehen wir uninteressiert an ihm vorbei.

„Öffentlich" heisst: den Dissens diskutierbar machen

Öffentliche Kunst diskutiert. Sie setzt sich zu dem für sie ausgewählten Ort in eine positive Beziehung, die uns an diesem Ort etwas Neues erkennen lässt, oder in eine negative, die eine Kritik an diesem Ort ausdrückt. Mit anderen Worten: Mit Kunst im öffentlichen Raum wollen wir städtische Situationen sichtbar machen. Wir wollen damit dasjenige diskutieren, was erst erahnbar ist, aber noch nicht die Reife einer analytischen Beurteilung oder Planung erreicht hat. Die Umwelt, die uns Heimat sein sollte, wird uns scheibchenweise weggenommen. Jährlich wird uns wieder ein Stück Strasse, ein Übergang, ein Stück Trottoir, oder eine Fussgängerphase beim Ampelübergang weggenommen. Diese Scheibchen sind so, dass wir sie zwar bemerken, nicht aber für diskussionswürdig halten. Wir denken, das sei schon richtig so. Öffentliche Kunst nun müsste darin bestehen, den Heimat-Anspruch, den wir an unsere Umgebung haben, mit den Mitteln der Kunst ins Bewusstsein zu rücken, und zwar so, dass der in dieser Situation ablaufende planerische Prozess hinterfragt wird. Nochmals: öffentliche Kunst diskutiert, thematisiert.

Moderne öffentliche Kunst ist nicht ewig

Die Situationen in der modernen industriellen oder kommerziellen Stadt sind nicht ewig. Ständig sind sie von verkehrsbedingten oder spekulationsbedingten Veränderungen bedroht. Selbst ein Umschwung in der öffentlichen Meinung, der sich in einem „Rückbau" der überdimensionierten Verkehrsbauten äussern würde, wie dies in der BRD oder in Holland schon stattfindet, verheisst keine Ewigkeit: Weiterhin wäre die Stadt in Entwicklung und

Veränderungen unterworfen. Was also hätte ewige Kunst an nicht-ewigen Situationen zu suchen? Wie könnte sie diese thematisieren? Wir sagen also: Öffentliche Kunst in der modernen Stadt muss zeitbezogen sein, nicht ewig ...

„Aber das Kunstwerk braucht doch ein ruhiges Plätzchen, sonst ist es nicht schön“: – Kunst, die mit ihrer Umgebung nichts zu tun hat, braucht allerdings Platz. Deshalb will auch die Stadt erst Kunstwerke aufstellen, wenn Platz dafür da ist; deshalb nämlich, weil sie an Kunst denkt, die unaktuell ist und nichts über ihre Umgebung aussagt – wir aber behaupten: Die öffentliche Kunst, die wir meinen, braucht keinen Platz. Ihr ist es gerade sauwohl in der chaotischen Umgebung des heutigen Verkehrs. In Auseinandersetzung mit dem knappen Platz, dem nichtvorhandenen Platz wird die aktuelle Kunst wirkungsvoll. Ein Beispiel für viele: In Ludwigshafen am Rhein führt ein Autobahn-Kleeblatt über mehrere befahrbare Geschosse hinauf zur Rheinbrücke nach Mannheim. An die Betonwand dieser Kurvenanlage, just da, wo man den Rhein noch nicht sieht, brachte der Künstler Norbert Radermacher zwei Rettungsringe an.

Der Künstler – im öffentlichen Raum – muss ein Vordenker sein

Der Künstler im öffentlichen Raum muss ein Vordenker sein, sonst wird er ein Handlanger der Obrigkeit. Die „rechtzeitige Einschaltung von Künstlern“ kann nicht heissen, dass der Staat die Aufgabe stellt und dann Künstler ruft; vielmehr muss der Künstler den konfliktuellen Charakter staatlichen Planungshandelns aufzeigen und mitdiskutieren. Denn die heutige Stadtplanung ist ein Zuteilen von Benachteiligungen und Leiden.

Der Stadtbaumeister hat drei Planungsvorhaben genannt, an welchen er die Beteiligung von Künstlern wünscht. Es sind dies der Masterplan, die Bebauung Breite und der Lohnhof. Zumindest zwei davon, Masterplan und Breite, bringen Leiden für die Anwohner mit sich oder haben schon solche mit sich gebracht. In der Breite ging eine erhebliche Zahl billiger Wohnungen verloren, und der Masterplan wird das Gebiet um den Bahnhof in einer Weise aufwerten, dass auch im Gundeldinger-Quartier Verdrängungen eintreten werden. Es ist anzunehmen, dass sich die Künstlerinnen und Künstler, die an diesen Aufgaben arbeiten, der Problematik bewusst sind.

Vordenken, über die Aufgabe hinausdenken

Im Folgenden versuchen wir, vier Arbeitsgruppen vorzuschlagen, welche sich an der Thematik Lohnhof, Breite, Masterplan orientieren, welche aber jeweils über das einzelne Objekt hinausdenken und die Rolle der Kunst in einem solchen Planungsfalle definieren.

Die heimfallenden Lehen

Der Lohnhof ist kein Einzelfall. Periodisch fallen staatliche Unternehmungen oder Betriebe brach und die Areale oder Gebäude stehen zur Wiederverwendung frei. Oftmals sind es technische Veränderungen, die den Betrieb frei werden lassen, die Ersetzung von Leuchtgas durch Erdgas, die Verkleinerung der Güterbahnhöfe, oder auch die Notwendigkeit, grössere Areale ausserhalb der Stadt zu beziehen, wie dieses beim Schlachthof und bei der Stadtgärtnerei der Fall ist. Erstaunlich bleibt, dass die Planer offenbar das Freiwerden dieser Grundstücke nicht voraussehen, sondern jedes Mal voller Erstaunen in die Hände klatschen, eine „letzte Chance für die Stadt“ proklamieren, was zur Folge hat, dass die Politiker diejenige Nutzung dort verwirklichen, welche die grösste Lobby hinter sich hat.

Planerisches Vorausdenken würde aber bedeuten, dass einmal die Liste der in nächster Zeit brachfallenden Gebäude und Areale erstellt würde – „Container“, dass daneben eine Liste der raumsuchenden Nutzungen – „Inhalte“ – gehalten würde. Schon wird auch hinter dem Rücken der Bürger das grosse Bärenfell des Badischen Güterbahnhofs verteilt, ähnliches geschieht mit freiwerdenden SBB-Arealen. Und der Kasernen-Hauptbau wird als Überlauf für allerhand Schulen gebraucht. Auch der Volkspark St. Johann muss hier wieder erwähnt werden. Sinnvoll also wäre es, wenn sich eine Arbeitsgruppe einmal vorausschauend über das Problem freiwerdender Container und raumsuchender Inhalte Raum schaffen würde.

Basel am Rhein

Basel liegt am Rhein, und es wäre wünschenswert, wenn die vom Rhein angeschnittenen Wohnquartiere jeweils einen schönen und erholsamen, aber auch gestalteten und bildhaften Zutritt zum grossartigen Rheinufer hätten. Das Breitezentrum ist nur einer dieser Orte, und es wäre sinnvoll, wenn sich die Arbeitsgruppe über die Kette unterschiedlicher, schöner Rheinaspekte längs des linken und des rechten Rheinufers äussern würde.

Der Masterplan ist keine endgültige Lösung

Im Rahmen des Masterplans entsteht auch ein neuer Bahnhofplatz, und so wird naiverweise angenommen, es entstehe eine Fläche, auf welcher im historischen städtebaulichen Sinne auch ewige Kunst ihren Ort fände. Dieses aber ist nicht der Fall: Der Masterplan, sofern er verwirklicht wird, ist die Einleitung einer explosiven Stadtentwicklung, bei welcher bald neue Bodenwerte, und in deren Folge Abbruch und Neubau, und neue Verkehrsströme auftreten werden. Die Arbeitsgruppe, die sich um dieses Thema sammelt, müsste sich also Klarheit verschaffen über die Rolle der Kunst in einer prozessualen Stadtentwicklung, die für ewige Kunst keinen ewigen Platz schafft. Dafür aber schafft sie einen Ort für solche Kunst, die Konflikte sichtbar werden lässt.

... Kunst ortet im Stadtgelände

Das vierte Thema formulieren wir selber: Wie finden wir Orte und Plätze in der Stadt, die wir bearbeiten, das heisst, überleben lassen können, ohne äusseren Auftrag? Als ganzes sehen wir es als das wohl wichtigste Thema, das unter dem Titel von Kunst- und öffentlichem Raum behandelt werden kann: die Kunst am Wohnort, im Alltag ...

Lucius Burckhardt mit Studierenden aus Kassel auf dem Basler Architektursymposium 2'90 / 15./16. Juni 1990, Kongresszentrum Basel / Platz als Kunst statt Kunst am Platz am Beispiel Messeplatz Basel

Eine Kasseler Gruppe wurde von dem aus Basel stammenden Soziologen Lucius Burckhardt betreut. Ihre Auseinandersetzung mit dem Basler Messeplatz stellte sie unter das Thema „Eine Situation erlebbar machen". Ziel war nicht die totale Umgestaltung, sondern eine künstlerische Interpretation des Platzes, die seine vorhandenen und vom Verkehr geprägten Qualitäten sichtbar macht und verdeutlicht. Drei sich ergänzende Prinzipien wurden zugrunde gelegt:

1. Das Konzept des Platzes muss deutlich sichtbar werden. Vorhandenes wird auf die Ebene der Wahrnehmung und Verständlichkeit gehoben, indem man seine charakteristische Eigenart stärkt und unterstreicht: Der erste Eindruck des Messeplatzes ist der von „Überfülle". Mit einem rigorosen „Aufräumen" würde er sein Gesicht verlieren.

2. Die Eingriffe müssen so klein wie möglich gehalten werden: Wahrgenommen wird nicht die Außenwelt, sondern das Bild, das wir uns von einer Sache machen. Wer also eine Situation gestalten will, sollte nicht mit Bulldozern auf sein Objekt losgehen und es rigoros umformen; der wirksamere Eingriff auf die Wahrnehmung liegt im Einsatz

kleiner Mittel, im Neusetzen von Zeichen oder im Verstärken vorhandener Zeichen.

3. Die Eingriffe müssen temporär bleiben: Die Zeit der sauberen Lösungen und der „ewigen Werke" ist vorbei. Eine Planung, die auf einen dereinst harmonischen und endgültigen Zustand hinstrebt, hat sich überlebt. Die heutige Stadt ist ständigen Veränderungen unterworfen. Angesichts einer sich ebenfalls mit Sicherheit verändernden Mustermesse wurden daher keine stabilen Lösungen vorgeschlagen, sondern eine Infrastruktur für mobile Darbietungen.

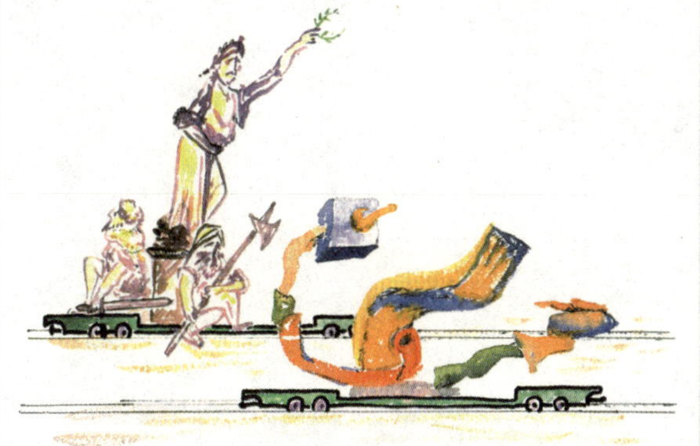

↑ „Kunst am Platz" – das Motto des Basler Architektur-Symposiums ironisierten die Studenten aus Kassel unter anderem mit dem Vorschlag, ob das St.-Jakobs-Denkmal oder Michael Grosserts „lieudit Heuwaage" das Richtige sei, ließe sich vielleicht per Tram ausprobieren. Bildlegende zum Aquarell in der Baseler Zeitung vom 19.6.1990.

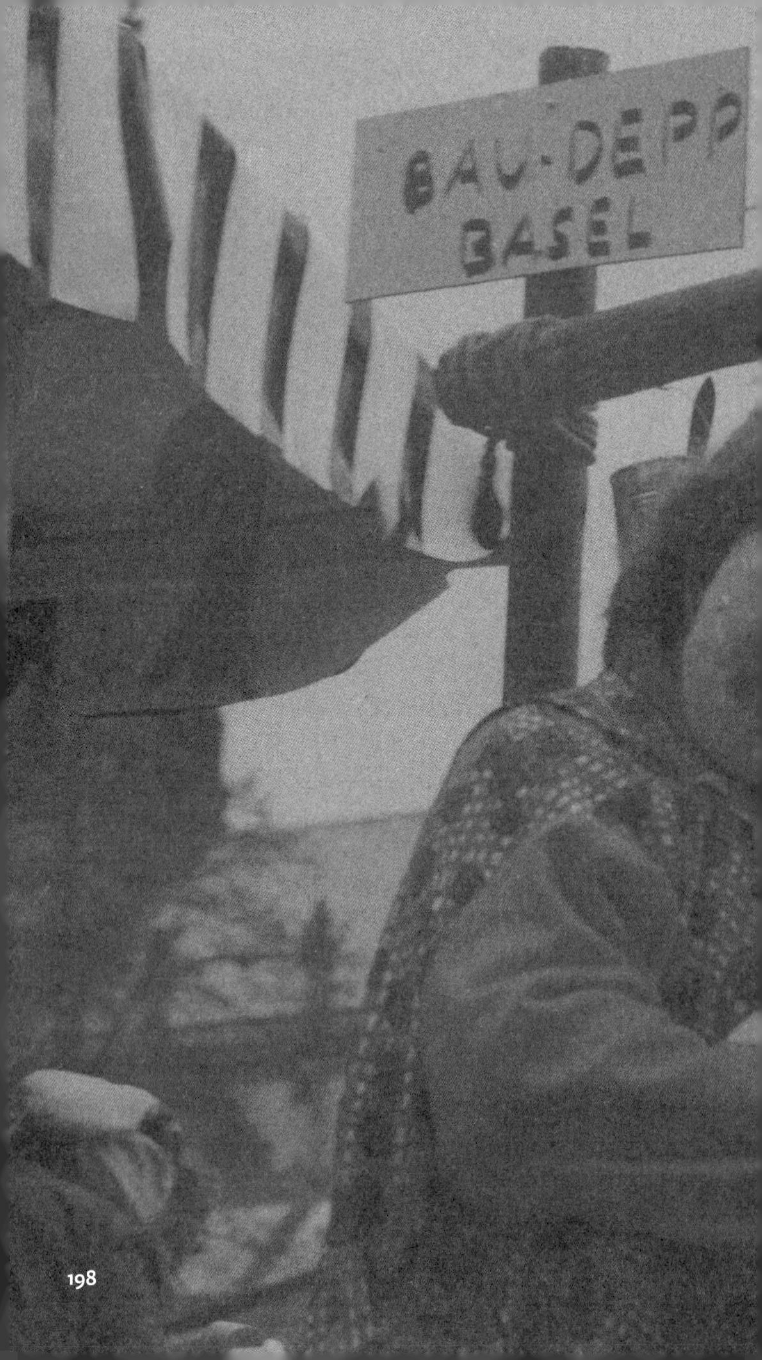
BAU-DEPP
BASEL

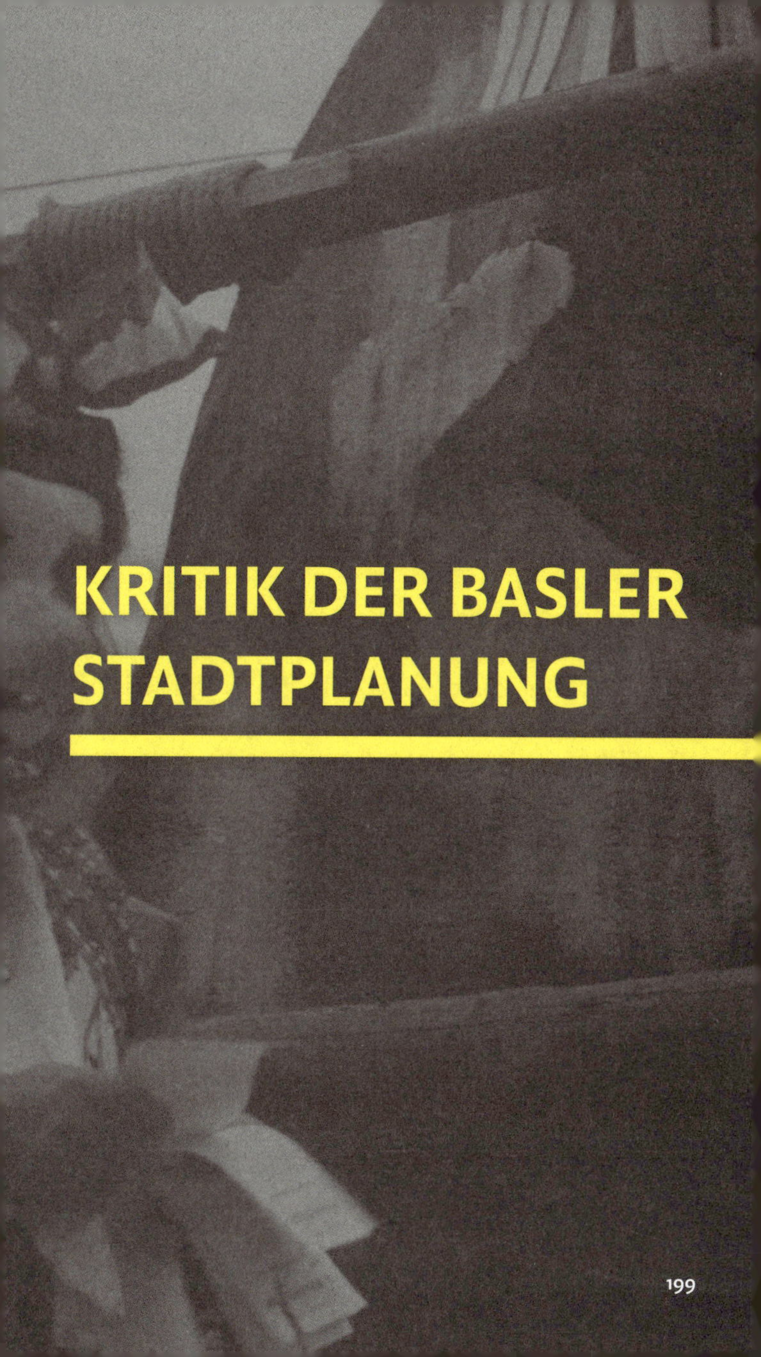

KRITIK DER BASLER STADTPLANUNG

Eine stadtplanerische Großtat in Basel war die Errichtung der Rheinpromenaden durch Uferaufschüttungen zwischen 1840 und 1920. Wir verdanken sie der Generation, die beim Gedanken an die Allmende die Stadtbewohnenden als Fußgänger und Fußgängerinnen im Kopf hatte, nicht die Fahrzeuge. Im Osten Kleinbasels ist die großzügige Geste zugunsten der Einwohnerschaft steckengeblieben – dort wurde das erste Schweizer Naturschutzgebiet geschaffen, die Rheinhalde Grenzacherstrasse, ein Zeichen der naturbelassenen „Wildnis" im Stadtgebiet von Basel. Am Münsterriegel scheiterte die Promenade an der Topografie und vor allem am Privatbesitztum der zahlreichen Parzellen. Enteignungen gelangen noch beim Harzgraben/St. Albanvorstadt zum Bau der Wettsteinbrücke, aber nicht mehr weiter zur Mittleren Brücke.

Die gründerzeitlichen neuen Wohnquartiere, allen voran das „Mainzer Viertel" (Gundeldingen) einer deutschen Immobiliengesellschaft, wurde entgegen zeitgenössischer städtebaulicher Zielvorstellungen krass unterversorgt mit öffentlichem Freiraum. Die Stadt musste nachbessern, tief in die Tasche greifen, das Von der Mühl'sche-Margarethengut (9 Ha) kaufen und der Öffentlichkeit als Park zur Verfügung stellen.

Die Unterversorgung mit Grünflächen führte bis in die 1930er Jahre zu einer überfüllten und unwohnlichen Stadt. Der „Markt" hatte beim gemeinschaftlichen Ziel eines guten Städtebaus versagt. Es war die Zeit, als Hans Bernoulli am Zürcher ETH-Lehrstuhl im Städtebau eine freiwirtschaftliche Revolution dozierte: Staatliches Grundeigentum als Grundlage für geordnete städtische Raumentwicklung. Das kostete ihm im reaktionären Milieu zwar den Professorentitel, aber die Lektion wurde trotzdem verstanden.

Aufgeschreckt und einsichtig zog man in Basel die letzte Trumpfkarte für eine wohnliche Stadt mit gut verteilten Parkflächen in den Quartieren. Mit der Planung des Zentralfriedhofs am Hörnli, „dem Friedhof in allerbester Wohnlage" (Schmid), konnten die Friedhöfe der Kirchgemeinden in den Quartieren – nach einer Zeit der Gräberruhe – für die Quartiersbewohner geöffnet werden. Durch diesen spektakulären Schritt, der keineswegs unbestritten war, ist die Grünversorgung Basels gerade noch gut gegangen.

Aber Basel tat sich mit der Grünversorgung, dem Schutz der gebauten Substanz und der Biodiversität ungebührlich schwer, besonders schwer im Autozeitalter seit den 1950er Jahren, als die Stadt weiterwuchs und 1972 mit 235.000 Einwohnern den Höhepunkt der Bevölkerungszahl erreichte. Die „Grünzone" im Zonenplan musste hart erkämpft werden, wie später das Baumschutzgesetz (1980), das Denkmalschutzgesetz (1980) und ein Naturschutzgesetz (1995). Trotz der rührigen Bemühungen des unvergessenen Stadtgärtners Richard Arioli (1940–1970) wurden die wenigen Freiflächen nach und nach weiter marginalisiert. Frisch und fröhlich wurden Grünflächen und Parks an den Rändern und Säumen für den ruhenden und fließenden Verkehr beschnitten, die Zugänge gesperrt, das ganze Straßennetz auf innerstädtischen Schnellverkehr getrimmt. Unter sozialdemokratischer Führung des Baudepartements seit 1934 fraß der Cityring rücksichtslos baumbestandene Aufenthaltsräume und Alleen zwischen Singergut und Bürgerspital. Dem später populären Helmut Hubacher gelang im Januar 1972 in der letzten Großratssitzung der Legislatur ein gut orchestrierter Coup, indem er als Präsident der Verkehrskommission den im vorangehenden Wahlkampf zerfledderten auto-manischen Cityringplan noch durch das Parlament schieben konnte.

Die Linke spaltete sich damals in die autokritische Neue Linke der Progressiven Organisationen (POB) und die alten Kommunisten und Sozialdemokraten, die zusammen mit den Freisinnigen und den Mitte-Parteien den alten Trott im Städtebau durchsetzten. Lucius Burckhardt beriet in den 1970/80er Jahren die Großratsfraktion der POB, nahm an deren Protestversammlungen als Redner teil und publizierte seine Vorstellungen von Städtebau und Stadtentwicklung in deren Broschüren.

Eine umsichtige Planung für die Freiräume in der Stadt existierte um 1970 nicht. Ein Geografieprofessor holte dem Versagen die Kohlen aus dem Feuer, indem er für ein System von „grünen Fingern" warb, die zur fußläufigen Erreichbarkeit der am Rand gelegenen Naherholungsgebiete mit allerlei Straßenbegleitgrün aufgewertet werden sollten: Das war das Basler Freiraumkonzept in der fiebrigen Höchstphase von Verdrängung der Menschen aus der städtischen Allmende.

Merkwürdig mutet heute die Hochhausdiskussion im Architectural Digest 1963 an. Im Heimatschutzverein wird bereits 1953/54 über Hochhäuser diskutiert, worunter zehnstöckige Wohnhäuser zählten. Aber die Diskussion um das 13-stöckige Bettenhaus des Bürgerspitals am Rand der Altstadt hat um 1960 die Gemüter in der Stadt so tiefgreifend bewegt, dass 1963 konsequenterweise auch der erste Vorstoß für ein kantonales Denkmalschutzgesetz erfolgt ist. Die Erweiterung des Bürgerspitals in seiner dritten Bauetappe erwies sich bald als Fehlplanung. Das ist auch der Grund, wieso das Spitalhochhaus nie gebaut worden ist, trotz eines überwältigenden Ja-Stimmenanteils in der Volksabstimmung vom 2. Februar 1964, der dazu ermächtigt hätte.

Die Strategien zur Zukunft des Stadtstaates Basel mit seinen kleinräumigen Ressourcen setzten mit der regierungsrätlichen Schrift „Basel 75" ein. Über beinahe zehn Jahre hinweg publizierte die Regierung Fortschreibungen dieser Entwicklungsstrategie, während sich die Grundannahmen von 1975 eigentlich umgehend als falsch erwiesen hatten. So nahm die Bevölkerungsentwicklung, welche 1973 den Höhepunkt erreicht hatte, weiter ab statt – wie prognostiziert – wieder zu. Der massive Ausbau des Hochleistungs-Straßennetzes beschleunigte den Flächenverschleiß für Wohnungsbau im billigen Bodenmarkt der näheren und weiteren Agglomeration.

In der Auseinandersetzung um die Strategie „Basel 75" bringt Lucius Burckhardt Entwicklungsperspektiven und Planungsansätze ein, die als alternative Konzepte zu lesen sind. Zum Verständnis des Planungshorizonts der 1970er Jahre, der so stark mit dem Tiefbau verbandelt war, sind diese kritischen Texte wertvoll. Die „Wohnlichkeit" in den Stadtquartieren wird an der gefahrlosen Erreichbarkeit von Grünflächen bemessen. Freiraumversorgung und Sicherheit im fußläufigen öffentlichen Raum sind im Basler Städtebau seit den Siebzigerjahren kontrovers diskutierte Themen.

Die Basler Stadtregierung legte „Basel 1975 – Ziele für den Stadtkanton" vor, welche in den folgenden fünf Jahren noch bilanziert und vertieft wurden. Die Kritik Burckhardts legte die Schwachstellen offen, die namentlich darin bestanden, dass alter Wein in neuen Schläuchen aufgetischt wurde. Die Sorgfalt im Umgang mit der streng begrenzten Stadtfläche von 15 km^2 hatte keineswegs zugenommen, der Freiraum hatte gegenüber den Straßenbauplänen das Nachsehen, die Automanie der 1950er Jahre wurde unverrückt fortgeschrieben. Jetzt ging es darum, die Stadt in das

Nationalstraßennetz des Bundes einzuschreiben. Nach dem Cityring sollte der Autobahnring in die freiflächenarme Stadt gezwängt werden. Gegen die ersten Planvorstellungen, die Ha-Fra-Ba-Autobahn (Hamburg-Frankfurt-Basel) quer durch das Naherholungsgebiet der Langen Erlen zu legen, regte sich Widerstand. Nicht etwa, wie man geneigt ist zu erwarten, weil die einzigen ebenmäßigen Basler Fußgängerräume verlärmt und beschnitten würden, sondern weil dem Tiefbau bedeutend mehr Geld versprochen werden konnte mit dem Plan B: Trassenführung innerhalb der gebauten Stadt, in Großbasel durch Zerschneidung der letzten großen und damals noch privaten Parks und in Kleinbasel durch aufwändigen Straßenbau direkt an Hinterhöfen und den Fassaden von Wohnungen vorbei. Seither klafft eine breite und lärmige Verkehrsschneise durch alte Parks, mitten durch die Stadt.

„Regionalplanung" kam dann doch noch auf den Tisch, und es wurde als Zeichen des guten Willens sogar eine „Regionalplanungsstelle beider Basel" eingerichtet. Schon jahrelang stand die Forderung von Lucius Burckhardt und der Regio Basiliensis im Raum. Über die Landesgrenzen hinweg schlummerte die Raumplanung aber noch weitere zwanzig Jahre. Sie wurde zwar um 1980 institutionalisiert, aber die geringen Erfolge gehen mit schwerverdaulichen Rückschritten einher.

Nach der Gründung der Grünen Partei Basel (GAB 1987) setzte sich Lucius Burckhardt erneut intensiv mit der Basler Stadtplanung auseinander. Es entstanden zahlreiche Verlautbarungen zu Regierungsplänen, Kommentare zu stadtplanerischen Wettbewerben und eine knapp gehaltene Gesamtsicht unter dem Titel: „Ein Konzept für Basel – Basel plant ohne" (1999).

Die Stadt wird lebenswert und wohnlich, wenn nicht nur die Wohnverhältnisse, sondern auch der öffentliche Freiraum qualitativ gut ausgestattet ist. Der Freiraum mit den Straßen, Plätzen und Parks hat Lucius Burckhardt über Jahrzehnte beschäftigt. Hier zeigt sich der Soziologe, der den Freiraum nicht als „leeren Raum", sondern als ein soziales Konstrukt versteht. Weit mehr als die „Verkehrsadern" entscheiden die Qualitäten des öffentlichen Aufenthaltsraums für die Stadtbevölkerung über die Lebendigkeit eines Stadtorganismus. Die hier versammelten Texte sind exemplarisch für ein Themenfeld, das in der Stadt des 21. Jahrhunderts fundamental neu ausgehandelt werden muss: das Verhältnis des Stadtraumes, welcher der ansäßigen Wohnbevölkerung dient, gegenüber dem Verkehrsstraßenraum für die Arbeitsplatz- und Freizeitbesucher. Lucius Burckhardt hat im 20. Jahrhundert stets das Ganze im Auge, er skizziert die Transformation in eine wohnliche Stadt wie sie vollzogen werden soll.

Basel 2000 – gerade noch gutgegangen (1981)

„… und so kann man mit Überzeugung sagen, daß es gerade noch einmal gut gegangen ist." Mit diesen Worten schloß der Basler Regierungspräsident seine Neujahrsansprache, mit welcher er am 1. Januar des Jahres 2000 das dritte Jahrtausend begrüßte. Und in der Tat, jedem Zuhörer dieses umfassenden Rechenschaftsberichtes, in welchem der Regierungspräsident alle Sparten der Basler Stadtplanung berührte, muß es auffallen, wie vieles schlußendlich gerade noch gutgegangen ist, zum Teil im letzten Moment. Er muß zur gleichen Überzeugung gekommen sein wie wir: Das ist kein Zufall.

Noch vor drei Jahren hatte es ziemlich schlimm ausgesehen um unsere Basler Stadtplanung. Damals, im Jahre 1997, war im Großen Rat ein Antrag eingereicht worden, das Baudepartement solle auf das Jahr 2000 die Erfolge seiner Politik sichtbar machen. Dieser Antrag führte zunächst zu einer heftigen Planertätigkeit, und die Gefahr des völligen Mißerfolges schien schon greifbar. Gutgegangen ist es aber schließlich durch das Drei-Punkte-Programm, auf welches wir noch zu sprechen kommen.

Für Basel bedeutet das Neujahr 2000 keine der gewöhnlichen Jahrtausendfeiern, wie sie alle tausend Jahre notgedrungen stattfinden. Vielmehr verbindet sich dieses Fest mit dem 25. Jubiläum der programmatischen Schrift „Basel 75", und so ist die Forderung nach einem besinnlichen Vorweisen planerischer Erfolge nicht abwegig. Wohl waren im Einzelnen schon Entwicklungen sichtbar geworden, wie man sie teils vorausgesehen hatte, zum anderen

Teil aber nicht. Über die Entlastung der Innenstadt ist zu sagen, daß in den neunziger Jahren die Umfahrungsstraßen so stark benutzt wurden, daß auch die entlasteten Straßen wieder lebhaft in Gebrauch genommen wurden. Mit einem von einer Werbefirma vorbereiteten Programm empfahl das Straßenbauamt nunmehr die Benutzung der bisher umfahrenen Innenstadt und der Quartierstraßen zur Entlastung der Entlastungsstraßen. Diese Aktion lief unter dem Motto „Der Gscheite fährt zur Seite". Was die Politik der Ersetzung von Einwohnern mit unterdurchschnittlichem Einkommen durch solche mit hohem Einkommen anbelangt, so waren hierbei Teilerfolge zu verzeichnen. Programmgemäß haben Jahr für Jahr Bezieher unterdurchschnittlicher Einkommen das Stadtgebiet verlassen; für die Bezieher hoher Einkommen traf dieses allerdings ebenfalls zu.

Die Begrünung der Stadt nahm seit der Gartenschau 1980 einen unaufhaltsamen Fortgang. Kleinriehen, die Langen Erlen, die Schützenmatte nahmen alle das Aussehen an, das Brüglingen nach der Gartenschau 1980 auszeichnete. Überall zeigte sich, daß die Bevölkerung diese Gebiete wieder annimmt, sobald das vorherige Aussehen derselben so vollkommen verschwunden ist, daß Vergleiche nicht mehr angestellt werden. Im Naturkundeunterricht regt man jetzt die Kinder dazu an, statt Insekten und Steine zu sammeln, Kollektionen von Verbundpflastersorten anzulegen; auch dieses ist eine der erfolgreichen Ideen der weltberühmten Basler Werbefirma.

Auf dem Gebiet des Automobilverkehrs ergaben sich zunächst Schwierigkeiten, die von der Wirtschaftspolitik des Bundes herrührten. Die Strategie der jährlichen Steigerung des Automobilverkaufs bei größtmöglicher Senkung der

Automobilbenutzung war zwar erfolgreich, hatte aber den unerwarteten Nebeneffekt, daß das Automobil-Reparaturgewerbe notleidend wurde. Da aber diese Branche einen wesentlichen Prozentsatz unserer Bevölkerung ernährt, mußten auf dem Verkehrssektor Maßnahmen ergriffen werden. Die bisherige Taktik der sanften Behinderung der Autofahrer in den Fußgängerstraßen mußte durch solche Schikanen ersetzt werden, welche öfters zu leichteren Blechschäden, Achsenbrüchen und dergleichen führen; es muß leider konstatiert werden, daß die wiederhergestellte Prosperität des Reparaturgewerbes einhergeht mit einer andauernden Unzufriedenheit der PKW-Besitzer, welche die so erfolgreiche Maßnahme nicht verstehen wollen.

Auch die Schwierigkeit mit den Begehren der Innenstadt-Geschäfte ließ sich nicht beheben. Die Forderung der Ladenbesitzer, vor dem eigenen Geschäft eine Fußgängerzone, vor dem des Nachbarn aber einen Parkplatz zu erstellen, ließ sich, trotz größtem Entgegenkommen des Baudepartementes, nicht für alle Geschäfte gleichermaßen durchführen. Nach wie vor sammelten die Geschäftsinhaber Unterschriften für verschiedene Parkplatzinitiativen, wobei sie an Abstimmungstagen ihre Töchter als revolutionierende Jugendliche verkleideten und vor die Abstimmungslokale schickten.

Als auch dieses nicht mehr half, schlugen sich die Geschäftsinhaber die Schaufensterscheiben selber ein, was aber von der Öffentlichkeit kaum beachtet wurde. Lobend ist allerdings zu erwähnen, daß die Glasscherben jeweils bei der nächstgelegenen Altglassammlung abgegeben wurden.

Blickte man aber auf die inzwischen eingeholten Gutachten zur Stadtplanung zurück, so war hier Entscheidendes

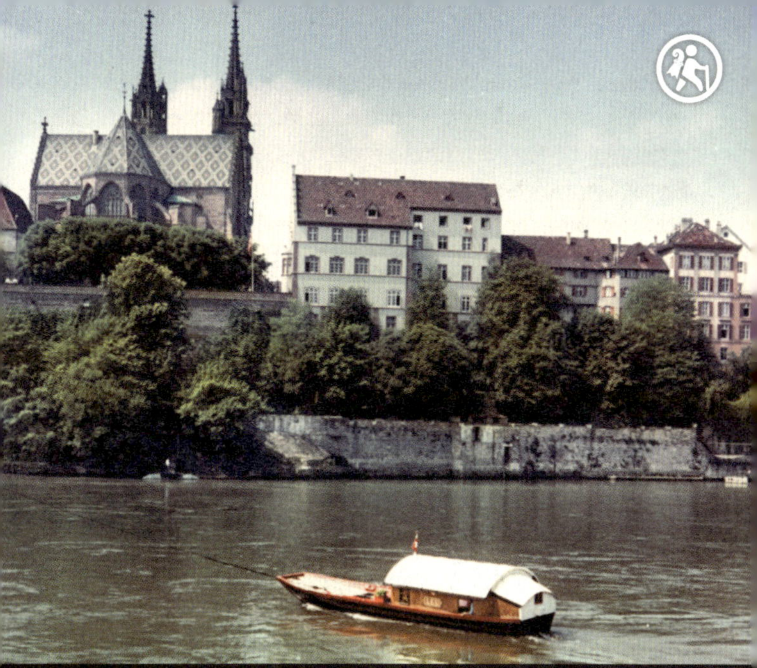

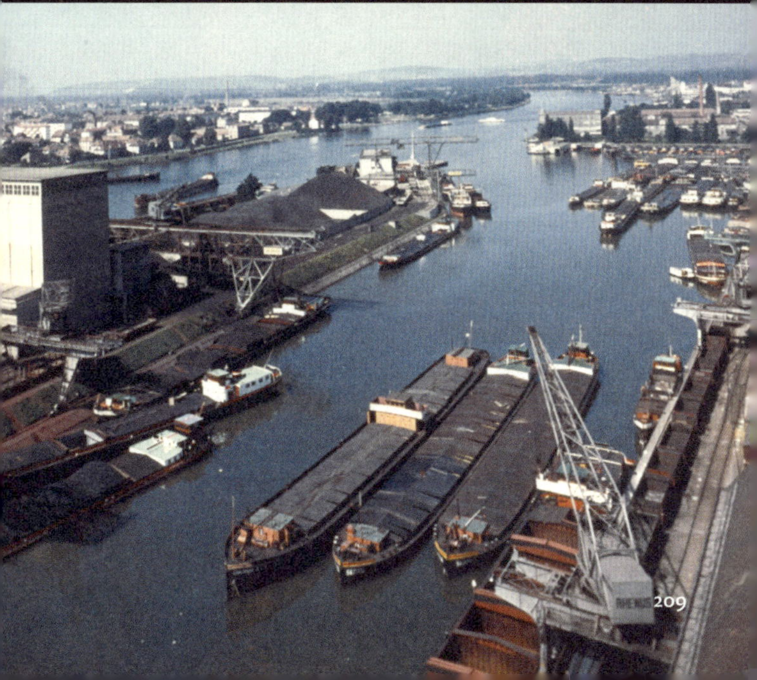

geleistet worden. Wie einst das Leibbrand-Gutachten, so war auch dasjenige von Grabe kurz nach seinem Erscheinen in Vergessenheit geraten. Lediglich subversive Elemente, welche nichts anderes im Sinne haben, als die Stadtplanungspolitik Basels ins Lächerliche zu ziehen, zitieren zuweilen noch diese Berichte. Das inzwischen eingeholte INSULT-Gutachten wurde deshalb schon gar nicht mehr der Öffentlichkeit zugänglich gemacht. Das hatte den Vorteil, daß auch von unerwarteten Entwicklungen jeweils gesagt werden konnte, sie seien im INSULT-Gutachten schon vorhergesehen worden. Die Behauptung einiger oppositioneller Parlamentarier, das INSULT-Gutachten existiere gar nicht, entbehrte jeder Grundlage; hatte es doch wesentlich mehr gekostet als der Grabe-Bericht und das Leibbrand-Gutachten zusammen. Um solchen Stimmen entgegenzutreten, gab man aber bald darauf das KROGNOR-Gutachten in Auftrag. Dieses nun, das sich auf ausländische Erfahrungen abstützte und deshalb auch Entwicklungen einleiten konnte, die sich andernorts schon nicht bewährt hatten, brachte eine entscheidende Wende. Erstmals für die Schweiz wurde hier die sogenannte Kausalitätsmethode verwendet, bei welcher man zuerst die Wirkung beobachtet und dann erst die Maßnahme einführt, die sie hervorruft. Mit diesem Schritt wurde vorbereitet, was dann im Jahre 1997 die Wende zur Besserung einleitete, nämlich die Ratlos-Politik.

Das Programm des Professor Ratlos, Inhaber des Lehrstuhls für Systemverwirklichung an der Nordischen Integral-Fakultät, besteht aus drei Punkten, die wir nun nachstehend vorführen und erläutern werden.

1. Die Abschaffung des Zufalls

Professor Ratlos pflegte diesen grundlegenden Teil seiner Strategie an einem Beispiel zu beschreiben. Früher handelten die Zeitungen von schlechten Nachrichten. Eine ihrer beliebten Rubriken war „Unglücksfälle und Verbrechen". Wenigen Leuten fiel auf, welches schlechte Licht eine solche Rubrik auf Staat und Gesellschaft warf. Allmählich aber kamen diese Rubriken außer Gebrauch. Nicht, daß Unglücksfälle und Verbrechen nun nicht mehr vorkamen, ganz im Gegenteil; aber ihr Schaden ist weitgehend durch Versicherungen abgedeckt, so daß man jeweils sagen kann, es ist gerade noch einmal gutgegangen. Aber nicht durch Zufall.

In der großen Politik, so fuhr Ratlos fort, ist der Zufall erst durch die Wahl von Reagan zum amerikanischen Präsidenten endgültig ausgeschaltet worden. Noch Kennedy mit seinem Abenteuer in der Schweinebucht und der Missile-Krisis brachte die Welt in Situationen, bei welchen nicht einmal er selber den Ausgang im voraus wußte.

Ob es am Ende gerade noch einmal gut ging oder nicht, blieb damals noch weitgehend dem Zufall überlassen. Es war, als ob ein Regisseur einen Film zu drehen begänne, dessen Drehbuch noch gar nicht geschrieben ist. Erst mit Reagan, der ja nicht zufällig aus dem Filmgewerbe stammt, kam ein Profi ans Werk, der das Geschehen nicht mehr freihändig entwickelte, sondern vom guten Ende her gestaltet. Dabei wiegt er uns nicht in einer falschen Sicherheit, bei der wir vergessen können, welche Gefahren lauern. Vielmehr hält er für die von ihm inszenierten Krisen ein gutes Ende bereit. Diesem Modell, so erklärte Professor Ratlos der Basler Regierung, muß sich auch die

Lokalpolitik anpassen, will sie an Planmäßigkeit gewinnen. Es darf nicht mehr vorkommen, daß sich der Große Rat öffentlich über Fragen uneinig ist, die tatsächlich noch nicht gelöst sind und bei welchen der Ausgang der Debatten völlig offenbleibt. So muß ja der Zuhörer das Gefühl heilloser Verwirrung und Gespaltenheit bekommen. Vielmehr muß der Ausgang der Debatten vor deren Durchführung ausgearbeitet sein und möglichst in ein Gebiet führen, auf welchem die Parteien ohnehin einig sind.

Schon bald nach der Einführung dieser Politik ergab sich ein völlig neues, nie gekanntes Gefühl der Sicherheit auch für die Öffentlichkeit. Wenn viele befürchtet hatten, die Politik werde an Spannung verlieren, so erwies sich das als irrig. Während der Debatten im Großen Rat schenkte keiner der Redner dem andern ein Argument. Erst gegen Ende erwies es sich jeweils, daß es gerade noch einmal gut ging und daß eigentlich alle das Gleiche gewollt hatten. Auch für die Zeitungen gab es nun nicht weniger zu berichten als vorher, sondern mehr. Und zudem war dieses Mehr jeweils durchaus erfreulich, denn da das Resultat der Geschehnisse den Redaktionen im voraus vertraulich mitgeteilt werden konnte, konnten sie die Spannung auf den Ausgang in gezielter Weise steigern.

2. Die Abschaffung der Sprache

Der zweite von Professor Ratlos vorgeschlagene Punkt ist die Abschaffung der Sprache. Zwingend wies Ratlos nach, daß die Unzufriedenheit der Bürger mit den Maßnahmen der Regierung lediglich auf linguistischem Gebiet liege. Was sind das doch für häßliche Worte, die da dauernd gebraucht werden, beispielsweise für die Ersetzung eines alten, längst hinfälligen Gebäudes durch ein neues das Wort „Abbruch“! Allein schon die Klangfarbe muß die Mieter des alten Gebäudes auf die Barrikaden treiben. So ist es nicht weiter verwunderlich, daß die Forderung nach einem Abbruchverbot nicht nur erhoben wird, sondern bei weiten Bevölkerungskreisen Sympathie findet. Ein so unsympathisches Wort wie „Abbruch“ schreit geradezu nach dem Suffix „Verbot“, denn wer wäre nicht dafür zu haben, daß etwas, was unangenehm tönt, auch untersagt wird?

Im Falle des Abbruchs hatte Professor Ratlos leichtes Spiel; die Lösung war ja in der Bundesrepublik schon ausprobiert, wo sich längst für Abbruch „Sanierung“ eingebürgert hat. Lediglich, und dieses hat Professor Ratlos unserer Regierung keineswegs verschwiegen, bildete sich dort der anfängliche Erfolg der Sanierungspolitik rasch zurück, indem die Bevölkerung fortan Sanierung mit bloßem Abbruch gleichsetzte.

Deshalb, so folgerte der versierte Fachmann aus der BRD, können die Worte nicht einfach durch andere ersetzt werden, sondern man muß auf die allmähliche Abschaffung der Sprache selbst hinarbeiten. Dieses ist freilich eine weitere Perspektive, vor der jedoch der verantwortungsbewußte Politiker nicht zurückschrecken darf.

Am Beispiel der Umfahrung nahm Professor Ratlos sofort die Arbeit zur Abschaffung der Sprache auf. Er wies auf vorhandene Ansätze hin: Mit dem Wort „Entlastungsstraßen” hatte die Regierung schon bisher jene Straßen bezeichnet, die besonders belastet werden sollen. Natürlich steckte dahinter ursprünglich die Meinung, daß andere Straßen dadurch vielleicht entlastet würden. Nachdem sich aber auch dieser Effekt niemals für längere Zeit eingestellt hatte, bietet das Wort Entlastungsstraße ein gutes Beispiel dafür, daß eine Bezeichnung genau das Gegenteil bedeuten kann, als sie tatsächlich aussagt. Analog zu diesem Beispiel müßte also statt Abbruch gesagt werden „Bewahrung", statt „Wohnungskündigung" „Aufenthaltsverlängerung", wie ja auch bisher schon guterhaltene Wohnhäuser, wie beispielsweise die Schauenburgerstraße 12–16, als „abbruchwürdig" bezeichnet wurden, wenn man sie abbrechen wollte.

3. Die Abschaffung der Kausalität

Die letzte und entscheidendste Maßnahme aus dem dreifachen Maßnahmenkatalog Professor Ratlos' ist die Abschaffung der Kausalität. Das von der KROGNOR vorgeschlagene Prinzip, die Wirkung vor die Ursache zu setzen, sei schon ein Schritt auf dem richtigen Weg, so meinte Professor Ratlos, gehe aber den Gedanken nicht zu Ende. Immer noch gebe es nämlich für eine destruktive Kritik die Möglichkeit, irgendwelche Wirkungen mit Ursachen in Beziehung zu bringen. So sei beispielsweise böswillig behauptet worden, die Planung des Cityringes über die Wettsteinbrücke habe dazu beigetragen, die Wettsteinbrücke rascher rosten zu lassen. Überdies begebe man sich in weitere logische Schwierigkeiten: Wenn man beispielsweise den Cityring verwirklichen und dafür die Wettsteinbrücke verbreitern wolle, so müsse während dieser Zeit der Verkehr auf der Wettsteinbrücke unterbrochen werden.

Da in dieser Zeit aber alles normal weitergehe, habe man damit die Überflüssigkeit des Cityringes geradezu bewiesen. Deshalb, so meint Professor Ratlos, sei es wohl sicherer, von jeglichem logischen Kausalitätsprinzip, sowohl von einem solchen, das Wirkungen aus Ursachen, wie einem solchen, das Ursachen aus Wirkungen erkläre, abzugehen.

Die philosophische Tragweite seiner Vorschläge ist Professor Ratlos durchaus klar, und er verbirgt sie auch nicht. Es handelt sich um nichts weniger, als das in Vergangenheit so erfolgreiche Prinzip der Logik zu ersetzen. Wer darin etwas Ungewöhnliches erblicke, den bezeichnet Professor Ratlos als unzeitgemäß und als ewiggestrig. Ein solcher werde es wohl kaum fertigbringen, auch im dritten Jahrtausend unserer Zeitrechnung noch seinen Mann zu stehen. Denn dieses dritte Jahrtausend komme mit einer banalen, auf Finalität beruhenden einfachen Logik nicht mehr aus. Gerade das Gebiet der Stadtplanung sei wie kein anderes dazu berufen, in der neuen Denkweise Pionierarbeit zu leisten. Dabei müsse man sich allerdings hüten, dieses Neue etwa als Unlogik zu bezeichnen; das würde viele Mitbürger, die noch im zweiten Jahrtausend befangen sind, abschrecken. Vielmehr sollte für die neue Denkweise eine sympathische Bezeichnung gesucht werden, eventuell durch einen Wettbewerb unter renommierten Werbefirmen. Ratlos selbst denkt an „Neue Tatsächlichkeit", will aber einem Wettbewerb nicht vorgreifen.

Uns aber scheint, daß mit der Bezeichnung „Neue Tatsächlichkeit" in feiner Weise zum Ausdruck gebracht würde, daß man sich im kommenden Jahrtausend vielleicht wirklich wieder etwas näher mit Tatsachen, insbesondere mit jenen des Bürgerwillens in den Quartieren, auseinandersetzen müßte. Dann geht es vielleicht wirklich gerade noch einmal gut.

Heimat ist immer in der eigenen Zeit (1955)

Das Schlagwort ist das mächtigste friedliche Kampfmittel unserer Zeit, und derjenige ist der Sieger des Tages, der das Bedürfnis des Augenblicks in einem einzigen Wort zu bezeichnen weiss. „Heimatschutz“ war ein solches: Deutlich trägt es die Züge seiner Entstehungszeit, und seine beiden Bestandteile geben nicht mehr genau wieder, was uns jetzt nottut und was Heimatschutz heute will. Wir sehen in die Werkstättenlandschaft der ausgehenden Gründerzeit; die Stadtmauern sind gefallen, Fabrikareale und Bahnanlagen haben sich ins Vorland der Städte eingefressen; die alte Oberschicht, als Gewinnerin in diesem Spiel, hat ihre städtischen Wohnsitze verlassen und an Stelle alter Landgüter und Bauernhöfe das Villenquartier errichtet; Geschäft und Notdurft erbten die Innerstadt und verdarben auch sie: – und nun stellt sich ein gekränktes Gefühl vor die letzten Denkmäler der Vergangenheit und verlangt: Schutz.

In wessen Namen Schutz? Wie verdienen diese Mauern Erhaltung, die von ärmeren, engeren Zeiten zeugen, die Überwundenes darstellen und zu Recht bedroht sind? – Im Namen der Geschichte? Im Namen der Schönheit? Man ist um die Antwort verlegen. Noch glaubt man ja, herrlichen Zeiten entgegenzugehen, noch will man selber die Schönheit erzwingen: Darum ist jedes Bankhaus ein Palazzo, jede Villa ein Lustschlösschen. Und hier stellt sich das rettende Wort ein, umfassend genug, um die sichere Gegenposition zu den neuen Kräften zu stellen: Schutz im Namen der Heimat. Man assoziiert unwillkürlich: Luzerner Seebilder von Zelger, Alpenveduten, Trachtenstiche von

Aberli, König, Freudenberg, – Heimat, das ist die naturreine und doch so geschichtliche Schweizer Landschaft. Das Wort von der „Stadtlandschaft" ist späteren Datums: aber so etwas ähnliches wollte man sagen: Auch Stadt ist Heimat, auch die Mauern der Stadt ergeben eine Landschaft, ein Bild, das dem Bewohner lieb werden kann. Wer seine Heimat schützen will, muss auch das Stadtbild pflegen.

Das Schlagwort Heimatschutz war erfolgreich über das Schlagwortmässige hinaus: Es wurde zum Wort. Es wird gebraucht, ohne dass man an seine Herkunft, an seine spezifische Färbung mehr denkt, an die Obertöne von „Schutz" und „Heimat". Ein Baum wird gefällt: „Wo bleibt da der Heimatschutz?" Ein Haus ist erneuerungsbedürftig: „Das soll uns der Heimatschutz berenten" – so tönt es alltäglich auf der Strasse, in den Büros. Denn eines hat das Wort noch vom Schlagwort an sich: Es wirkt weit über die Macht und Möglichkeit des Heimatschutzes, es wirkt durch seine blosse Existenz. Es steht Augen öffnend, Entscheidung, Beurteilung heischend hinter jeder Veränderung des Stadtbildes. Was ist der Heimatschutzverein gegen einen unserer mächtigen Architekten-Politiker? Aber was ist der stärkste unter ihnen gegen das Wort Heimatschutz?

In der Dauer liegt seine Stärke

Mit der heutigen Beilage feiern wir – ein wenig voreilig, aber das liess sich nicht mehr ändern – das fünfzigjährige Bestehen des Basler Heimatschutzes, einer jener für unsere Stadt typischen Organisationen, die, rein privater Natur, ohne jede gesetzliche Handhabe als den Appell an die Vernunft, mit relativ geringer Mitgliederzahl und bescheidenen Mitteln zu grosser Wirksamkeit gelangten. Durch eine – nicht nachzuahmende – Eigenschaft ist eine solche Institution dem rührigen Privatmann einerseits, den gewählten Behörden andererseits überlegen: durch ihre „Langfristigkeit“; durch die Möglichkeit langfristigen Durchhaltens. Mag auch der Weg von Niederlagen gesäumt sein, – was bedeuten Niederlagen, wo Macht gar nicht beansprucht wird? Zu behaupten, dass Basel, in Konkurrenz zu anderen Städten gestellt, am ehesten dadurch einen Rang geltend machen kann, dass es seinen Stadtcharakter, sein Stadtbild erhalten hat und – so hoffen wir – weiterhin erhält, scheint heute eine Banalität. Dass es dazu geworden ist, verdanken wir eben der Hartnäckigkeit des Heimatschutzes.

An einem Beispiel besonders sehen wir den Sinn einer derweise langfristigen Instanz. Bis vor dem Kriege konnte es so aussehen, als ob Heimatschutz und fortschrittlicher Städtebau Antagonisten seien, von denen eben der erste erhalten will, was der zweite aus dem Wege räumt. In dieser Zeit mochte es scheinen, als sei der Heimatschutz ein bloss retardierendes Element, Vertreter einer zwar anständigen Haltung der Ehrfurcht vor dem Alten, aber auf die Länge doch wohl am kürzeren Hebelarm sitzend und zur Niederlage verurteilt. Es brauchte den Auto-Boom der Nachkriegsjahre, um breiteren Kreisen zu zeigen, dass die alte Milchmädchenrechnung nicht stimmt. Heute weiss jeder, dass eine Innerstadt nicht nur befahrbar, sondern auch erreichbar sein muss – dazu muss man auch aussteigen können –, und dass eine nicht dem Schnellfahrer, sondern dem wirklich eiligen Menschen dienende Verkehrsplanung mit einem komplizierteren System arbeitet als der blossen Strassenverbreiterung; und in diesem System bekommt auch die alte, enge Fussgängerinnerstadt wieder ihre Bedeutung. Hat es der Heimatschutz vorausgewusst!

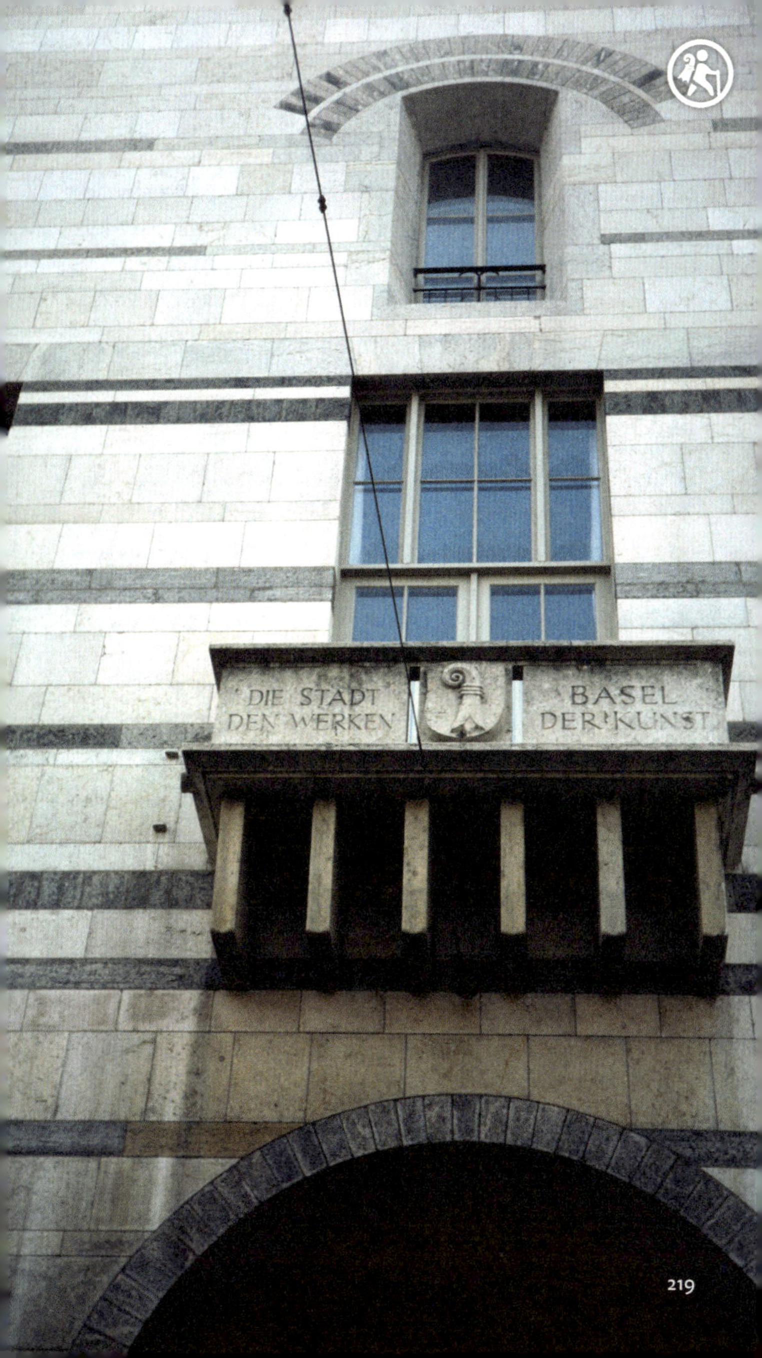
DIE STADT
DEN WERKEN
BASEL
DER KUNST

Nein, er war nur der Meinung, dass eine kurze Generation nicht das Recht habe, das Stadtbild einem einzigen Bedürfnis zu opfern, in einer einzigen Krise das Erbe der Jahrhunderte zu verzehren. Heute schon beklagen wir, was früheren Korrektionen zum Opfer fiel und sich seither als vergeblich erwies. So gewinnen – im Vergleich zu der durchschnittlichen Lebensdauer von Verkehrskonzeptionen und Korrektionsplänen – die fünfzig Jahre Basler Heimatschutz ihre volle Bedeutung.

Welche aktuellen Aufgaben sind gestellt?

Wo ein Begriff sich so eingebürgert hat, kann es geschehen, dass er zur Selbstverständlichkeit wird. Ein Jubiläum bietet deshalb willkommene Gelegenheit zur Standortbestimmung und Überprüfung des Aufgabenkreises. Das einfachste, scheinbar problemloseste Anliegen ist die Erhaltung des Einzelobjektes und seine Restauration. Aber auch hier sind mit der Zeit bedeutende Wandlungen in der Anschauung erfolgt. Zunächst bezüglich des Kreises der betreuten Objekte, was noch unlängst in globo als das Epigonentum des fin-de-siècle abgetan wurde, das scheidet sich jetzt mit wachsendem zeitlichen Abstand in Schützenswertes und Schlechtes. Und auf dem Gebiete der Restauration – kurz vor der Gründung des Basler Heimatschutz passierte die Erneuerung des Rathauses – durchmass man den langen Weg von der freien Interpretation zur Stiltreue. Die Art, wie ältere Stile restauriert werden, ist ein scharfer Spiegel der eigenen Zeit, und nirgends erscheint der Geruch früherer Baumoden so penetrant wie dort, wo man glaubte, sie weggelassen zu haben. – Ob wir heute bei der vollen Objektivität angelangt sind? Eine wichtige Frage angesichts des scharfen Hobels, den man hierzulande bei Restaurationen ansetzt. Leicht könnte es sein, dass man an Stellen, die uns ganz werkgetreu erneuert scheinen, später sagen wird: „Offenbar in den Fünfzigerjahren aufgepulvert!“ Ein Teil von jener Pietät, mit der in Italien nicht nur die Form, sondern auch das Material und die Patina erhalten werden, würde auch uns in unserer Überzeugtheit gut tun.

Aber nicht mehr in erster Linie um das Einzelobjekt geht es, besonders da sich zu seiner Erhaltung die „Staatliche Denkmalpflege“ und ihr zur Seite die „Freiwillige“ etabliert haben. Die Treue zu den historischen Gebäuden unserer Stadt ist heute Gemeingut geworden, das wir mit allen zivilisierten Ländern teilen, und das nur da noch in Frage gestellt ist, wo andere bedeutende Bedürfnisse in Konkurrenz treten. Der Heimatschutz wandte sich einer weiteren Frage zu. Es genügt ihm nicht mehr, das historische Denkmal konserviert und etikettiert in einer Ecke der Grosstadt stehen zu lassen. Nicht nur „Schutz“, – „Heimat“ ist ja die Parole, und was erhalten werden soll, ist nicht diese oder jene Antiquität, sondern das Bild der Heimat, das Stadtbild.

Das Gute fördern

Wenn zur Zeit der Gründung des Basler Heimatschutzes gerade die ersten Wogen der neuen Stilbewegung nach Basel kamen, so geschah in den fünfzig Jahren· seines Bestehens der gesamte Umbruch der Architektur. Was sich zunächst als ein Stilwechsel angekündigt hatte, wurde in dieser Zeit zu einem Wandel der Grundstruktur, zu einer neuen Auffassung vom Bauen. Die neue Bautechnik und mehr noch die neue Baugesinnung ermöglichen es, über den Kanon der alten Architektur hinwegzugehen, und sie sind bereit, Rahmen und Mass des bisherigen Hauses zu sprengen.

Damit steht auch eine Baubeurteilung unter heimatschützerischem Gesichtswinkel vor einer neuen Situation. Wenn es vorher mehr oder weniger eine Meinungs- und Geschmacksfrage war, ob ein Bau in die Stadt passe, und man sich billig auf den Satz einigen konnte, dass „Qualität sich immer vertrage", so ist jetzt das Bauen stets in Versuchung, die vorgegebenen Proportionen zu durchbrechen. Da hören die Rezepte auf und das Problem beginnt: Kann die Moderne ungebremst in die alte Stadt eingelassen werden? – Das würde zum Verlust allen bisherigen Masses führen. Kann die alte Stadt integral erhalten werden? – Offenbar auch nicht. Sind wir also dazu verurteilt, wie es heute geschieht, Haus für Haus zwar modern, aber mit gestutzter Ideenfreiheit und in angepasstem Massstab neu zu bauen, so dass wir am Ende vor einer durchgehend neuen Stadt in durchgehend antiquierten Proportionen stehen?

Hier setzt die Aufgabe eines zeitgemässen Heimatschutzes ein. Es müsste nicht der Heimatschutz sein –, aber welche andere Vereinigung beschäftigt sich gleichermassen leidenschaftlich, aber persönlich uninteressiert, und unter so umfassendem Gesichtswinkel mit der Entwicklung des Stadtbildes? Wenn es eine Architekturkritik seitens – beispielsweise des Kunstvereins gäbe; wenn sich die Architektenverbände einer öffentlichen Diskussion der schwebenden Probleme annehmen würden; wenn ... Aber so stehen wir vor der Tatsache, dass der Heimatschutz vor fünfzig Jahren ein Thema aufgegriffen hat, das sich nach Ablauf dieser Zeit als das brennendste und folgenschwerste erweist, das eine Stadt bewegt; dass er eine Diskussion anführt, die geführt sein muss, weil wir nicht um sie herumkommen; dass er sich eine Aufgabe aufgeladen hat, der auch eine weit besser fundierte Organisation nicht gewachsen wäre, an deren Ausmass er sich aber selber zur Grösse emporarbeitet.

Es gibt kein Rezept

Integrale Erhaltung – Anpassung der heutigen Bauten an vorgegebene Proportionen – kompromisslose Moderne, das sind die drei Möglichkeiten, von denen keine ausschliesslich die richtige ist, sondern mit denen ein zeitgemässer Heimatschutz zu rechnen, zu arbeiten hat.

Integrale Erhaltung

Wer Basel sagt, denkt zunächst an die so einzigartige und vollendete Kulisse unseres Münsterplatzes; Kulisse – nach den Freilichtspielen darf das Wort hier wohl im guten Sinne verwendet werden, wobei aber doch anklingt, dass sich hinter den Mauern nicht mehr der konventionelle Haushalt der Bachofen, der fromm-betriebsame der Meriane abspielt, sondern dass die Häuser um ihrer Fassaden willen vom Staat ihr Gnadenbrot erhalten. Kein Mensch würde es heute wagen, an diesen Platz Hand anzulegen, ihn in seine Pläne einzubeziehen, an der Rhythmik der Dachhöhen, der Schwingung der Platzwände etwas zu ändern. Damit aber niemand leugne, dass solches vor noch gar nicht so langer Zeit durchaus im Bereich des Möglichen lag; und dass uns erst der Heimatschutz die Augen geöffnet hat, publizieren wir den Entwurf des Kunstmuseums an der Stelle des Rollerhofs, so wie es zu Beginn des Jahrhunderts ernstlich ins Auge gefasst worden war.

Nicht viele zusammenhängende Stadtteile haben mehr jene integrale Erhaltenswürdigkeit, – Rittergasse,

Augustinergasse, Nadelberg, Heuberg, Peterskirchplatz, St. Johannvorstadt und vor allem noch die Hebelstrasse sind die Grossbasler Passegiata archeologica, durchsetzt allerdings von einigen bedauerlichen Lücken (die Vorstadtgesellschaft zur Mägd beispielsweise hatte sich durch eine Baulinie ins Bockshorn jagen lassen und voreilig ihren einzigartigen Sitz zerstört!), – aber doch noch durchaus in der Lage, dem Fremden den Glanz des alten Basel zu zeigen; und auch seine Ausdehnung, wenn man den Spaziergang schon beim St. Albantor beginnt.

Die Proportionen wahren

In eine zweite Kategorie gehören jene Strassenzüge und Plätze, an welchen nicht jedes Haus schön, nicht jedes Haus alt ist – der überwiegende Teil hat dazu noch Schaufenster erhalten –, und die doch nicht minder zur Charakterisierung unserer alten Innerstadt beitragen.

Das Bild dieser Strassen macht heute eine kritische Periode durch; an bedenklich vielen Stellen gleichzeitig sind sie aufgebrochen. Der echte Bauwille unserer prosperierenden Wirtschaft im Verein mit einem aus mancherlei Gründen brachliegenden Kapital suchen sich an ihnen ihre Bauplätze. Die Welle wird noch verstärkt durch den Mietpreisstop, der dem Hausbesitzer den Entschluss zum Abbruch oder Verkauf erleichtert. Leider ist es unserer Stadtplanung nur zum Teil gelungen, die so sich äussernde Baulust zur Erweiterung unserer City einzusetzen. Immer noch gibt es merkwürdig unerschlossenes Land in nächster Nähe der Geschäftsstadt. Der Impuls, der heute zwischen Aeschenvorstadt und Markt die Landpreise hochtreibt, hätte uns neben der Altstadt eine Neustadt erstellen können – nun kämpft er mühsam um den Platz am traditionellen Einkäuferstrom und reisst seine Lücken in die alten Häuserfronten. Mit Recht wird man einwenden: Warum sollten nicht zwischen den Häusern des 16., 17., 18. und 19. Jahrhunderts auch solche unserer Zeit stehen? Diese Strassen haben einen breiten Buckel und tragen selbst die Monströsitäten des Jahrhundertendes mit Humor und integrieren sie in ihre Vielgestalt!

Lebendigkeit ist das Kennzeichen unserer Gassen, Leben steckt in der zarten Schlängelung der Freien Strasse, Leben in den raumschaffenden Fronten der Vorstädte, im topographischen Spiel der Altstadtstrassen, in der Stufung der Wand- und Firsthöhen. Wie alles Lebende haben sie ihre tödliche Verwundbarkeit: die Langeweile. Nicht, dass Langeweile ein Obligatorium des modernen Stils wäre, keineswegs! Sie hat vielmehr ökonomische Ursachen: Ist es, weil ein breitgelagertes Gebäude rentabler ist als mehrere schmale, dass heute die Baugesellschaften sechs, acht der alten Parzellen zusammenlegen, oder ist es die Tendenz zur Gründung von Immobiliengesellschaften, welche zur gemeinsamen Überbauung benachbarter Liegenschaften führt? – Jedenfalls drohen die langen Horizontalen solcher Gebäude und die gleichmässige Ausnutzung der erlaubten Bauhöhe den Rhythmus Jener Strassen plötzlich zu sprengen, denen selbst der verdorbene Stil der Vergangenheit im Gesamtbild nichts anzuhaben vermochte.

Das Leben wird ärmer

Also nicht die stilistische Einheit, die erfrischende Lebendigkeit ist es, die wir in der Innerstadt gefährdet sehen; es droht eine Verödung des Stadtbildes und damit auch die Abwanderung der Fröhlichkeit, der Stadtpromenade, des müssiggängerischen Einkaufs, die endgültige

Verlagerung des Wirtshausbesuchs in die Vororte und umliegenden Dörfer, die wohnmässige Entvölkerung der Geschäftsstrassen bis auf die Abwarte. – Dabei ist die Verödung durchaus keine Notwendigkeit der Moderne: Im „Kulturzentrum-Wettbewerb“ waren einige Entwürfe zu sehen, welche am Steinenberg-Geviert eine vielgliederige, quicklebendige Einkaufsstadt schufen; aber eben: ohne den Raster der Strassen, in neu zu beplanendem Gebiet, wo Freiheit war, nicht nur die Bauten, sondern auch den Bauzusammenhang neu zu erfinden.

Konsequenz: Wiederum, ein Rezept gibt es nicht. Auf der einen Seite muss sich der Heimatschutz dafür einsetzen, dass bei Neubauten wenigstens die Proportionen, der Charakter unserer alten Strassenzüge erhalten bleiben; auf der anderen Seite aber darf er nicht durch allzu starke Kritik der Projekte eine Abschleifung jeglichen architektonischen Impulses riskieren. Dieser Gefahr ist vor allem sein gesetzesmächtiger Bruder, der Staatliche Heimatschutz, in letzter Zeit erlegen, so dass Bauten entstanden, deren schlechte Kompromisslichkeit niemandem mehr gefallen kann. Das Stadtbild ist der Spiegel der Gesellschaft. Es wäre seltsam, wenn sich nicht auch der Zug der heutigen Zeit zur Anonymisierung des Besitzes darin ausdrücken würde; – welche Zeit hat so viel von Ehrlichkeit im architektonischen Ausdruck geredet wie die unsere? Aber hat man nicht mit der Zeit die Logik des Schlusses überprüfen müssen: dass, weil Unehrlichkeit unschön ist, Ehrlichkeit automatisch und überall Schönheit erzeuge? An Stelle programmatischen Bauens muss hier wieder der Einfall des Architekten treten.

Das moderne Stadtbild fehlt bis heute

Wer den alten Stilen ihren Platz im Stadtbild erhalten will, bejaht auch das Recht unseres Jahrhunderts auf vollen Ausdruck. Und wenn wir oben für die Rücksichtnahme auf die Altstadt, die alten Vorstädte eingetreten sind, so sollte damit die Moderne keineswegs an den Stadtrand verwiesen werden. Kulturzentrum, Bahnhofplatz sind durchaus zentral gelegene Aufgaben, die bei richtigem Anschluss an die Innerstadt noch zentraler werden können. Hier kann vor allem eines geleistet werden: die Moderne als städtische Gestaltung, Städtebau als Ausdruck eines über das Haus oder den Palast hinausgehenden Zusammenhanges, Schaffung eines modernen Stadtbildes. Wir haben sehenswerte moderne Gebäude, die Antoniuskirche, einzelne Wohnbauten und Hochhäuser; aber noch nirgends eine städtebauliche Leistung: Und doch könnten wir allein damit dem alten Basel etwas an die Seite stellen, das ihm im Range gleichkommt und mit dem es sich doch verträgt.

Mit dieser Überzeugung steht die Basler Sektion als Mitglied des Schweizerischen Heimatschutzes noch allein. Sie ist ja die einzige rein städtische Sektion. Ihr entgeht die schöne und lohnende Fürsorge für die Landschaft, das bäuerliche Erbe und die Kunstwerke der Dorfkirchen; andererseits ist sie vor der Versuchung bewahrt, ihre Kräfte im Umland zu zerstreuen. Damit gelangt sie in eine Pionierstellung, und manche hier notwendige und sich aufdrängende Überlegung fällt auf unfruchtbaren Boden im Zürcher Heimathuus, zu dessen Fenstern man zwar ebenfalls auf eine städtische Heimat hinausblicken könnte.

Heimatschutz ist ein Ja zur Heimat, und Heimat ist immer in der eigenen Zeit. Nur indem man es im

Gegenwärtigen beheimatet, erhält man dem heimatlichen Erbe seinen Platz. Dass der Basler Heimatschutz sich für die moderne Stadtplanung interessieren, ja für sie eintreten wird, wurde ihm vor fünfzig Jahren nicht an der Wiege gesungen. Aber erst aus einem gesamtstädtischen Überblick heraus erhält sein Eintreten für die Erhaltung der älteren Stadtpartien seine Legitimation; nur indem er sich über die Zukunft unserer Stadt Gedanken macht, kann er ihre Vergangenheit retten.

Basel '75 – Hauptziele eines Stadtkantons (1975)

Mit den „Zielvorstellungen des Regierungsrates zu den wichtigsten grundlegenden Aspekten der baselstädtischen Entwicklung" hat sich unsere Regierung Erkenntnisse zu eigen gemacht, die schon lange diskutiert, auf der politischen Ebene aber stets niedergebrüllt wurden. Zu diesen Erkenntnissen gehört beispielsweise die Tatsache, dass die Allokation von Arbeitsplätzen der Stadt nicht in allen Fällen Vorteile bringt, da die Steuereinnahmen aus einem Betrieb oft konsumiert sind durch die Folgeleistungen und Umweltbelastungen, die dieser Betrieb verursacht. In der Fachsprache heisst dieses Phänomen: „Das Nichtfunktionieren des Grenzkostenprinzips bei der Infrastruktur".

Dass es mit der Verkehrskonzeption der Basler Fachverbände nicht stimmt, weiss man eigentlich auch schon recht lange. Wie die „Stellungnahme der Gruppe Cityring" vom 18. März 1969 beweist, gab es schon damals im innersten Kreis der Planverfasser und Grossauftragnehmer ehrliche Zweifler. Auch die Entdeckung, dass das Fahrrad ein

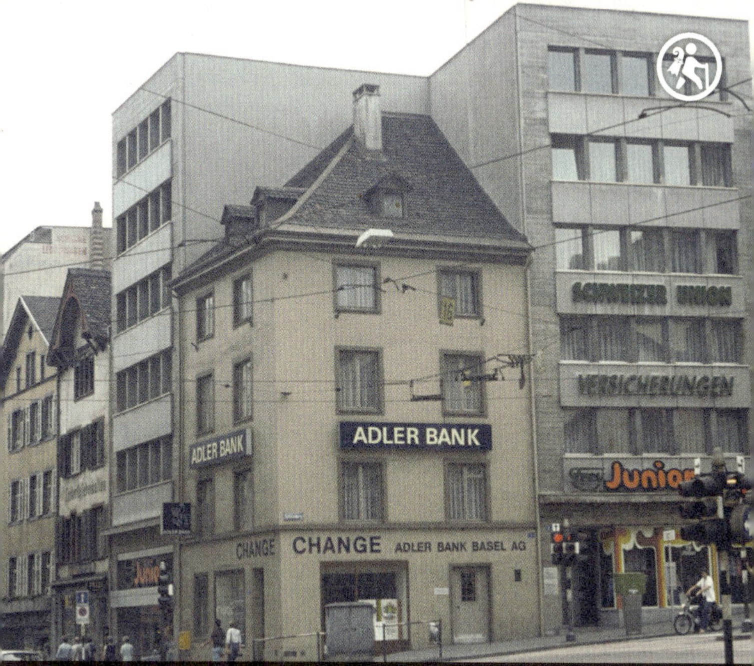
SCHWEIZER UNION
VERSICHERUNGEN
ADLER BANK
ADLER BANK
Junior
CHANGE
CHANGE ADLER BANK BASEL AG

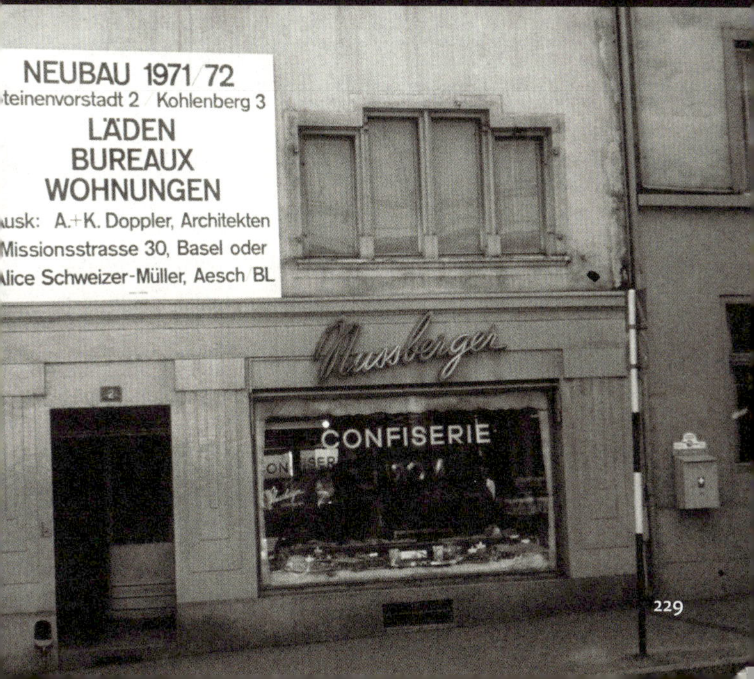
NEUBAU 1971/72
teinenvorstadt 2 / Kohlenberg 3
LÄDEN
BUREAUX
WOHNUNGEN
usk: A.+K. Doppler, Architekten
Missionsstrasse 30, Basel oder
lice Schweizer-Müller, Aesch BL
Nussberger
CONFISERIE

raumsparendes und emissionsfreies Stadtfahrzeug darstellt, ist nicht neu; wir verweisen auf die Veloaktion des NZ-Panoramas vom Herbst 1973. Indessen häufen sich die Gefahren für die Radfahrer, man prüfe das nur anhand einer Fahrt nach St. Jakob oder über die Schwarzwaldbrücke.

Gerne hätte man unter den „Hauptzielen eines Stadtkantons" auch etwas über Erziehung und Ausbildung gelesen, oder über ein Gesundheitswesen, das nicht nur Spitäler baut, sondern auch versucht, Krankheiten zu verhindern. Da Gesundheit und Erziehung doch sicher zu den „wichtigsten grundlegenden Aspekten" gehören, darf man wohl annehmen, dass ein zweiter Band geplant ist.

Dieser zweite Band böte auch Gelegenheit zu einer Retusche: Leider kommt im Kapitel „Schutz der Wohngebiete durch Verkehrsmassnahmen" immer noch der Aberglaube zum Ausdruck, man könne den Verkehr vermindern, indem man ihn kanalisiert und auf „geeignete Achsen" konzentriert. Dabei lässt sich an so vielen Stellen beobachten, dass nach der Verbreiterung nicht nur diese Achsen unbewohnbar werden, sondern auch die keineswegs entlasteten Seitenstrassen. Will man nicht gerade jetzt, infolge der Anlage der Schwarzwald-Tangente, die Grenzacherstrasse auch verbreitern?

Jedermann, selbst ihre einstigen Verfechter lachen heute über die Talentlastungsstrasse in der Schneidergasse. Auch mit ihr sollte „kanalisiert" und „entlastet" werden. Der sogenannte Cityring wiederholt den Fehler der Talentlastungsstrasse nur in der grösseren Dimension. Oder wie schrieb 1969 die Gruppe Cityring der Fachverbände: „Die Probleme werden im Grunde genommen nicht gelöst, sondern nur verlagert."

Erhaltene Stadt – Was ist erhalten? (1985)

Basel, wenn man sich einmal von den um eine Nummer zu gross geratenen Umfahrungen, Autobahnen und Einfahrten erholt hat, bietet noch den Anblick einer einigermassen erhaltenen Altstadt. Gerade deshalb aber lohnt es sich, anhand von Basel sich über die Möglichkeit von Altstadterhaltung Gedanken zu machen, die Frage zu stellen, was man damit eigentlich erhält und was nicht.

Was ist eine Stadt? – Eine Stadt besteht aus einem Gewebe – von Häusern, Strassen, Plätzen – so beschreiben wir ihren sichtbaren Teil. Die Stadt kann aber auch aufgefasst werden als ein Netz von Beziehungen, sie kombiniert Orte des Warenaustauschs mit solchen der Ausbildung, des Vergnügens, mit Verwalten, Versichern, Informieren, Pflegen. Die beiden Systeme, das gebaute und das soziale, sind nutzbar, insofern sie erkennbar sind: Gebäude sagen etwas aus über ihren Zweck, über alt oder neu, Reichtum und Armut, Produktion und Konsumtion; Freiräume etwas über Öffentlichkeit und Privatheit, Arbeit und Musse, Besitz. Das soziale System manifestiert sich in subtileren Merkmalen: In Ordnung und Schmutz, in vor den Gebäuden parkierten Wagen und deren Prestige-Niveau, im Alter der Alleebäume und in den Zeitschriften, die der Kiosk an der Ecke führt.

Eine Stadt wird dann als schön empfunden, wenn die beiden Systeme, das physische und das soziale, evident und leicht ablesbar sind; Voraussetzung dafür ist vor allem, dass sie übereinstimmen – also dass Wohnhäuser bewohnt sind und nicht als Büros genutzt – oder allenfalls, dass die Umnutzung zu einer neuen Kenntlichkeit, einem neuen Ausdruck führt: etwa eine von Künstlern als Ateliers genutzte ehemalige Fabrik. Die Informationen über Zweck und Nutzung „lesen" wir auf den unterschiedlichsten Niveaus bewusster und unbewusster Wahrnehmung. Sie reicht von der einfachen Lektüre einer Inschrift, „Hotel" oder „Post", über die Interpretation der Architektur einer Fassade (handelt es sich hier um das neue Rathaus oder um eine Bank?) bis zu Nutzungsspuren im Strassendreck und im Unkrautbewuchs (Ist dieses Tor noch begangen? Wird dieser Platz mehr als einmal im Jahr genutzt?).

Auf diesen subtilen Wahrnehmungsvorgängen bei der Prüfung der Übereinstimmung von Aussehen und Nutzung beruht auch der unwiderstehliche Reiz des Echten: Der Reiz der alten Innenstädte südlicher Länder mit ihrem Gemisch aus Handwerk und Handel, oder das verhaltene Pathos industrieller Monokulturen, einer Bergbaustadt oder eines Fischerhafens. Und darauf beruht auch unsere Frage, ob es denn überhaupt möglich sei, dass Verlorene und Verdrängte durch bauliche Massnahmen wieder herzustellen, wenn es doch ökonomische Gründe waren, welche das ursprüngliche städtische Geflecht und den Zusammenhang der Nutzungen zerrissen.

Nach dem Zweiten Weltkrieg war Basel noch eine schöne und intakte Stadt. Die Erneuerungen, welche Hendel und Industrie mit sich brachten, zerschlugen nicht den gegebenen Massstab und setzten Zeichen der Lebendigkeit zwischen die überkommenen Gebäude. Unglücklich waren allein einige öffentliche Interventionen, welchen historische Gebäude zum Opfer gefallen waren: 1935 baute man nach den Plänen von Bonatz die etwas südlich geratene Ordensburg des Kunstmuseums, ihm fiel ein urtümliches, mit schönem Gartenhof versehenes Bürgerhaus zum Opfer; 1939 folgte dann, von Salvisberg, das Kollegiengebäude der Universität am Petersplatz, modern mit einer Prise Mussolini, und dazu musste das alte Zeughaus abgebrochen werden mit seinen stolzen Treppengiebeln. Nicht um solche Verluste geht es uns, sondern wir wollen vielmehr prüfen, inwieweit es gelang oder nicht gelang, das, was man hatte bewahren können, wieder zu einer lebendigen Altstadt zusammenzufügen; nicht über die Niederlagen, sondern über die Siege der Denkmalpflege denken wir nach.

Beginnen wir mit Basels innerstem Kern, dem Münsterplatz: er ist baulich intakt, die Fläche nach Art eines Campo ist umstanden von palastartigen Wohnhäusern des 18. Jahrhunderts. Das einst neugotische Haus des Münsterpfarrers wurde teilweise zurückrestauriert auf die nachbarlichen Barockproportionen; nicht zu seinem Vorteil.

Mit Ausnahme des Pfarrhauses sind alle Gebäude die einstigen Wohn- und Handelshäuser der Seidenband-Fabrikanten, die einst die Wirtschaft der Stadt beherrschten. Im Erdgeschoss lagerten zur einen Seite die Seidenlieferungen aus Mailand, die zu den Heimarbeitern gefahren werden sollen, und auf der anderen Seite die gewobenen Bänder, die auf den Verkauf an Messen und auf Märkten warteten. Von diesem Verkehr zeugen die grossen Toreinfahrten; die Pferde und Wagen und das Geschrei der Fuhrleute müssen wir uns dazudenken. Später, nach der Erfindung des Dampfantriebs, liessen die Seidenherren in eigenen Fabriken weben; bis in die dreissiger Jahre gab es aber noch die Familiensitze mit Geschäftsstellen und Musterkollektionen im Erdgeschoss.

Neue Wohnweisen und wirtschaftliche Gründe führten zum Auszug der Bewohner, und in die Lücke sprang der

Staat. Ämter und Seminare zogen in die Münsterplatz-Häuser, und deren Fassaden, die bisher von Aufstieg und Niedergang, Gebrauch und Verfall erzählt hatten, tragen die wohltemperiert aufeinander abgestimmten Cremetöne der Denkmalpfleger der dreissiger Jahre. Auf allen Fenstersimsen erschienen die Staatsblumenkistchen, einheitlich und durchgehend mit Geranien bepflanzt, je eine weissblühende zwischen zwei roten. Die Illusion des Privatbesitzes, die mit den Cremetönen noch hätte angedeutet werden sollen, wurde so vom Stadtgärtner zerschlagen. Viel entscheidender aber war der Riss im ökonomisch-sozialen Gewebe der Stadt: Sind auf dem Münsterplatz nun tagsüber, neben Touristen, noch einige Studenten und Schulkinder zu sehen, so ist er am Abend tot. Die Häuser sind geschlossen, die Lichter gelöscht. In der nächtlichen Stadt ist die Mitte ein totes Loch – tatsächlich ist es heute zum politischen Endlosthema geworden, über die Wiederbelebung des Münsterplatzes durch Wohnnutzung zu diskutieren. Eine bescheidene Folge hat diese Diskussion schon gehabt: aus einem der Paläste zog sich die Verwaltung zurück, im Parterre findet sich heute ein alkoholfreies Café und wenn man Glück hat, so sieht man gerade, wie der Mieter der Obergeschosse den Münsterplatz wieder belebt. Ein weiteres politisches Issue ist die Frage des Parkierens: Während manche im Parkieren doch noch einen letzten Rest von Gebrauch dieses Platzes sehen, so vergällt anderen der Anblick des Blechs die ganze Architektur. Und die Ingenieure haben schon ihre Patentlösung bereit: ein unterirdisches Parking.

Sehen wir uns einen anderen Stadtteil an, der gleich an den Münsterplatz angrenzt: Talabwärts vom Münsterhügel gelangt man in die Freiestrasse, einst neben den Berner

Lauben und der Zürcher Bahnhofstrasse eine Einkaufsstrasse von bemerkenswerter Qualität und Auswahl. Die Einkaufsstrasse ist heute verkehrsberuhigt und lädt zum bequemen Einkaufsbummel ein; betrachtet man jedoch die angebotenen Waren genauer, so wird man feststellen, dass man dieselben auch im Vorort oder im Supermarkt hätte erwerben können. Was sich also in den Berner Lauben und der Zürcher Bahnhofstrasse, mindestens teilweise, hat erhalten können, das wurde hier von den Kaufhäusern verdrängt. Der Ruf der Attraktivität hat bei beschränktem Raum die Bodenpreise so ansteigen lassen, dass gute Fachgeschäfte die Rendite pro m^2 Erdgeschossfläche nicht mehr erwirtschaften können.

Dieser Riss im ökonomischen Geflecht bildet sich natürlich auch baulich ab. Hatte das 19. Jahrhundert mit seinen stolzen Spezialgeschäften die mittelalterliche Freiestrasse verschlungen und an deren Stelle fünfgeschossige Wohnhäuser mit Spezialgeschäften im Erdgeschoss erstellt, so sind auch diese heute im Aussterben und von langweiligen Kaufhausfassaden abgelöst. Auch diese klagen über Geschäftsrückgang; aber wo soll das Geschäft herkommen, wenn sie sich selber in ihren eigenen Vorortsfilialen konkurrenzieren?

Überqueren wir nun die Talsohle, so gelangen wir in die westliche Altstadt, die ehemalige ärmere Innenstadt. Hier nun hat sich – eben als Folge dieser Armut – die alte Bausubstanz weitgehend erhalten. Das typische Haus dieses Stadtteils ist ein schmalbrüstiges, gotisches Wohnhaus mit tiefem Grundriss, die einfenstrige Vorderfront zur Geschäftsstrasse, im Innern ein Treppenhaus mit lichtlosen Küchen, und die Hinterfassade auf ein kleineres Gässchen oder zu einem dann sekundär überbauten Gewerbehof.

Hierher haben sich Teile des aus der Freienstrasse verdrängten Detailhandels retten können. Fast alle Erdgeschosse sind Läden, und es finden sich auch Fachgeschäfte, wenngleich die meisten heute zur Kategorie der „Boutiquen“ gehören.

Das flanierende Publikum setzt sich zusammen aus Jugendlichen, vielen Studenten, welche die zahlreichen Lokale frequentieren, und aus Einkäufern, die das ganz besondere Geschenk, den originellen Pullover für den kommenden Winter, oder die Kräutersauce zu den selbstgemachten Raviolis für heute Abend einkaufen. Die Obergeschosse der Geschäftshäuser und die ganzen Häuser der Nebenstrassen und der Gassen sind bewohnt. Bewohnt von wem? – Je nachdem, ob nämlich das Haus schon „saniert“ ist oder nicht. Dabei muss das Wort „sanieren“ in seiner traurigen Doppeldeutigkeit begriffen werden.

Lange galt das Gebiet als ein Schandfleck der Stadt, und es war der Ort allerhand planerischer Versuche. Kenner entdecken noch den Anfang der „Talentlastungsstrasse“, mit welcher die Verkehrsplaner die heranrollende Automobilwelle der Nachkriegszeit „kanalisieren“ wollten. Sie sind nicht mehr gerne daran erinnert. Dann kam die Periode der „Auskernung“: Die vom Denkmalpfleger als historisch wertvoll erachteten Randbebauungen sollten erhalten und saniert, die Hofüberbauungen abgebrochen werden. Hinzu kam, von den Planern unbemerkt, eine selbsttätige Aufwertung des Quartiers: durch den aus der Freienstrasse und anderen dem lukrativeren Geschäft anheimgefallenen Gebieten verdrängten Detailhandel. Was niemand gedacht hätte, trat ein: Auch ohne offizielle Sanierung eine wirtschaftliche Wiedergeburt der westlichen Altstadt. Seltsam begleitet war diese Wiedergeburt von einem

Pyromanen; rückte ein Haus so richtig in den Brennpunkt der Spekulation, so brannte es zu gelegener Zeit auch ab. Und was weder die aufwertende Spekulation noch der Brandstifter zuwege brachten, das vollendete das staatliche Musterprojekt der „vierzig“ renovierten Altstadthäuser: Die Vertreibung der typischen Altstadtbevölkerung in die Vororte zugunsten von einer Bevölkerung der Trendsetter, Intellektuellen und gealterten 68er Revolutionären, die nun die wesentlich kleiner, aber auch wesentlich teurer gewordenen Wohnungen der Altstadt beziehen.

Wenden wir uns noch einem letzten Gebiet zu, dem St. Alban-Tal. Im Gegensatz zu den bisher beschriebenen Stadtteilen liegt das St. Alban-Tal zu äusserst in der äusseren, spätmittelalterlichen Stadtumwallung, ist also Teil einer „Vorstadt“. Ein Tal ist es insofern, als es von einem – künstlich angelegten – Fluss gebildet wird, der hier im Mittelalter und zur Zeit des Humanismus die Papiermühlen spies und später, zur Seidenbandzeit, auch die Färbereien. Nicht alle Gewerbebauten sind alt, auch das 19. und das 20. Jahrhundert haben hier gebaut. Dennoch bildet das Ganze ein malerisches Ensemble, das längs des künstlichen Gewässers Touristen zu entzückten Ausrufen veranlasst. Heute ist die Gewerbenutzung weitgehend obsolet; infolgedessen wird mit Erfolg versucht, den ganzen Komplex durch die Sanierung der Altbauten und durch Einstreuen von neuen Wohnhäusern wieder zu stadtnahen Wohnquartieren zu machen. Eingestreut wurden auch drei Attraktionen: in einer alten Papiermühle das Papiermuseum, in einer alten Fabrik und durch teilweisen Neubau des Museum für neuere Kunst und schliesslich ein Wirtshaus, das in der Innenstadt einem Abbruch zum Opfer fiel, und das hier aus erhaltenswerten Baumaterialien naturgetreu rekonstruiert wurde – nicht ohne dass zu diesem Zweck ein im Wege stehendes authentisches Wirtshaus abgebrochen werden musste.

Im St. Alban-Tal soll Ernst gemacht werden mit dem Gedanken der Mischung. Die Einstreuung von modernen Bauten im Sinne der Herstellung eines dichten, an mittelalterliche Stadtteile erinnernden Stadtgewebes, hat den Vorrang vor monumental-denkmalpflegerischen Aspekten. So wird die malerische Front der Papiermühle und des Papiermuseums zum Rhein hin zugebaut mit einer modernen Häuserreihe – dies gegen den energischen Protest vieler Bürger. Wird aber diese Bemühung zur Mischung auch tatsächlich eine Mischung im Sinne eines städtischen Geflechtes erzeugen? – Sowohl in den alten wie in den neu erstellten Wohngebäuden wird sich eine ähnliche Einwohnerschaft niederlassen wie in den sanierten Teilen der inneren Altstadt: mittelalte, besser bezahlte, intellektuelle Paare. Die gewerblichen Nutzungen werden zurückgehen bis auf Künstler-Ateliers und kunstgewerbliche Produktionen. Der Versuch einer Art von Handwerkermesse, wie er im St. Alban-Tal längs der Stadtmauer versucht worden war, scheint gescheitert.

Versuchen wir nun noch einmal, nach der Betrachtung von vier Beispielen, auf unsere beiden Grundprobleme zurückzukommen, die wir nun so bezeichnen können: Was ist Mischung? Und: Stimmen Aussehen und Nutzungsspuren überein? Jede Stadt hat ihre charakteristische Verteilung der Bodenwerte; sie hat ein „reiches Zentrum“, wo sich die Liegenschaftsbesitzer die Renditen hochsteigern, und sie hat ein „armes Zentrum“, wo Verslumung und Sanierung noch miteinander ringen, und sie hat einen innerstädtischen Rand, der „überspekuliert“ ist insofern, als

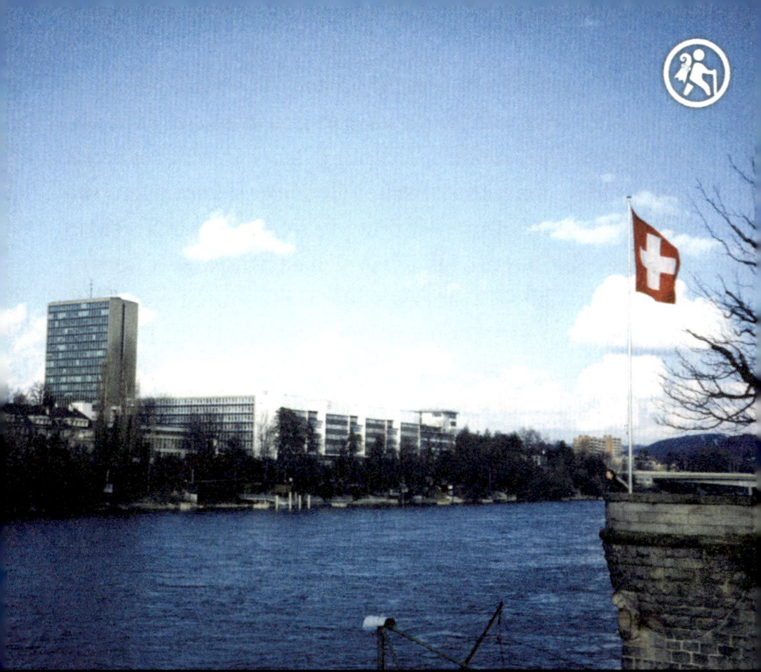

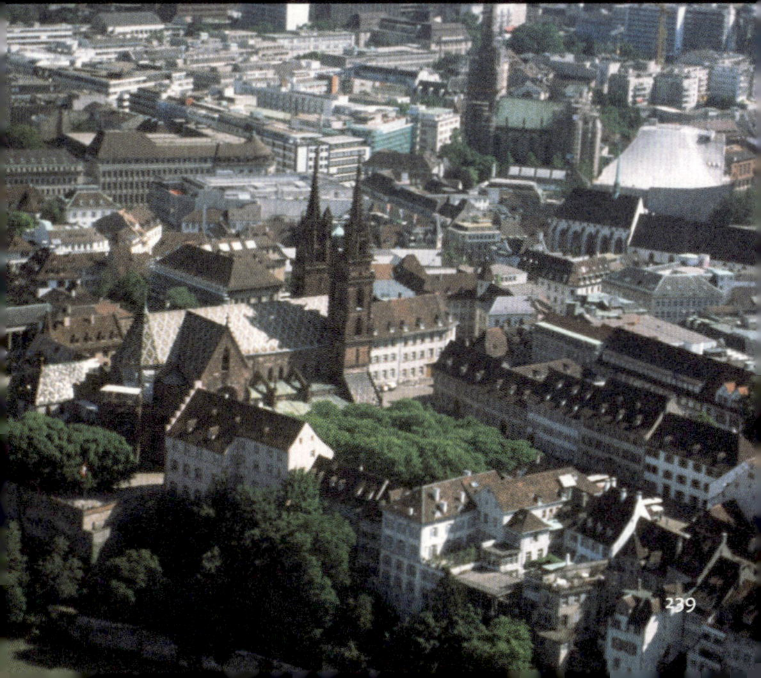

hier die Liegenschaften mehr kosten als einbringen. Nun hat es die Bodenwerttverteilung in sich, dass sie nicht Mischung erzeugt, sondern Ordnung. Jeder Punkt der Stadt muss seinen charakteristischen Bodenwert verzinsen und damit eine bestimmte Rendite pro m² erbringen. Deshalb tendieren die Nutzungen dazu, sich entlang dieser Bodenwertkurven, die sich ringartig wie Höhenlinien oder Wetterkurven um ein Zentrum legen, anzusiedeln. Hier die Grossbanken, daneben die Flughafengesellschaften, dann die Rechtsanwälte, Zahnärzte, dann die Kaufhäuser usw.

Die Ökonomie der Stadt also erzeugt eine Ordnung. Das war übrigens schon immer so, woher kämen sonst Strassennamen wie: Gerbergasse oder Bäckergasse? Was also erzeugt Mischung? Mischung ist gewissermassen die Zeitverzögerung der Ordnung. Was wir in einer Einkaufsstrasse aIs angenehm empfinden, dass nämlich neben der Stadtsparkasse auch ein Bäcker ist und daneben noch unser Zahnarzt, das entsteht durch die Trägheit der Veränderung im Laufe der Zeit: Der Bäcker ist noch da, die Bank ist schon da. Mischung ist also ein zartes Pflänzchen, das jedenfalls nicht durch Eingriffe entsteht, sondern durch die Bewahrung eines wirtschaftlichen Halbschattens und den Versuch, Bodenwerte auszugleichen und die Wertspitzen im Zentrum abzutragen. Das übliche planerische Vorgehen, erschliessen, sanieren, Verkehrszonen schaffen, verstärkt aber die Lagewerte anstatt sie auszugleichen.

Die wiederhergestellten Altstädte spiegeln uns im baulichen Bestand ein solches gewordenes Geflecht, eine Mischung vor. Tatsächlich aber ist solche Mischung nur stellenweise vorhanden, in den Basler Beispielen im Falle des westlichen Abhangs, Spalenberg und Schneidergasse. Alle anderen Teile sind umgekippt auf gehobene

Wohnnutzung einerseits, Stehkragengewerbe und Kunstgewerbe andererseits. Infolgedessen bilden sich in diesen Quartieren auch keine anderen Nutzungsspuren ab als die üblichen: parkierte Autos der Patienten, Klienten, Besucher tagsüber, parkierte Autos der Bewohner nachtsüber. Der Tourist mag sich an den malerisch angeordneten die Baustile vieler Jahrhunderte spiegelnden, etwas zu säuberlich aufgeputzten Gebäuden freuen; das Gefühl des einbezogen-seins, das eine mittelmeerische Gewerbestadt oder ein nordischer Fischerhafen bieten, wird sich hier nicht einstellen.

Basler Messe: Handeln und handlungsfähig bleiben (1994)

Mit einem Zirkular wurden den Basler BürgerInnen fünf offizielle Varianten für die Erweiterung der MUBA-Gebäude vorgelegt. Die Grüne Partei begrüsst die neue Methode, offen zu informieren und frühzeitig Varianten vorzulegen. Sie nimmt zu den fünf Varianten A bis E wie folgt Stellung:

Offizielle Variante A: Das ausgewiesene Areal an der Mattenstrasse würde für die heute notwendige Erweiterung genügen. Allerdings ist das Areal nicht verfügbar; es ist zurzeit in gestreutem Privatbesitz und teilweise mit Wohnhäusern bebaut. Sofortiges Bauen für den aktuellen Bedarf der MUBA ist also hier nicht möglich.

Offizielle Variante B: Der Gedanke der Ausdehnung der Messe auf das Areal des Güterbahnhofs der DB hat Zukunft. Allerdings ist das Areal noch nicht verfügbar. Und: Der im offiziellen Planungszirkular eingezeichnete Bau versperrt das ganze Areal wie ein Riegel.

Offizielle Variante C: Die höhere Ausnützung des Areals der alten Halle am Riehenring ist eine sofort durchführbare Variante. Die Uhren- und Schmuckmesse müsste für ein- bis zweimal in eine andere Halle ausgelagert werden, was aber bei gutem Willen möglich ist. Nachher stellt sich aber die Frage: Wie weiter?

Offizielle Variante D: Variante D, die Ausdehnung der MUBA unter Opferung der Rosentalanlage, ist gar keine Variante, denn das Projekt ist rechtlich undurchführbar und organisatorisch schlecht. Rechtlich: das Areal der Rosentalanlage ist Grünzone mit geschütztem Baumbestand und in der Mitte befindet sich die unter Denkmalschutz stehende Kapelle von Melchior Berri. Die Anlage hat Erholungsfunktion und ihre Wegnahme ist für die Quartierbevölkerung unzumutbar. Der vorgeschlagene Ersatz von Grünfläche im Landhof ist nicht gleichwertig. Vom öffentlichen Bereich her wäre der Zugang nicht wahrnehmbar; zudem würde der Gebrauch durch die Bevölkerung die AnwohnerInnen stören.

Der Neubau nach Variante D wäre von der Halle 3 durch das Parkhaus abgetrennt. Nach dem Abbruch des Rosental-Schulhauses zugunsten des Parkings müsste also jetzt das Parkhaus bereits wieder abgebrochen werden. Ohne den Abbruch des Parkhauses setzt die Variante D eigentlich den Bau der Variante E voraus; ohne diese unterirdische Zentrale bleibt Variante D schlecht an die MUBA angeschlossen.

Offizielle Variante E: Ein unterirdischer Hallenbau unter dem Messeplatz (gemäss Variante E) ist organisatorisch sinnvoll und sofort durchführbar. Die Grüne Partei Basel bevorzugt die offizielle Variante E! Dabei denkt die Grüne Partei aber nicht nur an erweiterte Ausstellungsflächen unter dem Boden. Vielmehr sollte das oberste Geschoss des unterirdischen Baues als Empfangs- und Verteilerzentrum für die Besucherströme ausgestaltet werden (vergleichbar etwa mit der „Pyramide“ des Louvre). Der Platz selbst sollte, wie das die Messe Basel vorschlägt, vom unnötigen PKW-Verkehr befreit werden; dafür sollte ein bequemer und übersichtlicher „Bahnhof“ entstehen für alle MessebesucherInnen, die mit dem öffentlichen Verkehrsmittel oder per Bus ankommen.

Für die Gestaltung dieses Platzes sollte ein Wettbewerb ausgeschrieben werden, der die Zuordnung der Tram- und Busperrons zu dem zentralen Eingang behandelt und den Platz unter dem doppelten Aspekt gestaltet: Er muss geeignet sein für den Messeverkehr, aber auch für den Alltag ohne Messe. Dieser Wettbewerb muss in erster Linie stadtplanerisch orientiert sein. Für den Beschluss, ob die Tramschlaufe entfernt werden soll oder nicht, sollte das Ergebnis des Wettbewerbs abgewartet werden.

Offizielle, nachgelieferte Variante F: Ist finanzpolitisch unverantwortlich. Und zeigt, dass die Rosental-Variante (D) unselbständig ist, also nach einer Kombinationslösung ruft. Im übrigen weist diese Variante darauf hin, dass die Planung in den vergangenen Jahren arg vernachlässigt war; sonst hätte doch wohl nicht vor kaum zehn Jahren ein neues Parkhaus und eine Halle erstellt werden können, die jetzt schon den Anforderungen nicht mehr genügt.

Handlungsfähig bleiben!

Variante E, der unterirdische Zentralbau, zusammen mit einigen Anpassungsbauten in den umliegenden Hallen, würde vorerst den aktuellen Raumbedarf befriedigen und die Erschliessung und Nutzbarkeit des angestammten

Messe-Geländes erheblich verbessern. Die MUBA muss aber weiterhin handlungsfähig bleiben, also Reserveflächen erhalten. Es bieten sich zwei Entwicklungsrichtungen (ER) an:

ER 1: „Kompakt bleiben". Jenseits der Mattenstrasse gehört das Land der Ciba-Geigy. Wir nehmen die Chemie beim Wort, wenn sie sagt, dass sie in Basel die Produktionsfläche verkleinert. Die Messe könnte mit Ciba in Verhandlungen über die Abtretung eines blockfreien Streifens des ehemaligen Geigy-Fabrikationsareals an der Mattenstrasse treten. Gelingt es, dieses Gelände zu sichern, so könnten die Areale der Hallen 106 und 107 dem Wohnungsbau zugeführt werden.

ER 2: „Aufreihen". Die von der Messe genannte weitere Ausdehnungsmöglichkeit würde sich auf das Areal des DB-Güterbahnhofs erstrecken. Aber nicht so, wie die offizielle Variante B das zeigt, wäre diese Ausdehnung verantwortbar, sondern längs des Riehenrings zwischen Messeplatz und Brombacherstrasse, sodass das Gelände für andere Nutzungen nicht verbarrikadiert wird und für die Messe die Erschliessung durch den Riehenring gewährleistet bleibt. Entschliesst man sich für diese Ausdehnungsrichtung, so müssten, nach dem Ausbau der alten Halle 1 (gemäss Variante C), die Areale der Hallen 106 und 107 besser ausgenützt werden.

Darf man noch weiterdenken?

Bekanntlich existieren auf dem Baudepartement Basel wenig Planungsvorstellungen, die über den Augenblick hinausgehen. Das sind Versäumnisse des abgetretenen Baudirektors und des ehemaligen Stadtplanchefs. Auch bezüglich des Komplexes Messe-Erweiterung, Zukunft des

DB-Güterbahnhofs und der Ciba-Areale ist wenig vorgedacht. Daher rühren plötzlich und dringend auftretende Baubegehren wie das der MUBA unweigerlich an weitere, noch unbedachte Probleme.

Über die künftige Verwendung des Areals des DB-Güterbahnhofs liegen noch keine offiziellen Pläne vor. Die engagierte Ökostadt-Gruppe Basel-Nord hat zusammen mit Architekt Christoph Schlemmer Vorstellungen zur Verwendung des Areals als Wohngebiet vorgelegt. Dazu einige Überlegungen: Schöner als zwischen dem Horburgquartier und der Badischen Bahn wohnt man am Rheinufer. Das Rheinufer ist aber weitgehend besetzt; besonders stossend ist es, dass die Ciba-Verwaltungs- und Fabrikationsanlagen weite Teile des schönen Rheinufers einnehmen. Das ist nur historisch begründbar: Die Ciba-Vorgängerfabriken Clavel und Dollfuss wollten ihre Arsenik-Abfälle direkt in den Rhein spülen. Das ist heute vorbei: Die Ciba könnte einige ihrer Anlagen in die Nähe der inzwischen dazugehörigen Geigyfabriken verlegen, eben auf das DB-Areal. Dort kämen also hin: Ausdehnungsgebiet Messe im Westen und Abtauschfläche Ciba im Osten. Denn neben der MUBA und an der Badischen Bahn ist Wohnen nicht so geeignet. Eine Freifläche im Süden müsste die Wohnzeile Rosental aufwerten, den Raum im Norden beansprucht laut einem Gutachten der Basler Naturschutz.

Produktionsanlagen der Chemischen Industrie müssen alle ca. 15 Jahre erneuert werden. Ciba könnte also am Rheinufer abbauen und im DB-Areal investieren. Bis in einer halben Generation könnte man am schönen Rheinufer wohnen. Das ist grüne Politik für den Menschen!

Werkstätten am schönen Rheinufer, wohnen hinter dem Bahndamm (1996)

Die Ausschreibung eines Wettbewerbs für die Bebauung des freiwerdenden DB-Güterbahnareals ist ein Schnellschuss. Dem Baudepartement Basel-Stadt ist offenbar nicht bewusst, dass Basels Industrie sowie der Rheinverkehr gegenwärtig grossen Umstrukturierungen entgegengehen, – man denke nur an die Gründung von Novartis.

In der Wettbewerbs-Ausschreibung wird das Areal des DB-Güterbahnhofs zweimal als das letzte Areal für grössere Planungen auf dem Gebiete des Kantons bezeichnet. Solches las man schon mehrmals, zuletzt bei der Aufhebung des Schlachthofs und der Stadtgärtnerei. Und jedesmal hat man es eilig, die offenbar letzte Fläche mit einer gerade anstehenden Nutzung zu überdecken.

Planung, die diesen Namen verdient, muss sich also mit dem strukturellen Wandel befassen und vorausschauend überlegen, welche Funktionen den freiwerdenden Arealen in einer künftigen Stadt zukommen. Wenn aber jede freiwerdende Stelle als die „allerletzte" sogleich dem nächstbesten Bedürfnis geopfert wird, entsteht keine bessere Stadt, sondern das Chaos.

Eine lebendige Stadt, auch wenn sie vollständig überbaut ist, gibt ständig Flächen ab und erhält auch solche zurück; dafür sorgt der gesellschaftliche und technische Wandel. Durch die Reformation wurden die Klosterareale frei; auf eines davon kam die Kaserne, die heute wieder zur Verfügung steht; ebenso ging es mit dem alten Zeughaus, dem Gaswerk, dem Postbahnhof, von privaten industriellen Nutzungen ganz zu schweigen. Das gegenwärtige

Veränderungspotential in Wirtschaft und Transport hat in Basel vier Schwerpunkte:

- Der Rückgang des Flächenbedarfs für den Güterumschlag bei Bahn und Post.
- Der Rückgang der für die Rheinschiffahrt benötigten Hafenanlagen.
- Die Folgen der Vereinigung von Ciba und Sandoz zu Novartis im Hinblick auf Standorte und Flächenbedarf.
- Die Tendenz des Outsourcing, also der Ausgliederung von kleinen Gewerbebetrieben aus der Grossindustrie und die Folgen der – ebenfalls vorschnellen – Umzonung der Industriezone in die Industrie- und Gewerbezone.

Basel ist nicht nur eine Chemiestadt; Basel ist auch eine Stadt des Gewerbes und vor allem der höheren Dienstleistungen wie Bank und Versicherung einerseits, Werbung, Beratung und Publikation andererseits. Angesichts der schwindenden Zahl der Arbeitsplätze in der Chemie müssen die anderen Berufssparten ausgebaut werden. – Aber auch die Anwerbung neuer Industrieen hängt vom Vorhandensein vielfältiger gewerblicher, gestalterischer und beratender Dienstleistungen am Ort ab.

Ebenfalls entscheidend für das wirtschaftliche Weiterleben der Stadt ist das Angebot attraktiver Wohnplätze auf dem Kantonsgebiet in Verbindung mit schön gelegenen Quartierzentren und Freizeitanlagen. Das Areal des DB-Güterbahnhofs entspricht diesen Anforderungen nur ungenügend.

Um den drei Notwendigkeiten, Bereitstellung eines möglichst zusammenhängenden Areals für Novartis, Erschliessung von Flächen für das neue Kleingewerbe, und schliesslich die Schaffung schöner Wohnlagen und Wohn-Folgeeinrichtungen am Rheinufer zu genügen, bedarf es einer Planung nicht nur des DB-Güterbahnareals, sondern der gesamten in Umwandlung befindlichen Gebiete.

Einer solchen Planung könnte beispielsweise das folgende Konzept zugrundegelegt werden:

- Die am Rhein bei der Dreirosenbrücke freiwerdenden Areale ergäben bei guter Planung attraktive Wohnlagen und auf jeder Rheinseite je ein schönes Quartierzentrum.
- Für Novartis wäre das freiwerdende DB-Güterbahnhofgebiet geeignet, ist es doch der Ciba-Direktion am Badischen Bahnhof benachbart.
- Längs der Nordtangente, wo das Wohnen ohnehin unwirtlich wird, ergeben sich Zonen für das „neue Gewebe", also Schwachstromtechnik, Grafik und Medien.

Da der Ausschreibung des DB-Areal-Wettbewerbs keine solche Planung vorausgegangen ist, kann man voraussagen, dass das Resultat nicht befriedigen wird. Das Wohnen hinter dem Bahndamm und Werkstätten am schönen Rheinufer soll nicht unsere Stadt künftig kennzeichnen. Da der Wettbewerb nun einmal ausgeschrieben ist, geben wir die folgenden Empfehlungen ab:

- An die Wettbewerbsteilnehmer: über die Erfüllung der Wettbewerbsbedingungen hinaus Visionen für eine bessere Lösung zu skizzieren und abzugeben.
- An die Preisrichter: Mit dem Mittel protokollierter Empfehlungen richtungsweisende zusätzliche Ideen hervorzuheben, auch wenn diese nicht wettbewerbskonform sind.

- An die Behörden: Das Wettbewerbsergebnis zu den Akten zu legen und sich an die Planung der neuen Stadt zu machen unter Berücksichtigung der im Gange befindlichen Veränderungen und kommenden Bedürfnisse: Novartis, Entwicklung der Rheinhäfen, neues Gewerbe, attraktive Wohnstandorte am Rhein.

Für einen Stadtplan der Hoffnung (1997)

Man plante wieder einmal „zügig“: nämlich die Inkraftsetzung des Lärmempfindlichkeits-Stufenplans. Man gab sich grosszügig und stellte den Entwurf nicht den Hausbesitzern zu, sondern steckte ihn in alle Briefkästen, die kein „Stop – Keine Reklame“ aufweisen: aber man setzte eine kurze Einsprachefrist. – Und wo stehen wir heute?

Die Einsprachen werden als „Meinungsäusserungen“ behandelt, das Thema soll in die „Werkstadt Basel“; es folgen dann eine Neubearbeitung der Planvorlage und eine neue Einsprachfrist, hoffentlich eine etwas längere.

Solche Hilflosigkeiten haben ihren Grund: Was Basel fehlt, um sinnvolle Planung zu betreiben, ist ein Stadtentwicklungsplan. Dieser müsste die Ziele vorgeben; ohne einen solchen hält man nur auf Plänen fest, was ohnehin schon passiert ist. So schaute man denn, für den Lärmstufenplan, wo es Industrie und wo es Gewerbe gibt, und legte da die Lärmstufen 4 und 3. Und weil das dann etwas komisch aussah, arrondierte man die entstandenen Flecken zu riesigen Zonen. Jetzt bekam man dann halt die Einsprachen der jeweils Ausgegrenzten, vor allem der Gewerbler, die in die Zone 2 geraten waren, aber auch der Bewohner, die sich in den Zonen 3 oder gar 4 wiederfanden.

Der Stadtentwicklungsplan enthielte Voraussagen über den verbleibenden Flächenbedarf der Industrie und der städtischen Betriebe, würde den technischen Fortschritt und die Umschichtung des Gewerbes berücksichtigen und würde vor allem festlegen, wo in Basel künftig an guten Lagen schön und angenehm gewohnt werden soll, wo Quartierzentren, Spielflächen und gärtnerisches Grün sinnvoll sind und wo die Natur auch in der Stadt Raum findet. Solche Themen könnten auch in der Stadtwerkstadt behandelt werden, sofern man diese nicht in Quartiergruppen auflöst: Die Beteiligten müssten stets die ganze Stadt im Auge haben und Untergruppen nur anhand von Sachfragen bilden, beispielsweise eine für den Lärm.

Zum Stadtentwicklungsplan hier kurz zwei Anregungen. Die eine betrifft das Gewerbe: Ich wünsche mir unsere Stadt als eine gewerbereiche, durchmischte, voll von kleinen, qualitätvollen Buden. Die wenigsten davon machen noch Lärm oder haben andere Emissionen; das „neue" Gewerbe umfasst Foto, Repro, Druck, Design, Steuer- und Regeltechnik, auch Musik und Sound, die selber lärmempfindlich sind. Auch die traditionellen Gewerbe sind teilweise störungsfrei geworden; ein Möbelschreiner als Nachbar (ich rede aus Erfahrung) lärmt keineswegs. Es bedarf also einer neuen Einschätzung des Gewerbes und seiner heutigen Rolle im Nutzungsgewebe der Stadt.

Meine zweite Bemerkung: Die Ansiedlung der Industrie in Basel folgte den Gewässern; so hatte man Brauchwasser und konnte sich von den Abwässern befreien. Insbesondere die Färbereien und Farbstofffabriken hatten eigene Rohre in den Rhein. So kommt es, dass noch heute die schönen Lagen am Rhein, an der Birs und an den Deichen von Industrie und Gewerbe belegt sind, die gar nicht mehr dort sein müssten. Andererseits dehnten und dehnen sich die Wohngebiete aus in Zonen ohne Ausblick und ohne Frischluftzufuhr. – Diese historisch gewachsene, aber sinnlos gewordene Anordnung vom Kopf auf die Füsse zu stellen ist die Aufgabe der kommenden Generation.

Das Mittel dazu der Stadtentwicklungsplan, – ein Stadtentwicklungsplan, von dem wir Grünen hoffen, dass er auch die Ziele des Rio-Gipfels und der vom Bund mitgetragenen Agenda 21 (Habitat II, Istanbul 1996) verfolgen wird.

Ein Konzept für Basel – Basel plant ohne ... (1999)

Sieben Ideen

Die Basler ziehen weg von Basel. Die Einwohnerzahl sinkt. Die Steuereinnahmen sinken auch. Unsere Regierung lässt für insgesamt 1.300.000 Franken erforschen, weshalb sie wegziehen. Und das Baudepartement möchte, dass die Wegzüger zurückkommen und sich auf dem Areal des ehemaligen Güterbahnhofs der Deutschen Bahn, mit Sicht auf die Autobahnschleife, wieder ansiedeln. Wir Grüne wissen, weshalb so viele Einwohner von Basel wegziehen. Und wir verraten es auf Anfrage gratis! Und wir zeigen, wie man zukunftsorientiert für ein schöneres Basel planen könnte. Die nachfolgenden sieben Ideen ergeben die Vision eines grünen Basel mit mindestens 200.000 Einwohnern.

Stadtbild

Die Natur hat es mit Basel gut gemeint. Basels Topographie böte alle Voraussetzungen für eine schöne Stadt

– zum wohnen und zum arbeiten. Das erhöhte Grossbasler Rheinufer mit Sicht auf den Tüllinger Hügel, das Flachufer gegenüber mit dem Panorama des Münsterhügels, die (einst) schönen Lagen von Klybeck, Klein-Hüningen, Gundeldingen, Hörnli, Rankhof, dazu Bruderholz und Riehen, die Sicht auf den Rhein, den Schwarzwald, Hornfelsen, Gempenstollen und die Sicht auf das Birstal, den Wartenberg und die Birsmündung ...

Das alles hätte sich nutzen lassen für eine vorbildlich schöne Stadt, die niemand freiwillig verlassen würde. – Aber es kam anders: Industrialisierung und hastige Wohnbau-Spekulation verbauten viele der schönen Lagen. Der Rhein wurde von der Chemie als Spültrog genutzt, und noch heute besetzt sie die Ufergrundstücke.

Unser Konzept: Die schöne Stadt wäre heute wieder möglich, man muss sie nur wollen! Sie ist möglich, weil ein grosser Teil der industriellen und infrastrukturellen Nutzungen unserer schönen Lagen heute überflüssig unternutzt oder verlegbar ist.

Wohnen auf schön gelegenen Arealen

Die schönen Wohnlagen unserer Stadt sind heute teilweise von anderen Nutzungen und Nicht-Nutzungen belegt von der chemischen Industrie, die früher ihre Giftrückstände in den Rhein entsorgte, und die sich heute zwar aus der Fläche zurückzieht, aber die Grundstücke weiterhin in der Hand behält von staatlicher und halbstaatlicher Infrastruktur, vor allem vom Rheinhafen, bei dem die normale Fracht stark zurückgegangen ist und der für Containerfracht nach Weil am Rhein ausweichen könnte von Zoll- und Zollfreilager-Arealen, vor allem auf dem Dreispitz, die ebenfalls nur noch schwach genutzt sind.

Bitte denken Sie jetzt nicht: Es wird doch niemand auf dem Dreispitz wohnen wollen, oder: Im Rheinhafen ist es doch gar nicht schön. – Diese Areale waren vor ihrer Nutzung als Infrastruktur schön und schön gelegen, und durch geeignete Planung und Ausnutzung ihrer Qualitäten können sie auch wieder schön werden. Allerdings muss man das wollen! Und dafür treten wir ein!

Fussläufige Versorgung

Zum bequemen Wohnen gehört auch der nahe Einkauf – sei es, weil's mal pressiert, sei es, weil man dort die Leute kennt und gekannt wird, sei es, weil man gerne mit der Familie an einen schön gelegenen Ort spaziert, wo man sich im Freien hinsetzen kann, wo die Kinder Freunde treffen und von wo es eine freie Aussicht auf den Rhein, den Wartenberg und den Hügelkranz um Basel gibt.

Die Versorgung mit Waren des täglichen Bedarfs und darüber hinaus in den Quartieren Basels hat abgenommen; durch die Planung oder den Ausbau schöner Quartierzentren muss sich das wieder verbessern. (Zwischen 1985 und 1995 schlossen von ursprünglich 2160 Läden deren 333; in dieser Zeit verloren 3784 Verkäuferinnen ihren Arbeitsplatz.)

Gute Läden sind auf gute Lagen angewiesen. Gute Lagen, Quartierzentren, können geschaffen, gefunden, verbessert werden. Wir haben zehn davon aufgezeichnet. Jede hat eine Besonderheit, ein schönes Gebäude, einen Ausblick, einen Garten. Sagen Sie nicht, „Das ist alles utopisch“: Es ist alles machbar, wenn man nur will!

Leere Areale

Areale in Basel, auf welchen in nächster Zeit eine Veränderung eintreten könnte. Das Areal des DB-Güterbahnhofs, das angeblich letzte Entwicklungsgebiet auf Stadtboden.

Kernstadt

Wir Grüne wollen, dass auch die Innenstadt und der Ring, also die „Kernstadt", bewohnt sind und bewohnt bleiben. Bewohner, nicht „die Chemische", sind auch gute Netto-Steuerzahler, – also Steuerzahler, bei welchen die Steuereinnahmen nicht durch Leistungsforderungen wieder aufgehoben werden.

Ein Beginn der Wiederbelebung der Kernstadt kann dadurch geschehen, dass der Kanton seine Liegenschaften durchforstet und die unternutzten einer sinnvolleren Nutzung zugeführt werden: dem Wohnen oder der existenzsichernden Berufstätigkeit. Zur Erinnerung: Der Kanton Basel besitzt ca. 600 Liegenschaften mit ca. 2500 Bauobjekten, von welchen er über 200 fremd verwalten lässt. Die Bauten des Kantons haben einen Versicherungswert von 6 Milliarden Franken, und sie verlangen jährliche Erneuerungsmassnahmen in einer Höhe, wie sie der Kanton nicht bezahlen kann. Mit anderen Worten: sie vergammeln.

Grund genug, die in der Kernstadt gelegenen Bauten besser zu nutzen, sie abzugeben an Bewohner, an Dienstleister, die auf Laufkundschaft angewiesen sind, und an die Tüftler und Bastler, die den gewerblichen Fortschritt bringen.

Stadt verkehrt

Die bisherige Stadtplanung lief darauf hinaus, Verkehr zu erzeugen. Die Versorgung, der Einkauf werden konzentriert und die Arbeitsplätze sammeln sich in der westlichen und nordwestlichen Tasche des Stadtkantons. Damit wurden die Wohnungssuchenden nach Osten und Süden in die Nachbargemeinden verdrängt.

Um zu ihrem Arbeitsplatz zu gelangen, müssen also viele Leute quer durch die Stadt transportiert werden, und viele von ihnen sind auf das Privatauto angewiesen, wenn sie zu ihrer Wohnung gelangen wollen. So geht es nicht nur den Menschen; auch der Sondermüll, also Gefahrentransporte, müssen quer durch die Stadt in die Westecke gefahren werden.

Unser Konzept: Wohnen nahe beim Arbeitsplatz, fussläufig, veloläufig oder tramläufig. Heute, im Zeitalter der Elektronik, stören sich Arbeitsplatz und Wohnung nicht mehr unbedingt: das Neue Handwerk, Photo, Repro, Grafik, Werbung, Regeltechnik usw. kann gut in Wohnquartieren Platz finden. Wenn wir nur wollen, können wir in Basel-Stadt Wohnflächen erschliessen, die ruhig liegen und doch den Bewohnern einen fussläufigen Arbeitsweg ermöglichen. Und einen fussläufigen Gang zum Einkauf, Treff, Grün sowieso.

Stadtwirtschaft: Alte neue Struktur

Die historischen Parteien von LDP bis SP hängen dem Glauben an, Basel „lebe“ zum grössten Teil, ja ganz, von der Chemie und ihren Exporten. Deshalb wird der Chemie so vieles geopfert: schöne Stadtlagen, Steuergeld, Ausbildungskosten, Universitäts-Kapazität, Institute ... Es findet eine Verteilung von Einkommen von unten nach oben statt: einfache Steuerzahler subventionieren hochspezialisierte Uni-Institute, die für die Chemie forschen.

Wir sagen: Ein grosser Teil der städtischen Wirtschaft, etwa 80 bis 90 %, lebt nicht vom Export von Chemie und Biologie-Produkten, sondern versorgt die Stadt selbst: Man bewirtet, bedient, pflegt, gärtnert, repariert, verkauft, verwaltet, versichert, chauffiert. Das ist der wichtigste Teil der Stadtwirtschaft.

Indem wir Bananen essen und Rohstoffe verbrauchen, sind wir auch auf Importe angewiesen; um diese zu bezahlen, müssen wir auch exportieren. Und solange man unsere Chemie-Produkte kauft, wird auch die Chemie hier ihren Teil dazu beitragen. Wenn wir auf der Chemie sitzenbleiben, dann veraltet unsere Berufsstruktur und vor allem unsere Ausbildung. Wichtig wäre, dass wir unsere Jugend in den neuen Gewerben ausbilden: Repro, Photo, Sound, Medien, Elektronik ... Haben Sie gewusst, dass weltweit mehr Umsatz gemacht wird mit Musik als mit Autos?

Zukunft Basel

Wir sind Grüne und wollen eine grüne Stadt: grün einmal dadurch, dass sie viel Grün enthält, aber nicht Strassenbegleitgrün und Betonkübel mit Cotoneaster vor den Verwaltungsgebäuden, sondern schöne Gärten und Spielwiesen und Ausblicke ins Freie. Überdies wollen wir eine „grüne" Stadt, also eine, die mit Ressourcen sparsam umgeht, und die wenig Abgase erzeugt, also eine verkehrsarme Stadt, eine auto-verkehrsarme Stadt mit viel zwischenmenschlichem Verkehr ...

Zudem wollen wir eine gut versorgte Stadt, eine Stadt, von der aus man nicht in den Nachbarkanton fahren muss, um im Supermarkt Konserven und Tiefgefrorenes einzukaufen, sondern eine Stadt, wo gute und preiswerte Quartierläden frische und der Saison entsprechende Lebensmittel anbieten, und wo wir das Besondere in einem reichhaltigen Stadtzentrum vorfinden.

Und schliesslich wollen wir eine grüne Stadt, die die Zukunft ihrer Bewohner sichert, dafür sorgt, dass sie das Richtige lernen und nicht auf veralteten Berufen sitzen bleiben. Unsere Jugend muss der Weg zu den neuen Techniken geebnet werden; neben den traditionellen Studien- und Lehrgängen müssen auch die neuen Berufe auf europäischem Niveau ausgebildet werden. Nicht nur in Chemie und Biotechnik, sondern in Lehrgängen, die zu selbständigen Existenzen führen.

Visionen

- Birskopf: der auf Basel-Gebiet liegende Teil könnte wesentlich besser gestaltet sein.
- St. Albantal: die Verbesserungen durch die CMS erweisen sich gesamthaft gesehen als positiv.
- Münsterplatz und Pfalz bilden das gesamtstädtische Schaubild. Die Kulissen der Platzbebauung müssten aber belebt werden.
- St. Johannstor und -Park: einen schönen Sommer lang bestand hier ein echter Treffpunkt ... zurzeit eine Missgeburt von Park.
- Satus/Kraftwerk: beliebtes Ziel für Quartierspaziergänge; könnte aber wesentlich besser gestaltet sein.
- Solitüde: stark eingeengt, aber immer noch wichtiger Treffpunkt mit Rhein-Ausblick.
- Theodorsgraben/Wettsteinbrücke: Zugänglichkeit vom Brückenkopf her sollte verbessert werden. Wegen der

Brücken-Projekte ist der Bildcharakter des Ortes im Moment in der Schwebe.

- Kaserne: Zusammen mit der Begrünung des Kasernenhofes sollte der Bau selbst durchlässiger gemacht werden.
- Horburg/Novartis: Hier bestünde die Möglichkeit der Schaffung eines Quartierzentrums mit Rheinblick und schöner Wohnlage, sofern es gelingt, veraltete Teile der ehemals Ciba-Bauten im Austausch gegen Geigy-nahes Land am Badischen Güterbahnhof freizubekommen.
- Wiesenmündung/Hafeninsel: Für Kleinhüningen könnte hier ein Zentrum mit schönen Wohnlagen, Beizen und Rhein-Ausblick entstehen.

Universitätsklinik in der City? (1964)

Die Diskussion über die richtige Lage einer definitiven Universitätsklinik in Basel findet zur Unzeit statt. Das stürmische Wachstum der Stadt und ihrer zentralen Funktionen, die Zusammenballung einer städtisch lebenden Bevölkerung auf landschaftlichem Gebiet rings um unsere Stadt sowie der ständig anwachsende Verkehr lassen viele Probleme, die vor kurzem noch im engen Bereich unserer Stadtgemeinde gesehen wurden, in einem grösseren Rahmen erscheinen. Viel lieber würden wir uns deshalb mit unseren Lesern vorerst in aller Ruhe über die verschiedenen geographischen, soziologischen und städtebaulichen Fragen unterhalten, die sich in naher und ferner Zukunft unserer Stadt stellen. Im Verlauf dieser Untersuchung würden wir auch auf das Problem einer neuen, regionalen Krankenhausplanung zu sprechen kommen; denn eine

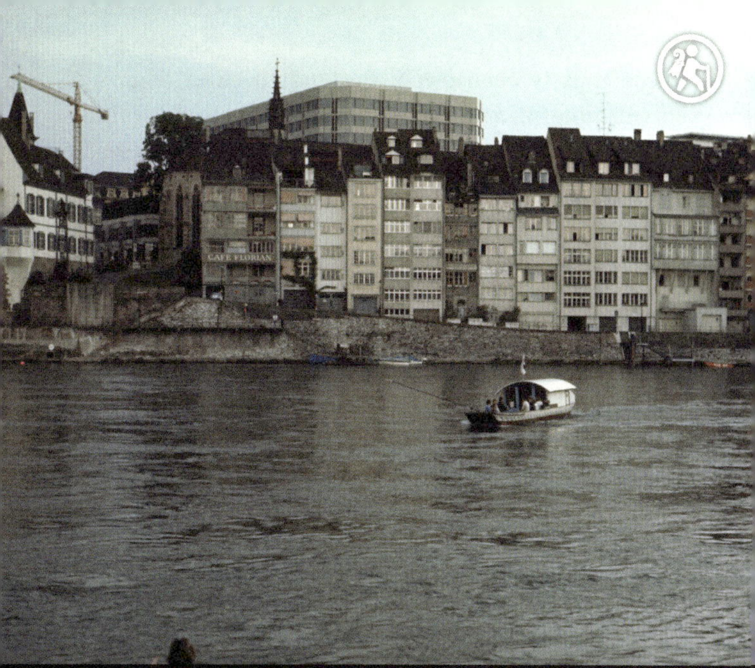
CAFE FLORIAN

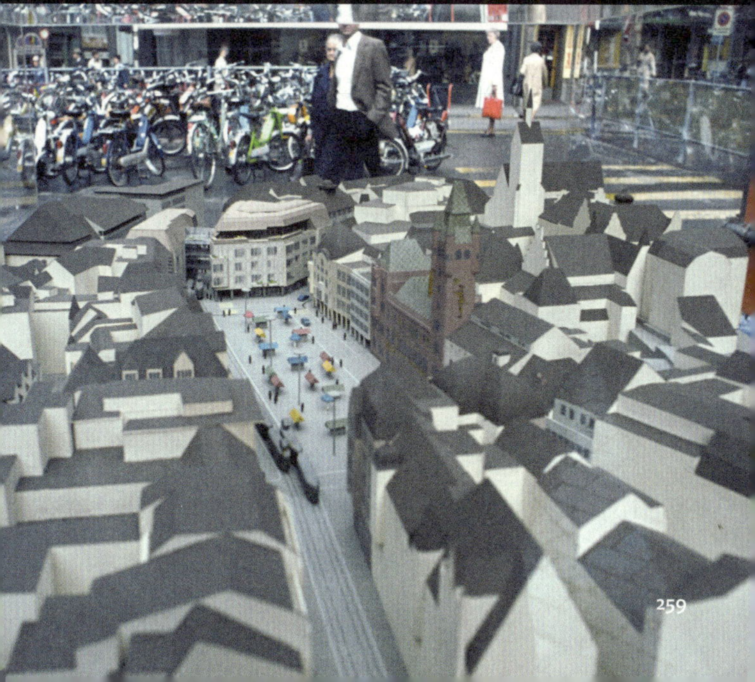

solche müsste ebensowohl Bestandteil eines regionalen Entwicklungsplanes sein wie die Verteilung der Primar- und Mittelschulen, der Bibliotheken und kulturellen Institute und schliesslich die Planung der Zukunft unserer Universität.

Aber selten ist der Planung eine solche schöpferische Pause des Nachdenkens vergönnt. Der Lauf der Dinge fordert Entscheidungen, deren Fragestellung schon eingeleitet wurde, als die Nachkriegsentwicklung noch recht krisenhaft ungewiss aussah. Acht Jahre soll die Planung der sogenannten dritten Bauetappe des Bürgerspitals gedauert haben! Vor acht Jahren begann gerade die Verbreiterung der Aeschenvorstadt – ein städtebauliches „Wunderwerk", das damals als dringlichste Notwendigkeit zur Sanierung des innerstädtischen Verkehrs empfohlen wurde.

Heute findet sich wohl kaum mehr jemand, der sich davon eine Wirkung verspricht. Die Verbreiterung der Aeschenvorstadt ihrerseits war ein Teilstück des Korrektionsplanes von 1949, dessen grandioses Kernstück bekanntlich die Verbreiterung der Schneidergasse und des hinteren Gerbergässchens darstellt! Ich erwähne das alles, um zu zeigen, wie sehr sich der städtebauliche Massstab seither verändert hat.

„Basel wächst!" – so lautete der Slogan der regierungstreuen Truppen im Abstimmungskampf um den Korrektionsplan von 1949. Überdeutlich hat sich in dem darauffolgenden Jahrzehnt gezeigt, dass die ganze städtebauliche Konzeption dieses Planes eben darauf hingelegt war, dass Basel nicht wächst, sondern dass sämtliche zentrale Funktionen der Stadt weiterhin in der innersten City und im Bereich der mittelalterlichen Mauern verbleiben. Die Folge davon sind nicht nur Verkehrsstockungen und

Parkplatznot, sondern auch Wertzerstörungen, Abbrüche in der Innerstadt, welche weit über das normale Mass hinausgehen: Nicht nur wird in bedauerlichem Masse die schöne und historisch bedeutsame Altstadt vernichtet; sondern es werden im „Hinblick“ auf maximale Ausnützung „Geschäftshäuser“ niedergelegt und neu gebaut, welche bei normaler Ausbreitung der City noch jahrzehntelang einen baulichen Nutzungswert dargestellt hätten.

Die Funktionen der Geschäftsstadt sind dann am besten erfüllt, wenn sie eine intensive Kooperation ermöglicht: wenn Banken, Versicherungen, Rechts- und Wirtschaftsberater und Geschäfte aller Branchen, dazu die dem Publikum geöffneten Teile der städtischen Verwaltung, verwoben beieinanderliegen. Diese Geschäftsstadt ist expansiv, solange sie lebt. Eben die Expansionskraft zeigt ihren Lebenswillen, denn Teilnahme an der Geschäftswelt bedeutet eben Verflechtung mit dieser City. Das Wachstum der Stadt, die Zunahme der Einwohnerzahl der Vororte und der Anstieg der Bedeutung Basels in der Region und im Welthandel ist notwendig verbunden mit der Ausdehnung der City oder, wenn diese unmöglich ist, mit Kämpfen um das vorhandene Land, mit Hochtreiben des Grundstückspreises, Verlusten durch übertriebene Um- und Neubauten und schliesslich Desintegration der Geschäftsstadt.

Niemand kann etwas dafür, dass unser Bürgerspital in diese Wachstumszone gerückt ist. „Die Kranken sollen bei den Gesunden wohnen“ – so sagte man noch, als man es 1939 mit Neubauten ausstattete. Bald werden wohl, mit Ausnahme einiger Abwarte, die letzten Gesunden aus dieser Zone der Innerstadt verschwinden. Zurück bleibt das Krankenhaus, das, so hoffen wir, als Quartierspital noch lange Zeit dienen wird; ob unsere Enkel es beibehalten wollen, oder ob es dereinst ebenso verschwinden wird wie vor 120 Jahren das Spital am Barfüsserplatz, können wir nicht wissen.

Heute aber, da wir so viel weiter sehen als 1939 und einen so beispiellosen Aufstieg unserer Region und unserer Wirtschaft erlebt haben, erkennen wir den Fehler, der darin liegt, das expansive Gebilde einer modernen Universitätsklinik am Petersgraben zu verewigen. Denn darüber lassen wir uns doch keinen Sand in die Augen streuen: eine Universitätsklinik lebt und bedarf einer gewissen Ausdehnungsmöglichkeit. Ihre Behandlungsräume werden schon während der auf acht Jahre veranschlagten Bauzeit grösser disponiert werden, als sie heute auf den Plänen angegeben sind, ebenso wie sie im Laufe der achtjährigen Planungszeit angewachsen sind. Wer die Pläne der sogenannten dritten Bauetappe studiert hat, der bemerkt auf ihnen eine ungesunde Verschachtelung der Räume.

Das Prinzip der Flexibilität ist nicht gewahrt; eine komplizierte und auf die Dauer berechnete Zuordnung der einzelnen Zwecke ist vorgesehen. Und doch ist nichts dynamischer und beweglicher als die heutige Medizin: Denken wir an den Anstieg und das plötzliche Abfallen der Tuberkulosebehandlung; denken wir an dasselbe Phänomen bei der Kinderlähmung; werden wir nicht bei anderen, noch in der Entwicklung stehenden Zweigen der Heilkunst ähnliche Entwicklung erleben? Stehen wir nicht vor revolutionären Ergebnissen in mehreren Sparten der Physiologie und Pathologie? Und wächst nicht mit der Bevölkerung auch die benötigte Zahl der Ärzte und damit der Studenten? Und brauchen mehr Studenten nicht mehr Apparate, mehr Professoren, mehr Patienten? Wie tragisch, dass wir im Vorfeld der ungenügend vorbereiteten Entscheidung über den Spitalneubau nicht sachlich über die zukünftige Entwicklung der Universität und speziell der Medizinischen Fakultät auf lange Sicht unterrichtet werden. – Wenn wir heute vermehrt von der „Region Basel“ sprechen, so hat das zunächst mit Kantonstrennung und Wiedervereinigung nichts zu tun. In allen industrialisierten Ländern beobachtet man, dass die Städte weiter ins Umland greifen, dass sich das Umland verstärkt mit den Städten verflicht und dass die alten Städte nunmehr Zentren einer weitgestreuten Agglomeration werden. Diese Entwicklung ist unausweichlich, es gibt keine Alternative dazu, es sei denn Verarmung und Desintegration. Das Wachstum wird seinen Gang nehmen mit oder ohne Wiedervereinigung, es wird aber auf alle Fälle zu vermehrten Kontakten zwischen den betroffenen Kantonen führen. Das Ziel ist keinesfalls die Konzentration aller zentralen Funktionen in der Stadt; aber auch nicht die vollständige Dezentralisierung. Vielmehr sollen die natürlichen Standortvorteile aller Regionsteile ausgenützt und durch eine geeignete Erschliessung gesteigert werden.

Basis einer solchen regionalen Ordnung ist ein Nutzungsplan und ein Verkehrsplan; aber auch die Ausstattung mit Dienstleistungen will überlegt sein: Elementarschulen, mittlere Schulen, Bibliotheken und natürlich auch Krankenhäuser mit ihren Zufahrtstrassen und Zubringerlinien. Die gegenwärtig wohl fortschrittlichste Planung, diejenige von Philadelphia, betrachtet solche Folgeleistungspläne als integrierenden Bestandteil des Verkehrsplans.

Unsere Stadt erlebt es nicht zum ersten Mal, dass der Fortschritt über ein „Nein“ führt. Aber dieses Mal hätte es sich vermeiden lassen, hätte man nur rechtzeitig der veränderten Entwicklung Rechnung getragen. Auch Zürich hat den Fehler begangen, die Ausdehnungskraft wissenschaftlicher Institute zu unterschätzen und Poly- und Kantonsspital aufeinanderprallen zu lassen. Heute aber ist die Weiche umgestellt; jeder weitere Zuwachs der ETH kommt auf den Hönggerberg.

Die Basler Behörden möchten die Universität in der Stadt behalten und ziehen eine Erweiterung der Spitäler in den Wohnzonen vor. „Basel wächst“: auch ohne das Zutun der Planung – aber das Leben im wachsenden Basel könnte allmählich unerträglich werden, wenn man sich nicht zu einer dem Wachstum entsprechenden grosszügigen Ausbaupolitik entschliesst.

Nachhaltigkeit im Bauwesen (2001)

Nachhaltigkeit im Bauwesen – sind wir da nicht alle dafür? – Es geht, wie bei allen weitgefassten Begriffen, um die Definition der Ziele. Nachhaltigkeit im Bauen gibt es auf mehreren Ebenen: Auf der des Stadtplanes, auf der der Gebäudeerrichtung, auf der Finanziellen. Es geht also um die Definition der Ziele, und die Diskussion um die Ziele ist wertvoll, denn sie führt zu dem, was gemeint ist. Mit der Nachhaltigkeit ist es wie beim Naturschutz: Man erlaubt sich die scherzhafte Frage, seid Ihr für den Schutz der Hunde, oder der Katzen oder der Mäuse? Oder beim ökologischen Naturschutz: Schützt Ihr eigentlich den Artenreichtum oder, was dazu widersprüchlich ist, den Erhalt der Pflanzengesellschaften?

Allein die Präzisierung liefert Methoden und Ziele. So ist sicher ein Element erfolgreicher Nachhaltigkeit das

Nachdenken darüber, das Ausdiskutieren des Gewollten. Ich zähle nun einige mögliche Ziele auf:

Das populärste Ziel ist in der gegenwärtigen Diskussion:

- Wir wollen weniger Verkehr.

Ein weiteres Ziel:

- Wir wollen weniger Verschleiss: Wobei man fragen könnte: Ist da gemeint, weniger Arbeit oder weniger Material?

Ferner mögen wir:

- Energie sparen. Wiederum die Frage: Energie beim Bau oder Energie im Betrieb des Gebäudes? Ferner möchten wir: Abfall vermeiden. Ist da gemeint: Abfall beim Betrieb, beim Bau oder anno dannzumal beim Abbruch?

Ferner möchten wir natürlich:

- Gesundheit: für den Menschen gesunde Bauten. Nur solche Bauten sind nachhaltig und müssen nicht ständig angepasst werden.

Wir beginnen unsere kurze Aufzählung auf der Ebene des Stadtplanes. Wir fragen:

- Gibt es den nachhaltigen Stadtplan? – Was wäre der nachhaltige Stadtplan? – Einer, der so angelegt ist, dass bei Nutzungsänderungen wenig Strassen und Infrastrukturen verändert werden müssen. Vor einem aber müssen wir uns da hüten: Vor der gefährlichen Spezies der weitsichtigen Menschen. Weitsichtigkeit ist eine Augenkrankheit und die Weitsicht im übertragenen Sinne schafft Vergängliches. Ich kenne Städte, die aus lauter Voraussicht auf einen zunehmenden Autoverkehr viel zu breite Avenuen gebaut haben. Infolge dieser Weitsichtigkeit haben sie nun riesige Verkehrsverstopfungen an den Kreuzungen. Sie ziehen Durchgangsverkehr aus dem umliegenden Gebiet an

> und leiten zu viele Fahrzeuge durch das Stadtzentrum. Die Weitsichtigen bauen breite Strassen und begleiten diese mit Strassenbegleitgrün und tun so, als sei dieser Teppich aus kniehohen Sträuchern nachhaltig. Die geheime Absicht ist es, die Strasse später einmal um die Breite dieser Grünstreifen zu verbreitern.

Kein Zweifel ist daran, dass gewisse Reserven der alten Stadt sehr hilfreich waren und nachhaltig gewirkt haben. Gewisse Infrastrukturen, wie Leitungen, Kabel und beim Privathaus Öltanks konnten in Reserveflächen versenkt werden; der nachträgliche Einbau dieser neuen Infrastrukturen in die Wohnbebauung wäre sehr teuer gewesen. Dennoch ist Grosszügigkeit mit Platz nicht unter allen Umständen nachhaltig, so, wie sich die Technik heute entwickelt, wird sie raumsparend und teilweise immateriell – also auf Wellen beruhend sein.

Eine wichtige stadtplanerische Frage: Wie nachhaltig ist die Planung durch Zonen? Die Einteilung der Stadt in Zonen, Wohnzone, Industriezone, Gewerbe usw. war einstmals ein Fortschritt. In der heutigen Phase der Deindustrialisierung erleben wir die Entstehung von Unordnung, von leerstehenden Gewerbegebieten, die hoch erschlossen sind, und Gewerbezonen, die heimlich oder offiziell wieder bewohnt werden, und die infolgedessen ihre Infrastruktur nicht ausnützen. Wenn wir nun nachhaltig planen wollen, wie sollen wir diese Erfahrung einbeziehen? Mindestens so weit, dass wir uns bewusst bleiben, dass keine Zone ewig ist, dass jede künftige Entwicklung zu einer gewissen Durchmischung führt. Selbstverständlich muss die Stadt weiterhin gesund bleiben, müssen also Nutzung mit Abgasen und anderen Emissionen weiterhin separat gehalten werden. Zu vermuten ist aber, dass solche Nutzungen seltener werden.

Eine heute viel diskutierte Frage: Wie dicht soll die nachhaltige Stadt sein? Ist es nachhaltig, Stadtquartiere, die ihre Ausnützungsziffer nicht voll erfüllen, nachzuverdichten? Dabei ist zu beachten, dass spätere Anpassungen durch veränderte Nutzungen grössere und komplizierte Umbauvorgänge im Gefolge haben werden. Die aufgefüllte Stadt ist stärker verzahnt und schwerer zu verändern, weniger anpassbar.

Und wie halten wir es in der nachhaltigen Stadt mit dem Grün? Wir unterscheiden das gärtnerische Grün und die Spontanvegetation. Unter dem Schlagwort pflegeleichtes Gärtnern vermindert sich der Reichtum des angepflanzten Grüns ständig; Rasen, Schwertlilien und Pfingstrosen, und als Bäume Ginkgo, das ist so ungefähr das Repertoire der heutigen Gärtner.

Ist das nachhaltig? Vermutlich nicht; denn die Freiflächen sollten auch eine Aussage über die Nutzung der Häuser und die Nutzung der Freiflächen selbst beinhalten. Und das spontane Grün? Wo es auftritt, zeigt es gewöhnlich einen Planungsfehler an. Wir verfolgten in einer deutschen Stadt Reklamationen über das Auftreten stachliger Disteln auf einem Bürgersteig. Wir schauten den Unglücksort an: An dieser Strasse war die Bushaltestelle auf der anderen Seite als die Wohnbebauung. Die Leute stiegen also aus dem Bus und überquerten gleich die Strasse. Infolgedessen wies der Bürgersteig keine Tritte auf und die Disteln konnten sich entwickeln. Sie störten aber niemand, nahmen nur öffentlichen Raum ein.

Reden wir kurz noch von den Bauten selber. Wiederum geht es um die Ziele: Wollen wir das energiesparende Haus, das Passiv-Haus? Darüber gibt es heute eine umfassende Literatur und schon weite Erfahrungen. Allein die isolierenden Platten und die Verwendung von Doppelglas sind eine ganze Spezialwissenschaft. Es geht um die Vermeidung von Wärmebrücken. Die Ausnutzung von Sonnenwärme ist nur möglich, wenn das Haus durch Menschen oder Messgeräte ständig überwacht wird. Wenn wir alles mit isolierenden Gläsern abdecken, so wird es im Sommer über Mittag zu heiss. Sind alle Bewohner auswärts berufstätig, so muss ein System von Jalousien automatisch in Bewegung gesetzt werden.

Hier beginnt die zweite Frage: Die Frage nach der ökologischen Gesamtbilanz des Bauens. Ergeben solche hochtechnischen Einrichtungen in der Gesamtheit der Bewirtschaftung des Hauses inklusive seiner Erstellung eine Einsparung? Was haben alle diese Kabel, Messgeräte und Schaltungen bei ihrer Herstellung und beim Einbau an Energie verbraucht? Was geschieht damit bei einem Umbau oder beim Abbruch? Jedermann weiss, dass unsere Abfallhalden voller elektronischer Geräte und Messgeräte sind. – Die Frage der ökologischen Gesamtbilanzen ist noch sehr umstritten, und jeder Fachmann hat hier seine eigene Berechnungsweise.

Nachhaltig wäre eine Planung, die bei Nutzungsänderungen Umbauten vermeidet. Vor Jahren wurde diese Theorie in England diskutiert unter dem Schlagwort „Loose Fit". Kann man dadurch, dass das Nutzungskleid nicht allzu eng geschneidert ist, künftige Umbauten vermeiden? Die Diskussion hierüber ist offen. Wir befinden uns in einer historischen Stadt, wo wir einige interessante Beobachtungen machen können. Loos Fit: Das frühe, vorindustrielle Innenstadthaus ist zweifellos Loose Fit; von diesen Häusern stehen noch Hunderte. Die Zimmer und Kammern in ihrer einfachen Anordnung sind immer irgendwie zu verwenden, sei es zum Wohnen, sei es für ein Geschäft oder eine Direktion. Die historische Substanz, die unsere Stadt verloren hat, datiert aus dem vorvergangenen Jahrhundert: Die grossen Häuser und die Villen, die zwischen 1850 und dem Ersten Weltkrieg errichtet wurden, verschwinden zusehends. Die Grösse ihrer repräsentativen Räume entspricht also nicht dem Gebot des „lockeren Sitzes", des Loose Fit; vielmehr sind sie unbrauchbar und schwer heizbar. Allenfalls kann eine repräsentative Vertretung oder ein Konsulat so etwas noch gebrauchen.

Die Frage, ob ein obsoletes Gebäude abgebrochen oder umgebaut werden soll, ist meistens noch offen. Ich vermute, dass vieles voreilig abgebrochen wird, was besser genützt und umgebaut werden könnte. Hier scheint mir, fehlen auch die Fachleute, die dieses zu beurteilen vermögen. Und da meine ich, dass es eine berufliche Ausbildung geben könnte, die hier Nachhaltigkeit erzeugen würde: Nirgendwo lernt man es, wie man mit Bauten umgeht. Als Berater treten hier immer Baufachleute auf, die selbstverständlich vom Neubau ausgehen. Wie müsste das Berufsbild eines solchen Beraters aussehen? Provisorisch benenne ich ihn jetzt einmal als „Bauwirt", so wie der Volkswirt ökonomische Ratschläge gibt, so könnte der Bauwirt die Gebäude eines Betriebes nachhaltig betreuen und neuen Anforderungen anpassen.

Lassen Sie uns jetzt zum Schluss noch ein bisschen über ein Ziel träumen, das Populärste: Über die Stadt mit weniger Verkehr. Die normale Stadt hat ein kommerzielles Zentrum mit grossen Angeboten, und darum herum einen weit ins Land sich erstreckenden Wohngürtel.

Täglich werden Tonnen und Tonnen von Waren in die Geschäfte des Zentrums gefahren; und täglich kommen die Einkäufer aus den Wohnzonen und schleppen diese Ware wieder aus dem Stadtzentrum an die Peripherie. Muss das sein? Sicherlich reduzieren die Supermärkte am Rande der grossen Metropolen schon den Verkehr im Stadtzentrum. Dennoch liesse sich der gesamte Lieferverkehr etwas ökologischer denken. Jeder Laden hat seine Zulieferer, die die Waren bringen. Wenn in einer Papeterie die Radiergummis ausgegangen sind, dann telefoniert der Inhaber, dass er heute ein Dutzend Radiergummis braucht. Es fährt also ein grosser Lieferwagen vor und lädt die zwölf Radiergummis aus. Das Textilgeschäft nebenan hat keine Nähnadeln mehr; am selben Vormittag fährt also ein Auto vor, das einige Briefchen mit Nähnadeln abliefert. – Muss das so sein? Könnte nicht ein zentrales Logistikzentrum die gesamte Warenverteilung der kleinen Nachlieferungen übernehmen? Ich denke mir eine Zentrale am Stadtrand, wo am Vormittag ein relativ kleiner Lieferwagen mit den Bagatelllieferungen beladen wird: Radiergummis für die Papeterie, Nähnadeln für den Textilladen. Natürlich braucht es eine solche Verteilungsweise wohl. Die vielen Lieferwagen, die den motorisierten Hausfrauen das Einkaufsvergnügen verderben, würden verschwinden.

Ein zweiter Traum: Es ist kein Traum mehr, sondern es gibt Städte, wo er verwirklicht ist. Das Thema lautet Car Sharing. Müssen die Autos pro Tag eine Stunde fahren und 23 Stunden vor dem Haus auf der Strasse stehen? Das Mittel dagegen wäre Car Sharing. Car Sharing entsteht nicht von selbst, ebensowenig wie die Logistik der Warenverteilung. Die Städte müssen solche Programme fördern, sie müssten beim Beispiel Car Sharing Parkplätze oder

Garagenräume bereitstellen, wo der Austausch der Wagen stattfinden kann. Von selbst entsteht so etwas nicht.

Mit den zwei letzten Träumereien wollte ich zeigen, dass Nachhaltigkeit zweierlei braucht: Nicht nur die Diskussion über die Ziele, sondern auch den aktiven politischen Willen, Massnahmen der Nachhaltigkeit einzuführen und sie am Leben zu erhalten.

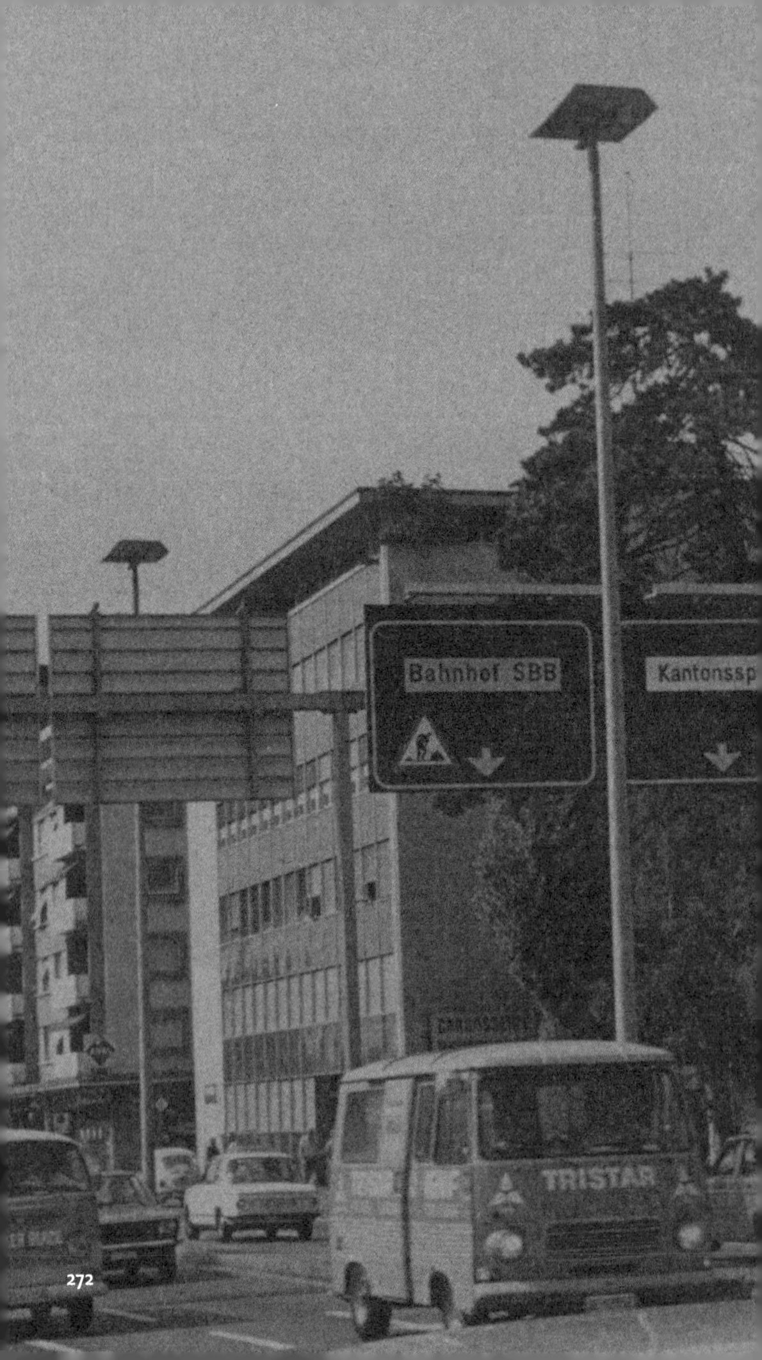
Bahnhof SBB
Kantonssp
TRISTAR

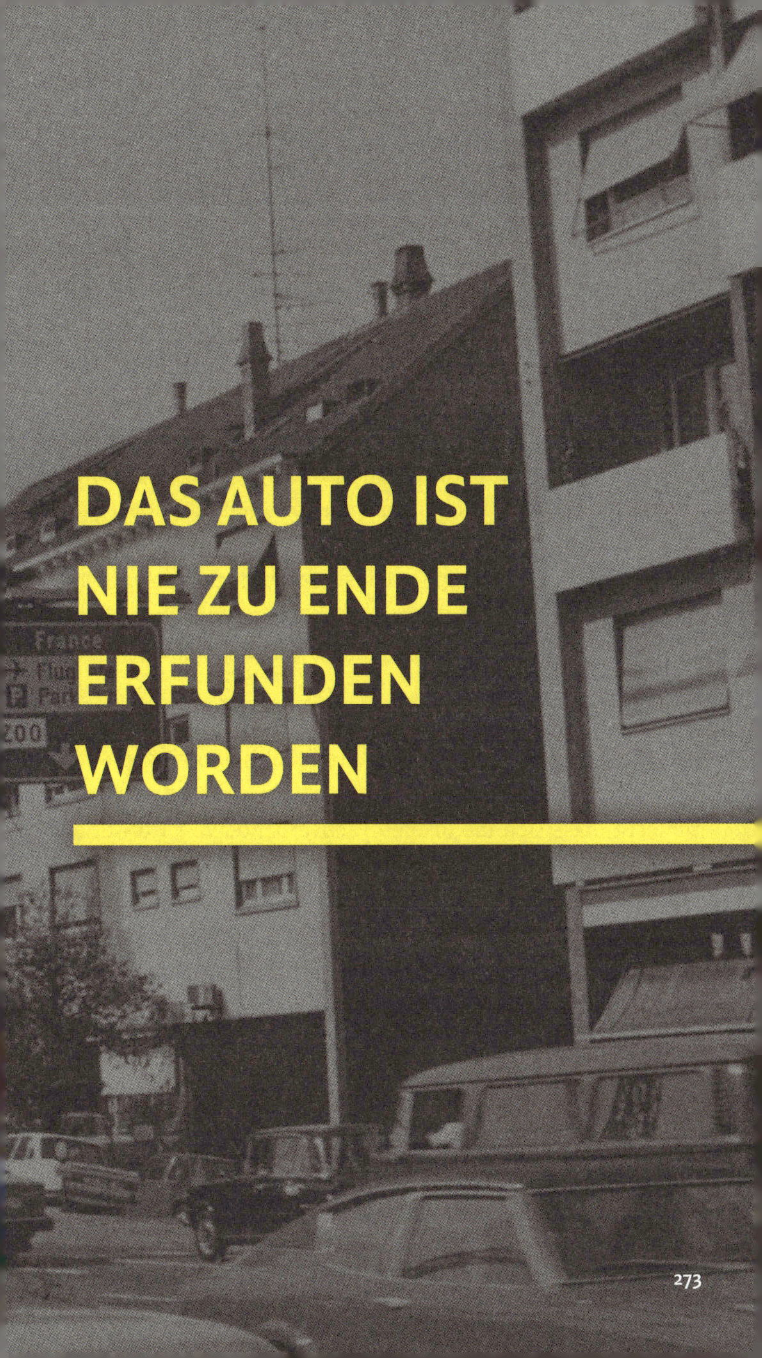

DAS AUTO IST NIE ZU ENDE ERFUNDEN WORDEN

Das Auto dominiert seit 70 Jahren die räumlichen Entwicklungsprozesse in Basel sowohl in budgetärer wie in raumgreifender und -verändernder Hinsicht. Es ist nicht übertrieben zu behaupten, dass der ruhende und der fließende Autoverkehr die Stadt komplett eingenommen und umgekrempelt hat. Keine frühere Erfindung hat den urbanen Lebensraum so revolutioniert und ihm seinen Stempel aufgedrückt wie das Autofahrzeug.

In Lucius Burckhardts Auffassung des Stadtraums sollen dem Autoverkehr Grenzen gesetzt werden. Eine autogerechte Stadt kann und will er sich für die mittelalterliche Altstadt und die gründerzeitlichen Wohnquartiere nicht vorstellen. Er wendet sich mit einigen wenigen Kommilitonen 1949 gegen den Bau einer „Talentlastungsstraße" durch die gotische Altstadt im Tal des Birsigflüssleins, damals noch als „Rufer in der Wüste"; diese Talentlastungsstaße ging auf Planungen aus den Dreißigerjahren zurück und wurde schließlich nie gebaut.

Ende der 1950er Jahre wird ein Hochleistungsstraßennetz als ein „Cityring" durch die gebaute Stadt hindurch geplant. Der Plan des deutschen Stadtplaners Leibbrand war so schlecht, dass sich die lokalen Fachverbände von Tief- und Hochbau bemüßigt fühlten, einen alternativen Plan auszuarbeiten damit das lukrative Vorhaben nicht scheitert. Beiden Planungen hat Lucius Burckhardt den Kampf angesagt. Schließlich stand der Anschluss der Stadt an das internationale Nationalstraßennetz an. Im Osten der Stadt wird, teilweise unterirdisch und teilweise vertieft, die Basler Wegstrecke der Ha-Fra-Ba-Autobahn gebaut. Ein zweiter Ring von Hochleistungsstraßen als Teil des Schweizer Nationalstraßenplans kann frühzeitig vereitelt werden, indem der Bund den Westring aus dem nationalen Straßenbauplan eliminiert.

Es ist unschwer auszumachen, dass die Stadt für den kreuzungsfreien Straßenverkehr ausverkauft worden wäre, wenn, ja wenn 1969 die Abstimmung zur Wiedervereinigung der beiden Basler Halbkantone auch in Basel-Landschaft angenommen worden wäre. Erholung in Basel-Landschaft (und den ausländischen Anrainergemeinden), und das Primat der reibungslosen Erreichbarkeit der Pendler-Arbeitsplätze in den Quartieren der Wohnstadt Basel, das war in den Köpfen fest verankert.

Da aber die Volksabstimmung die Wiedervereinigung der Halbkantone verwarf, mussten sich die Verantwortlichen in beiden Gemeinwesen etwas Neues einfallen lassen. Nach dem Scheitern der „Wiedervereinigung" der beiden Halbkantone Basel-Stadt und Basel-Landschaft, das durch die Volksabstimmung 1969 besiegelt worden ist, sah sich die Regierung des Stadtkantons zu einer strategischen Neuausrichtung der Stadtentwicklung veranlasst. Lucius Burckhardt hielt nicht viel von der Vereinigung des städtischen mit der ländlichen und der Agglomerationsbevölkerung in einem einzigen Kanton; vielmehr setzte er sich seit Mitte der 1960er Jahre für eine regionale und grenzüberschreitende Planungskoordination in der akademischen Lehre und in der Politik und der Verwaltungspraxis ein. In der Vereinigung „Regio Basiliensis" wirkte er in den Anfangsjahren um 1965 bis 1970 als Experte tatkräftig mit.

Wenn seit 1969 die neue linke Partei der „Progressiven Organisationen" (POB/POCH) eine massive Kritik an der Verkehrspolitik vertritt, so macht sie das mit engagierter Unterstützung von Lucius Burckhardt als ihrem Experten. Selbstverständlich wird die Grüne Partei unter seiner Leitung den Umschwung im Verkehrsstraßenbau einfordern. Als um 1987 der Bau der Nordtangenten-Autobahn ansteht, setzt sich

Burckhardt wieder engagiert gegen das Bauwerk ein. In der Volksabstimmung scheitert die Ablehnung mit 49,25 % nur ganz knapp. Der „autofreien Innenstadt", wie sie seit den Achtzigerjahren in vielen Groß- und Kleinstädten verwirklicht wird, steht Burckhardt hingegen skeptisch gegenüber und bevorzugt den langsamen Mischverkehr.

In der Verkehrspolitik häufen sich immer deutlicher die Widersprüche, die sich bereits um 1970 abzeichneten und die Lucius Burckhardt scharf analysierte. Nach wie vor werden milliardenschwere Projekte im Tief- und Straßenbau verfolgt, und gleichzeitig soll die Dekarbonisierung vorangetrieben und Tempo 30 im gesamten Stadtverkehr eingeführt werden. Für die „Sicherheit" werden bis in die Altstadt umständliche Nivellierungen im Verkehrsraum gebaut, die ausschließlich der Gefahrenabwehr des gefährlichsten Verkehrsteilnehmers gelten. Jedes Automobil stellt eine sperrige und starke Materialität im Freiraum dar. Kopfzahlmäßig überwiegt zwar in Basel bei Weitem die Bewohnerschaft, die zu Fuß, mit dem Rad oder dem ÖV in der Stadt unterwegs ist. Aber auf der Allmende im Straßenraum ist ihr Bewegungsraum stark eingeengt durch die Flächen, die vom fahrenden und ruhenden Autoverkehr in Anspruch genommen werden.

Eigentlich stehen jetzt die Klimazielsetzungen, die Neuaufteilung der Allmende und die Entsiegelung der Stadt an. Aber eben: „Das Auto ist nie zu Ende erfunden worden ..."

Die Altstadt in Gefahr (1949)

So spricht der Herr: Siehe, was ich gebaut habe,
das breche ich ab; und was ich gepflanzt habe,
das reute ich aus, nämlich dies mein ganzes Land.

Joseph Schumpeter bezeichnete einmal den Staat als das langfristige, den Privaten als das kurzfristige Prinzip. Wer sich mit wenig Mühe vom Gegenteil überzeugen will, der macht einen kleinen Rundgang durch Basel. Wie lange stand das erste Tramhäuschen auf dem Barfüsserplatz? Wie lange war das Erziehungsdepartement im St. Alban 1? Wie lange ein Teich auf dem Wettsteinplatz? Man sagt, beim Bau eines städtischen Gebäudes sei eine Ecke ausgespart worden, um einen alten Baum zu erhalten, der auf dem betreffenden Grundstück stand. Nach dem Einzug der Beamten sei der Baum gefällt worden, damit diese mehr Sonne hätten. – Wir hier auf der Uni weinen dem so vertanen Geld keine Träne nach, obwohl wir es besser verwendet hätten. Uns interessieren, nein: wir fühlen uns Mitbesitzer der schönen alten Gebäude, des historischen Stadtbildes und nicht zuletzt der heimeligen Winkel, in denen wir nach Möglichkeit wohnen, spazieren, antiquarische Bücher kaufen, trinken und Fasnacht feiern wollen.

Schon lange sehen wir dem Raubbau zu, den man mit dem Kunstgut unserer Stadt treibt. Die staatlichen Gebäude wurden seit je verschandelt, und als im 20. Jahrhundert der Staat an Macht und Geld, nicht aber an Kultur die Nachfolge der alten Familien antrat, begann ein trauriges Kapitel in der Baugeschichte unserer Stadt. Ein Beispiel für viele: Wer weiss noch, dass am Blumenrain vor der jetzigen Backsteinmauer der Segerhof stand, dessen Besitzer seit seiner Erbauung anno 1790 so wenig darin verändert hatten, dass 1923, als das Haus geschenkweise an das Historische Museum überging, sogar noch die ursprüngliche Kücheneinrichtung zu sehen war. Dabei zählte der Gobelin-Saal im ersten Stock unter die geschmackvollsten Innenräume der Schweiz.

Wenig besser ging es dem Stehengebliebenen: der jetzigen Kaserne, in welcher ein gotisches Kirchenschiff in Etagen zerlegt wurde, dem Weissen Hause, das mit restaurierter Fassade und garagiertem Hof einer „Frau Wertl" gleicht, und vor allem, dem Rathaus, das mit seinem neuen Turm und seinem roten Narrenkleid dasteht als steinernes Zeugnis des schlechten Geschmacks, der Arroganz und der Oberflächlichkeit der massgebenden Leute, die glaubten, mit einem klotzigen Turm und pseudoprimitiven Fresken die Harmonie des Spätmittelalters hervorzaubern zu können.

Heute, nach der Publikation des Stadtkorrektionsplanes, sehen wir ein weiteres Haus in Gefahr, verdorben zu werden: das alte Stadthaus (Stadthausgasse 13). Dieser schöne und für Basel einzigartige Louis-XVI-Bau wurde von Werenfels entworfen und errichtet, dem in diesem Gebäude eine glückliche Verbindung der höchsten Stilkunst seiner Zeit mit baslerischem Genre und Stadtcharakter gelang. Diese Wirkung beruht auf der kontrastierenden Umrahmung der eleganten Risalite des 1. und 2. Stocks mit vier streng-pompösen Pilastern und schweren horizontalen Gesimsen, sowie auf der Gegenüberstellung der zierlichen Louis XVI-Fenster des Oberteils mit der ernsten archaisierenden Fensterreihe des Parterre, dessen tragende Gewichtigkeit aber wieder durch das leichter wirkende

Portal mit seinem hübschen Schlussstein aufgelockert wird.

Für diese wundervoll komponierte Fassade nun haben sich unsere Stadtväter eine besonders raffinierte Verschandelung ausgedacht, die sie uns unter dem Namen „unauffällige Arkadisierung“ mundgerecht machen wollen. Das heisst nichts anderes, als dass die unteren Säle durchtunnelt werden, die Fenster und die Türen des Parterre aus der Fassade herausgebrochen werden, sodass die Pilaster als Pfeiler dastehen, welche das vorspringende Obergeschoss tragen. Wo bleiben jetzt die Grossräte, die uns in jener erhebenden „Wald“-Debatte so warm ihres Verständnisses für „wirklich schöne“ Kunst versicherten? Denn es braucht nicht viel davon, um zu merken, dass durch diese „Arkadisierung“ die oben geschilderte Wirkung der Fassade zerstört wird, und man besser täte, die Fassade ganz niederzureissen, um nicht zum Schaden auch noch den Spott zu haben. Übrigens steht das Stadthaus seit 1939 unter staatlichem Denkmalschutz, auch im Parterre, aber in solchen Dingen ist man ja nicht mehr kleinlich, und seit dem Kriege wurden unsere Behörden immer mehr gerecht ohne des Gesetzes Werke.

Diese „Arkadisierung“ des Stadthauses ist ein Teil jenes Programmes der Altstadtkorrektion, das den schönen Namen „Talentlastungsstrasse“ trägt und durch welches die überwiegende Mehrzahl der noch verbliebenen alten Häuserfronten der Innenstadt niedergelegt werden sollen, ein Projekt, vor welchem wir von der Uni nicht scharf genug warnen können. Dabei geht es durchaus nicht nur um die Erhaltung von Häusern mit speziellem kunstgeschichtlichen Wert, sondern auch um einfache, schlichte, harmonische, gemütliche, auch um merkwürdige, lustige, absonderliche Häuser (Kennen Sie das sechsstöckige gotische Haus Zum Hohen Pfeiler, Stadthausgasse 11?), es geht um billige Ladenräume für alte, nicht mehr so rentable Gewerbe, wie Drechsler, Instrumentenmacher, Messerschmiede, Perückenmacher, Massschuster, noch selbständige Spezialgeschäfte, Buchantiquariate (wir Studenten finden das gemütliche Antiquariat von Frau Marti durchaus nicht abbruchreif), um alte Schwibbögen, kleine Plätze (auch der so bescheiden hübsche Andreasplatz kommt unter die Räder), Höfe und Hinterhöfe, den metaphysischen Kern der Stadt – auch wenn nicht alle Häuser so alt sind, dass sie der Bildungslöwe als Antiquität erkennt – es geht um den Markt, die Messe, die Fasnacht, und vor allem: Es geht um eine der letzten Altstädte Mitteleuropas, die nicht den Bomben des Weltkriegs zum Opfer fiel.

Und wozu dies alles? Zu der angeblich herrschenden Verkehrskalamität können wir nur sagen: Wir von der Uni sind noch immer rechtzeitig wieder zum Essen gekommen, und die Stadträte werden vor und nach der Korrektion zu spät zu den Sitzungen erscheinen. Andere Städte (Rom, Florenz) haben viel mehr Verkehr in ebenso engen Strassen, aber in Basel ist man offensichtlich der Propaganda der Automobilisten erlegen. Die Autofahrer, so sehr sie das Strassenbild beherrschen, sind doch eine Minorität, und wenn sie langsam fahren müssen, so passiert auch weniger, und wie gut man es ohne sie machen kann, zeigt das Beispiel Venedigs ...

Und noch etwas: Wird das Verkehrsproblem wirklich dadurch behoben, dass man gewerbliche und Wohnungsbauten der Innerstadt wegreisst und dafür Geschäftshäuser baut? Werden Strassen auch zweimal breiter, so wollen doch zehnmal so viele Autos zu solchen Häusern. Die

Korrektion des Spiegelhof-Areals hat wohl lokal Platz geschaffen, aber wer zählt, wieviel Autos allein das Kontrollbureau, die Motorfahrzeugkontrolle, die Polizei, die Krankenkasse in die Altstadt zogen und ziehen? Wird nicht deshalb die Talentlastungsstrasse zu einer Talbelastung, und die Korrektion endet wie das Hornberger Schiessen? Weshalb nimmt man nicht das (glücklicherweise noch vorhandene) Korrektionsgeld und baut für die ganze Regierung und Verwaltung ein neues Quartier an der Peripherie mit einer schnellen Fahrverbindung? Warum subventioniert man nicht Geschäftsbauten ausserhalb des Zentrums (oder gewährt ihnen Steuererleichterungen), anstatt sie mit verschiedenen Mitteln (Beschränkung der Bauhöhe an der Peripherie) ins Zentrum zu locken? Dies nur als Beispiel, dass für den, der nicht der Verkehrs- und Abbruch-Psychose erlag, Lösungen schon zu finden wären. Auch zur finanziellen Seite wäre wohl ein Wörtchen zu sagen – es handelt sich nicht nur um Baukosten, sondern auch um versteckte Verluste des Staatsbesitzes und der Volkswirtschaft (ein qm Innenstadt ist heute Fr. 3600.- wert) – aber wir überlassen dies Wörtchen getrost dem Steuerzahler.

Man wird vielleicht sagen, wir seien retrospektiv: Wir sind ebenso retrospektiv und prospektiv wie die Planväter, welche das Zentrum opfern, um Peripheriequartiere aus der Gründerzeit zu erhalten, aber wir denken bescheidener und bemühen uns, weiter zu sehen. Wir von der Uni haben es 480 Jahre in einem provisorischen Sitz ausgehalten und wären auch gerne noch 5 Jahre länger darin geblieben, wenn dafür das Zeughaus erhalten geblieben wäre, und wir dafür das Blaue Haus bekommen hätten. Heute sehen wir mit Besorgnis, dass Staat und Wirtschaft im Begriffe sind, einen Schritt zu tun, dessen Folgen sie offenbar nicht übersehen, der zugleich zu grosszügig und kleinlich ist, und den sie später bitter bereuen.

Leider wird auch in der Tagespresse keine kritische Stimme laut, die Kommentatoren scheinen von der grossrätlichen Verkehrspsychose angesteckt (soweit sie nicht sowieso ihren Geschmack den Bedürfnissen der Wirtschaft anpassen – Hängebrücke!). Wenn die Zerstörung der Altstadt aufgehalten werden kann, bis der erste Nachkriegsautorausch verflogen ist, und die Entwicklung der Verkehrsmittel wieder ein Stück weiter übersehen werden kann, bis der gute Geschmack etwas nachgewachsen und die Skala der Wertungen wieder korrigiert, bis die Bombenverluste Mitteleuropas auch dem Basler Unterbewussten bewusst geworden sind – wenn die Zerstörung der Altstadt, sagen wir, dreissig Jahre aufgehalten werden kann, so ist alles gewonnen.

Die Talentlastungsstrasse (1994)

Die Talentlastungsstrasse blieb schon in ihren Anfängen stecken: nur ein einziges Bauwerk wurde auf dieser Baulinie errichtet – allerdings fielen dieser schöne Häuser zum Opfer, z. B. der Hohe Pfeiler. Das Haus (im Erdgeschoss Weinhandlung Ullrich) wurde von den Gebr. Stamm errichtet, weil ihnen Ebi unter dem Tisch ein unerlaubtes sechstes Geschoss gestattet hatte. Nachdem der Bau stand und das Appellationsgericht Ebi solche Touren untersagte, wurde nichts mehr gebaut.

Ebi wusste also, dass sein Korrektionsplan nur verwirklichbar ist mit Hilfe der Spekulation, und dass die

Spekulation nur mit krummen Touren zum Zuge kommt. Daher ja auch die Entlassung von Stadtplanchef Trüdinger, der nachher seinen Prozess gegen Basel-Stadt gewann. Trüdinger sah die Lösung des Raumproblems nicht in einer Intensivierung, sondern in einer Ausdehnung der City in Richtung Bahnhof – eventuell unter Opferung des Theaters und der Elisabethenkirche. (Das Theater wurde dann ja geopfert, nur eben sinnlos).

Aeschenvorstadt: Nicht „Gewerbekreise" waren gegen den Abbruch, sondern jene Gewerbetätigen, die existentiell erledigt wurden durch diesen Abbruch. Ist das nicht legitim? Insbesondere einem kleinen Bäcker/Hausbesitzer spielte Ebi übel mit. Der Kopfbau zum Bankenplatz gehörte dem Buchbinder Flügel und war an PKZ vermietet. – Es gelang dem Marken-Müller, Kapital der Familie Bally-Schönenwerd in den Dienst von Ebis Plänen zu stellen.

Verkehrslobby: ACS/TCS sind nicht nur Verkehrslobby, sondern auch Exponenten des gewerblichen Kapitals. Als solche waren sie eben daran interessiert, dass überhaupt etwas in Bewegung kommt und nicht ständig nur „Papier" produziert wird. Insofern sind solche Abstimmungen eben auch für „den Spatz in der Hand".

Trolleybus: Unter den gegebenen Bedingungen einer engen Stadt glaubte man damals tatsächlich, etwas zu gewinnen, wenn das öffentliche Verkehrsmittel nicht mehr schienengebunden ist. Das sieht von heute aus gesehen auch komisch aus, war aber damals ohne Hintergedanken. Die Regierungskoalition verbummelte die entsprechende Initiative, aber nicht aus besserer Einsicht, sondern weil man mit der Unterpflasterbahn den Ingenieurfirmen noch mehr Aufträge zuschanzen konnte.

„Umweltschutz“: Es ist von heute her gesehen vielleicht kurios, aber Umweltschutz spielte in dieser Debatte keine Rolle, es gab Umweltschutz in der heute geläufigen Form noch gar nicht: Es gab -schutz: also Heimatschutz, Naturschutz etc., aber nicht Umweltschutz. Im übrigen war man fortschrittlich gesinnt, man war, gerade in kritischen und aufgeklärten Kreisen, der Meinung, die Menschheit finde immer den notwendigen Ausweg aus der Klemme durch Erfindung. Das Energieproblem löse sich durch die Atomkraft, usw.

Infolgedessen waren es auch nicht (nur) konservative Kreise, Heimatschützer, Gewerbeschützer, die gegen den Korrektionsplan von Grossbasel 1949 waren, im Gegenteil: Gerade kritische Leute fanden ihn zu kurzsichtig. Man wollte z. B. die Verbreiterung der Aeschenvorstadt nicht deshalb bekämpfen, weil das zu autofreundlich sei, sondern weil man schon ahnte, was auch stimmt, dass die Autowelle viel grösser ist, als dass sie durch eine solche Verbreiterung „gelöst“ werden kann. – Ganz offensichtlich war das bei der „Talentlastungsstrasse“ vulgo hintere Gerbergasse: da sah ja jedes Kind, dass sie das Verkehrsproblem nur erschwert hätte, insbesondere durch ihre Einmündung in den Barfüsserplatz.

Gewerbekreise waren es aber gerade, die diesen kurzsichtigen Plan unterstützten. Und ein „Raumproblem“ (wie Ihr sagt) war es insofern, als der Nutzraum, also nicht der Strassenraum, eben besetzt war. Das Anschneiden von Dutzenden von Liegenschaften durch eine Verbreiterungs-Baulinie hatte eben den Sinn, Liegenschaftsverkäufe und

-abbrüche zu erzeugen. Mit dem Mittel des Korrektionsplanes kam wieder Leben in den Liegenschaftshandel, und ältere, nicht mehr absolut konkurrenzstarke Läden wurden von anderen verdrängt. Oder deutlicher: an die Stelle einer guten Versorgung traten die Möbelläden und Boutiquen. Es ging also gar nicht um die Strassenbreite und die „Verbesserung“ der Verkehrssituation, sondern um Spekulation und Bauaufträge. Daher auch die Allianz der SP-Regierungsräte mit dem dubiosen „Architekten“ Rickenbacher von der FDP, den Radikalen. Zuvor aber hatte Ebi seinen Stadtplanchef entlassen, weil er nicht wollte, dass dieser ihm in die Karten sah, und er wurstelte mit dem ihm ergebenen Stadtbaumeister Jauch selber weiter.

Noch zwei Sachen zu den 1950er Jahren:

Der Basler Korrektionsplan von 1949 war natürlich nicht durchgehend blöd (aber weitgehend). – Aber: Er ist/war ja nur ein Plan und wartete auf die Ausführung. Es lag also an der Regierung oder an der Spekulation, wo „begonnen“ werden sollte. Insofern wurde natürlich da begonnen, wo:

1. Die Regierung ihre Rechthaberei in Szene setzen konnte, also bei den umstrittensten Strassen: „Talentlastungsstrasse“ und Aeschenvorstadt. Waren diese Fehler einmal gemacht, so dachte man, dann wird man auch den Rest schlucken.

2. Die Regierung – Meister Ebi, unterstützt von seinem „Lieblingsarchitekten“ Fritz Rickenbacher, Spekulanten fand oder anlocken konnte, die einen Bau beginnen. Deshalb auch diese massiven Hilfen bei der Vertreibung der Vorbesitzer. Nur als Beispiel: Am Bahnhof

SBB, wo die Baulinien durch alle Hotels gingen, tat sich natürlich nichts.

Am Claraplatz, gegenüber der Kirche, standen die alten Schetty-Häuser. An sich war es schon skandalös, dass diese nicht unter Denkmalschutz kamen. Aber der Denkmalschutz wurde von Dr. Kaufmann bearbeitet, den Ebi dadurch in Abhängigkeit hielt, dass er ihm keine feste Stelle gab, sondern die Stelle immer nur verlängerte.

Die Herren Schetty verkauften die Häuser – ich weiss leider nicht mehr, an wen. Jedenfalls reichte der Käufer mehrmals Baugesuche ein, bekam aber nie eine Bauerlaubnis. Stets wies das Baudepartement nach, dass sein Bauvolumen zu gross sei. – Dadurch fiel der Wert des Grundstücks, und als es billig genug war, kaufte es – wer wohl? Natürlich Freund Rickenbacher. Und was baute er? Genau die fünf Geschosse, die man seinen Vorgängern abgelehnt hatte ...

„Ausfallstrasse" Aeschenvorstadt – Ein Lehrstück für Basel (2000)

Das Unheil fing an mit dem sogenannten Grossbasler Korrektionsplan von 1949. Der Krieg war vorbei, es gab wieder Benzin, und man erwartete – zu Recht – eine Vermehrung des Verkehrs. „Weitsichtig" legte das Baudepartement Baulinien in einige Innerstadtstrassen, so dass jeder Neubau um eine Fahrspurbreite zurückrücken musste gegenüber dem zuvor abgebrochenen Bau. Mit unsanftem Druck sorgte der Bauvorsteher Ebi dafür, dass die Rochade an einigen Stellen in Gang kam; an anderen dauerte es dafür etwas länger. Die damals geplante „Talentlastungsstrasse"

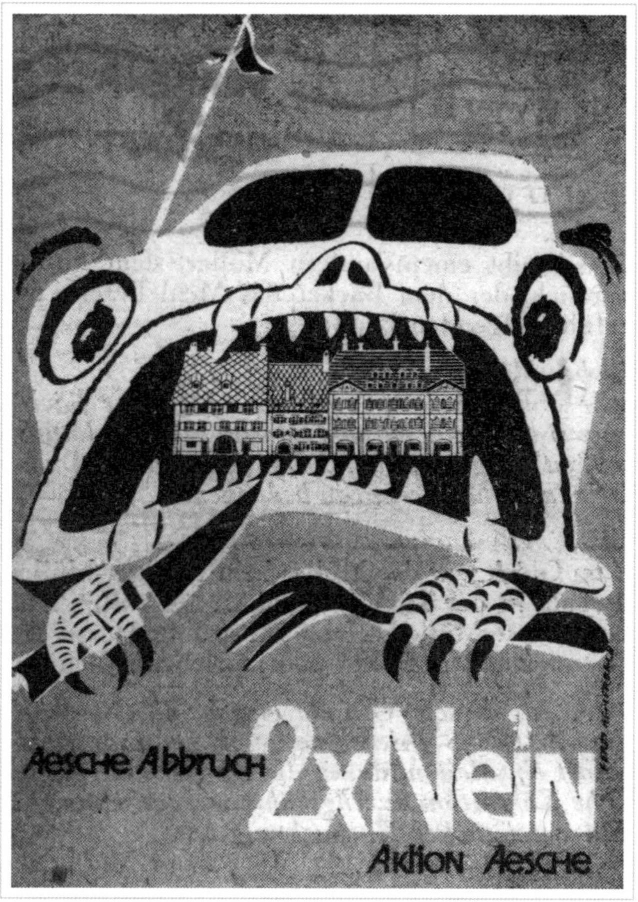

durch Verbreiterung der Schneidergasse und des Hinteren Gerbergässchens kam nie über das Hotel Basel und den Weinladen Ullrich hinaus.

Die Zunahme des Verkehrs übertraf die Erwartungen der Basler „Fachleute" bei Weitem. Nach wenigen Jahren schon gab es so viele Autos, dass das Verbreitern von Innenstadtstrassen völlig sinnlos wurde, weil sich jede gewonnene Fahrspur sofort selber wieder verstopfte. – Oder vielleicht hatte man das doch gewusst: Vermutlich war der Grossbasler Korrektionsplan gar kein Verkehrsplan, sondern ein Mittel, alte Liegenschaften auf den Markt zu bringen und das Baugewerbe zu beleben, indem man kleine Besitzer zur Hergabe ihrer Häuser drängen konnte.

Der Abbruch der Bauzeile der Aeschenvorstadt-Südseite begann vor 46 Jahren und ist noch nicht beendet; 1987 fielen die Häuser Nr. 56 bis 66 einem – ebenfalls zurückgesetzten – Neubaukomplex zum Opfer. Ein letztes schmales Haus steht noch auf der alten Baulinie – die St. Jakobs-Apotheke – und verhindert den Zweirichtungsverkehr. Jetzt plötzlich hört man, dass die Idee der „Ausfallstrasse" aufgegeben ist und die Aeschenvorstadt eine Fussgängerzone mit Tram werden soll. Und die alte Wut kommt herauf: Für nichts also hat man die historisch und architektonisch bedeutende Häuserfront zerstört! Die angebliche Zufahrt zur Innerstadt ist jetzt Innerstadt geworden – was sie immer war – und man wäre froh, wenn der Einkauf in den schönen alten Häusern der zerstörten Südfront stattfinden könnte.

Zu Beginn der fünfziger Jahre gab es noch zwei Versuche zur Rettung der Aeschenvorstadt: eine Volksinitiative zur Wiederherstellung der alten Baulinie und ein Referendum gegen die Überführung des „gewonnenen" Geländestreifens in die Strasse. Nie um Taktik verlegen, legte die Regierung die beiden Abstimmungen auf unterschiedliche Daten, was die Argumentation der Befürworter erschwerte; immerhin fehlten bei der ersten der beiden Abstimmungen nur knappe 350 Stimmen für die Erhaltung.

Der Bau des Komplexes mit dem Hotel Drachen im inneren Teil der Aeschenvorstadt brachte den ersten Einbruch in die Häuserfront. Ein kleiner Bäckermeister, der ein schmales mittelalterliches Haus besass, wurde vom Baudepartement unsanft bedrängt, bis er sein Haus, das seine Existenz war, dem „Marken-Müller" verkaufte, der Strohmann war für Geld aus dem Hause Bally-Schönenwerd. Zwei kostspielige „Umzüge" wertvoller Bauten müssen erwähnt werden: Der Bankverein übernahm die Bausteine des barocken „Goldenen Löwen" und stellte den Bau als Werkskantine in der St. Albanvorstadt wieder auf. Da die Fläche der Bel-Etage für den Esssaal zu klein war, wurden stadtauswärts zwei mittelalterliche Häuser abgebrochen und so wieder aufgebaut, dass ihre Etagen die Höhe des Barockbaues bekamen; – das sieht etwas komisch aus, besonders abends, wenn im „Goldene" Löwen" und in den beiden Nachbarhäusern gleichzeitig das Neonlicht angeht. Der zweite Umzug betraf die Herberge „Zum Goldenen Sternen", ein interessantes mittelalterliches Absteigequartier im äusseren Teil der Aeschenvorstadt, dessen gotische Fassade dann jahrelang im St. Albantal unter offenem Himmel gelagert war, bis kräftiges Buschwerk aus dem Trümmerhaufen wuchs. Schliesslich riss man am Rheinufer ein altes Wirtshaus ab und ersetzte es, so gut es noch ging, mit Originalen und Kopien des „Goldenen Sternen".

Was jetzt fehlt, wenn wir uns die künftige Aeschenvorstadt als Einkaufsstrasse denken, das ist der ehemalige markante Eckbau gegen die Elisabethenstrasse und den Steinenberg: das Modehaus „PKZ". Anstatt dass sich die Vorstadt am Ende schliesst, öffnet sie sich, obwohl man die Öffnung so ganz doch nicht gewagt hat und eine etwas verquetschte Arkade einfügte, die vis-à-vis, am

Steinenberg, eine noch verdrücktere Entsprechung hat. Der PKZ war kein hervorragendes Baudenkmal, sein Volumen aber entsprach den drei anderen Eckbauten des Platzes, dem Schweizerischen Bankverein, dem Schildhof und der Zinstragenden Ersparniskasse.

Entgegen den Beteuerungen von 1949 ist die Aeschenvorstadt nie dem zweispurigen Privatverkehr geöffnet worden. Im Wege stand bis zuletzt die St. Jakobs-Apotheke. Der Verkehr, der am Bankenplatz einfährt, muss an der Sternengasse wieder abbiegen. Von „Ausfallstrasse" kann keine Rede sein. – Und nun also ist alles vorbei. Nach der Zerstörung der historischen Bauzeile erfolgt die Erklärung zur Fussgängerzone: Wie schön wäre jetzt der Einkauf in den historischen Bauten, wie froh wäre man um einen guten Bäckermeister, wie gemütlich wäre es im „Goldenen Sternen"! Gleichwie nach erfolgter Zerstörung des Hauses „Zum Hohen Pfeiler" und des bekannten Lisettli-Restaurants die Talentlastungsstrasse zur Schneidergasse und Hinteren Gerbergasse zurückbuchstabiert wurde, so jetzt die Aeschenvorstadt: Ein Lehrstück zum Thema Stadtplanung in Basel – hoffentlich wird es verstanden!

Vom Verkehrsplan zum Stadtplan – Zu den Gesamtzusammenhängen der Stadtwirtschaft (1960)

Mit dem Wort Stadt bezeichnen wir nicht durch alle Zeiten dasselbe; leicht vergessen wir die historische Dimension dieses Begriffes und verschließen uns damit die Einsicht in das Geschehen. „Stadt" nennt sich schon jenes Gebilde Ninive, das, wie im Buche Jonas zu lesen steht, bei 120.000

Einwohnern drei Tagesreisen im Durchmesser hatte und dessen geweissagter Untergang dann aufgeschoben wurde aus Mitleid mit dem vielen Vieh, das sich darin befand. Schon aus versorgungstechnischen Gründen konnte die damalige Stadt nichts anderes sein als eine verdichtet bewohnte agrarische Zone, in gewaltigem Unterschied zur mittelalterlichen Gewerbestadt und vollends zu der vom veralteten Mauergürtel eingeengten Handelsstadt des 19. Jahrhunderts. Und welch ein Sprung von da weiter zur heutigen Stadt, die zwar in ihrer Mitte ja teilweise das alte Aussehen noch bewahrt hat, so daß nicht sogleich offenbar wird, als was wir das neue Gebilde anzusehen haben: es ist die industrielle und merkantile Großagglomeration, die sich auf Grund unerbittlicher ökonomischer Gesetze auf die alte Gewerbe- und Handelsstadt aufpfropfte und diese sprengte.

Betrachten wir den jeweiligen historischen Erscheinungstypus der Stadt als den Ausdruck der Produktionsweisen und Sozialverhältnisse der Zeit, so müssen wir uns die Gegebenheiten und Probleme dieser neuesten Stadtform primär entstanden denken aus der Trennung von Wohnung und Arbeitsplatz. Diese erzeugt notwendig den Berufsverkehr, dessen Ströme sich zu einer unauflöslichen Wirrnis verknüpfen müssen, und zwar aus dem Grunde, weil unter den Bedingungen der freien Wirtschaft und des freien Arbeitsmarktes, der freien Standortwahl und Wohnungswahl und des immerwährenden Stellenwechsels eine engere Zuordnung von Wohnung und Arbeitsplatz nicht entstehen kann als diejenige, daß sich die Arbeitsstätten nicht allzuweit von den Wohngebieten und die Wohnungen nicht allzuweit von der Mehrzahl der Arbeitsstätten lokalisieren. Denn eben die Möglichkeit, einen

Stellenwechsel vorzunehmen ohne Wohnungswechsel, und für den Arbeitgeber die Sicherheit, aus dem gleichen Wohngebiet eine Stelle stets wieder neu besetzen zu können, erzeugt die Grundlage moderner städtischer Agglomerationen.

Weitere kumulative Effekte sind neckisch in das System eingebaut, das nach dem Grundsatz funktioniert: „Wer da hat, dem wird gegeben" ... das Große wächst, das Kleine schrumpft. Ich nenne es das Gesetz der „vollen Palette". Denken wir uns eine Stadt, die von einem einzigen Produktionszweig lebt, etwa dem Bergbau. Es werden nur wenige Jahre vergehen, und es finden sich unter den Söhnen der Bergleute solche, welche andere Berufe beginnen, und bald werden sich auch Unternehmer finden, Textilfabrikanten etwa, die entdecken, daß Bergleute nicht nur Söhne haben, sondern auch Töchter, die vergeblich nach einer Beschäftigung am Wohnort suchen. So wird sich über kurz oder lang die Palette der Produktionsarten vervollkommnen. Dasselbe gilt für die Versorgung. Wir alle wissen, daß sich Kinos in der gleichen Straße nicht konkurrenzieren, sondern fördern, da sich der Besucher gern die volle Vielfalt der Versuchung vor Augen führt. In weit höherem Maße ist die Gesamtheit der Läden der City eine Palette, die stets zur Komplettierung strebt. Wie groß ist denn das Verhältnis von Industriearbeit zu Versorgung? Nun, da jeder verdiente Franken auf irgendeine Weise wieder ausgegeben wird, kann man sagen, daß jeder Arbeitsplatz in der Grundindustrie einen Arbeitsplatz in der Versorgung schafft. Jeder Angestellten- und Arbeiterfamilie, die in unserer chemischen Industrie Platz findet, folgt also unbemerkt eine zweite Familie, die sich an der Versorgung beteiligt. Sie beteiligt sich an der Jagd nach einem

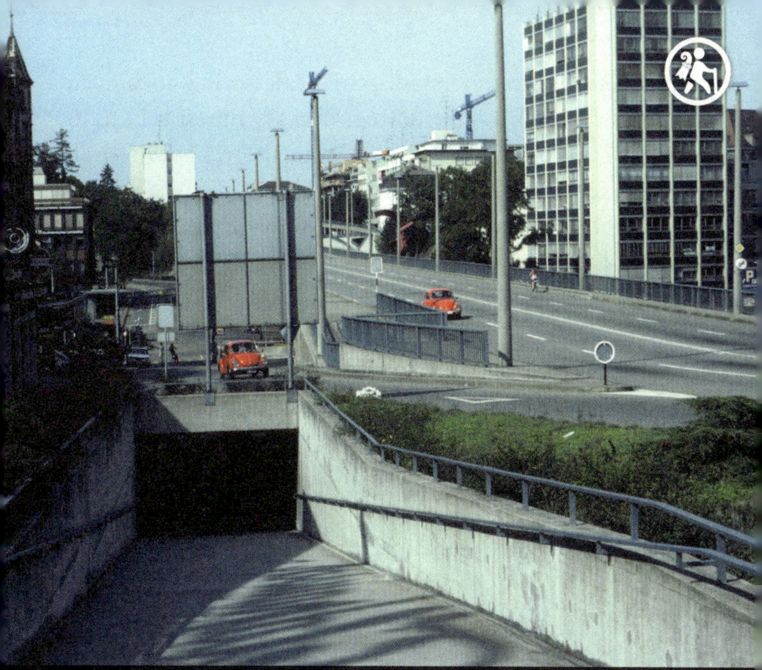

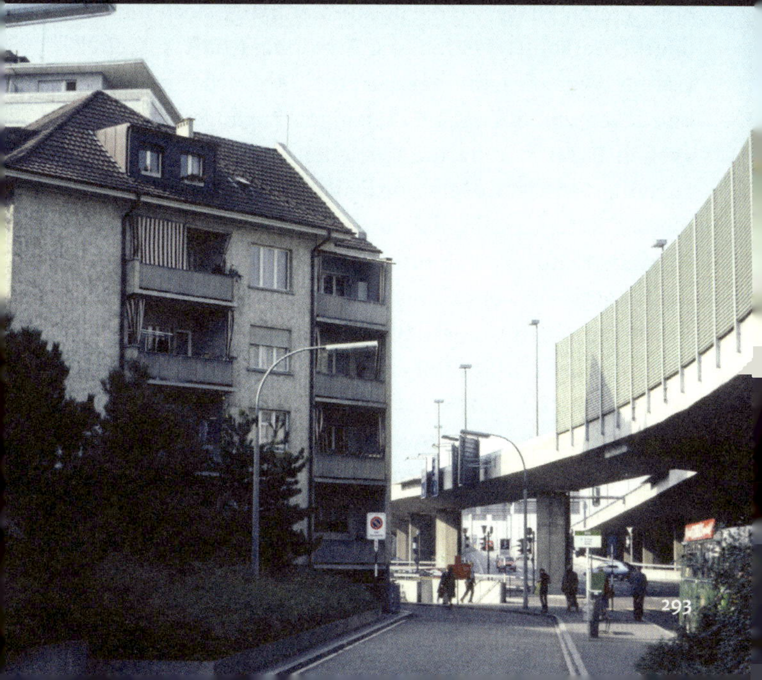

Plätzchen auf der innerstädtischen Palette, um auch noch ihren Farbklecks – ihre Bottega für asymmetrische Blumenvasen – darauf unterzubringen. Da wir bei unseren Einkaufsgewohnheiten Blumenvasen und Pelzmantel im Parterre besichtigen wollen, wird es immer enger auf der Palette, der Platz immer kostbarer, immer höher die Rente, die als Miete oder Zins an den Besitzer abgeführt werden muß, und in immer engeren Läden müssen immer höhere Gewinne erzielt werden. Und da die Zeiten vorbei sind, da mit wenigen Verkäufen an einen exklusiven Kundenkreis etwas zu verdienen ist, so müssen immer größere Menschenmengen in einen immer gleichbleibenden städtischen Raum gelockt werden.

So ergibt sich das banale Faktum, daß die Jagd an einer Stelle buchstäblich ihren Engpaß, ihren Flaschenhals findet. Mit mathematischer Notwendigkeit erzeugt die City ihre Verkehrsmisere. Es ist nicht verwunderlich, wenn in einer ersten Phase, wo die Zusammenhänge noch nicht so deutlich erkannt werden, die Bewohnerschaft auf direktestem Wege diesem unerwarteten Spielverderber zu Leibe rücken will, indem sie diejenigen Zugangsstellen zum großen Bazar erweitert, an welchen sich der Verkehr am auffälligsten staut. Merkwürdig ist nur, wie lange man bei diesem Rezept bleibt, das in der angewandten Weise die Krankheit nur verschlimmert. Allzu verlockend ist eben die trügerische Vorstellung einer definitiven Lösung des Verkehrsproblems innerhalb des alten Systems.

Aber selbst im Idealfall einer günstigen Zuordnung der Wohn-, Arbeits- und Versorgungsstätten ist das Ziel eines gelösten Verkehrsproblems nur für Momente oder nur in stationären Zuständen erreichbar. Mit anderen Worten: selbst die noch so gut entworfene neue Stadt wird, wenn sie lebt, nach einiger Zeit ihre Krisis bekommen. Eine Stadt ist nie in ihrer endgültigen Form vollendet.

Sogar bei stationärer Bevölkerungszahl ist sie in steter Wandlung begriffen. Ununterbrochen laufen wirtschaftliche und gesellschaftliche Prozesse ab, welche die Rangordnung der Wichtigkeiten und die Zuordnung der Beziehungen und damit den unbestechlichen Indikator, den Bodenpreis der einzelnen Quartiere, verändern. Deshalb ist eine lebende Stadt ständig in einem gewissen Umbruch, und die Kette der Abbrüche und Neubauten, wie wir sie in jeder City beobachten, ist primär kein Symptom der Krankheit, sondern der Wandlung. An die Stelle alter Spezialgeschäfte können sich Warenhäuser setzen, Bürobauten können wiederum diese vertreiben, und wie es weitergeht, wissen wir nicht.

In dieses Gefüge nun, das sich zähflüssig bewegt und so unaufhaltsam ist wie die heiße Lava, zeichnen wir nun kristallhart unseren Plan und unsere Korrektionen, und wir wählen uns einen Zeitpunkt aus, an welchem dieser Plan fertig sein soll und von welchem an wir oder unsere Nachkommen in den Genuß seiner Verbesserungen kommen sollen. Zu seiner Verwirklichung aber – welches Paradox! – benützen wir eben jene Beweglichkeit der Lava, ohne welche wir ja keine Veränderung machen könnten. Das Rezept ist alt und auch der Spott darüber, und vielleicht erraten Sie es an der Sprache, daß sich die folgenden Sätze nicht auf unsere Basler „Talentlastungsstraße" beziehen, sondern Goethes Schilderung der Stadt Straßburg entnommen sind.

„Intendant Gayot hatte sich vorgenommen, die winkligen und ungleichen Gassen Straßburgs umzuschaffen und eine wohl nach der Schnur geregelte, ansehnliche, schöne

Stadt zu gründen. Blondel, ein Pariser Baumeister, zeichnete darauf einen Vorschlag, durch welchen hundertundvierzig Hausbesitzer an Raum gewannen, achtzig verloren und die übrigen in ihrem vorigen Zustande blieben. Dieser genehmigte, aber nicht auf einmal zur Ausführung zu bringende Plan sollte nun durch die Zeit seiner Vollständigkeit entgegenwachsen, indessen die Stadt, wunderlich genug, zwischen Form und Unform schwankte. Sollte zum Beispiel eine eingebogene Straßenseite gerade werden, so rückte der erste Baulustige auf die bestimmte Linie vor; vielleicht sein nächster Nachbar, vielleicht aber auch der dritte, vierte Besitzer von da, durch welche Vorsprünge die ungeschicktesten Vertiefungen als Vorhöfe der hinterliegenden Häuser zurückblieben.

Gewalt wollte man nicht brauchen, aber ohne Nötigung wäre man gar nicht vorwärtsgekommen, deswegen durfte niemand an seinem einmal verurteilten Hause etwas bessern oder herstellen, was sich auf die Straße bezog. Alle die seltsamen zufälligen Unschicklichkeiten gaben uns wandelnden Müßiggängern den willkommensten Anlaß, unseren Spott zu üben, Vorschläge zur Beschleunigung der Vollendung nach Behrischens Art zu tun und die Möglichkeit derselben immer zu bezweifeln, ob uns gleich manches neu entstehende schöne Gebäude hätte auf andere Gedanken bringen sollen. Inwieweit jener Vorsatz durch die lange Zeit begünstigt worden, wüßte ich nicht zu sagen."

So ging die Sache also damals wie heute. Wir benützen die Beweglichkeit und Veränderlichkeit aller städtischen Dinge, um die Stadt in eine Form zu bringen, in welcher sie dann bleiben soll. Aber wir überlegen uns nicht, wie wir die Mächte des Wandels, die wir gar nicht zu rufen brauchen, weil sie schon immer da sind, an jenem gewählten Ziel wieder loswerden. Während wir uns nämlich auf dem Wege zu jenem aus heutiger Sicht idealen Stadtplan befinden, ändern sich wieder die Gegebenheiten, und am Ziel angekommen, würden wir feststellen, daß wir in einer falschen Richtung gearbeitet haben. „Würden", so sage ich, weil wir in Basel zu einem solchen Ziel noch nie gelangt sind, sondern gewöhnlich schon vorher den Stadtplan mitsamt dem Planer wechseln.

Deshalb, glaube ich, ist der Augenblick gekommen, wo wir von diesem starren zwei- oder bestenfalls dreidimensionalen Planen abkommen müssen. Die Verwirklichung jedes möglichen vermeintlich besten Stadtplanes zielt um so sicherer in die Irre, als ein solcher Stadtplan ja keineswegs wirtschaftlich neutral ist. Vielmehr gehen von ihm höchste Kräfte sekundärer Art aus, welche Attraktionen oder Diskriminierungen schaffen. Es ist wohl kaum mehr nötig, nochmals an den Denkfehler der „Talentlastungsstraße" zu erinnern, welche entlasten wollte, indem sie aufwertete, da man zu ihrem Bau die Unternehmer durch eine kräftige und zudem gesetzwidrige Aufzonung anlocken wollte. Mit einigem Kopfnicken nimmt man daher das Ende zur Kenntnis, das der Leibbrand-Plan jener Straße bereitet hat: es besteht in einem Kehrplatz für diejenigen Autofahrer, die sich zu weit in die „Talentlastungsstraße" vorgewagt haben. Möge dieser Kehrplatz auch diejenigen zur Umkehr anspornen, die noch immer in den festen Schienen der nur verkehrsmäßigen Stadtplanung denken!

Auch in anderer Hinsicht ist es falsch, die Faktoren des Verkehrs isoliert zu betrachten und als neutral anzusehen. Ich denke an die Verkehrszählungen und Verkehrsschätzungen für die Zukunft. Wir gewinnen die Grundlagen, die wir unseren üblichen Plänen zu Grunde legen, mit dem Mittel der Extrapolation. Wir malen uns eine der vielen aufsteigenden Kurven an die Wand, die sich der gegenwärtigen Entwicklung entnehmen lassen, beispielsweise die Zunahme der Autos, und setzen sie in der begonnenen Aufwärtskrümmung über das Jahr 1959 hinaus fort in eine fortschrittsträchtige Zukunft.

Je steilere Kurven sie macht, desto weitsichtiger erscheint uns die Prognose. Solche Extrapolation setzt nicht nur voraus, daß alle anderen Dinge gleichbleiben oder mit anwachsen, sie tut auch so, als ob die höhere Zahl keine Rückwirkungen auf sich und andere Faktoren hätte.

Nun sind aber gerade solche anwachsenden Größen in höchstem Maße aktiv und wirkungsreich, und ein Plan, welcher sich mit ihnen abgibt, muß ein eingebautes Feed-Back haben, das ihn den im Laufe seiner Durchsetzung entstehenden neuen Situationen laufend anpaßt; denn mit unserer vermeintlichen Weitsicht vergessen wir den möglichen Umschlag der höheren Quantität in neue Qualität.

In solche Fehlrichtung bewegt sich jeder Schluß vom gegenwärtigen auf den zukünftigen Verkehr mittels Verkehrszählungen. Der Verkehr sucht sich seine Möglichkeiten in den Gegebenheiten des gegenwärtigen Verkehrssystems. Wenn wir dieses System korrigieren wollen, so dürfen wir nicht von Zahlen ausgehen, die von ihm geprägt sind. Wir zählen beispielsweise das Auto eines Mannes, der von der Solitüde nach Kleinhüningen zur Arbeit fährt, und extrapolieren, daß Anno 2000 an seiner Stelle zweieinhalb Autos fahren.

Aber vielleicht würde dieser Mann samt seinen eineinhalb statistischen Kollegen den Bus benützen, wenn dieser über den Claraplatz hinaus rheinabwärts fahren würde. Und bekanntlich können wir mit keinem Mittel die Straßen besser entlasten als mit der Umwandlung von Autofahrern in Straßenbahnbenützer. Das aber geht nur mit einem extremen Dienste am Kunden. Die Grundlage einer Neuplanung des Verkehrs wäre also zunächst einmal eine engmaschige Bestimmung der gegenwärtigen Verkehrsströme nicht nach ihrem jetzigen Lauf durch die Straßen, sondern nach der Luftlinie zwischen ihrem Ursprung und Ziel. Der Anfang zu einer solchen Studie wurde zwar gemacht und veröffentlicht, doch ist sie noch zu weitmaschig angelegt, so daß nicht zu erkennen ist, ob die gegenwärtigen Verkehrsströme mit den kürzesten Verbindungen der Wohn- und Arbeitsorte übereinstimmen oder nicht.

Wenn wir heute daran denken, dem öffentlichen Verkehr eine neue Ebene in der Tiefe zu geben, so wäre es wichtig, daß eine möglichst große Zahl von Verkehrsteilnehmern diese Bahn auch benützt und nicht durch private Motorisierung unsere kostspieligen unterirdischen Veranstaltungen sinnlos macht. Der öffentliche Verkehr kann sich aber auf die Länge seine Kundschaft nur bewahren, wenn er ihr eine Bequemlichkeit bietet, die dem privaten abgeht.

Früher bot das Auto den Transport von Tür zu Tür, von Wohnungstür zu Betriebstor. Je schwieriger das Parkierungsproblem zu lösen ist, desto größer werden die Chancen des öffentlichen Verkehrs, daß er mit seinen reservierten Halteplätzen dem Ideal des Door to Door näher kommt als der private. Diese Chance kann aber nur genutzt werden, wenn sich das Netz wirklich den Arbeitswegen anpaßt und auch eine gewisse Flexibilität behält.

Bei uns rechnet das öffentliche Verkehrsmittel immer noch in privatwirtschaftlicher Weise ab. Wenn wir auch nicht mehr glauben, daß es rentieren soll, so werden doch relativ kleine Fehlbeträge seiner Jahresrechnung stets mit Stirnrunzeln registriert. Andere Sparten unseres städtischen Haushaltes werden durchaus anders verbucht. Obwohl wir ununterbrochen an unseren Straßen herumdoktern und stets irgendwo wenigstens eine Traminsel verlegt wird, sehen wir diese Ausgaben nicht an als jährliches Defizit der „Basler Straßenbetriebe" – wie das als Gegenstück zu den Verkehrsbetrieben heißen müßte –, sondern als jeweils einmalige Ausgabe oder sogar Investition. Daß ein Zusammenhang besteht zwischen den dem Tram verlorenen Kunden und den von Autos und Velos verstopften Straßen, die nun verbreitert werden müssen, kommt in dieser unserer Buchhaltung nicht zum Ausdruck.

Martin Wagner, der amerikanische Stadtplaner, hat einmal seiner Verwunderung Ausdruck gegeben, daß die Architektur, die so viele technische Spezialzweige ausgebildet hat, den einen, heute wichtigsten, vergaß: den Stadtökonomen, den Mann also, der über die Stadt eine gesamtwirtschaftliche Bilanzrechnung eröffnen kann und der uns beispielsweise sagen könnte, was uns ein solcher dem Tram untreu werdender Verkehrsteilnehmer über die nicht mehr bezogenen Abonnemente hinaus an Unkosten verursacht. Vielleicht würde uns ein solcher Stadtökonom vorrechnen – ich sage vielleicht –, daß unsere Defizite in der BVB-Jahresrechnung die einträglichsten Investitionen unserer Staatskasse sind. Vielleicht würde er uns sogar beweisen, daß sich die großen Kosten einer Umlegung von Linien und überhaupt eine flexiblere Gestaltung des Liniennetzes in unserem Jahrhundert des Dienstes am Kunden bezahlt machen – bezahlt allerdings nicht im sichtbaren Haushalt, sondern als Einsparung von Korrektionen.

Solange es aber den Stadtökonomen und damit die städtische Gesamtabrechnung nicht gibt, bleiben wir eben stecken in den Rechenkünsten des „guten Hausvaters", und es ist oft seltsam zu hören, wie Unternehmer, die weltweite Betriebe in moderner wirtschaftlicher Gesinnung voranzutreiben gewohnt sind, an die Stadtprobleme herantreten, als wäre es ihre Milchrechnung. Wir können die wissenssoziologischen Ursachen nur vermuten, die dahin geführt haben, daß wir zwar Konjunkturforschung und Programmierungswissenschaft mit Elektronengehirnen betreiben, nicht aber Bescheid wissen über die Gesamtzusammenhänge der Stadtwirtschaft.

Bei den Diskussionen um die Stadtkorrektion fällt immer wieder das Wort, unsere Stadt Basel sei aus topographischen Gründen verkehrsfeindlich. Jede Stadt hat natürlich ihre besonderen Schwierigkeiten, die eine stößt an einen See, die andere ist auf Hügeln erbaut, und beispielsweise die Stadt Wuppertal liegt in einem Graben, der dazu geführt hat, daß sie vierzehn Kilometer lang, aber nur fünfzehn Fußgängerminuten breit wurde. Und doch sind die Probleme, mit denen unsere Innenstädte zu kämpfen haben, ja überall dieselben; und wenn man diese Gemeinsamkeit ableugnet, so erinnert mich das immer an jene Völkerstämme, die nicht wissen, daß es Fische gibt, sondern sagen, es gebe doch nur Haie, Karpfen, Hechte und Aale. Eine City ist verkehrsfeindlich aus Notwendigkeit; denn in ihr besteht ein ständiger Kampf zwischen den Bedürfnissen des Handels und denen des Verkehrs. Dabei sind diese schicksalhaft miteinander verknüpft; hat die Wirtschaft zwar Platz, aber der Verkehr nicht, so kann auch jene nicht leben, nimmt die Straße dem Handel das Land weg, so verödet sie selber auch. Und doch gibt es in diesem Seilziehen kein Gleichgewicht, oder nur ein höchst labiles, welches bei leisem Anstoß umkippen kann. Denn eben hier ist die Stelle, wo die der Stadt inhärenten Akkumulationsgesetze besonders wirksam werden.

Aus scheinbar irrationalen Gründen ist eine Straße belebt, einfach weil sie belebt ist, und wird es einmal eine andere, so schließen wir uns dem neuen Strome an. Nach diesem unheimlichen Gesetz ist bekanntlich die City von Paris schon im Dreiviertelkreis um die ganze Stadt gewandert: von der Insel zur Place des Vosges, dann südlich ins Quartier Latin, westlich weiter zur Militärschule, dann wieder über die Seine zurück. Hinter sich ließ sie die ausgewohnten Paläste, welche den ärmeren Schichten noch heute ein Obdach bieten.

Aus solchen Gründen ist jede Manipulation an der City gefährlich, denn ihre Folgen sind unabsehbar. Ich hatte in Dortmund als wissenschaftlicher Mitarbeiter der „Sozialforschungsstelle an der Universität Münster" Gelegenheit, die wirtschaftlichen Auswirkungen einer sogenannten großzügigen Stadtkorrektion zu studieren. Dort wurden in dem ansehnlichen Gebiet der mittelalterlichen Stadt, welche die heutige Geschäftsstadt bildet, die Straßen so verbreitert, daß der Anteil der Verkehrsfläche an der Gesamtfläche von 30% auf 50% stieg. Trug man in den alten Stadtplan die alten Schätzwerte der Grundstücke ein, so erhöhten sie sich, wie zu erwarten war, allmählich gegen die Stadtmitte und bildeten, bildlich dargestellt, einen Hügel, der gerade außerhalb der Wallstraßen endete und in das gleichmäßige Niveau der Wohnzonen überging. Von einer Stadtkorrektion, die der Verkehrsmisere zu Leibe rückt, wäre nun zu erwarten gewesen, daß sie die Vergrößerung der City angestrebt und jenem Bodenpreishügel

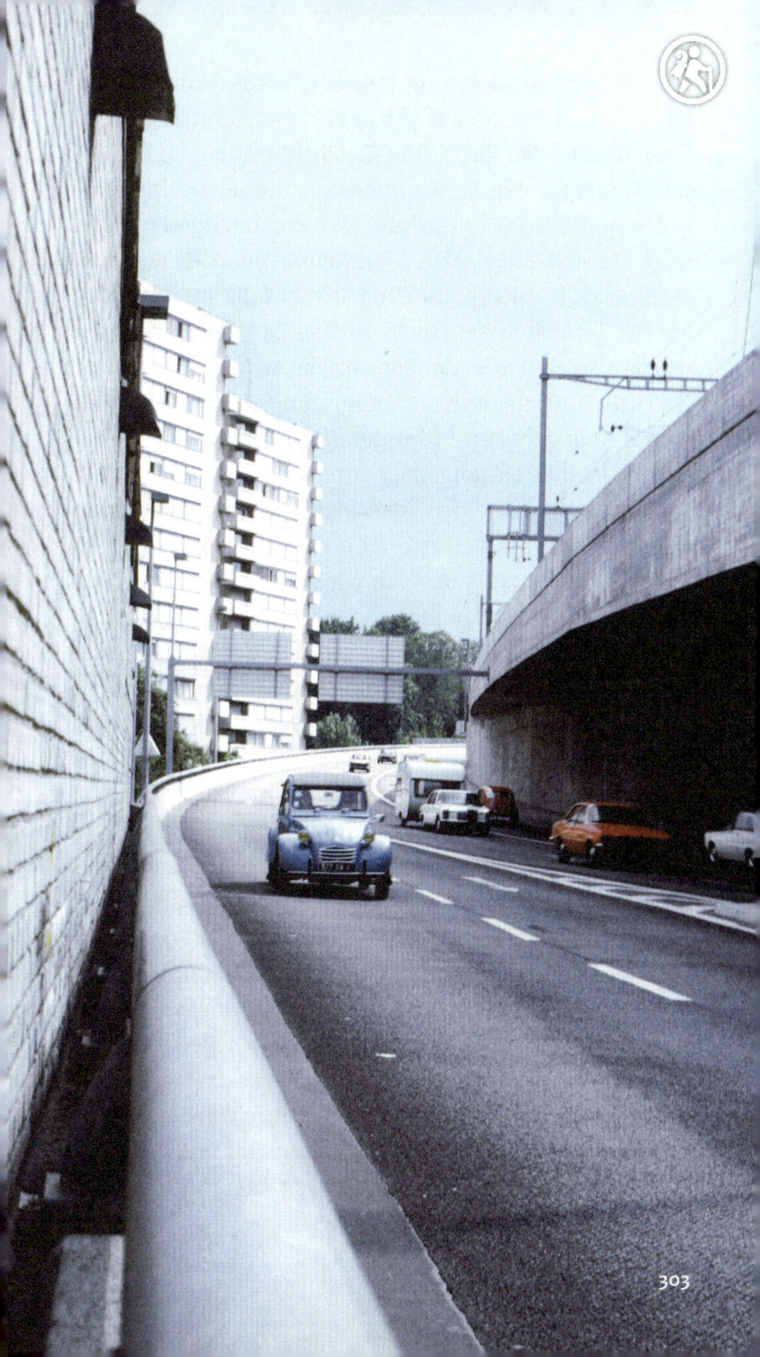

eine weitere Ausdehnung gegeben hätte. Nun, die Wirkung der Korrektion war genau entgegengesetzt: nach der Erweiterung der Ring- und Zufahrtsstraßen sanken alle randständigen Werte, während nur die in der innersten Mitte in die Höhe schnellten. Das einkaufende Publikum weigerte sich, die einfallenden Rennbahnen als Einkaufsstraßen zu benützen, und zog sich auf die intakten Stellen des innersten Zentrums zurück. Die neue Preiskurve wurde also ein Turm, der den vorigen sanften Hügel in der Mitte durchsticht, und die Verstopfung des innersten Teils wurde so ungeheuer, daß wider den Willen der Planbehörde eine kleine Fußgängercity entstand.

Es braucht nicht den nichtexistierenden Stadtökonomen, um uns die Verluste zu errechnen, die bei solcher Entwicklung entstehen. Auch wir haben eine City, in welcher ein immer steigender Landpreis die Renditen ungenügend erscheinen läßt, was mitten in der Wohnungsnot zu Abbrüchen und zur Zerstörung hochwertiger Kapitalgüter führt. Es ist zu vermuten, daß ein so auf die bisherigen Stränge der City ausgerichtetes Verkehrssystem wie das für Basel geplante diese Entwicklung nur noch verstärkt. Dabei könnte ja gerade ein sich unterirdisch fortbewegendes System frei von allen Bindungen der überkommenen Stadt an das Werk der sorgfältigen Ausdehnung der City gehen. Denn das schöpferische und wertschaffende Prinzip, das in einer Neuanlage des Verkehrsmittels liegt, muß doch – unternimmt man schon das große Werk – voll ausgenützt werden. Es gehört zu jenem synthetischen Denken in gesamtwirtschaftlichen Zusammenhängen, das wir von einem Stadtplaner unserer Zeit erwarten, daß er den Verkehr nicht nur bewältigen, sondern lenken will und dafür das Mittel der Erschließung durch neue Linienführung, neue

Haltestellen und auch eine mutige Tarifpolitik zu benützen weiß, die nicht der Hausfrau ihr ganzes Abonnement durchlöchert, wenn sie vernünftigerweise ihre Einkäufe auf ein weiteres Gebiet ausdehnt als auf die innerste City.

Die Manövrierfähigkeit und Flexibilität auf dem Gebiete des öffentlichen Verkehrsmittels ergibt uns ja gerade jenes notwendige Feed-Back, von dem ich gesprochen habe, die Korrektur der durch den Korrektionsplan selber ausgelösten sekundären Fehlentwicklungen. Und da jeder, auch und gerade der augenblicklich „beste" Plan zu solchen Fehlentwicklungen führt, kommen wir zurück zur Frage, ob wir nicht nun endgültig abgehen sollten vom steten Wechsel der fiktiv ewigen Korrektionspläne und statt dessen übergehen zur Kontinuität der flexiblen Planung.

Man hat bekanntlich das Verkehrsgutachten von 1958 den Baulinien des Korrektionsplanes von 1949 untergeordnet; zur Wahrung der Kontinuität und um nicht erneute Unsicherheit in die Boden- und Bauwirtschaft der Innenstadt zu bringen – Sie wissen schon, was damit gemeint ist. So wird sich rein äußerlich am Stadtbild nicht vielmehr ändern, als was auch so geändert hätte. Es ist bestimmt nicht unbelehrbare Kritiklust und krankhafte Neinsagerei, wenn wir zu einem solchen „besten" Plan schon aus dem Grunde kein Vertrauen fassen können, weil er wiederum von der Fiktion eines erst in zwanzig Jahren erreichten Zieles ausgeht, zu dessen Erreichung überdies Summen aufgebracht werden müssen, die heute nur bewilligt werden unter der chimärischen Vorspiegelung, daß 1980 ein Endzustand erreicht sei, nach welchem wir unseren auf 50 Franken pro Kopf und Jahr bezifferten Beitrag nicht mehr zu leisten hätten. Hat man schon einmal die gute Idee, die Ausgaben für die Stadtkorrektion endlich in Pro-Anno-Zahlen anzugeben und nicht als einmalige Aufwendungen, so könnte man doch gleich auch mit der Fiktion aufräumen, daß sie jemals wieder verschwinden würden. Kurz vor seinem Tode schrieb mir Martin Wagner als Antwort auf eine Schrift, die ich ihm zusandte: „Wie sag' ich es meinen Kindern, daß Städtebau sehr langlebig ist, jedenfalls langlebiger als ein politisches Mandat und darum vierdimensional und nicht nur dreidimensional erbaut werden muß?" Das alles soll nun durchaus nicht etwa heißen, daß wir dem Gutachten Leibbrand den Kampf bis aufs Messer ansagen. Wir möchten nur wünschen, daß man es als das behandelt, was es ist, nämlich ein Verkehrsgutachten und kein Stadtplan.

Es zeigt eine Möglichkeit auf, wie man – ohne große Abweichungen vom geltenden Korrektionsplan – den Zubringerverkehr zur Innenstadt verbessern kann für diejenigen, welche wirklich in die Innenstadt wollen. Ob aber, als seinerzeit der Große Rat der Regierung den Auftrag zur Einholung dieses Gutachtens gab, diese Bindung an den doch offensichtlich schon veralteten Korrektionsplan gewünscht wurde? Vermutlich entstand der Auftrag doch bei manchem gerade in der stillen Hoffnung, von eben jener verunglückten Konzeption von 1949 wieder abzukommen. Dennoch hat uns das Gutachten Leibbrand einen großen Schritt nach vorn gebracht. Zum erstenmal für Basel wurde mit solchem Gewicht das Argument vorgetragen, daß eine Lösung mit zwei Ebenen wünschbar, planbar und auch zahlbar sei. Das ändert sich auch nicht, wenn man gewisse offenkundige Fehler des Plans kritisiert, wie zum Beispiel die Ausrichtung des oberirdischen Verkehrs auf die nicht vorhandene Totentanzbrücke.

Was ich Ihnen aber heute abend vor allem ans Herz legen wollte, ist jene Gesinnung des Planes, die den Zeitablauf nicht nur als Bauzeit mit nachfolgender Ruhezeit auffaßt, sondern als eine aktive Dimension des städtischen Lebens, in welcher eine Fülle teils voraussehbarer, teils unerwarteter Entwicklungen ablaufen, die ihrerseits bald durch gesellschaftliche und wirtschaftliche Veränderungen, bald von unseren Plänen selber in Gang gesetzt werden. Diese Entwicklungen der Zeitdimension in einem höheren Sinne wieder zu planen und zu bändigen, ist die Stadtbaukunst der Zukunft – einen solchen wirklichen Stadtplan macht man aber erst zu allerletzt mit Lineal und Reißbrett, zunächst aber mit dem zarteren Mittel der Stadtwirtschaft: Steuern, Gesetzen, Verkehrsregeln, Straßenbahntarifen.

Man kann eine solche flexible Auffassung von der Stadtplanung absichtlich mißverstehen als eine Form des Nichtplanens, als ein offenes Laissez-faire. Nichts liegt mir ferner, als Planlosigkeit zu predigen und das Abwarten der sogenannten organischen Entwicklung – das Denken in Zeitabläufen soll rechtzeitig vor Verlusten schützen, während die Planlosigkeit die höchsten Unkosten schafft. Das gilt für die finanziellen Verluste sowohl wie für die unbezifferbaren Einbrüche in die Schönheit unseres überkommenen Stadtbildes.

Referat vor der grossrätlichen Kommission für den Gesamtverkehrsplan am 3. Oktober 1969

In den folgenden Ausführungen werde ich darüber berichten, dass die Planung Cityring/Tiefbahn auf ungenügenden theoretischen Grundlagen ruht, methodisch falsch angepackt ist, von gar keinen oder veralteten Vorstellungen über das Besiedlungsleitbild ausgeht und die Interdependenz zwischen Stadt und Region vernachlässigt. Ich werde deshalb vorschlagen, den Ratschlag 6464 fallen zu lassen und an dessen Stelle zweierlei Massnahmen einzuleiten: 1. Sofortmassnahmen sowohl baulicher wie organisatorisch-betrieblicher Art; 2. Die Einleitung einer fundierten und den modernen Erkenntnissen des Städtebaus angemessenen Planung.

1. Fehlende Methodik

Die Verkehrsplanung der Stadt Basel ist methodisch falsch angepackt worden. Das ergibt sich sogleich, wenn man sie an den „Richtlinien zur Orts-, Regional- und Landesplanung" des Institutes für ORL-Planung an der ETH überprüft. Diese Richtlinien haben insofern verbindlichen Charakter für die Eidgenossenschaft, als sie über die Subventionierungsberechtigung einer Planung entscheiden. Wäre Basel ein finanzschwaches Dorf, das seine Planung vom Bund subventionieren lässt, es müsste abgewiesen werden. Nur deshalb, weil wir die Planung selber bezahlen, leisten wir uns eine Fehlplanung. Ich verweise auf Blatt 511–521 „Zweckmässigkeitsprüfung von Regionalplanung": Dort ergibt sich beispielsweise in Punkt 4.2 der Vorrang des Siedlungsplanes über den Verkehrsplan und in Punkt 4.3.7 die Forderung, für den Verkehrsplan Varianten zu erstellen, welche nur die Projektstufe einer Planungsstudie im Sinne der VSS-Normen erreichen sollen. In Basel aber wurde mit dem Verkehrsplan begonnen und eine einzige Möglichkeit vorzeitig zu einer hohen Genauigkeitsstufe vorangetrieben.

2. Fehlende theoretische Grundlagen

In vielen wissenschaftlichen und technischen Sparten setzt sich seit den dreissiger Jahren unseres Jahrhunderts eine neue Auffassung durch: Man geht ab von der eingleisigen Betrachtung von Ursachen und Wirkungen, welche zur blossen Bekämpfung von Symptomen führt, und versucht, Wirkungszusammenhänge von Systemen festzustellen, auf welche dann mit strategisch ausgewählten Massnahmenbündeln eingewirkt wird. Ein Beispiel: Wenn früher eine Strasse verstopft war, so hat man diese verbreitert. Als Folge der Verbreiterung entstand eine neue, besser genutzte Randbebauung, was wiederum eine Steigerung des Verkehrs und erneute Verstopfung zur Folge hatte. Oder: Wenn Parkplätze fehlten, so forderte man die Liegenschaftsbesitzer auf, solche zu schaffen; das hatte zur Folge, dass das innerstädtische Strassennetz von Automobilen auf der Suche nach einem Parkplatz überflutet war.

In der modernen Betrachtungsweise schreitet man nicht von Übel zu Abhilfe, sondern man analysiert die gesamten Wirkungszusammenhänge. Die Analyse versucht, modellartige Vorstellungen vom Funktionieren der Stadt zu gewinnen. Die Wirkung der einzelnen Eingriffe kann an diesen Modellen simuliert werden. Ein Beispiel: Vielleicht kann eine bestimmte Zufahrtsstrasse dadurch vom Verkehr entlastet werden, dass die Attraktivität des öffentlichen Verkehrsmittels auf dieser Strecke gesteigert wird. Diese Steigerung kann durch erhöhte Frequenz, niedrigere Fahrpreise, bequemere Wagen oder günstigere Umsteigeverhältnisse erreicht werden, – vielleicht aber sind alle diese Massnahmen wirkungslos, und es muss die Zahl der Parkplätze am Zielort gesenkt werden. Die Antwort darauf, welche Massnahmen oder Kombinationen von Massnahmen zum erwünschten Ziel führen, ohne üble Nebenwirkungen zu erzeugen, gibt uns nur die Simulation am Modell.

Die konventionelle Planung, wie sie leider bei uns noch betrieben wird, ist eine „closed-end"-Planung. Sie geht von der Fiktion aus, dass die Übelstände durch eine Massnahme für alle Zeiten behoben werden können. So war man 1949 der Meinung, die sogenannte Talentlastungsstrasse behebe die Verstopfung der Innerstadt, und so soll die Tieflegung der Strassenbahn in der Innerstadt wiederum zum gleichen Ziel führen. Diese Planungen verstehen sich als endgültig und von vermeintlich ewiger Gültigkeit.

Demgegenüber ist moderne Stadtplanung nach der Zukunft hin offen, „open-end"-Planung. Die Wirkung der durchgeführten Eingriffe wird sorgfältig gemessen, und das Resultat kann zu einer Korrektur der Planung führen. Ebenso wird auf unliebsame Nebenwirkungen geachtet, wie beispielsweise Verslumung entlang von Einfallstrassen, Wertverminderung durch Baulärm und Verkehrslärm, Veränderungen der Bevölkerungszusammensetzung in der Innerstadt oder in den Vororten usw. Gemessen wird auch neben den Baukosten der betriebswirtschaftliche Aspekt der Massnahmen, darüber hinaus auch der gesamte volkswirtschaftliche Nutzen oder Schaden (Cost-Benefit-Rechnung), sowie die Verteilung der Vorzüge und Lasten auf die verschiedenen Bevölkerungsschichten und Einkommensklassen. Denn stadtplanerische Eingriffe der herkömmlichen Art richten sich oftmals gegen die ohnehin benachteiligten oder unmündigen Bevölkerungsschichten: sie gehen zu Lasten der alten Leute, der Kinder, der ärmeren Bevölkerungsteile.

3. Bedenken zum Konzept Cityring/Tiefbahn

Erste Vorbemerkung: Aus Diskussionen mit beteiligten Fachleuten ergab sich eine Differenz der Auffassungen darüber, was im Ratschlag 6464 überhaupt vorgeschlagen sei. Einige Fachleute betrachten die vorgeschlagene Tiefbahn im „Dreieck" als endgültige Lösung. Andere Fachleute geben offen zu, dass sie eine Erweiterung des Tiefbahnnetzes bis an jene Stellen, wo der Bahnkörper vom Strassenkörper ohnehin getrennt ist, als unausweichlich ansehen. Ein solches Konzept kostet aber nicht 192 Millionen Franken, sondern über eine Milliarde. Eine dritte Gruppe von Fachleuten erklärt, es werde ja gar nicht das ganze „Dreieck" durchgeführt, sondern lediglich eine Tieflegung vom Bahnhof bis zum Aeschenplatz. Unter solchen Umständen erscheint es mir vorläufig als müssig, den Ratschlag 6464 überhaupt materiell zu diskutieren.

Zweite Vorbemerkung: Eine ernsthafte Diskussion der Konzeption Cityring/Dreieck erübrigt sich auch deshalb, weil das entsprechende Messinstrument oder Beurteilungsinstrument für eine Verkehrskonzeption gar nicht bereitgestellt wurde. Wir verfügen zurzeit nicht über ausreichende regionale Verkehrszählungen, die in der Weise aufbereitet sind, dass Planungsvorschläge getestet werden können. Die Konzeption Tiefbahn wurde im Jahre 1964 abgeschlossen; seit dem Jahr 1965 werden Verkehrsdaten erhoben. Es besteht also gar kein Zusammenhang zwischen der Planungskonzeption und den Planungsgrundlagen. Ein solches Vorgehen richtet sich selbst. Ich beschränke mich deshalb im Folgenden auf die stichwortartige Erwähnung möglicher Einwände gegen die Tiefbahn:

1. Die Konzeption Cityring/Tiefbahn ist eine isolierte, nur auf die Stadt bezogene Massnahme und vernachlässigt die Verkehrszusammenhänge in der Region. Da der Verkehr in der Innenstadt grossenteils am Stadtrand oder in der Region entsteht, kann die Innerstadt nicht isoliert saniert werden.

2. Die Separierung von Strasse und Bahnkörper in der Innenstadt erzeugt Verstopfungen in jener Zone, in welcher die beiden Verkehrsmittel wieder die gleiche Verkehrsfläche beanspruchen müssen. Die Begrenzung der Tieflegung auf das „Dreieck“ ist deshalb eine Illusion, und damit auch die Kostensumme von 192 Millionen Franken.

3. Die Tiefbahn ist eine Benachteiligung jener Schichten, die auf das öffentliche Verkehrsmittel angewiesen sind, gegenüber den Automobilisten, welche ursächlich die Stadt verstopfen.

4. Wie schon erwähnt, wurden Betriebsrechnungen oder gar volkswirtschaftliche Kosten- und Nutzungsrechnungen nicht durchgeführt (diesbezügliche Projekte wurden aus nur zu verständlichen Gründen wieder fallengelassen). Eine Planung soll aber nicht nur nach ihren Baukosten beurteilt werden, sondern auch nach ihren Konvenienzen und Inkonvenienzen, also nach Landaufwertungen, Attraktivitätssteigerungen, oder nach Unbeliebtheit und Hässlichkeit. Investitionskosten und betriebswirtschaftliche Kosten sowie volkswirtschaftlicher Nutzen stehen in einem bestimmten inneren Zusammenhang. So kann man beispielsweise

mit Defiziten im öffentlichen Verkehrsmittel Investitionen auf der baulichen Seite sparen oder Inkonvenienzen für bestimmte Stadtgebiete vermeiden.

5. Die Tiefbahn verbaut künftige Verbesserungsmöglichkeiten des öffentlichen Verkehrs. Beispielsweise verunmöglicht die Unterfahrung des Bundesbahnhofs die Anlage von S-Bahn-Geleisen in der zweiten Ebene. Die Zufahrt von Vorortsbahnen oder beispielsweise einer Flughafenbahn kann damit nicht abgenommen werden.

6. Bauzeit ist auch Zeit. Der Bau der Tiefbahn in offener Bauweise und in den wichtigsten Strassen der Stadt lässt die Stadt ersticken. Die Stadt wird während der Bauzeit solche Veränderungen durchmachen, dass die vermeintlichen innerstädtischen Zielorte ihre Attraktivität eingebüsst haben. Ähnlich haben in manchen deutschen Grossstädten die Bombardemente den Aufbau der Arbeitsplatzverteilung in der Stadt über den Wiederaufbau hinaus und für alle Zeiten verändert.

4. Sofortmassnahmen

Gleichzeitig mit der Einrichtung einer regionalen Verkehrsplanung müssten einige dringliche Sofortmassnahmen durchgeführt werden. Diese Sofortmassnahmen brauchen keineswegs nur baulicher Natur zu sein; ebenso wirksam sind organisatorische oder betriebliche Verbesserungen. Beispielsweise wäre es wünschenswert, wenn die Region Basel auch eine Tarifregion werden könnte, sodass die Fahrkarten und Abonnemente der einzelnen Bahngesellschaften aufeinander abgestimmt wären.

Die taxfreie Strassenbahn würde in mehrfacher Hinsicht Erleichterung bringen: Die Attraktivität des öffentlichen Verkehrsmittels steigt, der Personalmangel wird behoben und die Schikanierung des Publikums – insbesondere ortsunkundiger Personen – durch die Automaten fällt dahin. Eine wichtige organisatorische Leistung wäre auch die Schaffung eines regional-koordinierten Fahrplanes und die Verbesserung der Umsteigeverhältnisse. An baulichen Massnahmen nenne ich ebenfalls die Verbesserung und Koordinierung des Umsteigens zwischen den verschiedenen öffentlichen Verkehrsmitteln, zudem die weitere Entflechtung der Strassenbahn („grüne Schlangen") und die allmähliche horizontale Trennung von Schiene und Strasse. Sofort müssen auch die Verhandlungen mit der Bundesbahn über den Vorortsverkehr begonnen werden.

5. Die Einleitung einer regionalen Planung

Der Verkehrsplan ist nur ein Plan unter anderen, beispielsweise dem Landschaftsplan, dem Versorgungs- und Entsorgungsplan usw. Insofern darf auch der Verkehrsplan nicht ausschlaggebend für die planerischen Entscheidungen sein: Im Vordergrund steht vielmehr der volkswirtschaftliche Nutzen, das durch die Summe der Pläne vermittelte Wohlbefinden für die Gesamtheit und für den Einzelnen. Dieses Wohlbefinden ist keineswegs eine nebulöse Angelegenheit, sondern lässt sich in Geldwert messen.

Die Verkehrsplanung hat auszugehen von der Besiedlungsplanung; der Verkehr hat allein eine dienende Funktion, übergeordnet sind die Fragen: Wo soll man in Zukunft wohnen? Wo soll man arbeiten? Es müssen also zunächst ein oder mehrere Besiedlungsleitbilder der Region Basel erarbeitet werden, die sich aus den Bevölkerungsprognosen,

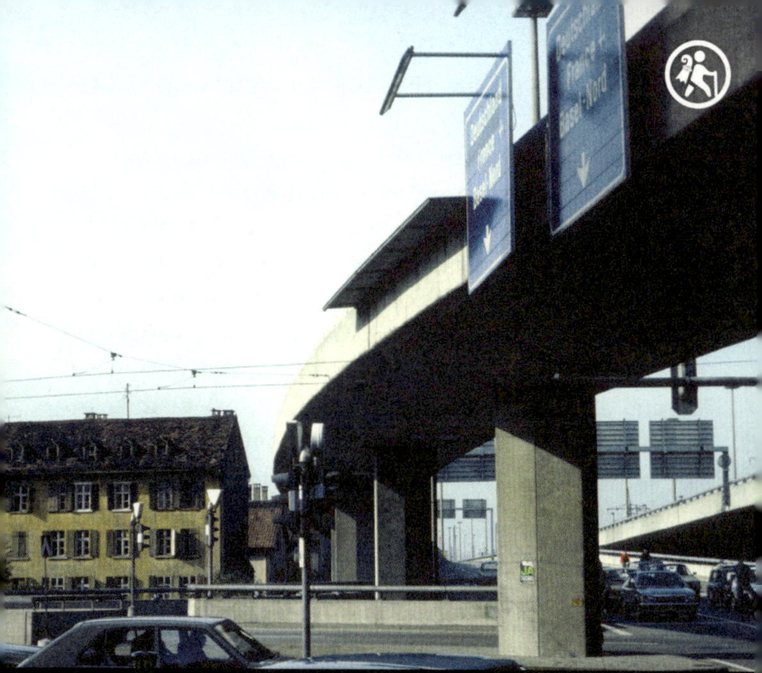

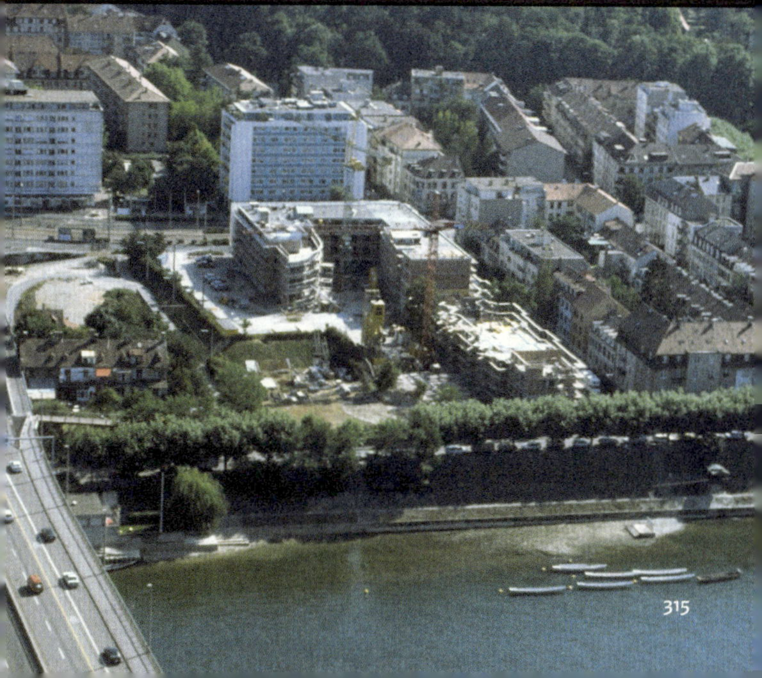

den Tendenzen des örtlichen Wachstums und aus planerischen Entschlüssen ergeben.

Gleichzeitig kann mit der Erarbeitung von Verkehrsplan-Varianten begonnen werden. Verkehrspläne und Besiedlungspläne bedingen sich gegenseitig; jede Verkehrsplanung, welche nicht auf einem Besiedlungsleitbild ruht, führt unweigerlich zu Fehlinvestitionen. Aus den Besiedlungsleitbildern ergeben sich Wunschlinien, welche auf die Transportplanvarianten umgelegt werden müssen. Auf Grund dieser Umlegung kann das Verkehrssystem belastet werden, woraus sich die Dimensionierung und beim öffentlichen Verkehr die Frequenz ergibt. Das Instrument dieser Umlegungen und Belastungen ist ein im Computer gespeichertes Transportmodell. Ohne ein regionales Transportmodell ist es völlig müssig, über die Vorlage Cityring/Tiefbahn oder über irgendwelche andere mögliche Varianten zu diskutieren: Der menschliche Kopf ist nicht in der Lage abzuschätzen, ob die zu bauenden Verkehrseinrichtungen den anfallenden Verkehr bewältigen werden oder nicht.

Der Verkehrsplan der Fachverbände ist 1964 abgeschlossen worden. Seit 1965 werden nun – beschränkt auf die Kantone Basel-Stadt und Basel-Land – die Zahlen ermittelt, welche zu einem Verkehrsplan führen könnten bzw. den Verkehrsplan von 1964 ex post beweisen sollen. Der erste Schritt zu einer neuen Verkehrsplanung müsste in der Erweiterung der Verkehrszählung über die Kantone BS/BL hinaus auf das gesamte Pendlergebiet bestehen.

Fehler in der urbanistischen Planung sind nicht so leicht sichtbar wie Fehler in der ingenieurmässigen Planung. Während die Fehlplanungen der Ingenieure zu sichtbaren Katastrophen führen, wie wir sie im Diegtertal erleben konnten, führen urbanistische Fehlplanungen derselben Ingenieure zu unsichtbaren Verlusten beispielsweise auf Liegenschaftswerten, zu Verlusten an städtischer Schönheit und Attraktivität, zu Verlusten durch höhere Reisezeiten und Wartezeiten im Verkehr und zur Anlage von Wohnsiedlungen oder Arbeitsplätzen an ungeeigneten Orten der Region. Wir verweisen in diesem Zusammenhang auf die Gruppenarbeit der Post-Graduate-Studenten am Institut für Orts-, Regional- und Landschaftsplanung der ETH in Zürich über „Entwicklungsmöglichkeiten der Region Basel und ihre Auswirkungen auf die Stadt Basel", Verfasser: P. Clusius, dipl. Arch. ETH; P. Hitz, dipl. rer. nat. ETH; S. M. Schuster, dipl. Arch. ETH; P. W. Vonderhorst, dipl. Arch. ETH; G. de Vries, dipl. Arch. ETH; Begleitung: Prof. Dr. Jakob Maurer. Gemeinhin macht man sich keine Vorstellung über die Grösse der volkswirtschaftlichen Verluste, welche in Folge zu grosser Reisezeit hingenommen werden. Gerulf de Vries rechnet für Basel aus, dass eine Verbesserung der Fahrzeit um 5 Minuten allein auf den während der Arbeitszeit ausgeführten Geschäftsfahrten einen Lohngewinn von 27 Millionen Franken im Jahr ausmachen würde (G. de Vries: „Einführung des Teletrams als öffentliches Verkehrsmittel in der Region Basel", ETH 1969).

6. Schlussbemerkung

Die Stadtplanung befasst sich mit den sichtbaren und unsichtbaren Teilen der Stadt, in der Computersprache: mit der Hardware und mit der Software. Sichtbar sind die Häuser, die Strassen, die Autos und die Schienen. Unsichtbar sind die Besitzverhältnisse, die Frequenzen des öffentlichen Verkehrs, die Tarife, die Wunschlinien der Verkehrsbenützer, die Steuern und vieles andere. Eine veraltete

Stadtplanung glaubt, nur mit den sichtbaren Teilen wirken zu können: mit Abreissen und neu bauen. Moderne Stadtplanung bezieht auch die „Software“ in ihre Überlegungen ein: mit besserer Organisation kann aus dem Bestehenden mehr Leistung herausgeholt werden. Denken wir nur an die bestehenden Schmalspurschienen: Ohne Neubauten kann der Verkehr auf den Schienen um 100% gesteigert werden. Ein solcher Vorortsverkehr könnte, selbst wenn er vorerst defizitär ist, kostspielige bauliche Massnahmen gegenstandslos machen.

Ich richte an die grossrätliche Kommission für den Gesamtverkehrsplan den Appell, sich nicht dem Druck der teilweise direkt interessierten Kreise zu beugen, welche nun nach „Resultaten“ und nach „etwas Tapferem“ rufen. Derselbe Druck hat sich bei der Durchsetzung des Grossbasler Korrektionsplanes 1949, bei der Verbreiterung der Aeschenvorstadt und beim Neubau des Bürgerspitales in verheerender Weise ausgewirkt. Die grossrätliche Kommission muss nicht glauben, auf der Seite der Zukunft und der Jugend zu stehen, wenn sie scheinbar grosszügigen, in Wirklichkeit unfundierten Planungen zustimmt. In der Debatte um die Tariferhöhung der Strassenbahn hat die progressive akademische Jugend gezeigt, was sie von den Behörden erwartet: eine bessere Ausnützung bestehender Investitionen zugunsten aller Schichten, insbesondere der benachteiligten und unterdrückten. Das erfordert weniger Zement, aber vermehrtes Nachdenken.

Masterplan Bahnhof (1987)

Jahrelang haben die verantwortlichen Fachleute, die zum Teil identisch sind mit den Auftragnehmern im Tiefbau, uns vorgeredet, der städtische Verkehr sei „lösbar“: Sie behaupteten, wenn man nach diesem oder jenem Plan die Strassen verbreitere, Unterführungen und Brücken baue, Tiefbahnen und Tiefgaragen anlege, so sei der Verkehr eines Tages wieder „flüssig“ und könne ungestört durch die Stadt fluten.

Nach vierzig Jahren falscher Planung, teurem und zerstörerischem Herumdoktern an der Stadt, dürfte man zur Überzeugung kommen, dass es eine frei befahrbare, vom Verkehr nicht verstopfte Stadt nicht geben kann. Wenn alle in den Wohnquartieren und im Umland der Stadt wohnenden Arbeitnehmer und Stadtbesucher im eigenen Wagen kommen, so ist die Stadt verstopft; – es gibt keine denkbare Verkehrsregelung, die diesen Stadtverkehr „verflüssigen“ könnte. Dennoch leben unsere Verkehrsplaner davon, uns immer neue „Lösungen“ für das unlösbare Problem vorzuschlagen. Sie verdienen daran, bauen die Lösungen ein Stück weit, und legen dann nach einigen Jahren neue Planungen, neue, vergebliche „Lösungen“ vor, für die sie wieder ein fettes Honorar einstreichen.

Im Interesse der Wohnlichkeit, aber auch im Interesse der Stadtfinanzen, sollte dieser Politik der scheinbaren „Lösung des Verkehrsproblems“ ein Ende gesetzt werden. Man sollte sich eingestehen, dass die Stadt nicht in vollem Umfang durch Privatverkehr befahrbar ist. Das freie, ungehinderte Hereinlassen des Verkehrs in die Stadt führt in der Innenstadt zu Stauungen. Deshalb muss eine Bewältigung des Verkehrsproblems zunächst an dieser Stelle einsetzen: Die Zufahrt zur Stadt ist nicht mehr zu verbessern, vielmehr müssen die Staus, die sich heute an den innerstädtischen Kreuzungen bilden, nach aussen verlegt werden. Die grossen Strassenbauwerke zwischen Neue Welt, Schänzli und St. Jakob sowie das Gellert-Dreieck sind in dieser Beziehung falsch angelegt: Sie erzeugen Stauungen beim Bahnhof, beim Grosspeter und beim St. Jakobs-Denkmal. Unsere Freunde, die Verkehrsplaner, wittern deshalb wieder Morgenluft: Sie „lösen" das von ihnen geschaffene Problem durch den sogenannten Masterplan.

Wozu dient der Masterplan?

Er dient dazu, die in der Zone um den Grosspeter entstandenen Verkehrsbehinderungen 500 m weiter nach Westen zu verlagern, nämlich in den Bereich der Markthalle. Und von St. Margarethen.

Natürlich ist man inzwischen beim Baudepartement auch etwas schlauer geworden. Man weiss, dass das Basler Volk eine reine Autofahrer-Verkehrslösung nicht mehr akzeptieren wird. Deshalb kombiniert man den Masterplan mit einigen Vorteilen für den Fussgänger und den Trambenützer. Der Masterplan wird also nicht verkauft unter seinem richtigen Namen, der lauten müsste „Südzubringer von der Autobahn", sondern man propagiert ihn als eine wahre Wohltat für diejenigen, die zu Fuss, per Velo oder per Bahn kommen und den Bahnhofplatz benützen. – Alle diese Wohltaten für Fussgänger, Velofahrer und Bahnbenützer könnten aber auch ohne den Südzubringer der Autobahn gebaut werden, ja: noch viel besser, denn die Vernetzung der gesamten Probleme des öffentlichen Verkehrs mit jenen der Autobahn schaffen nur Komplikationen.

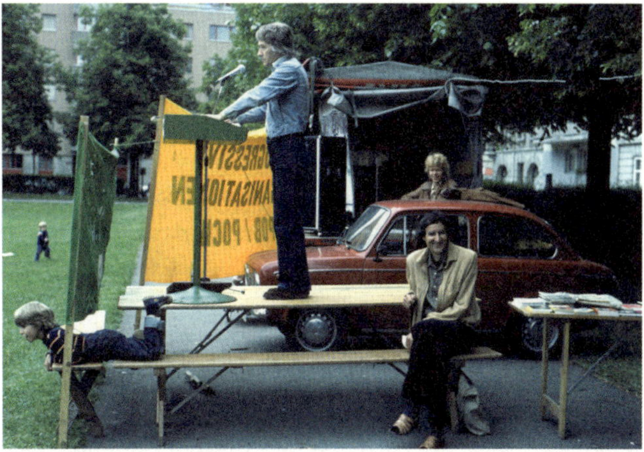

Wissen denn die Verkehrsplaner nicht, dass der „Masterplan“ in der vorgelegten Form zu einem Verkehrsstau hinter und vor dem Bahnhof führen wird? – Sie wissen es wohl. Man kann nicht den Autobahnverkehr so weit in die Stadt bringen und dann in das Strassennetz versickern lassen. Der künftige Stau des Verkehrs hinter dem Bahnhof ist aber wohl kalkuliert: Er dient nämlich dazu, die dann folgende Etappe des Autobahnbaus unter dem Namen „Südumfahrung“ fortzusetzen. Was heute abgeleugnet wird, wird morgen Wahrheit: Die Verkehrsfachleute werden den Autobahnring durch den Zoologischen Garten und das Westquartier nach St. Johann ziehen und mit der Nordtangente verbinden. Der sogenannte Masterplan ist also in Wirklichkeit nur eine erste Etappe seiner Wiederabschaffung und Umwandlung in einen Autobahnring.

Die Regierung versucht sogar, diese Entwicklung gesetzlich festzulegen. Ausgerechnet im Umweltschutzgesetz versucht sie, im § 7.2 eine Verpflichtung einzuschmuggeln, die dann zwangsweise zum Bau der Südumfahrung führt.

Der § 7.2 soll lauten: „Der private, motorisierte Durchgangs- und Pendlerverkehr soll von den Wohngebieten ferngehalten werden." Das tönt gut, aber in einem Kanton ohne Landreserven heisst das nichts anderes, als dass Wohngebiete in Durchgangsgebiete verwandelt werden. Deshalb unser Rat: Hütet Euch vor den Verkehrsplanern und gebt Eure Stimme der Grünen Alternativen Basel.

Die Sperrung der City (1991)

Da war doch unlängst ein Aufruf des World Wilde Life Fund, weltweit: „Sperrt die Städte für den Automobilverkehr". Paradiesische Visionen tauchen vor unseren Augen auf, ähnlich den Zeichnungen, die die Architekten zu ihren Neubauplänen mitliefern: Strassencafés, handballspielende Kinder zwischen Bürgersteigen, hier und da der Wagen eines Milchmannes, der sich durch einen vormittäglichen Gesprächskreis von Passanten seinen Weg bahnt. – Wer würde diesen Aufruf nicht freudig mitunterzeichnen? – Und nun wagt Zürich diesen Versuch. Zwar eigentlich gar nicht im Hinblick auf dieses erträumte Paradies. Vielmehr temporär und aus Gründen der Ozon- und Schadstoffbelastung im Sommer. Aber immerhin: so weit ist es mit dem Automobilverkehr gekommen, dass eine Stadt es wagt, sich selber zu sperren. Bisher hatte es immer nur Venedig gegeben, das man als Beweis dafür anführen konnte, dass es ohne Autos auch geht.

Der grosse stadtplanerische Renner der siebziger Jahre war die Fussgängerzone. Grosse, mittlere und winzigste Städte sperrten ihre Einkaufsstrasse oder sogar einen kleinen, zusammenhängenden Bereich, entfernten die

Trottoirs, kauften Verbundpflaster, Granitplatten und Blumentröge aus Beton, schmiedeeiserne Strassenlampen und Bänke. Die an diesen Strassen liegenden Geschäfte protestierten zuerst, merkten dann aber, dass die Umsätze steigen, und machten freudig mit. Ebenso taten es die Liegenschaftsbesitzer, die den eingemieteten Geschäften den Mietpreis erhöhten und damit manches Spezialgeschäft zum wegziehen oder zur Aufgabe zwangen. In der Fussgängerzone geht es um Umsatz, nicht um Qualität. Was bleibt, ist das Warenhaus oder die Boutique.

Weniger schön sind die Strassen, die die Fussgängerzonen einrahmen: Sie muss der Fussgänger überqueren, wenn er zur Fussgängerzone will. Eingerichtet sind sie aber dazu, die Autos der Lieferanten, Kunden und der Geschäftsinhaber zu empfangen. Auch dort wurden die Spezialgeschäfte vertrieben: Die Kaufhäuser errichteten ihre Tief- und Hochgaragen, und der Fussgänger-Kunde turnt über die entsprechenden Einfahrten hinweg.

Die Fussgängerzone ist ein Kind der sogenannten Verkehrsberuhigung. Die Verkehrsberuhigung funktioniert nach einer einfachen Formel, die der englische Verkehrsplaner Sir Colin Buchanan CBE in den sechziger Jahren ersonnen hat. Um genau zu sein: Damals noch wollte Sir Colin den Verkehr keineswegs beruhigen, vielmehr verflüssigen. Erst als die Beschleunigung des Verkehrs in den Städten nicht mehr gefragt war, verkaufte man dieselbe Methode als Verkehrsberuhigung. Ein nach Sir Colin beruhigter Stadtteil besitzt eine Umfahrungsstrasse oder -autobahn in Form einer Blase, von der ins Innere nur noch das feinere Geäst der Zubringerstrassen ausgeht. Diese Hierarchisierung der Stadtstrassen von der Wohnstrasse bis zur Stadtautobahn ist noch heute das Rezept der

Verkehrsexperten, die alle das Ziel der Verkehrsbeschleunigung mit dem der -beruhigung vertauscht haben, ohne im Geringsten die Methode zu ändern.

Die Verkehrsberuhigung, genauer also: die mit dem Etikett „Verkehrsberuhigung“ versehene Beschleunigung hat zwei Aspekte: In den Aussenbereichen der Stadt verflüssigt sie den Verkehr, und wer kein Auto hat, der lebt verkehrsberuhigt, aber eingeschlossen zwischen Autobahnen. Nähert man sich aber der City, so führen die Bündelungen des Verkehrs unweigerlich zu Verstopfungen. Diese Verstopfungen aber erzeugen die Illusion, dass es nur noch einer weiteren Entlastungsstrasse bedürfe und dann sei das Verkehrsproblem gelöst. So entlastet die Stadtplanung dauernd die überlasteten Entlastungsstrassen und verschlimmert das Übel, das sie zu bekämpfen glaubt: die Verstopfung. – Was aber ist nun die Verkehrsberuhigung der gesamten Stadt? Ist es eine gigantische Buchanan’sche Blase, die zu gigantischen Verstopfungen führt?

Die Fussgängerzonen haben zu massiven Veränderungen der Bodenwertstruktur der Geschäftsstadt und damit zu einer Veränderung der angebotenen Waren und Dienstleistungen, der sogenannten Zentralität geführt. Nicht zum Vorteil der Versorgung: Die hohen Bodenpreise bringen eben nicht die beste Auswahl, sondern Waren mit dem höchsten Umsatz. Solche aber bekommt man auch im Supermarkt. Was würde passieren, wenn eine ganze Stadt dauernd zur Fussgängerzone würde? – Vielleicht liesse sich so der Warenhausboom der Fussgängerbereiche wieder abbauen; vielleicht aber würden sich weitere Teile der Versorgung in die Supermärkte verlagern.

Zürich also wagt den Versuch, der Verkehrssperrung, wenigstens temporär! Alle Achtung vor Versuchen, denn sie sind schwierig durchzusetzen, aber wichtig, um etwas zu lernen. Was aber können wir lernen von einer sommerlichen Fussgängerstadt? – Die Strukturveränderung in der Flächennutzung werden sich im Laufe eines Sommers nicht auswirken. Einige Geschäftsleute werden durchhalten, andere werden vielleicht die Gelegenheit nützen, einmal für längere Zeit zu schliessen und sich und ihrem Personal einen lange erhofften Sonderurlaub zu gönnen. Schliesslich im Herbst erzählen die zurückgebliebenen den zurückkommenden Urlaubern, mit ihren gebräunten Gesichtern: Auch in der Stadt sei es toll gewesen, auf dem Bahnhofplatz habe man Fussball gespielt und einmal sei ein Stafettenlauf durch die ganze Stadt veranstaltet worden.

Kann man eine ganze Stadt stillegen? – Natürlich nicht! Die Feuerwehr, die Polizei ... selbstverständlich aber auch die Zulieferer: Wie anders will man die Warenhäuser versorgen als mit Lastwagen? Und wer erhält sonst noch einen Sonderausweis? In Italien kann man jetzt in mehreren Grossstädten die Situation beobachten. An den grossen Einfahrtsstrassen steht ein Polizist, wer am Auto eine legitimierende Plakette hat, darf einfahren, die anderen werden weggewinkt. Als Soziologe kann ich registrieren: Wieder einmal ist ein Schritt von der alten Geldgesellschaft zur künftigen Privilegiengesellschaft zurückgelegt. Oben ist nicht der, der bezahlen kann, sondern der, der einen Ausweis hat. Und vielleicht hat er den Ausweis auch bezahlt.

Ein Gedankenspiel: Wie gross soll eigentlich die verkehrsberuhigte Innenstadt sein? Auf die Länge wird die Sperrung einer Innenstadt zweifellos die gleichen Effekte erzeugen wie die Fussgängerzone: Es bilden sich

Umfahrungsstrassen und dort wird sich der Verkehr verstopfen. Sobald sich dort der Verkehr verstopft, entsteht der Wunsch, die gesperrte Zone zu erweitern. Die Kontrollposten werden also um eine Zone nach aussen verschoben. Wo ist bei der Grossstadt aussen? Der Verkehr von Zürich entsteht teilweise in Winterthur.

Das Umsteigen des Autofahrers auf den öffentlichen Verkehr! – Dieses ist das Konzept der Verkehrsplaner; dieses Resultat erhoffen sie auch von der Sperrung. Wird eine Sperrung der Innenstadt zu diesem Ergebnis führen? – Während der sommerlichen Sperrung vermutlich: ja! Bei einer dauernden Sperrung vermutlich: nein! Die dauernde Sperrung führt zu Verstopfung und Pannen, die zweifellos eine Weile lang bei einigen Autofahrern die Fahrzeit zum Arbeitsplatz so verlängern, dass sie das öffentliche Verkehrsmittel benützen. Die politische Kraft der Autofahrer aber ist immer noch so, dass sie da, wo erhebliche Fahrtbehinderungen durch Verstopfung entstehen, eine Umfahrung per Stadtautobahn durchsetzen. Insofern schafft die Sperrung der Innerstadt mehr Strassen und damit mehr Autos und verringert die Chancen des öffentlichen Verkehrs.

Gibt es ein alternatives Modell zur Verkehrsberuhigung? – Das Gegen-Modell zu Buchanans Hierarchisierung der Strassen ist Christopher Alexanders Theorie „A City is not a Tree“: Eine Stadt ist eben nicht hierarchisch aufgebaut wie das Geäst eines Baumes. Eine Stadt, die funktioniert, ist ein überall befahrbares Netz oder, mathematisch ausgedrückt, ein Halbgitter. Eine seltsame Theorie: Der Verkehr wird dadurch beruhigt, dass er überall durchgelassen wird. Die Verstopfungen lösen sich dadurch auf, dass jede Umfahrung möglich ist.

Täglich lernen die Autofahrer, probieren sie neue Routen aus, machen Erfahrungen, und nützen, nebenbei gesagt, das vorhandene Strassennetz besser aus als in der Buchanan-Stadt. Überdies ist solches Fahren im städtischen Netz für den zügigen Automobilisten frustrierend. Vermutlich also beruhigt die Netzstruktur den Verkehr ganz von selbst.

Ein rechter Verkehrsexperte scheut die Theorie Alexanders wie der Teufel das Weihwasser. „Schleichwege“ nennt er die Benützung der Netzstruktur und setzt sie so gleich moralisch als negativ. Wer will schon beim Schleichen erwischt werden? – Aber wenn man schon Versuche macht, warum nicht auch einmal diesen: Sperrung der grossen Zubringeradern und der überlasteten Entlastungsstrassen, Öffnung des gesamten städtischen Strassennetzes durch die Entfernung der Verbotstafeln, und dann die Nerven behalten und zusehen, was passiert? Die Abgase freilich würden zunächst anschwellen, dann aber vermutlich zurückgehen. Die Zahl der Unfälle würde schon bald sinken. Zum Erstaunen der Experten.

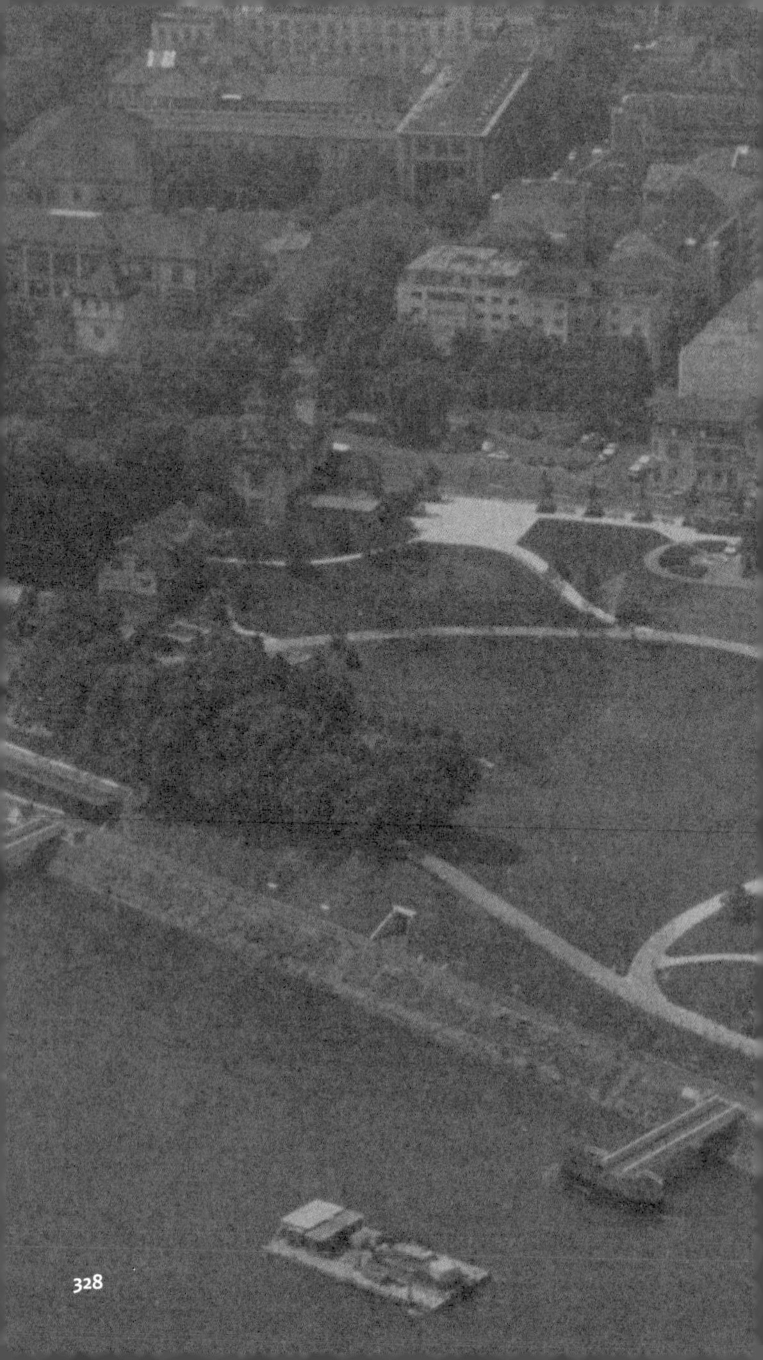

GÄRTEN FÜR BASEL

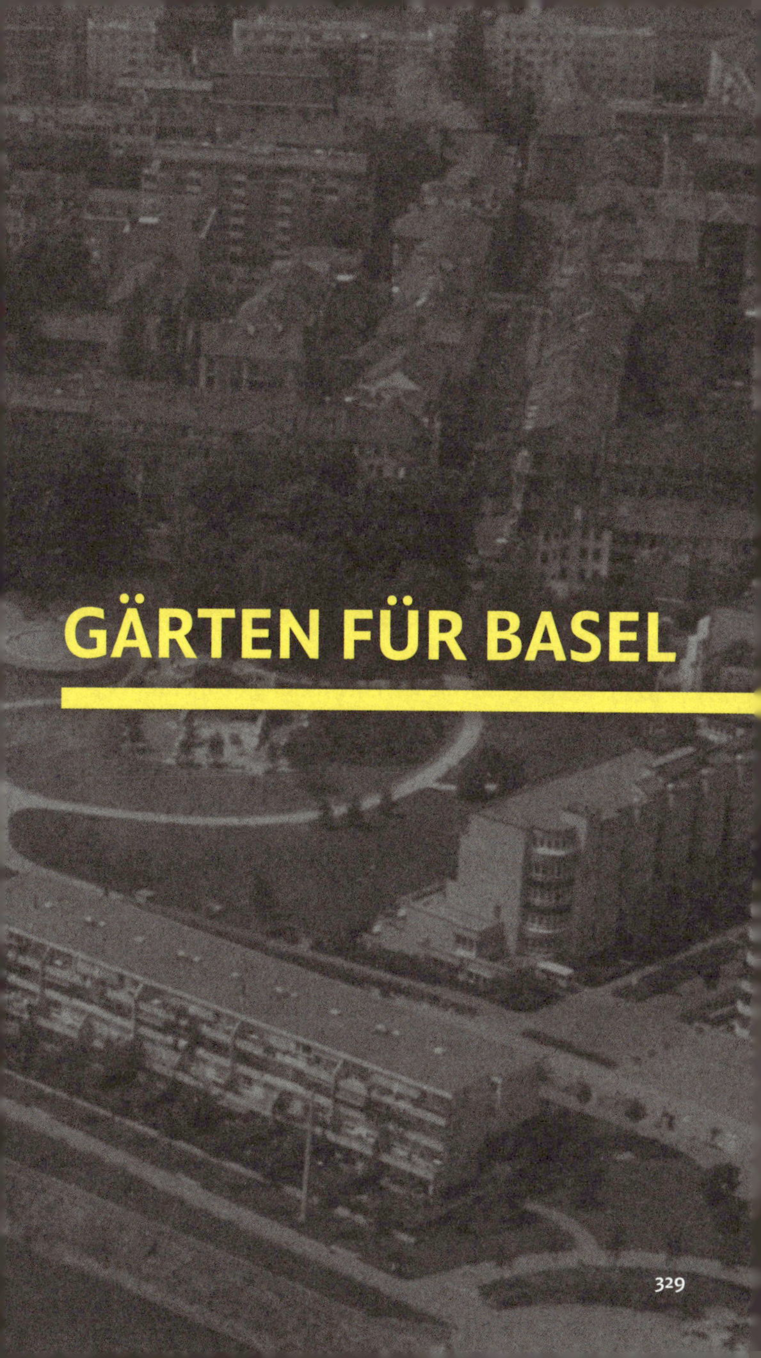

Unter diesem Titel ist im Nachlass von Annemarie und Lucius Burckhardt eine Textsammlung aufbewahrt, deren ausführliche Einleitung wir hier voranstellen. Lucius Burckhardt begründet darin hinlänglich eine Textauswahl, die nie veröffentlicht wurde. Äußerer Anlass der geplanten Publikation waren die Vorfälle um die Zerstörung des autonom verwalteten Freiraums „Alte Stadtgärtnerei", der einer konventionellen Parkplanung mit einem großen Tiefbaubudget hatte weichen müssen. Kurz zuvor scheiterte eine Volksabstimmung zur Erhaltung des eingelebten Grünraums. Während der Stadtbasler Souverän die „Alte Stadtgärtnerei" als konsumbefreiten Treffpunkt der Jugend mehrheitlich erhalten wollte, überrollte der Nein-Stimmenüberhang der Landgemeinden das städtische Plebiszit.

Die als Buchprojekt angelegte, umfangreiche Sammlung umfasst drei Themenfelder:

- Gartenkunst (Geschichte, Entwicklung, Tendenzen)
- Landschaftswahrnehmung
- Gärten für Basel

Diese Themen beschäftigten Lucius Burckhardt eingehend. Die Gartenkunst studierte er in den Sechzigerjahren in England, und in Basel nahm er regen Anteil an Kurt Bräggers Gartengestaltung im Zoo. In den Jahren 1988/1990 ergriff er lebhaft Partei für den Freiraum „Alte Stadtgärtnerei" und beteiligte sich in einer spontan gebildeten Gruppe an einem Wettbewerb zur Neugestaltung des Innenhofs der ehemaligen Militärkaserne. Weitere Texte dienen der begrifflichen Klärung von „Freiräumen" und nehmen Partei für Fußgängerwege in der Stadt Basel. An dieser Stelle ist noch zu verweisen auf Lucius Burckhardts Auseinandersetzung mit zwei

Basler Skulpturenausstellungen. Im Riehener Wenkenpark 1980 und 1984 in der Brüglinger Ebene fanden umfassende Ausstellungen zur Skulptur im 20. Jahrhundert statt. Sie wurden von den befreundeten KuratorInnen Martin Schwander und Theodora Vischer erarbeitet, gemeinsam mit Ernst Beyeler. Skulptur im Kontext von Park- und Landschaftsräumen wurde in den folgenden Jahren zu einem besonders wichtigen Arbeitsfeld von Annemarie und Lucius Burckhardt im Rahmen der Spaziergangswissenschaft (siehe: Lucius Burckhardt, „Warum ist Landschaft schön? – Die Spaziergangswissenschaft“). Die beiden Basler Ausstellungen vermittelten dazu wichtige Anregungen.

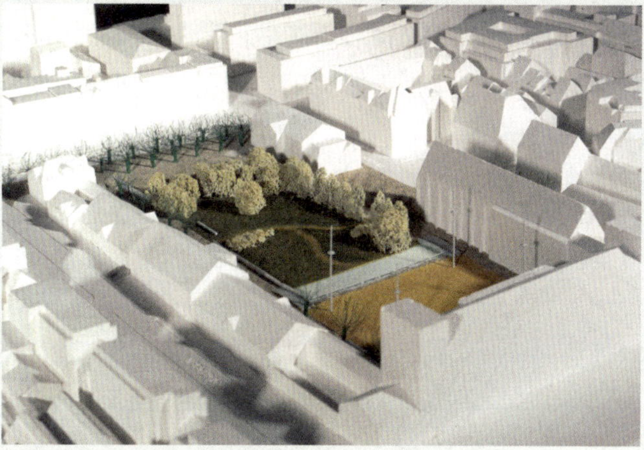

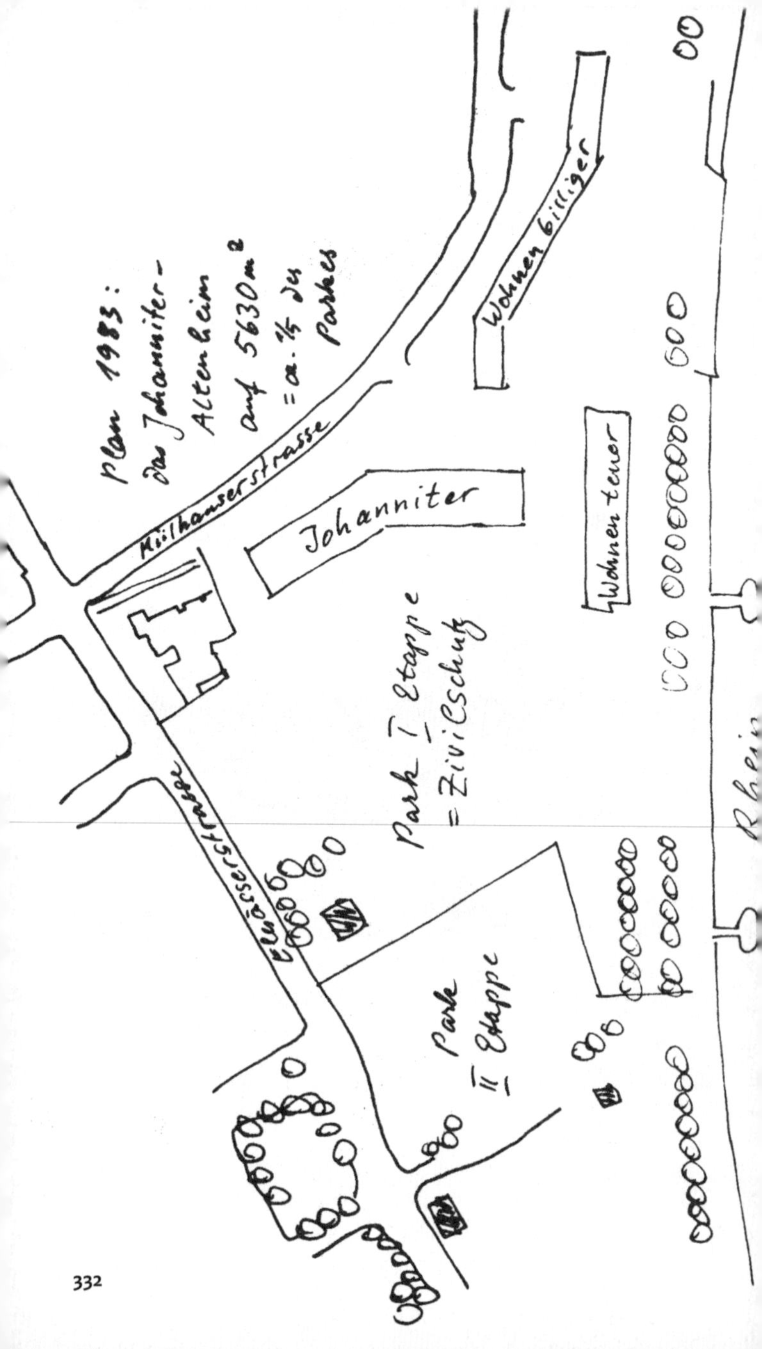
Plan 1983:
das Johanniter-
Altenheim
auf 5630 m²
= ca. 1/5 des
Parkes
Mülhauserstrasse
Johanniter
Wohnen billiger
Wohnen teurer
Park I. Etappe
= Zivilschutz
Elsässerstrasse
Park II. Etappe
Rhein

Gärten für Basel (1990)

Die Gartenkunst befindet sich in einer tiefen Krise. Diese Krise kommt insbesondere zum Ausdruck an den grossen Manifestationen des Berufsstandes, an den deutschen Bundesgartenschauen und an der Schweizerischen G 80. Hier wird offenbar, dass sich die Gartenkunst als Kunst zu Tode gelaufen hat, indem sie nicht mehr ablesbare Symbole in unverstandener Weise aufhäuft und sie sogar gegensätzlich zueinander verwendet. Wenn die Gärtner selbst die Sprache nicht mehr verstehen, in welcher sie sich ausdrücken sollten, wie soll dann das Publikum das Gemeinte ablesen können?

Unter dem Druck der wirtschaftlichen Grossbetriebe des Pflanzenbaues verwenden die Gärtner ununterbrochen die sämtlichen verfügbaren Motive: Wertvolle Zwerggehölze, die von der japanischen Gartenkunst bei uns eingeführt wurden, werden in Massen und waldartig zusammengepflanzt, sodass der Ausdruck des Einzelbäumchens völlig verloren geht. Solche Zwerggehölze werden schamlos unter grosse Baumgruppen gepflanzt, sodass die Massstabsverschiebung zum vorne herein annulliert ist. In ähnlicher Weise werden sämtliche Pflanzen, ohne Rücksicht auf ihre angemessene Lage, Bodenart und Feuchtigkeit miteinander gemischt, denn heute ist ja durch Düngung, Berieselung und Trockenlegung alles möglich. Trockengräser werden mit Azaleen gemischt, Tulpen werden zwischen die japanischen Kleinbäume gepflanzt, Teichufer bekommen die merkwürdigsten, aus Wasserpflanzen und Trockenpflanzen vermengte Bordüren, Topfpflanzen erscheinen an den merkwürdigsten Orten, auf dem Rasen, unter Bäumen, in den Beeten. Es scheint, dass die Landschaftsplaner vollkommen vergessen haben, dass sie eine darstellende Kunst ausüben, eine solche, die lesbar Bedeutungen vermitteln sollte.

Die Landschaft ist die Wahrnehmungsform des Städters, der über seine Stadtmauer hinweg auf die umgebende Landwirtschaft und die noch unberührte Natur blickt. An der direkten Produktion uninteressiert, nimmt er die dort vorhandenen Einzelheiten integriert als „schöne Landschaft" wahr. Dieses Bild des Städters für die Landschaft seiner Umgebung ist heute in Krise: Die Stadt ist überall, das Land ist auch überall; wir leben in der Metropole, die ein Gebilde ist aus inselförmigen Grünteilen und Stadtteilen. Im visuellen Konglomerat der Metropole geht die traditionelle Anschauungsweise verloren: Weder vermag der Landbewohner mehr die „Stadt" zu erblicken, noch nimmt der Stadtbewohner die Umgebung als „Landschaft" wahr. Was landschaftliche Schönheit sein könnte unter den Bedingungen der heutigen Metropole, muss neu definiert werden.

Die gegenwärtige wirtschaftliche Blüte Basels sollte nicht den Blick darauf verstellen, dass diese Stadt einer strukturellen Krise entgegengeht. Die Stadt verliert Einwohner, die Einwohner werden verdrängt durch die industriellen und tertiären Arbeitsplätze. Dieses sollte zunächst ein Symptom des Wohlstandes sein; eine Erneuerung der wirtschaftlichen Struktur kann sich aber nur auf der Basis einer hohen Einwohnerzahl vollziehen, denn es sind nicht die veralteten Betriebe, sondern die jungen Menschen, welche sich der kommenden wirtschaftlichen Situation anzupassen haben. Zudem hat unsere Industrie in gefährlichster Weise alles auf eine Karte gesetzt, auf die Chemie. Nun zeigt sich in der ganzen Welt, dass die übergrossen, einseitigen Produktionen in Krise geraten; tragfähig sind kleine, diversifizierte und flexible Unternehmungen oder Gruppen von Unternehmungen, die untereinander rasch reagieren und sich miteinander absprechen können. Weitblickende Stadtregierungen locken nicht mehr Grossindustrien in ihre Grenzen, sondern schauen vielmehr darauf, dass sie von den zukunftsträchtigen Zweigen der tertiären und auch der sekundären Sektorengruppen solche Betriebe miteinander kombinieren, die in Joint ventures rasche, wieder abbaubare Investitionen vornehmen können und damit Erfolge erwirtschaften.

Wir beschäftigen uns mit einem scheinbar nebensächlichen Problem, der Grünplanung, die aber in einer künftigen Stadt zweifellos grössere Bedeutung einnehmen könnte. Wenn nämlich die kleinen, zukunftsträchtigen Betriebe weitgehend von Standorten unabhängig sind, weil sie an Kommunikationsnetzen hängen und gewichtslose Produkte produzieren, so sind sie in ihrer Standortwahl wählerisch. Sie haben keinen Grund, sich in altmodischen, steuerbelasteten und mit Altlasten kämpfenden Industriemetropolen niederzulassen. Vielmehr werden sie sich denjenigen Städten zuwenden, die ihr Stadtbild gepflegt haben, eine Altstadt besitzen und in den Wohnquartieren eine angemessene Grünplanung durchführten. Seit bald hundert Jahren ist in Basel die Stadtplanung damit beschäftigt, die ursprüngliche Schönheit dieser Ortslage verschwinden zu lassen. Bekanntlich beruht die Schönheit Basels auf dem Gegensatz des Hochufers von Grossbasel zu dem Flachufer Kleinbasels; auf der Grossbasler Seite baut sich zudem mit Birs, Rümelinsbach und weiteren Gewässern eine lebhafte Topographie auf, die systematisch zur Verflachung gebracht wurde. Noch 1895, bei der Anlage der Besiedlung des Westplateaus, wäre eine grosszügige Stadtplanung mit weiten Fernsichten, Terrassenbildungen und einem schönen Abgang zum Rhein möglich gewesen. Leider haben schon damals die wirtschaftlichen Kräfte eine vermeintlich „ökonomische“ Verwendung des Landes vorgezogen, wobei übersehen wurde, dass selbst im Immobilienhandel schöne Lage und weite Blicke mit barem Gelde bezahlt werden.

Es ist seltsam zu beobachten, dass die Verschönerung selbst, wo sie am Werke ist, mit zur Zerstörung dieser Geographie beiträgt. Gerade im Augenblick sind wir Zeuge davon, wie in den künftigen sogenannten St. Johanns-Park das Hochufer der Grossbasler Seite abgesenkt wird, und wie dort ein Garten errichtet wird, der so gar nichts für diese Umgebung zu sagen hat. Selbst die seltsamen Föhren, die jetzt in die Mitte der Absenkung gepflanzt wurden, entspringen nicht einer gartenkünstlerischen Auswahl und haben keinerlei Bedeutung; vielmehr handelt es sich lediglich um einige mitgeschleppte Ladenhüter der alten Stadtgärtnerei.

Sofern die Begrünung der Stadt Basel überhaupt einem Plan folgt, so folgt sie der Theorie der „Grünen Finger“. Nach dieser Planung sollen die Quartiere gegeneinander abgegrenzt werden durch ebenso genannte grüne Finger, welche dann gleichzeitig die Spaziermöglichkeiten für die Bevölkerung darstellen. Für Innenquartiere, die ohnehin wenig Möglichkeiten haben, neue Grünplanungen zu bekommen, mag die Fingertheorie noch etwas hergeben.

Dort aber, wo sie gegenwärtig angestrebt wird, nämlich an den westlichen und nördlichen Quartieren Basels, erscheint sie gerade als falsch. Wenn man nämlich den Quartieren eine Eigenart zusprechen will, oder neu geben will, so muss diese bildhaft in der Quartiermitte vermittelt werden. Insofern würde es nichts ausmachen, wenn die Quartiere an ihrem Rand nahtlos aneinandergrenzen; die Identität würde vielmehr über das Bild der Quartiermitte dargestellt. Zentrale Bilder, das ist es, welche Kleinhüningen, dem Matthäusquartier oder dem St. Johannquartier eine übergeordnete Einheit geben könnten. Insbesondere die dem Rhein zugeordneten Quartiere, wie Kleinhüningen und Matthäus, müssten diese Identität am Rheinufer finden; ein Quartier, bei welchem jeder Bewohner einen kurzen Weg zu einem schönen Anblick des Rheinufers haben kann, erscheint uns als ein typisch Baslerisches, und zugleich in sich selbst integriertes Quartier.

Die gesteigerte Wichtigkeit solcher zentraler Quartierbilder und des Grüns in der Stadt überhaupt ruft auch nach einer neuen Konzeption und Organisation der Stadtgärtnerei. Eine moderne Stadtgärtnerei muss sich fragen, wieviel sie überhaupt noch leisten will, und wieviel sie der Stadtbevölkerung oder der Natur zur Gestaltung zurückgeben will. Denn es muss nicht jeder unbebaute und ungepflasterte Quadratmeter der Stadt von der Stadtgärtnerei bewirtschaftet werden.

Eine beispielhafte Fehlkalkulation unserer Stadtgärtnerei ist jenes Gelände, das ihre ursprüngliche Heimat war: Die alte Stadtgärtnerei oder heute der St. Johann-Park. Bekanntlich wurde dieses Gelände von jungen Leuten okkupiert und in Obhut genommen. Wie wir erfahren, soll die Pflege des St. Johanns-Parks, weil die Kapazität der Stadtgärtnerei überschritten ist, einer privaten Firma übergeben werden. Diese Meldung kommt überraschend: Noch vor Kurzem gab die Stadtgärtnerei auf die Frage, weshalb denn dieser kleine Park so überbreite Spazierwege brauche, zur Antwort, diese Wege seien auf die Pflegemaschinen der Stadtgärtnerei abgestimmt. – Wenn man aber die Pflege vergibt, so könnte man ja eine Firma wählen, die weniger grosse Maschinen benützt. Und überhaupt hätte man sich die ganze Pflege sparen können, wenn man den Garten den jungen Leuten überlassen hätte, die ihn auf ihre Weise gepflegt haben.

Sicherlich wird die intensivste Gartenpflege heute auf das sogenannte Verkehrsgrün verwendet. Die moderne Strassenplanung lässt grosse dreieckige oder ovale, weitgehend unbrauchbare Flächen übrig, die durch die Bepflanzung noch unbrauchbarer gemacht werden müssen. Dieses geschieht durch die Einpflanzung von hunderten von Rosenbüschen, Cotoneaster-Stauden oder sonstigen stachligen Angelegenheiten, die lediglich dazu dienen, die hineingeworfenen Konservendosen und Cola-Flaschen zu verbergen. Die Anpflanzung und Aufzucht dieser Stachelgebüsche geschieht übrigens unter ausgiebiger Verwendung von Unkrautgiften, denn die zwischen diesen Sträuchern aufkommenden Gräser und Disteln können nicht mehr manuell herausgejätet werden. Inwieweit die Stachelsträucher viel schöner sind als die Gräser und Disteln, die zwischen ihnen wachsen, kann man geteilter Meinung sein. Vielmehr wollen wir auf eine andere ästhetische Betrachtung hinaus: Das Verkehrsgrün ist das äusserste Ende der Totalbegärtnerung der Stadt. Während früher einzelne Parke der Stadtgärtnerei unterstanden, und dann vielleicht noch einige Anlagen, so wird heute jeder Rest einigermassen begärtnert, eben bis hin zum Verkehrsgrün. Diese Totalbegärtnerung trägt mit bei zur Verwischung des Garten- und Landschaftsbildes, das sich der Städter machen muss. Ist nämlich alles einigermassen begärtnert, so tritt der Garten nicht mehr als bedeutungsvoller Eingriff in Erscheinung, und auf das nichtbegärtnerte, also die Reste von Landschaft, welche die Stadt durchdringen, können nicht mehr im Bilde erfasst werden. Die Totalbegärtnerung wird dazu führen, dass der Stadtbewohner unterschwellig unter dem Eindruck lebt, es werde überhaupt nichts für die Begrünung getan. Denn wo sich Garten, Freifläche und Brache nicht mehr unterscheiden, voneinander unterscheiden, können sie auch nicht in ihrer Bedeutung wahrgenommen werden.

Basel war einst stolz darauf, die Verkehrsdrehscheibe Europas zu sein. Nun, dieser Verkehrsdrehscheibe haben wir seinerzeit sehr viel Land geopfert. Heute fällt vieles davon brach, das heisst, die Rangierbahnhöfe der Deutschen, Französischen und Schweizerischen Eisenbahn erscheinen als überdimensioniert. Insbesondere werden Flächen des Badischen Bahnhofs in näherer Zukunft frei. Hier hat unsere Stadt Gelegenheit, ihre Planungsfähigkeit, und die Fähigkeit, etwas für das Wohnen und die Schönheit der Wohnumgebung zu tun, unter Beweis zu stellen. Schon gibt es Gespräche darüber, wie das Fell dieses unerlegten Bären geteilt werden solle zwischen einem notwendigen, die Einwohnerzahl vermehrenden Wohnungsbau und den ebenso nötigen Grünflächen. Leider wird das uns wieder anheimfallende Areal ja weder für den einen noch für den anderen Zweck nun gerade das Richtige sein. Die Umgebung des Badischen Bahnhofs ist nun einmal eine Industriezone. Sie ist geprägt von der nahen Präsenz der Firma Geigy, die sich ja mit der Firma Ciba vereinigt hat. – Dieses aber könnte uns die Idee zu einer wirklich brauchbaren Nutzung geben: Zu einem Abtausch von Arealen. Wie wäre es, wenn die Areale der Ciba am Rhein aufgegeben würden, und diese Firma allmählich zu ihrer zweiten Hälfte, zur Firma Geigy ziehen würde, eben nämlich auf das freiwerdende Areal der Deutschen Bundesbahn? Industriebauten haben eine rasche Erneuerung; wenn die Ciba bei jedem Neubau einen Umzug auf das DB-Areal vornehmen würde und gleichzeitig das Areal des Altbaus am Neuweilerplatz an die Stadt abgeben würde, so entstünde allmählich eine Umsiedelung, die zu einem neuen Quartier mit grüner Mitte am Rhein führen könnte. Dieses wäre wahrhaft eine Wiedergutmachung vieler Sünden unserer Basler Stadt- und Grünplanung!

Natur hat weder Kern noch Schale (1989)

Noch tönt es für uns paradox, das von Georg Simmel entdeckte Phänomen vom Falschen als dem Echten; dabei bedienen wir uns seiner alle Tage. Nämlich dann, wenn wir mit Papiergeld unsere Einkäufe bezahlen: Das falsche Geld, das Papiergeld, steht für das echte, aber das echte dazu gibt es nicht. Doch, natürlich gibt es das offiziell: Irgendwo vergraben in den Bunkern von Fort Knox liegt das Gold, das teilweise unsere Papierwährung deckt. Schon Goethe stellt in der Faust-Szene am Kaiserhof die Frage, weshalb man das Gold erst ausgraben muss, wenn man es doch nachher wieder eingräbt. Schliesslich hat Lord Keynes den Vorschlag gemacht, Banknoten in Flaschen zu füllen und diese in die Erde zu vergraben, um sie dann im Falle von Arbeitslosigkeit wieder ausgraben zu lassen.

In den letzten zwanzig Jahren hat falscher Schmuck den echten überholt. Trug man früher falsche Diamanten, falsche Perlen, weil man sich die echten nicht leisten konnte, so trägt heute selbst die reichste Dame falschen Schmuck, weil es den echten, der durch den falschen imitiert werden sollte, gar nicht gibt. Schon einmal gab es dieses Phänomen, im 17. und 18. Jahrhundert: In den süddeutschen Kirchen schufen die Marmorierer schönere Marmore, als man je aus Steinbrüchen herbeigeschleppt hat. Dieser falsche Marmor täuscht niemanden: Gerade die Kombination von natürlicher Schönheit und der klaren Erkenntnis, dass diese ein Künstler hergestellt hat, ergab den gewünschten Effekt. Die Wahrnehmung registriert unbewusst auch, dass die Säulen und Gesimse leicht sind und dass sie sich warm anfassten, könnte man sie in ihrer schwebenden Höhe berühren.

Vor einem ähnlichen Fälschungsproblem steht heute der Tourismus. Die Gäste wollen nicht mehr Hotels städtischer Bauart, sondern solche, die den ursprünglichen Wohnhäusern entsprechen. Zwar gab es in den Alpentälern oder in den Fischerdörfern der Nordsee eine heimische Architektur, doch damals gab es keine Hotels, Schwimmbäder, Autobusdepots und Eishockey-Stadien. Will man also die Wünsche der Gäste erfüllen, so muss man Nachbildungen schaffen, für die es kein Vorbild gegeben hat. Was aber kein Vorbild hat, ist selbst echt. Dieses erklärt den Siegeszug des internationalen Regionalismus, der in allen Höhenlagen und Klimazonen gleich aussieht. Der gebaute Regionalismus ist aber nur ein Teil dessen, was der Tourist sehen will und was ihm zu zeigen immer schwieriger wird: die Natur. Im folgenden handelt dieser Artikel von zwei Dingen, die unsichtbar sind und die nur durch Fälschung sichtbar werden können, dann aber echt sind, weil es ja für die Fälschung kein Vorbild gibt. Natur ist unsichtbar, Volkes Wille ist auch unsichtbar. Beide sind sichtbar geworden in der seltsamen Geschichte vom Areal der alten Basler Stadtgärtnerei, das in einen Volkspark verwandelt werden soll.

Vorspiel im Himmel: Dass die Natur nur als Fälschung zu sehen ist, das hat derjenige entdeckt, dem man fälschlich zuschreibt, er habe uns zurück zur Natur führen wollen – Jean-Jacques Rousseau. Der im wahrsten Sinne des Wortes aufklärende Text findet sich in dem Briefroman *Julie ou La Nouvelle Héloïse*, im 11. Brief des 4. Buches, und beschreibt den Garten, den sich Julie eingerichtet hat. Ein Paar lebt in einem Schloss am Genfer See, das einen repräsentativen Vorgarten, hinten aber einen Küchen- und Obstgarten hat. Baron Wolmar, der philanthropische Gatte, vertreibt sich seine Zeit damit, den repräsentativen Garten vor dem Schloss mit seinen Alleen und Bosquetten in einen Nutzgarten zu verwandeln, eine Art von *ornamented farm*, wobei er die nutzlosen Rosskastanien durch Maulbeerbäume ersetzt, mit welchen er die Seidenzucht in unseren Gegenden ansiedeln will. Indessen ruht Julie auch nicht: Sie verwandelt mit Hilfe ihrer Gärtner den Nutzgarten hinter dem Hause in Natur zurück. Waldreben überranken die Apfelbäume, die Stare nisten gleich auf den Kirschbäumen, und ein wildes Bächlein plätschert durch die Idylle, um am tiefsten Punkt einen Weiher zu bilden. Der Freund Saint-Preux, in seiner Harmlosigkeit, sagt der Besitzerin, dass all dieses nur ihrer Nachlässigkeit zu verdanken sei: „Sie haben nur das Gartentor geschlossen, das Wasser kam irgendwie von selbst, die Natur hat den Rest getan, und Sie hätten es nie so gut gekonnt wie diese." – „Es ist wahr", sagt sie, „dass die Natur alles gemacht hat, aber alles unter meiner Leitung, es gibt hier nichts, was ich nicht angeordnet hätte." – Und schliesslich wird das Gespräch tiefsinnig und spiessbürgerlich zugleich: Die Natur, so wird gesagt, sei kostenlos nicht zu haben; je natürlicher ein Garten aussehen solle, desto mehr Mühe, desto höhere Kosten seien aufzuwenden. Je echter, desto falscher, um im Bild zu bleiben.

Schauen wir nun den Garten in Basel an, die ehemalige Stadtgärtnerei, der von den Stadtgärtnern verlassen wurde, ohne dass sie ihn losgelassen hätten: Ihre ehemalige Produktionsstätte wollen sie nun in ein Produkt verwandeln, in einen Volkspark. Ganz besonders schön soll er werden, und so wird kein Motiv vergessen, das beim Betrachter die Assoziation eines lieblichen Ortes abrufen könnte. Sogar die topographische Gegebenheit Basels, nämlich das Hochufer, das das Rheinknie begleitet und bedingt, wird abgegraben und soll zunächst einem lieblichen Bächlein Platz geben. Rechtzeitig entdeckt man noch, dass dieses Wässerchen im Angesicht des Rheins einer gewissen Lächerlichkeit nicht entbehren würde, und so entschliesst man sich zu einer ökologisch wertvollen Feuchtwiese. Alsdann kommen aber Bedenken auf, man könne auf einer Feuchtwiese nicht spielen, und dass man den Garten öffentlich als Volkspark angekündigt habe. So raten die zum Kompromiss stets bereiten Ökologen zu einer Trockenwiese, die zugleich Spielwiese wie Substrat seltener Pionierpflanzen sein kann. Wer lacht da? Übrigens kann der Garten vorerst nicht in Angriff genommen werden, da die Hälfte des Areals, nämlich der angrenzende ehemalige Schlachthof, noch vom Zivilschutz benützt wird, und dieser ist ja bekanntlich für den Schutz der Bevölkerung unentbehrlich. Nur schade, dass die Bevölkerung nicht mehr glaubt, der Zivilschutz gebe ihr Sicherheit.

Inzwischen kommt es nämlich ohnehin anders. Zuerst die Quartierjugend, dann die Stadtjugend, und schliesslich ein Bevölkerungsteil, den man nur noch teilweise als jugendlich charakterisieren kann, wollen nicht abwarten, bis ihnen dieser Park als Volkspark bereitgestellt sein wird, sondern ergreifen Besitz von den Flächen und Gebäuden und richten sich dort ein. Zwei Jahre ist dieser Garten, die alte Stadtgärtnerei, ein Garten des Volkes, schliesslich aber hat die Regierung genug davon, dass das Volk dem Volk vor dem Glück eines neuen Volksparkes steht, und vertreibt das falsche echte, das echte falsche Volk mit Polizeigewalt.

Zurück aber zum Garten der Besetzer: Wie sieht er aus? Dazu muss man wissen, dass eine Stadtgärtnerei kein Ziergarten ist, sondern ein Werkplatz, der Gebäude enthält, Garagen, Werkstätten, Treibhäuser, gemauerte Lager für Humus, Dünger, Schotter und Steine, mit Beton eingefasste Treibbeete und Aufzuchtanlagen sowie die nötigen Flächen für die Einfahrt und das Wenden der Lastwagen. Als die Besetzer einrückten, hatte das ganze schon eine Weile leergestanden und war verkommen. An den Treibhäusern waren Gläser eingeschlagen, die Profile verrostet, in der nahrhaften Erde der Glashäuser und der Treibbeete kämpften letzte Kulturpflanzen mit mächtigen Unkräutern, die sich durch die zerbrochenen Gläser drängten. Der gute Wille und die technischen Mittel der Besetzer reichten nicht aus, die zerstörte Infrastruktur zu ersetzen. Der Garten, den sie einrichteten, musste die Gegebenheiten hinnehmen. Und so wurde es weitgehend ein unsichtbarer Garten, der nur in den Köpfen seiner Benützer existierte. Die braven Bürger, die sonntags schauen wollten, was die jungen Leute dort trieben, sahen keinen Garten: Das ist Unordnung, das kann nicht so bleiben, sagten sie.

Hat Saint-Preux den Garten der Julie gesehen? Haben Bürger von Weimar, von Dessau oder von Potsdam die

Gärten ihrer Fürsten gesehen? Waren Stowe und Stourhead sichtbar für jene Leute, die im 18. Jahrhundert noch nicht die einschlägige Literatur von Pope, von Walpole, von Hirschfeld oder von von Sckell gelesen hatten? Hat nicht Goethe treffend in den *Aufgeregten* beschrieben, wie die Tochter der Gräfin im neu angelegten Naturgarten einen Hasen schiessen will? Auch sie sah den Garten nicht.

Und nun zu den fünf Gärten, die die Besetzer selbst in dem von ihnen bearbeiteten Gelände erstellten und auch sahen. Noch vorher dieses: Auch Kinder sahen diese unsichtbaren Gärten oder einen davon. Vor einem betonierten Wasserbehälter der Gärtnerei erklärte mir ein Dreikäsehoch: „Sehen Sie, dieses ist das Ökotop“ – „Ach ja“, sagte ich, etwas verlegen, „Leben denn auch Tiere drin?“ – „Dort in dem Joghurt-Becher sitzt ein junger Frosch.“ Das Falsche ist das Echte.

„Unter dem Pflaster liegt der Strand“ – Das erste Bild zeigt die spontane und adventive Vegetation, wie sie aus den Ritzen des Pflasters und der Betonumrandungen, aber vor allem üppig aus den überdüngten Beeten spriesst, und beweist, dass auch unter der Stadt, in der Stadt, eine ewige Natur lauert, die alles überziehen wird, wenn die Menschheit einst sich selbst zerstört haben wird.

Das zweite Bild zeigt die selten gewordene Natur; die alte Stadtgärtnerei war auch ein Nationalpark. An dem Streifen zwischen der Stadtgärtnerei und dem Rheinbord wohnt die letzte Kolonie des Erdbockkäfers nördlich der Alpen, nur einige hundert Tiere. Die Gärtner, wenn sie dereinst ihre ökologische Natürlichkeit mit Feucht- oder Trockenwiesen vollendet haben werden, werden unweigerlich eine Tiergattung für die Schweiz vollständig ausgerottet haben. Der Erdbockkäfer ist unsichtbar: Nur drei Wochen seines Lebens befindet er sich ausserhalb des Erdreichs und am Tageslicht; und in diesen drei Wochen: Wer kennt ihn? Nur das Wissen um diesen Standort verwandelte die Stadtgärtnerei für die Besetzer in einen Naturschutzpark.

Das dritte Bild zeigt einen Bauernhof. Die Besetzer und Bearbeiter der alten Stadtgärtnerei haben einige Hühner, Gänse und sogar zwei Ferkel angesiedelt und die Quartierbewohner eingeladen, die Tiere mit ihren Küchenabfällen zu füttern. Auch Städter können Bauern sein, und während sich die Bauern zu Tierfabrikanten umrüsten, werden Städter Bauern, die mit Tieren umgehen.

Das vierte Bild zeigt den Ernstfall. Je drohender der Staat seine Absicht bekundete, die wahren Bedürfnisse des Volkes zu verwirklichen, desto eifriger arbeiteten die Besetzer am Garten. Nie sah man so viele geschäftige Leute wie am Tag, an dem ein Gerücht die Falschmeldung verbreitete, die Berufsgärtner rückten mit ihrem Bulldozer an. 1940 wurde die „Anbauschlacht" mit solchen Bildern propagiert.

Das fünfte, eindrücklichste Bild zeigt eine Utopie. Die Utopie der Einheit von Kunst und Leben. Jeder ist Arbeiter, jeder ist Künstler; jeder trägt allein oder in der Gruppe zum Ganzen bei, sei es, indem er eine Skulptur herstellt, Musik macht, für alle Essen kocht oder auch, indem er splitternden Asphalt wegkehrt, damit das Gras etwas grüner wird.

Die Bürger, angelockt von Zeitungsmeldungen und Einladungen der Besetzer selbst, sahen diese Bilder nicht; sie sahen lediglich eine innerstädtische Fläche in unhaltbarer Unordnung. Die Besetzer wiederum konnten nicht begreifen, dass die Bürger ihre Bilder nicht sahen. Wenn sie uns hier nicht verstehen, so meinten sie, so gehen wir halt zu ihnen. Und die Besetzer zogen ihre tollsten Klamotten an, färbten die Haare grün und violett und zogen auf den Marktplatz. Auch dort formten sie ein Bild: Die arkadischen Hirten kommen nach Rom. Aber das Bild, das die Passanten wahrnahmen, hiess lediglich: „Ach, solche sind das!"

Die arkadischen Hirten sind schlechte Politiker. Für die Römer ist es ein leichtes, sie hereinzulegen. Die Arkadier verliessen sich auf die demokratischen Spielregeln und darauf, dass ihr Anliegen, ihr Garten sichtbar sei. Aber die demokratischen Spielregeln genügen nicht, man muss auch ein routinierter Spieler sein. Die „Stadtgärtner" sammelten Unterschriften für eine Initiative, welche die Stadtgärtnerei ihren Nutzern, dem Volk, sichern sollte. Die Regierung berief sich auf eine vorausgegangene Initiative, welche auf dem Gelände der Stadtgärtnerei und des ehemaligen Schlachthofes einen Volkspark forderte. Volk stand gegen Volk, wirklich vorhandenes, die Besetzung durchführendes Volk gegen das wahre Volk, das unsichtbare Volk. Endlich begriff ich, was ich in der Geschichtsstunde nie begriffen hatte: den Gegensatz zwischen der *volonté générale* und der *volonté de tous*. – Die Abstimmung: Natürlich verlor das Volk, natürlich gewann das Volk. Das Volk überstimmte das Volk. Nur: Der Zivilschutz hat den Schlachthof immer noch nicht freigegeben; der Wille des Volkes kann vorerst nur zur Hälfte erfüllt werden. Es war übrigens das Volk selbst, das dann den Kredit für die Auslagerung des Zivilschutzes – die Voraussetzung für die Verwirklichung des Volksparks – verweigerte. Heute herrscht auf dem Areal der Stadtgärtnerei eine grössere Unordnung, als sie je zur Zeit der Besetzer einen Bürger schockierte. Und: Die Vertreibung mit Polizeieinsatz hat im Herzen der Stadt eine Wunde geschlagen, die nicht mehr verheilt. Ich wage zu behaupten: Heute würde selbst das Volk anders stimmen.

Nachspiel in der PdA: Die älteste Sektion der Partei der Arbeit befindet sich in Basel. In Basel wurde der Name „Partei der Arbeit“ geboren, von dort hat ihn schliesslich die Schweizer PdA übernommen. Nun folgt die Geschichte, wie die allein echte PdA, nämlich diejenige von Basel, ihren richtigen Namen verlor.

Und dies wegen der Stadtgärtnerei. Die Basler PdA hat immer recht, denn sie ist linientreu. Sie weiss auch, was das Volk will, und fällt nicht auf irgendwelches Volk herein. Da können in den Strassen Basels Hunderte für die Erhaltung der alten Stadtgärtnerei demonstrieren; das wahre Volk tagt zu dritt in einem kleinen Hinterzimmer und beschliesst, was das Volk will, nämlich: einen Volkspark. Und siehe da: In der Abstimmung hat die PdA Basel recht bekommen, das Volk wollte nicht die Erhaltung der Stadtgärtnerei, sondern einen Volkspark. Ende gut, alles schlecht. Inzwischen hat sich nämlich die PdA Schweiz von der PdA Basel emanzipiert. Perestrojka und Glasnost auch hier. Hatte die PdA Basel richtig gehandelt, als sie sich auf die Position des abstrakten Volkes und gegen die „Stadtgärtner“ stellte? – Wir machen es kurz: Die PdA Basel wurde aus der PdA Schweiz ausgestossen. Und, nicht genug, auch in Basel bildete sich eine neue PdA, die zur PdA Schweiz hält. Nun kämpfte die Basler PdA, Urheberin dieses Namens, um ihren Namen. Aber: Diesen hatte sie seinerzeit der PdA Schweiz abgetreten. Ein Gericht hat entschieden: Soll sich die alte PdA Basel einen neuen Namen suchen! Die einzige wahre, die echte PdA lebt also seither unter falschem Namen, weil sie sich für das echte Volk und für die falschen Leute eingesetzt hat.

Soviel Tugend! Und soviel Unkraut! Müssen wir nicht noch ein weiteres Nachspiel folgen lassen, über den trügerischen Schein? – Albrecht von Haller schreibt in seinem Gedicht Falschheit menschlicher Tugenden an Stähelin:

„Allein, was hilft es doch, sich aus der Welt verbannen?
Umsonst, o Stähelin! wird man sich zum Tyrannen,
Wenn Laster, die man hasst, vor grössern Lastern flieh'n,
Und wo man Mohn getilgt, jetzt Lolch und Trespe blüh'n."

Trügt auch die Natur? Denn auch die Kenntnis der Natur gibt keine Auskunft darüber, was falsch sei oder ächt. Ebenfalls an Stähelin schreibt Haller über Glaube, Aberglaube und Unglaube:

„Ein Newton übersteigt das Ziel erschaffner Geister,
Find't die Natur im Werk, und scheint des Weltbau's Meister;
[...]
Und schlägt die Tafeln auf der ewigen Gesetze,
Die Gott einmal gemacht, dass er sie nie verletze.
[...]
Ach, eure Wissenschaft ist noch der Weisheit Kindheit,
Der Klugen Zeitvertreib, ein Trost der stolze Blindheit!
Allein was wahr und falsch, was Tugend, Prahlerey,
Was falsches Gut, was ächt, was Gott und Jeder sey,
Das überlegt ihr nicht ..."

Und weiter, nun in der Falschheit menschlicher Tugenden, wiederum über Newton, der mit den entdeckten physikalischen Gesetzen den Kern der Natur blosszulegen glaubt:

> *„Doch suche nur im Riss von künstlichen Figuren, beym*
> *Licht der Ziffer-Kunst der Wahrheit dunkle Spuren;*
> *In's Inn're der Natur dringt kein erschaffner Geist,*
> *Zu glücklich, wann sie noch die äuss're Schale weist!"*

Schale, Kern; die Schale zeigt der Wahrheit dunkle Spuren, der Kern aber ist unerreichbar. Wie verhält sich die Schale zum Kern? So wie Schein zu Wesen? Wie falsch zu echt? – Dass sich Newtons Formeln zur sichtbaren Natur verhalten wie Kern zur Schale, das ginge noch an; aber Haller sagt das Gegenteil: genau die Ziffer-Kunst bringt kaum den Anblick der äusseren Schale. Hallers Metapher ist offensichtlich danebengegriffen. Schon Goethe ging Hallers Gedicht auf die Nerven, und er versah es mit ironischen Zwischenzeilen:

> *„In's Inn're der Natur –*
> *o du Philister!*
> *Dringt kein erschaffner Geist.*
> *[...]*
> *Natur hat weder Kern*
> *Noch Schale,*
> *Alles ist sie mit einemmale"*

In der Bundesrepublik erschien jüngst ein Rezeptbuch für ökologische Stadtgärtnerei, nach dessen Anweisungen ein Stadtgärtner in der Stadt Natur herstellen kann. Da sich die Natur jedoch verändert, unsere Vorstellung von Natur aber gleich bleibt, gibt das Buch Anweisungen, wie man Flächen so pflegen kann, dass sie ungepflegt aussehen. Der ganze Betrieb ist natürlich aufwendig; die *Nouvelle Héloïse* lässt grüssen. Natur hat hier zwar nicht Kern und Schale, aber doch Schau- und Kehrseite. Schauseite ist die Blumenwiese mitten in der Stadt, Kehrseite ein neuer Maschinenpark mit Gerät zur Sauerstoffanreicherung und schonenden Bodenauflockerung, ganz zu schweigen von den neuen Samenzuchtanstalten. Ob die Bürger diese neue Natur sehen werden, weiss man noch nicht. Immerhin scheint der Pflegeaufwand so eindrücklich, dass selbst ein zweifelnder Bürger registrieren muss, dass hier Gutes gemeint ist, und dass nicht subversive Stadtgärtner unsichtbare Gärten errichten.

Zwei Bildwelten – Alte Stadtgärtnerei (1988)

Mit einem Aufwand, der einer besseren Sache würdig gewesen wäre, liess die Mehrheit der Basler Regierung das Areal der Alten Stadtgärtnerei am St. Johannstor polizeilich räumen und von Musfelds Kolonnen die alten Gebäude und die Werke der Jugendlichen zusammenschlagen. Für diese Stelle ist ein Park geplant, der sich aus den üblichen Requisiten unserer heruntergekommenen Gartenkunst zusammensetzt. Natürlich hatte die Polizeiaktion alle vorhersehbaren Folgen bis hin zu den eingeschlagenen Schaufenstern in der Freien Strasse. Unser Polizeidepartement, das sich anlässlich der Zürcher Jugendunruhen gerühmt hatte, viel klüger zu sein als die dortigen Kollegen, war wieder auf das Normalmass polizeilicher Horizontweite zurückgesunken. – „Ihr müsst unterscheiden zwischen Ursachen und Anlässen", so mahnte immer unser Geschichtslehrer, und so wollen auch wir nicht mehr vom Ereignis selbst reden, sondern von einigen faktischen und geistigen Hintergründen: Von der Wohnlichkeit, von der Blindheit der beteiligten Gruppen, vom unsichtbaren Garten der Alten Stadtgärtnerei, von der Risikogesellschaft und von der Relativität des Raummangels.

Wohnlichkeit

Für bestimmte Teile der Bevölkerung ist unsere Stadt nicht mehr wohnlich. Massnahmen, die für einen Grossteil der Bürger als Verbesserungen, Verschönerungen, als Rationalisierung oder Ordnung in Erscheinung treten, erlebt dieser ohnehin benachteiligte Bevölkerungsteil als Verschlechterungen, als Wegnahme. Hierher gehören die Bündelung des Motorverkehrs, wie sie unter dem Namen Verkehrsberuhigung durchgeführt wird, die Schaffung von Parkplätzen, die Aufwertung und höhere Ausnützung der Innenstadt, der Umbau der Stadtplätze (was war doch die „Klagemauer" für ein wichtiger Aufenthaltsort!), die zunehmende Pflege der Restflächen und deren Zuordnung an bestimmte Nutzer, Sportvereine, Alte, Kleinkinder bis hin zu genau definierten Freizeitformen. Jede solche Massnahme erweitert die Aktionsfähigkeit der jeweils Begünstigten und behindert die freie Verfügung derer, die keine Berechtigung haben oder anstreben. So war auch die Alte Stadtgärtnerei ein Ort derer, die sich nicht in die Kategorie der Beglückten einordnen lassen und für die deshalb jede der vermeintlichen Verbesserungen ein Verlust bedeutet. Der jetzt geplante Park ist ein Musterbeispiel solcher Funktionalisierung und Wegnahme.

Blindheit

Ich spreche jetzt nicht von den Vorstehern des Bau- und des Polizeidepartementes, die sich offenbar von einer

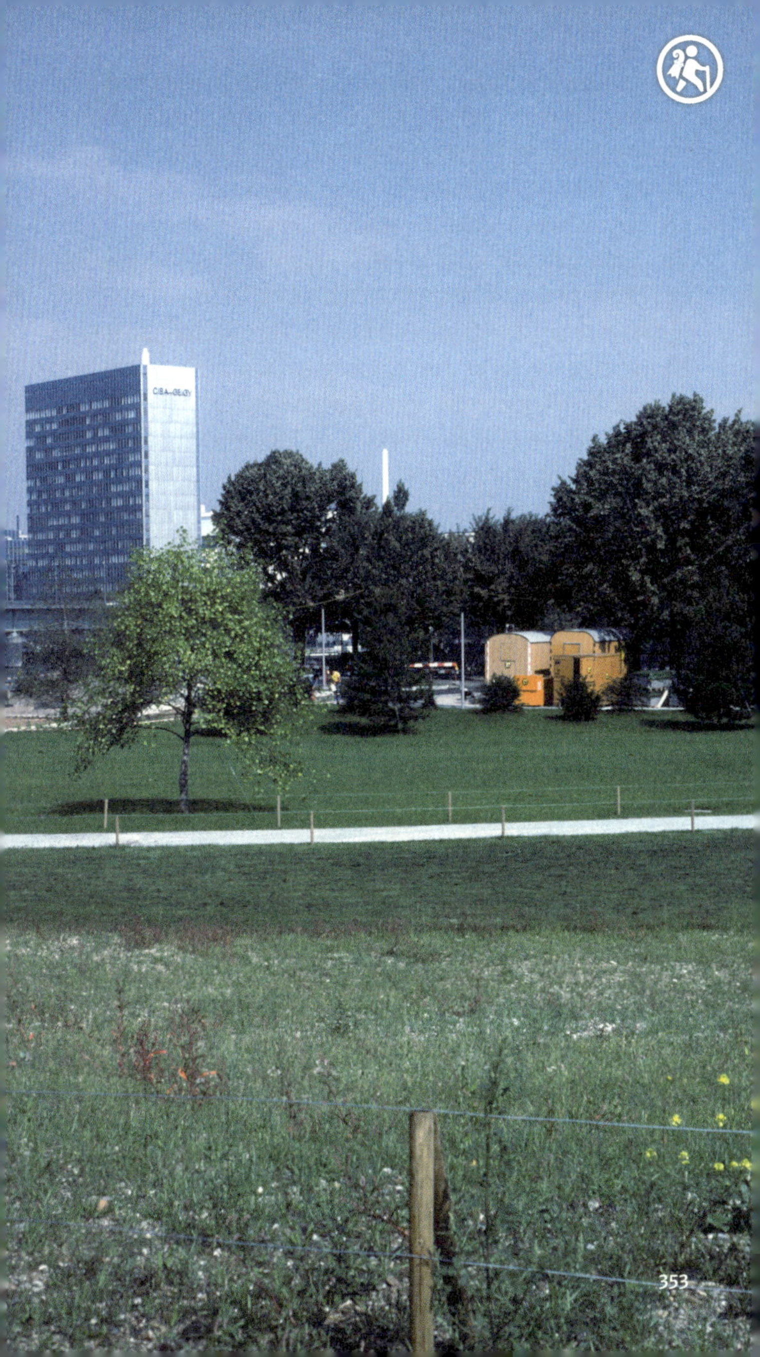
CIBA-GEIGY

Machtdemonstration politischen Gewinn versprachen. Vielmehr spreche ich von Bürgern, die vom Aufenthalt der Jugendlichen in der Alten Stadtgärtnerei hörten und die diesen Vorgängen zunächst einmal wohlwollend-neugierig gegenüberstanden. An diese Bürger appellierten auch die „Stadtgärtner" und luden sie freundlich ein, sich selber ihren so geschaffenen Garten anzuschauen. Denn die „Stadtgärtner" hielten ihren Garten für toll und dachten, es müsse doch jeder sehen, wie gut sie seien und wieviel sie gearbeitet hätten. – Viele Bürger lenkten ihren Sonntagsspaziergang für einmal zum St. Johannstor und waren guten Willens, den Garten der jungen Leute schön zu finden. Aber was sie sahen, ging ihnen dennoch über die Hutschnur: „Nein, so kann das nicht bleiben", war der übereinstimmende Kommentar.

Nun ist eine Stadtgärtnerei schon an sich nicht schön: sie ist ein Werkhof und ein Umschlagplatz für Böden, Pflanzen und Geräte. Vollends hässlich aber wird sie in unbenutztem Zustand, wenn die ersten Glasscheiben gesprungen sind und aus den überdüngten Beeten und auf den Komposthalden riesige Unkräuter spriessen. Für den Bürger heisst gärtnern: Einen Garten in Ordnung bringen, und er stellt sich dabei eine bestimmte Ordnung vor. Was die Bürger hinter dem St. Johannstor sahen, war für sie Unordnung, denn für die Ordnung, welche die Jungen dort hergestellt hatten, waren die Bürger blind.

Der Garten, den die Jungen in der Stadtgärtnerei angelegt hatten, enthielt „Bilder", die allerdings für den Durchschnittsbürger unsichtbar waren. Das ist nicht ungewöhnlich: Als im 18. Jahrhundert die ersten Landschaftsgärten angelegt wurden, gab es viele Betrachter, die darin nichts sahen als eben die natürliche Unordnung.

Noch einmal: Die Bürger, angelockt von den Zeitungsmeldungen und den Einladungen der Besetzer, sahen keines dieser Bilder; sie sahen lediglich ein Gelände in dysfunktionalem Zustand, in unhaltbarer Unordnung. Die Jungen wiederum konnten nicht begreifen, dass die Alten ihre Bilder nicht sahen. Wenn sie uns hier nicht verstehen, so meinten sie, so gehen wir halt zu ihnen. Sie zogen ihre tollsten Klamotten an, färbten die Haare grün und violett, stimmten ihre Gitarren und zogen auf den Marktplatz. Auch dort formten sie ein Bild: „So gut sind wir." Aber das Bild, das die Passanten wahrnahmen, hiess: „Ach, solche sind das!"

Die Risikogesellschaft

Wie man Ordnung und Unordnung wahrnimmt, gibt Zeugnis davon, wie man die Welt und die Gesellschaft sieht. Seit dem 1. November 1986, dem Tag der Sandoz-Katastrophe, leben die Basler in zwei unterschiedlichen Städten: Die einen leben in einer Stadt, die jeden Augenblick explodieren oder vergiftet werden kann. Die anderen leben in einer Stadt, die, bei wohlkalkuliertem und kontrolliertem Risiko, Wohlfahrt und Reichtum schafft. Und jeder ist blind für des andern Stadt.

Da gibt es die konventionelle Haltung, die sich in einer Reihe von Redensarten niedergeschlagen hat. „Wer wagt, gewinnt", „Wer sich in Gefahr begibt, kommt darin um", „Wie man sich bettet, so liegt man", „Jeder ist seines Glückes Schmied". – Leute, die so denken, nehmen Chemie, Atomkraft, Verkehrsunfälle, Luftverschmutzung und die steigende Kriminalität der Stadt als unvermeidliche, aber durch persönliches Handeln umgehbare Risiken wahr; sie verbringen beispielsweise ihre Familien in die Vororte und aufs Land, sind damit geschützt und tragen das Ihre dazu bei, dass in der Stadt das allgemeine Unheil fortschreitet.

Für andere bleibt die Stadt das Schicksal: Sie haben nichts gewagt und kommen doch um; sie liegen anders, als sie sich gebettet haben; andere sind ihres Unglücks Schmied: Sie sehen die Gesellschaft als eine Institution, die nicht nur Reichtum und Armut, sondern auch Sicherheit und Risiko nach dem Schlüssel verteilt: „Wer da hat, dem wird gegeben" – Die „Bilder" der Stadtgärtnerei und die gegensätzliche Parteinahme, welche unsere Bevölkerung seit dem gloriosen Polizeieinmarsch in die Alte Stadtgärtnerei spaltet, sind der Ausdruck dieser unterschiedlichen Wahrnehmung der Gesellschaft: Der Gesellschaft als einer geordneten Selektion der Tüchtigen, oder die Gesellschaft der willkürlichen Zuteilung und Wegnahme von Wohlstand und Risiko durch Leute, die sich selber in Sicherheit gebracht haben.

Raum ist in der kleinsten Hütte

Hängt die Geschichte der Stadtgärtnerei und der Basler Unruhen damit zusammen, dass es in Basel wenig Raum gibt, dass der Kanton so eng ist? – Ich glaube, hier muss man zwei Dinge wohl unterscheiden. – In der Tat verwirtschaftet die Basler Stadtplanung unsere Freiräume so, dass sie den Bedürftigen weggenommen werden und, wenn sie nicht überhaupt verloren gehen, jenen zugeschlagen werden, die sich ohnehin Freiräume verschafft haben oder verschaffen können.

Aber: Das Jugendproblem in Basel und anderswo ist kein Problem der fehlenden Quadratmeter. Es ist vielmehr, soweit es die räumliche Planung und Ordnung anbelangt, ein Problem der „Bilder". Wo die Flächen und Räume noch so ungestaltet und reich sind, dass sie freie Interpretationen – und damit freie Nutzungen – erlauben, da ist auch Raum für die Jungen, für die Phantasievollen, für die, die sich nicht die sogenannte Freizeit durch ein vorgegebenes „Hobby" verbröseln lassen. Wo aber die Räume funktionalisiert werden, hier für die Sportfischer, dort für die Bastler von kurzwellen-gesteuerten Schiffen, drüben für die Nacktkultur, dort hingegen für die Bumerangwerfer, und wo die Räume so banalisiert werden, dass nur noch Spaziergang und Kommerz möglich ist, wo das mit unseren Pärken und Plätzen passiert, da fehlt dann die Fläche für jene, die sich in eine solche Einteilung nicht einordnen lassen. Wo, wie auf den Arealen der Alten Stadtgärtnerei und des Schlachthofs, jedem jedes geboten wird, den Kröten die Feuchtwiese, den Radfahrern ein Gürtelweg, wo kein gärtnerisches Versatzstück ausgelassen wird, wo sinnlos 200.000 m^3 Boden verfugt werden, um, im Anblick des Rheins, ein Wässerchen zu präsentieren, da allerdings wird die Fläche knapp, selbst wenn sie vorher vorhanden war.

Kurt Brägger (1918–1999) – Gestalter des Basler Zolli (1999)

Am 18. Februar 1999 starb Kurt Brägger im Alter von 81 Jahren. Er war es, der unserem Basler Zolli sein heutiges Gesicht gegeben hat, und der die gärtnerischen Prinzipien entwickelte, nach welchen der Zolli weiterhin gepflegt werden soll. Wir wollen hier seiner Leistung noch einmal ehrend gedenken.

Bis weit in unser Jahrhundert hinein war der Basler Zolli ein Zoo der Gründerzeit. Die Themen, die anderswo entwickelt wurden, insbesondere bei Hagenbeck in Stellingen, waren in Basel nicht gefragt und auch, wegen der Engnis des Geländes, wohl nicht möglich. Bis auf die grosse Wiese, die „Sawanne", an die sich die Älteren unter uns noch erinnern, glich der Zoo einem Villenquartier des Jahrhundertendes, nur dass die Hausbesitzer Tiere waren. Die Raubtiere hatten eher städtische Häuser ohne Umschwung, die einheimischen Pflanzenfresser wohnten in luftigen Sommervillen inmitten ihres Grundstücks, das ganz von einem Rundweg umgeben war. Auch die Anlagen aus den 1930er Jahren folgten diesem Schema, nur dass die Häuser nun etwas phantasieloser wurden und die „Gärten" noch mehr einem Präsentierteller glichen, auf welchem die Tiere sich zu zeigen hatten.

Einige dieser Gehege enthielten, nach Hagenbecks Vorbild, Kletterfelsen, die von Bildhauer Eggenschwyler, Hagenbecks Felsenkünstler, gestaltet waren. In den 1950er Jahren übernahm dann der in Basel ansässige Kurt Brägger, Keramiker, den Bau und den Unterhalt der Betonfelsen. Noch waren diese Felsanlagen nach dem gleichen Schema

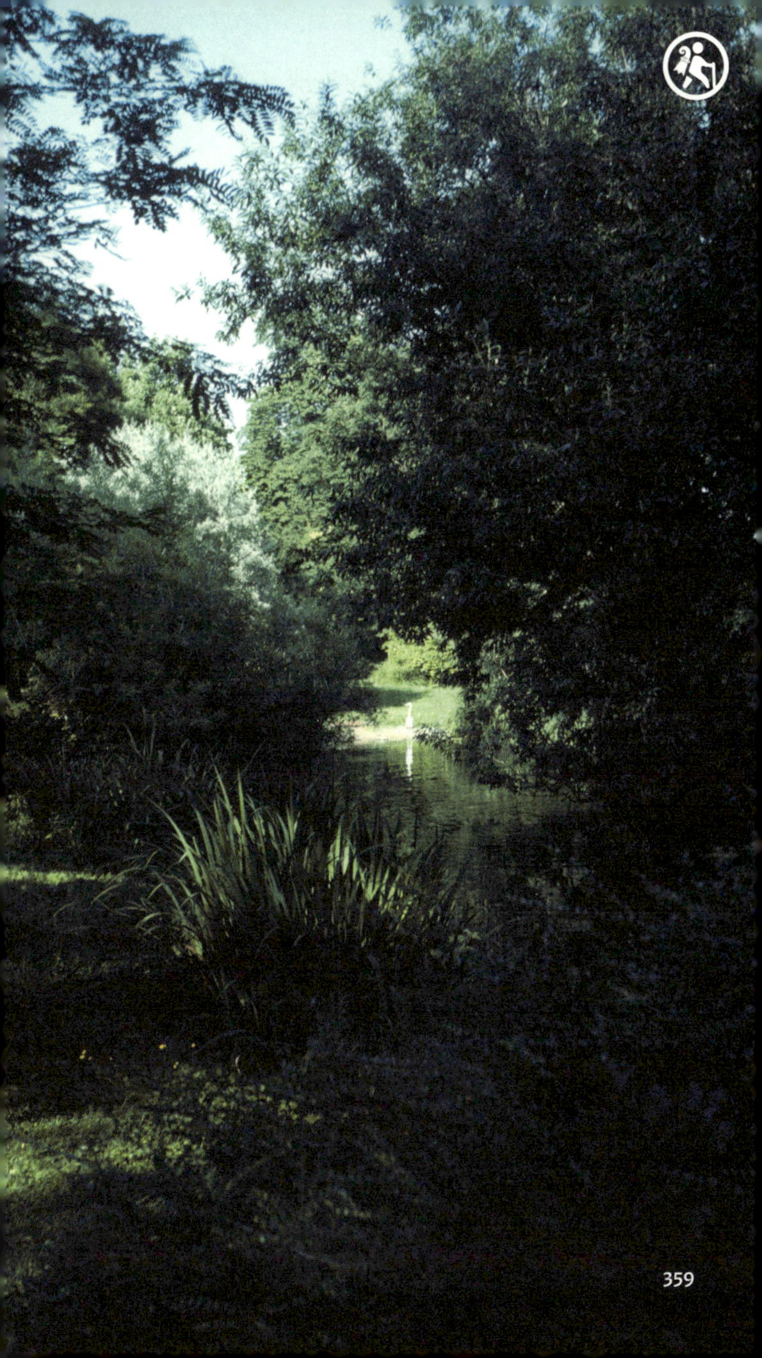

gemacht wie die „Villen"; das Gehege sollte vor allem einsehbar sein und das Tier sich den Blicken der Besucher darbieten. Da die Gehege klein und die Tiere lebhaft und gefrässig sind, war im Innern des Geheges alles kahl; und da von aussen die Einsicht nicht verstellt werden sollte, so gab es auch da kein Buschwerk und kein Grün. Dafür gab es am Eingang des Gartens und beim Restaurant aufwendig mit Primeln und Stiefmütterchen bepflanzte Beete.

Eine Weile lang führte Brägger die Aufträge so aus, wie man sie ihm gab; dann aber ging er eines Tages zum damaligen Direktor, Ernst Lang, und kritisierte den ganzen Aufbau und die gärtnerische Pflege des Parkes. Ernst Lang reagierte interessiert; er wollte selber etwas lernen. Er bat Kurt Brägger, seine Kritik in ein planerisches Konzept umzuwandeln und aufzuzeichnen, wie der Garten seiner Meinung nach aussehen sollte. Als diese Planung dann überzeugend ausfiel, gab Lang Brägger die Gelegenheit, seine Vorstellung exemplarisch an einem Gehege zu verwirklichen. Dieser erste Eingriff Bräggers lag im Bereich der heutigen Okapi-Anlage.

Allen Eingriffen Bräggers liegt die Absicht zugrunde, dass der Garten eine Einheit werden solle, das Villenquartier ein Dorf, um im Bilde zu bleiben. Dafür konzipierte Brägger ein durchgehendes Pflanzkonzept. Aus der Vielzahl der oft aufwendig begärtnerten Beete und Anlagen wurde ein grünes Kontinuum, in das je nach Bedarf an Fläche und Höhe Gräser, Buschwerk oder Bäume eingesetzt werden. Die Höhen der Pflanzenkulissen dienen der Führung des Blickes: die Wege werden zu grünen Korridoren, die bald durch Biegungen die anderen Besucher wegkaschieren, bald sie zeigen und als Besucherstrom erleben lassen, und zuweilen einen Ausblick über die Gewässer in die Weite bieten. Vor allem aber soll sich bald links, bald rechts des Weges ein Einblick in ein Gehege öffnen. Im Kleinen sollen grüne Abpflanzungen die Härten kaschieren; vor jede Betonkante, jeden Sockel eines Gitters setzt Brägger einen grünen Fleck, und einige allzu breite Wege teilte er längs durch ein mannshohes grünes Band. – Die dadurch erreichte Einheit des Gartens ist heute noch intakt und wird als so selbstverständlich empfunden, dass sie explizit gar nicht bemerkt wird: auch dieses ein Ziel Kurt Bräggers.

Bei den dabei verwendeten Pflanzen hatte Brägger in keiner Richtung Berührungsängste; viele meinten damals, er solle nur mit einheimischer Flora arbeiten: andererseits hofften die Gärtner auf kostbare Baumschulgehölze. Brägger aber komponierte als Künstler: er achtete auf Blattformen und -grössen und auf Grünnuancen und nahm, was ihm hierin dienlich schien; hier den dunklen Glanz des Schafschwingels, dort das helle Grün des Adlerfarns. Brägger liebte es, darauf hinzuweisen, wie Blattformen und -farben die Illusionen von Feuchtigkeit oder Trockenheit, von schattiger Waldlichtung oder besonnter Dürre erzeugen, ohne dass die dabei verwendeten Pflanzen besonders nass oder trocken gehalten werden müssen. Aus dem bei Gärtnern wenig geschätzten Holunder zauberte er ein urwaldartiges Blattwerk um das Nashorngehege, das den betonierten Graben der Abschrankung auffüllte; das weiche Holz dieser Büsche sorgte dafür, dass sich keine für das Nashorn betretbare Vegetation bildete.

Mit zu dieser Vereinheitlichung des Gartens gehört seine Einbettung in die vorgefundene Topographie. Der Basler Zoo liegt im Birstal und bildet die linke Talflanke und den Talgrund. Wasser fliesst bekanntlich zu Tal: deshalb, so meint Brägger, soll es sich im oberen Teil des Gartens als Bach zeigen, Teiche aber gehören auf die Talsohle. Entsprechend gestaltete Brägger auch den Aufbau des Geländes: immer wird der Untergrund mitgedacht. Bald markiert er ihn, indem er künstlich die Terrassen des Jurakalks darstellt – etwa im Schwarzantilopengehege – oder er bedeckt eine denkbare Formation mit Rasen. Auch diese Gestaltung sollte der Besucher nicht bewusst bemerken; vielmehr sollte er sich einfach dadurch zuhause fühlen, dass ihm sein Gedächtnis das Bild einer natürlichen Talflanke der Frenke oder des Diegterbaches aufruft.

Zentrum und Kern von Bräggers Anordnungen ist das Verhältnis von Wegen zu Gehegen, oder vom Besucher zum Tier. Die Herden sollen sichtbar, aber nicht ausgestellt sein; der Besucher soll nicht auf das Gehege zugeführt werden, sondern daran vorbeigehen und hier und da einen Einblick bekommen, wie man auf einem Stadtspaziergang plötzlich in einen fremden Garten sieht. Das Prinzip: Gürtelweg mit durch Lücken in der Gehölzbepflanzung dosiert gewährten Ein- und Durchblicken ist im 18. Jahrhundert von Lancelot Brown am Park von Stowe entwickelt worden; Brägger wendet es sinngemäss auf den Tierpark an. Schöne Beispiele davon sind das Schwarzantilopengehege und das Nashhorngehege.

Die gleichen drei Prinzipien: Kontinuum, sinnvolle Topographie und Weg mit Einblicken, wandte Brägger auch, soweit es ging, auf die neuen Häuser an, das Affenhaus und das Aquarium, wobei es oft zu einer nicht einfachen Zusammenarbeit mit den Architekten kam. (Affenhaus: Architekt Frank Sydler; Aquarium: Architekten Burckhardt & Partner). Echt „bräggerisch“ ist im Affenhaus der jeweilige Durchblick auf eine hintere Pflanzenwand.

Das Aquarium deutet schon beim Eintritt an, dass es der Topographie der Lage folgt: schön ist die Stelle, wo der Besucher unter den Wasserspiegel geht: von da an geht es abwärts in die Meerestiefen, dann aufwärts zu den Uferzonen und schliesslich „ins Trockene", zu den Terrarien.

Viel Liebe und Einfühlung verwandte Brägger auf die Anlage des Kinderzoos. Auch hier stand obenan das Prinzip der Eingliederung und der Unauffälligkeit. Als Heim und Winterquartier erhielten die dort gepflegten Tiere einen baselbieter Stall; – nach all den Veranden und Pagoden des einstigen „Villenquartiers" die selbstverständlichste Lösung im Tal des Birsig. Auf das Freigelände des Kinderzoos war Brägger besonders stolz: Die Terrassenstufen, die er in die Böschung gegen die Binningerstrasse betonieren liess, glichen genau jenen natürlichen, die beim Fundamentieren des Stallgebäudes hervorkamen.

Kurt Brägger entwarf Gehege und Anlagen und überwachte deren Verwirklichung, aber vor allem schuf er das Konzept des Gartens, eine Sammlung von Regeln, nach welchen weitergearbeitet werden kann. Noch leben die Biber hinter einer betonierten Wand ganz oben beim Vogelhaus: – vielleicht erhalten sie einmal ihren angemessenen Standort auf der Talsohle an einem Gewässer, ja, an dem von seiner Verrohrung befreiten Birsig! Noch klebt ein Teich mit „malerischer" Insel in Hanglage vor dem Restaurant, vielleicht wird er auch einmal aufgehoben und durch ein über Stufen talwärts fliessendes Bächlein ersetzt.

Jetzt haben wir nur das Werk geschildert, das eine Werk Bräggers, den Basler Zolli. Wir möchten aber auch seiner ganzen Persönlichkeit gedenken, seiner Art, wie er, feinfühlig, scharfsinnig, mit wundersamen Antennen ausgerüstet, die Welt, die Natur, sein Basel und Riehen betrachtete und ihre poetischen Seiten ins Licht rückte. In der Garten- und Landschaftsgestaltung war er Autodidakt und seiner Zeit um Jahrzehnte voraus; wenn man die Grösse seiner Leistung ermessen will, so muss man bedenken, dass die Gärtnerei in den 1960er Jahren noch voll dem Manierismus und der Primelpflanzerei verfallen war. Das heutige Nachdenken über die ästhetische Behandlung der Landschaft und den ökologischen Umgang mit der Umwelt hatte noch gar nicht eingesetzt. – Kurt Brägger, von Ihnen haben wir Vieles gelernt!

Im Hof der Kaserne: ein Park? (1988)

„Papierkorb-Planung ist billiger als Fehlplanung", so lautete ein Satz, der mit einem Wettbewerbentwurf von 1972 zur Gestaltung des Basler Kasernenareals abgegeben wurde. Sie lesen richtig: 1972. Damals wurde allerdings ziemlich vieles für den Papierkorb geplant: Die hohen Preisrichter vergaben den 1. Preis sowie viele weitere Zückerchen an Projekte, die die alten Bauten der Kaserne abbrechen wollten, die gotische Kirche freistellten und darum herum entweder Bauten oder einen Stadtpark entwarfen. Aber neben dem eingangs zitierten kritischen Projekt „Soft Ware" war da noch ein anderes mit dem Titel „Ent-sto-lo", welches bei den Behörden und beim Preisgericht zwar ungeliebt, in der öffentlichen Diskussion aber erfolgreich war. Die damals noch existierenden Basler Zeitungen NZ, BN und Basler Volksblatt erreichten durch ihre Artikel, dass das Baudepartement auf seinen heiss ersehnten Abbruch verzichten musste, und dass die Kaserne dem heute noch bestehenden partizipatorischen Nutzungskonzept zugeführt wurde, „Ent-sto-lo“ hatte erklärt, der blosse Abzug des Militärs bedeute noch lange nicht, dass die dadurch entstandene Landreserve nun sofort einer definitiven neuen Nutzung zugeführt werden müsse. Und ohne es zu wollen folgte das Baudepartement dem ironischen Vorschlag von „Soft Ware“ und verwandelte die preisgekrönten Fehlplanungen in Papierkorbpläne.

Das sind alte Geschichten – aber sind wir inzwischen klüger geworden? 1988 wurde ein zweiter Kasernenwettbewerb durchgeführt, der sich aber diesesmal nur auf den Hof bezog und für die Bauten lediglich Vorschläge zu Umnutzung oder Umbau zuliess. Man hatte also inzwischen die Nützlichkeit der alten Bauten eingesehen und hatte auch – aber erst durch eine Volksabstimmung – gelernt, dass das Areal nicht für eine Parkgarage zu benutzen ist. Man ging aber insofern über den Gedanken „Ent-sto-lo“ hinweg, als der Kasernenhof und einige umliegende Freiflächen als eine einzige, in einem Wurf zu beplanende Sache gesehen wurden. Die acht zum Wettbewerb eingeladenen Planergruppen hatten also ein „fertiges“ Projekt abzuliefern und keine „Soft Ware“ oder andere Organisationsmodelle im Sinne des Entstehenlassens.

Auch im Entwurf eines Parkes stecken viele Entscheidungen, die mit ganz anderen Dingen als mit Gartengestaltung zu tun haben: mit Nutzungskonzepten der Gebäude und mit städtebaulichen Anforderungen auf Quartier- oder gar Stadtebene. Drei Fragen scheinen mir beim Kasernenareal vordringlich:

- Die Beziehung zur Klybeckstrasse: Soll der Kasernenhof Passanten zum Betreten einladen oder soll er im Gegenteil die Passanten zwar nicht abhalten ihnen aber doch das Gefühl vermitteln, dass sie einen Raum von besonderer Nutzung betreten?

- Wie gestaltet man, nachdem ein Abbruch des Hauptgebäudes nicht mehr zur Diskussion steht, die Beziehung zum Rhein? Gelingt es, etwa unter Einbeziehung des Kleinen Klingental, einen Ort zu schaffen, wo sich das Stadtquartier zum Rheinufer hin öffnet, und wo die Spaziergänger am Rhein aufgehalten werden und zwischen die Kasernenbauten einbiegen?
- Und schliesslich die grundlegende Frage der engeren Nutzung: wollen wir einen Garten, oder einen Hof, mehrere Höfe vor den verschiedenen Gebäuden, oder mehrere Gärten? Und gibt es Gestaltungsformen, welche die definitive Nutzung noch aufschieben oder spontane Nutzungen ermöglichen? – Insbesondere im Hinblick auf diese letzte Frage wurde auch der Gruppe „Ent-sto-lo“ ein Platz im Preisgericht eingeräumt; in der Preisvergabe kommt aber ihre Rolle nicht mehr zum Ausdruck.

Es ist höchste Zeit, dem Leser mitzuteilen, dass der Verfasser dieses Artikels parteiisch ist: Er war 1972 beteiligt an „Soft Ware“ und 1988 an dem im 2. Rundgang ausgeschiedenen Projekt „Arkadien“. Und gleich fängt er an, sein eigenes Projekt lauthals zu rühmen: „Arkadien“ beliess im Bereich des Hauptgebäudes weitgehend den alten Kasernenplatz und im Bereich der Klybeckstrasse einen ungezwungenen Übergang durch die Baumpflanzungen in dem Kasernenhof. Den geforderten „Park“ reduziert es auf ein Bild: Vom restlichen Kasernenhof aus blickt man über einen Wassergraben in eine Parkfläche, die aus dieser Perspektive aussieht wie ein Stück bäuerliche Landschaft. Die Eingriffe dieses Projektes sollen die Nutzbarkeit des

Hofes bewahren; die Anordnung aber ist auch eine bildhafte: Sie erinnert an die alte Rolle der Kaserne als den Ort, von welchem aus das Basler Militär 1833 die „Landschaft" angegriffen hat: Vom belassenen Teil des Hofes aus blickt man über einen „Festungsgraben" in die feindliche Basel-Landschaft.

Und nun das erstprämierte Projekt: Bemerkenswert ist es, dass das Preisgericht auch damit einen Entwurf prämiert hat, der historische, allerdings erdgeschichtliche Bezüge einschliesst. „Die Wiese zwang den Rhein ins Knie", dieses ist die Aussage, die der Gartenentwurf der Gruppe beinhaltet, zu welcher der Künstler Hannes Vogel, die Architektin Petruschka Vogel, Architekt Hans Rohr, Gartengestalter Kurt Fisch und der Stadtarchäologe Rolf d'Aujourd'hui gehören. Der Entwurf weist also darauf hin, dass die Wiese (jeder Basler weiss, dass damit ein Fluss gemeint ist) einst an dieser Stelle in den Rhein floss und damit den heutigen knieförmigen Lauf des Rheins mitbestimmte. Die Wiese, ein Wortspiel, wird dargestellt durch eine keilförmige Wiese, die gegen den Rhein weist – was aber infolge des Kasernen-Hauptbaues vom Betrachter nicht wahrgenommen werden kann. Die Lesbarkeit des Gartens beruht also auf Vorwissen und sie spielt sich im Kopf des Betrachters ab, sofern ihm die Entschlüsselung gelingt. – Auf der Nutzungsebene ist die Bescheidenheit des Eingriffs einleuchtend, denkt man an andere Projekte; fraglich erscheint uns die Entscheidung, die Klybeckstrasse durch ein eingeschossiges Bauwerk abzutrennen; etwas enttäuschend ist auch, angesichts der Wahl des Themas, die Beziehung zur Mittelachse und zum Rhein: Der Keil der „Wiese" findet da keine überzeugende Fortsetzung – wir wissen aber nicht, ob dieser Entwurf sich nicht in der

Weiterbearbeitung in diesen Punkten noch korrigiert hat. Seine Ausführung wird im kommenden Winter dem Grossen Rat zur Beschlussfassung vorgelegt.

Wir besprechen hier nicht alle acht eingereichten Entwürfe; sie bringen eigentlich keine entscheidenden neuen Gedanken und erschöpfen sich teilweise in gekonnter Gartengestaltung. Bei aller Sympathie muss man anmerken, dass der Beitrag der eingeladenen „ökologischen" Gruppe schwach ist. Es wäre wichtig gewesen, einmal öffentlich zu zeigen, welche ökologischen Techniken dem Stadtplaner und Gärtner zur Verfügung stünden, wenn er sie nur anwenden wollte.

Es hätte hier vorgemacht werden können, wie man künftig nicht mehr mit Einzelpflanzen, sondern mit Pflanzengesellschaften und deren Sukzessionen arbeitet. Die Zukunft einer ökologischen Gärtnerei liegt nicht in der Anlage sogenannter Biotope, sondern darin, dass sie Nutzungen und Pflanzengesellschaften, unter Einrechnung von deren Wandelbarkeit, richtig kombiniert und so einsetzt, dass die Nutzung – der Tritt, das Spiel, das Beerensuchen – die Pflege ersetzt. Oftmals aber werden heute scheinbar natürliche Situationen eingesetzt wie Momentaufnahmen aus ablaufenden Sukzessionen, also so, dass der festgehaltene Moment durch Pflege, Jäten und Düngung, also gleich wie im klassischen Garten künstlich erhalten werden muss.

Wenn nun im kommenden Winter der Basler Grosse Rat über den Kasernenhof entscheiden soll, so ist zu hoffen, dass es nochmals zu einer Debatte über den Ent-sto-lo-Gedanken, also über die Prozessualität des Vorgehens und die Partizipation der Nutzer kommt, und nicht nur zu einem blanken Ja oder Nein zum vorgelegten Entwurf.

Freie Flächen, freie Räume, Niemandsland (1988)

Auch eine im Raum beschränkte Stadt wie Basel ist nie kompakt genutzt; vielmehr bilden sich immer vorübergehende Brachen, Bauten stehen ungenutzt herum und hinter Bauzäunen wuchert das Unkraut. Hierzu zwei Forderungen!

I. Öffentlicher Bereich

Die öffentlichen Nutzungen in der Innenstadt befinden sich grossenteils auf den Arealen der säkularisierten Klöster: Gewerbemuseum, Völkerkundemuseum, Theater, Casino, Waisenhaus, Münstermueseum, Kaserne. Überdies haben wir die Areale der obsoleten Infrastrukturen, Gaswerk, Schlachthof, Zuchthaus, usw.: auf diesen Arealen plaziert der Staat seine Nutzungen und, wenn die Nutzung obsolet ist, fällt das Grundstück an ihn zurück.

Jedesmal, wenn das passiert, entsteht Aufregung, die Baulobby meldet seine Ansprüche an, man redet von der „letzten Chance eines freiwerdenden citynahen Geländes", die Parteien ersinnen Nutzungen, die sich im Wahlkampf gut präsentieren.

Unsere Forderung: Mit diesen periodisch auftretenden angeblich „letzten Reserven" müsste weitblickend und planerisch umgegangen werden. Wenn zwischen dem Freiwerden des Geländes und der neuen Nutzung ein zeitlicher Abstand auftritt, so ist das kein Fehler: vielmehr kann dann eine temporäre Nutzung eingeschoben werden.

II. Privater Bereich

Das innere Wachstum der Stadt bewirkt, dass das Wohnen oder gewerbliche und industrielle Nutzungen nicht mehr die zur Verzinsung innerstädtischen Bodens nötige Rendite erwirtschaften. Das gilt auch für an sich gutgehende Betriebe, wenn sie einen grossen und schweren Maschinenpark benötigen.

Oft zahlt ihnen die Veräusserung des alten Betriebsgeländes den Umzug und Neubau weiter aussen. Andere geben ganz auf.

Bei der gegenwärtigen Lage auf dem Liegenschaftsmarkt erweisen sich die Grundstücke nach der Landänderung oftmals als überzahlt. Auch der Käufer erkennt, dass die von ihm geplante Nutzung im Rahmen der für das Grundstück geltenden Baubeschränkung keine Rendite bringt. Seine überdimensionierten Bauprojekte werden zurückgewiesen, und jahrelang steht das Grundstück leer.

Eine temporäre Nutzung wäre möglich, die Eigentümer aber schrecken davor zurück, weil sie befürchten, dass im Augenblick der Baubewilligung dann keine unmittelbare Handlungsfreiheit besteht. Lieber also lassen sie die Gebäude vergammeln und zugrundegehen, wie wir dies an zahlreichen Beispielen sehen, auffällig im Augenblick an den „Patria"-Liegenschaften St. Albananlage 27/31, ehemals Stiftung Hoffmann und Stiftung von Speyr.

Unsere Forderung: Damit nicht neben der Wohnungsknappheit eine solche beschämende Verschwendung von Wohnraum auftritt, sollte die Regierung eine Vermittlerrolle zwischen solchen Liegenschaftseigentümern und möglichen temporären Nutzern einnehmen.

III. Verkehrsanlagen

Infolge von Veränderungen im Verkehr werden zunehmend grössere Flächen frei, Schienenareale, Bahnhofsanlagen, Güterschuppen und Hafengelände. Auch hier sollte sich die Stadt Basel für eine temporäre Verwertung durch Nutzergruppen einsetzen.

Grün als Erlebnis – Fussgängerwege (1987)

Die von der OEKOSTADT geforderten grünen Wege durch die Stadt sind Bestandteil der allgemein von der ganzen Einwohnerschaft verlangten Stadtbegrünung. Dieses Bedürfnis nach Grün tritt heute in zweifacher Form auf. Grün in der Stadt ist ein naturschützerisches Postulat: Da draussen die Landwirtschaft in solchem Masse intensiviert wird, dass sogar einstmals verbreitete Arten auf dem Lande kaum mehr einen Standort finden, bietet die Stadt der Natur ein letztes Refugium. Parallel dazu tritt ein anderes Grünbedürfnis auf: Die Natur muss auch wahrgenommen werden, muss also in einer Weise dargeboten werden, dass der Stadtbewohner das lebendige Wachsen und Vergehen auch sieht und erlebt.

Natur an sich ist nicht wahrnehmbar; die Natur in der Stadt sichtbar zu machen obliegt den Gärtnern. Mit dem heutigen Stilmittel der allgegenwärtigen Verkehrsbegleitbegrünung gelingt das allerdings nicht. Grüngestaltung muss ihre Mittel sparsam einsetzen und zuweilen auch der Spontanvegetation das Feld überlassen. Aber auch diese spontane Natur wird in der Stadt nur gesehen und wahrgenommen, wenn sie nach einem sinnvollen Konzept eingesetzt ist. Bedeutungsvoll gärtnern, das Grün so anlegen, dass es das Gefühl von Erholung verbreitet, beruht also auf einem künstlerischen Konzept, das Architektur und Garten, gestaltete und brach belassene Grünflächen miteinander „diskutieren" lässt.

Spontanvegetation bietet Information und Orientierung. Noch vor wenigen Jahrzehnten – vor der Herbizid-Welle – waren Stadt und Land so mit Spontanvegetation besetzt, dass deren Anblick Auskunft darüber gab, ob ein Weg benutzt sei oder nicht, ob mit Fahrzeugen oder zu Fuss, ob eine Fläche von ihrem Besitzer oft oder selten benötigt wird, ob Kinder hier spielen dürfen, ob der Hausmeister streng ist oder tolerant. Die heutige Totalbegärtnerung zerstört diese Information: Wo sich Trampelpfade bildeten, wird sorgfältig abgesperrt und nachgesät, Sportplätze werden durch Herbizide so freigehalten, als seien sie ununterbrochen in Gebrauch, ungenutzte Flächen werden durch Verkehrsbegleitgrün unbenutzbar gemacht. Alles geschieht unter intensivem Gift- und Düngereinsatz mit entsprechender Grundwasserverschmutzung. Ebenso zerstörerisch ist das Vorgehen auf der Wahrnehmungsebene: die spontane Information geht verloren, Verbots- und Gebotstafeln treten an ihre Stelle.

Die Stadt entwickelt sich, und mit ihr die städtische Infrastruktur. Technische Einrichtungen werden notwendig und später wieder obsolet. Das Gaswerk, der Schlachthof, die Stadtgärtnerei, die grossen Güterbahnhöfe: viele dieser einstmals modernen Infrastrukturen der Industriestadt fallen früher oder später anheim. Planlos und hastig werden sie jedesmal entgegengenommen und einer neuen Nutzung zugeführt. Ist gerade Wohnungsmangel angesagt, werden Werkareale Wohnanlagen ohne Rücksicht darauf, ob sie gut gelegen sind oder nicht; ist gerade Grün angesagt, so entstehen Missgeburten wie der St. Johanns-Park. Eine Politik der künftig anheimfallenden Infrastrukturflächen gibt es nicht.

1962 erstellten die sogenannten Fachverbände ein Grünkonzept für Basel, das noch heute offiziell in Kraft ist. Um die Quartiere in ihrer Individualität zu stärken, sollten sie durch Grünstreifen voneinander getrennt werden, welche zugleich die Grünschneisen der Spaziergänger sein sollten. Der Plan ist paradox: durch eine Attraktion, den grünen Spaziergang, soll eine Trennung bewirkt werden. – Der Referent tritt für eine Revision dieses Konzeptes ein, die in seiner Umstülpung bestehen würde: Die Quartiere sollen ihre Individualität durch die Schaffung grüner Zentren erhalten. Diese Zentren sollen einen starken Bildcharakter bekommen, und sie sollen, wo immer es geht, auf den Rhein ausgerichtet sein. Der Referent skizziert seine Vision anhand von vier Zentren links und sechs Zentren rechts des Rheins.

In einer ausführlichen Schlussbemerkung verknüpft der Referent die künftige Basler Wirtschaftsentwicklung mit den Erfordernissen der Verkehrsplanung und der Grünplanung. Die Basler Wirtschaftsplanung beruht immer noch auf der Favorisierung und grosszügigen indirekten Subventionierung der chemischen Grosskonzerne. Neuere nationalökonomische Forschungen und praktische lokale Überlegungen weisen aber darauf hin, dass der Wohlstand langfristig besser durch kleine Betriebe garantiert ist. Viele kleine Betriebe des technischen Sektors, des tertiären und der Information bilden zusammen ein flexibles, anpassungsfähiges System, das weniger krisenanfällig ist als

Grosskonzerne und auf das die Konzerne auch gerne ihre Risiken abschieben. Eine Politik direkter und indirekter Förderung müsste also hier einsetzen, um die langfristigen Risiken, die wir mit unseren drei chemischen Grosskonzernen eingehen, zu mindern. Einer solchen flexibleren Wirtschaftsstruktur entspricht auch eine kleinteilige, engmaschige Verkehrs-Infrastruktur, die verbunden ist mit einer gesteigerten Annehmlichkeit im Wohnumfeld. Der moderne Kleinbetrieb sucht sich seine Lage nicht so sehr nach geographischen Standortqualitäen, von welchen er weitgehend unabhängig ist, als vielmehr nach Qualitäten aus, die eine schöne, alte und an natürlichen und historischen Sehenswürdigkeiten reiche Stadt zu bieten hat.

Grossbasler Seite

1. **Birskopf:** der auf BS-Gebiet liegende Teil könnte wesentlich besser gestaltet sein.

2. **St. Albantal:** die Verbesserungen durch die CMS erweisen sich gesamthaft gesehen als positiv.

3. **Münsterplatz und Pfalz** bilden das gesamtstädtische Schaubild. Die Kulissen der Platzbebauung müssten aber belebt werden.

4. **St. Johannstor und -park:** einen schönen Sommer lang bestand hier ein echter Treffpunkt ... zur Zeit eine Missgeburt von Park.

Kleinbasler Seite

5. **Satus/Kraftwerk:** beliebtes Ziel für Quartierspaziergänge; könnte aber wesentlich besser gestaltet sein.

6. **Solitüde:** stark eingeengt, aber immer noch wichtiger Treffpunkt mit Rhein-Ausblick.

7. **Theodorsgraben/Wettsteinbrücke:** Zugänglichkeit vom Brückenkopf her sollte verbessert werden. Wegen der Brücken-Projekte ist der Bildcharakter des Ortes im Moment in der Schwebe.

8. **Kaserne:** Zusammen mit der Begrünung des Kasernenhofes sollte der Bau selbst durchlässiger gemacht werden.

9. **Horburg/Novartis:** Hier bestünde die Möglichkeit der Schaffung eines Quartierzentrums mit Rheinblick und schöner Wohnlage, sofern es gelingt, veraltete Teile der ehemals Ciba-Bauten im Austausch gegen Geigy-nahes Land am Badischen Güterbahnhof freizubekommen.

10. **Wiesenmündung/Hafeninsel:** Für Kleinhüningen könnte hier ein Zentrum mit schönen Wohnlagen, Beizen und Rhein-Ausblick entstehen.

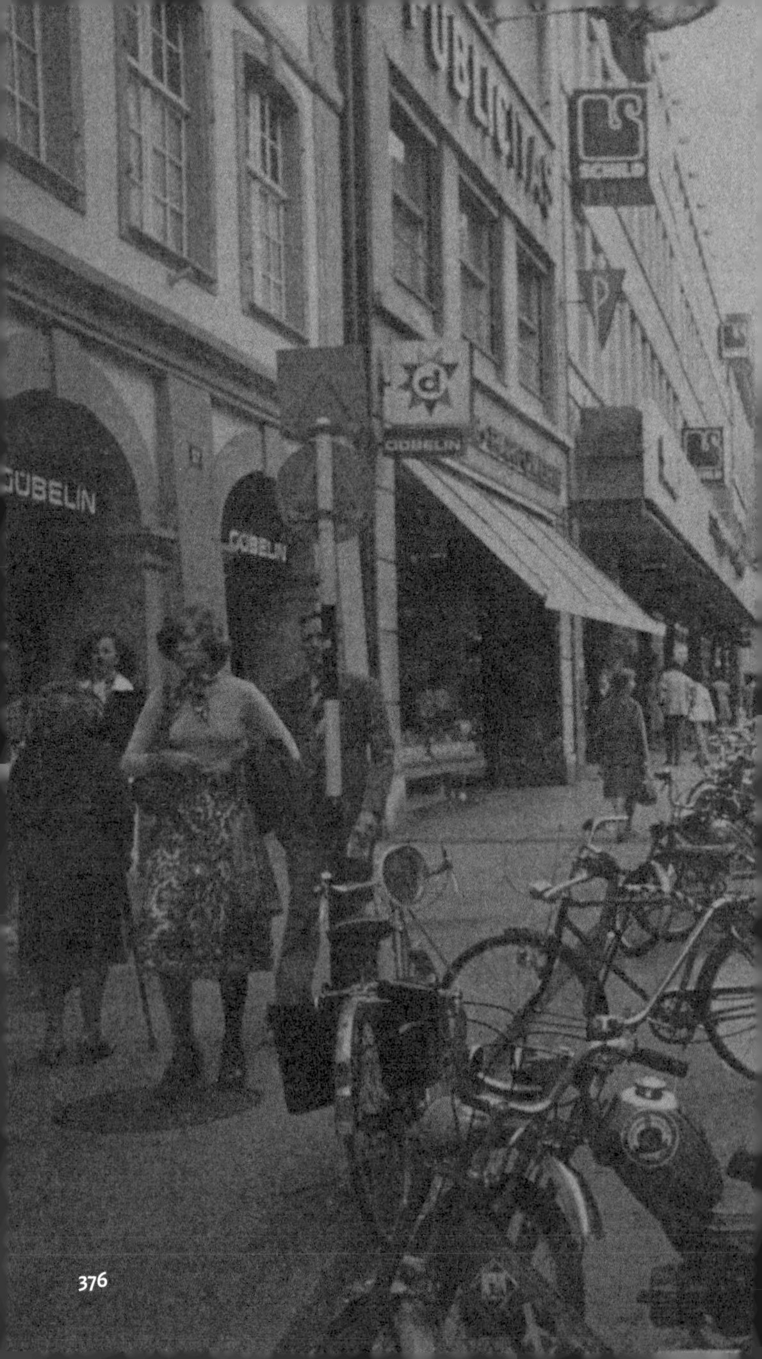
GÜBELIN
GÜBELIN
GÜBELIN

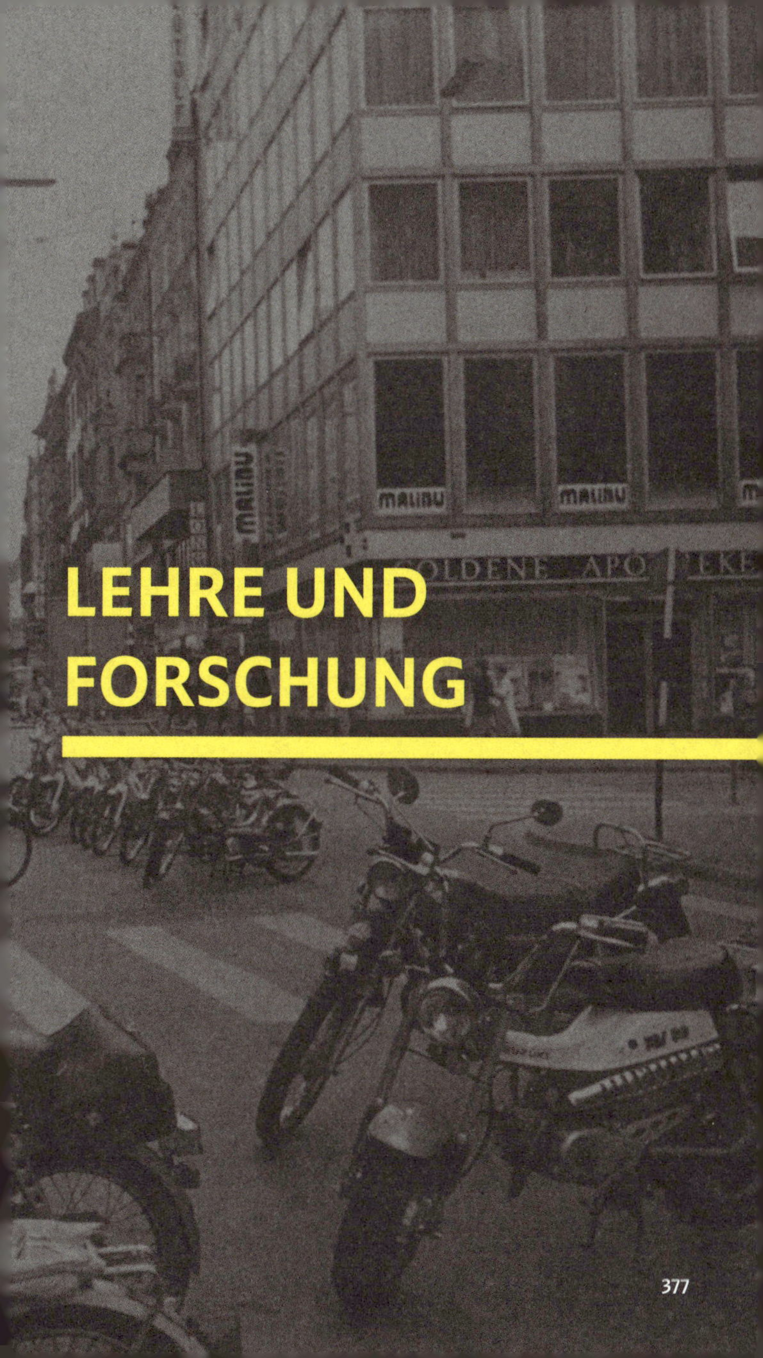

LEHRE UND FORSCHUNG

Drei bemerkenswerte und kaum bekannte Initiativen zur Erweiterung der Bildungslandschaft sind besonders typisch für den Basler Citoyen Lucius Burckhardt. Er lehrte nie an einer Basler Schule, aber er fühlte sich der Universität und dem Berufsbildungswesen seiner Heimatstadt ideell verpflichtet.

Mit Lehre und Forschung war Lucius Burckhardt sein Leben lang befasst, und zwar immer leidenschaftlich engagiert: An der Sozialforschungsstelle Dortmund der Universität Münster (1955/1958), der Ulmer Hochschule für Gestaltung (1958/59), der Architekturabteilung in der ETH-Zürich (1962–1973) und auf der Gesamthochschule/Universität Kassel im Fachbereich Architektur, Stadtplanung und Landschaftsplanung (1973–1997). Das Themenfeld, das er in Lehrveranstaltungen mit den Studierenden behandelte, war nicht wesentlich schmaler als seine universitäre Ausbildung an der Universität Basel; hier besuchte er von 1944 bis 1955 bei 22 Lehrenden die Vorlesungen und Seminare in 4 Fakultäten und 7 Einzelwissenschaften (Curriculum Vitae in der Dissertation p. 84).

Drei Vorstöße zur Bildungslandschaft sind im Nachlass dokumentiert. Alle drei betreffen Wissenschaften mit einer Zielorientierung auf gesellschaftliche Praktiken, die seiner Meinung nach einer modernen Universität besonders gut anstehen:

- 1964/66 der Aufbau einer interdisziplinären Raumplanungs-Forschungsstelle.
- 1986 der Aufbau einer humanistischen Stadtplanung an der Basler Universität.
- 1995 die Gründung einer Hochschule für Kunst und Design, damals im Rahmen der neuen Fachhochschulen des Bundes.

In Deutschland war Lucius Burckhardt dreimal am Aufbau neuer Hochschulen, genauer gesagt Fachbereiche, beteiligt.

- Nach der Gründung der Gesamthochschule Kassel wurde 1973 ein integrierter Fachbereich Architektur, Stadtplanung und Landschaftsplanung etabliert, der die drei gestaltenden Berufe unter einem Dach versammelte.
- 1987 bis 1989 war er Mitglied des Gründungsbeirates der Hochschule der Bildenden Künste Saar.
- 1992 beauftragte ihn die Thüringische Landesregierung als Gründungsdekan mit der Gründung eines Fachbereiches „Gestaltung" an der Bauhaus Universität in Weimar. Seine Bildungsideale sind im Konzept und in der Anfangsausgestaltung der neuen Weimarer Hochschule deutlich erkennbar. Praxis und Theorie sowie unterschiedlichste gestalterische Berufe sind integriert.

Die Initiative 1995/96 zur Gründung einer Basler Hochschule für Kunst und Design steht deutlich im Gefolge der Weimarer Schulgründung. Die Basler Regierung war dazu nicht zu bewegen. Aber auf Bundesebene reift in diesen Jahren der Aufbau von landesweiten Fachhochschulen. Burckhardts Initiative ist sehr bald mit den Bundesbehörden in Kontakt getreten, die die Fachhochschule Nordwestschweiz (FHNW) planten. Angesichts dieser kräftigen Parallele hat Burckhardt mit Genugtuung seinen kantonalen Vorstoß ruhen gelassen. Der Bundesbeamte Meylan wünschte sich lebhaft auch an anderen Orten der Schweiz einen Sukkurs für die neuen Fachhochschulen, wie er ihn in Basel durch Lucius Burckhardt erfahren hatte. In 1999 beginnt die Erweiterung der Kunstgewerbeschule, deren Unterricht aus der Zeit gefallen war. Zuerst im Aargau und anschließend in den Basler Kantonen wurden Hochschulen für Gestaltung und Kunst (HGK) eingerichtet. Die Gründung der Fachhochschule Nordwestschweiz FHNW mit der neuen HGK im Jahr 2006 hat Lucius Burckhardt zehn Jahre nach seinem Vorstoß in Basel nicht mehr erlebt. Aufsätze von Lucius Burckhardt zur modernen Didaktik und Pädagogik sind auch in diesem Verlag publiziert worden. (siehe „Design ist unsichtbar – Entwurf, Gesellschaft und Pädagogik)

Regionalwissenschaftliche Forschung (1965)

Einige recht flüchtige Gedanken über die Möglichkeit regional wissenschaftlicher Forschung im Raume Basel eventuell gekoppelt mit der Gründung eines Instituts für Planungs- und Organisationswissenschaften an der Universität Basel

I.

Die bisherige Phase der Orts- und Stadtplanung – und der Regional- und Landesplanung, insoweit solche überhaupt betrieben wurde –, kann man als Teilplanung bezeichnen. Gegenstand der Planung waren krisenhaft gewordene Teilgebiete, seien es unterentwickelte Zonen oder überlastete Straßenstücke; mit gezielten Einzelmaßnahmen rückte man dem Übel zu Leibe. Da aber die Kette der Ursachen und Wirkungen nicht oder nur oberflächlich bekannt war, bestand nur eine beschränkte Wahrscheinlichkeit, dass die Maßnahmen in wirksamer Weise zum Ziel führten und keine sekundären Folgen zeitigten, welche neue Engpässe darstellten. So haben beispielsweise gewisse Straßenverbreiterungen lediglich zur Verstopfung des Verkehrs beigetragen, weil die entstehende Randbebauung höher genutzt wurde als vorher. Dieser Stil der Planung kennzeichnen den heute gültigen Basler Korrektionsplan von 1949 und verschiedene seitherige Maßnahmen.

Heute aber ist die Mehrdimensionalität der Planung in ihrem vollen Ausmaß sichtbar geworden; in den USA bildete sich die neue Wissenschaft der Regional Science. Sie beruht auf der Vorstellung, dass das Geschehen in einer

Region, die fortwährenden Wechselbeziehungen und Anpassungsvorgänge, in ihrer Komplexität erfassbar und modellartig abbildbar seien. Solche Modelle, seien sie mathematisch-abstrakt oder konkret und spezifisch, lassen nicht nur die Wirkungsweise von Eingriffen voraussehen, sondern sie ermöglichen es, Ziele zu formulieren und umfassende Strategien zu entwickeln, um diese Ziele mit einiger Wahrscheinlichkeit zu erreichen. Auch ohne das gesamte Instrumentarium der Regional Science im Sinne Walter Isards zu besitzen, kann man von einer Regionalwissenschaft als der Lehre von den Beziehungen und Wandlungen in einer Region sprechen.

Das Modell einer solchen regionalen Analyse muss geographisch irgendwie begrenzt sein, irgendwo muss es aus dem globalen Kontinuum herausgeschnitten werden. Dieser Schnitt wird sinnvollerweise an einer Stelle geführt, wo relativ wenige Beziehungen durchschnitten werden. Der Schnitt liegt also sicherlich nicht zwischen Stadt und Land, denn gerade diese Beziehung und die Wirkungsweise des Umlandes auf das Zentrum – und umgekehrt – sind ein wichtiger Gegenstand der Untersuchung. Sinnvolle Begrenzung des Modells ist aber die naturräumliche Region, wohl ist auch diese intensiv verflochten mit ihren Nachbarregionen und mit der ganzen Welt, aber diese Beziehungen können als isolierte Wirkungen von und nach außen gesamthaft in das Modell eingefügt werden.

Die Region ist aber nicht nur eine zu Forschungszwecken geeignete Größe, sondern auch eine tatsächliche Einheit menschlicher Aktivität und ein möglicher Rahmen der Planung. Sie enthält Stadt und Land nicht mehr wie in früheren Zeiten, als Gegensätze, sondern als sich ergänzende Nutzung (mit den wichtigen Übergangsformen der

Industrielandschaft und der Wohnlandschaft), die durch eine geordnete Entwicklung beide nur gewinnen können.

II.

Soll die Region in ihrer gesamten Wirksamkeit modellartig erfasst werden, so muss sie als das mehrdimensionale Gebilde behandelt werden, das sie ist. Isard unterscheidet:

- die administrative Dimension (Gemeinden, Provinzen, Verwaltungsgrenzen),
- die ökonomische Dimension (Produktion, Bedarf, Tragfähigkeit), die Dimension der bestehenden Gesetze
- das physische Environment (Urbanismus im weitesten Sinne),
- die sozialen Gruppierungen, Lernort (Erscheinungsbild der Siedlung, Sozialgefüge, Leistungsverbund im Wirtschaftsprozess).

Die Regionalwissenschaft ist also ein interdisziplinäres Wissensgebiet. Sie ist nicht Geographie, denn sie handelt von den sozialen Beziehungen, sie ist aber auch nicht Soziologie, denn sie lokalisiert ihr Objekt stets im Raum, in der Region. Die folgenden Lehrgebiete sind ihre Hilfswissenschaften:

Geographie,
Nationalökonomie,
Soziologie,
Jurisprudenz,
Staatswissenschaft,
Architektur,
Verkehrswissenschaft,

Energiewirtschaft,
Land- und Forstwirtschaft,
und vor allem: Statistik und Mathematik.

III. Die Beziehung der Wissenschaft zur Planung

Zum Problem der Planung unter den Bedingungen demokratischer und parteipolitischer Beschlussfassung nur Folgendes: Ziel der Planung ist die Vorbereitung der Beschlussfassung. Durch die wissenschaftliche Analyse wird ein Teil der zu beschließenden Fragen vom Feld der parteipolitischen Auseinandersetzung auf das objektiver Entscheidungen übergeführt: Über solche Fragen sind ideologische Auseinandersetzungen nicht mehr möglich. Andere Fragen lassen sich nicht objektiv lösen, sie lassen sich aber in der Vorbereitung so weit klären, dass die parteipolitische Diskussion darüber wieder sinnvoll, d.h. wirklich parteipolitisch wird (während die heutigen Debatten gemischt sind aus parteipolitischer Ideologie und pseudoobjektivem Halbwissen). Deshalb ist die wissenschaftliche Planung Entscheidungsvorbereitung.

In der Demokratie kann nur beschlossen werden, was einer Mehrheit einleuchtet oder wenigstens, was im Vorstellungsvermögen einer großen Mehrheit der Bevölkerung Platz hat. Die Analyse der vorhandenen Vorstellungen und Denkmodelle der Bevölkerung, ebenso wie die Kenntnis des Funktionierens der Beschlussfassung, sind deshalb ebenfalls Gegenstand der Regionalwissenschaft.

Die bisherigen „Korrektionspläne“ hatten den Anspruch der Endgültigkeit. Ihre Dauer war berechnet bis zu einem imaginären Zeitpunkt der „Vollnutzung“ der Stadt. Entsprechend diesem Ewigkeitsanspruch wechselten sie in rascher Folge. Ein moderner Plan oder eine Planungsmaßnahme beinhaltet stets auch die Dauer, auf welche sie berechnet ist. Der Planer weiß, dass wir Voraussagen nur für eine begrenzte Zeitspanne gültig formulieren können. Zudem müssen wir auch noch innerhalb dieser Zeitspanne Korrekturmöglichkeiten vorsehen: planerische Maßnahmen müssen eine sogenannte „Rückkopplung" eingebaut haben, welche sie bei Abweichungen von der vorgesehenen Bahn korrigiert. In diesem Sinne ist die Planung nicht mehr endgültig, sondern basiert auf einer dauernden Beobachtung der Region und einer fortwährenden Selbstkorrektur.

Die Planung, die wir uns vornehmen, wird also in zwei Phasen zerfallen: In einer ersten müssen wir nachholen, was bisher zu tun versäumt wurde. Diese Phase endet naturgemäß mit einem Plan oder wenigstens einer modellartigen Vorstellung von der Zukunft der Stadt. Gleichzeitig aber beginnt die Phase der ständigen analytischen Begleitung und Beobachtung der Entwicklung; wie wir ein statistisches Amt, ein seismographisches und ein meteorologisches Institut haben, so muss auch eine regionalwissenschaftliche Überwachungsstelle die Entwicklung verfolgen und ihre Übereinstimmung mit der Planung überwachen. Bekanntlich beruht unsere gegenwärtig gültige Stadtplanung auf einer Fehlschätzung bezüglich der Zunahme der privaten Automobile. Die berühmte Talentlastungsstraße ist auf 8 m Breite dimensioniert und sollte den Verkehr bei Vollnutzung der Stadt aufnehmen. Angesichts derart grotesker Fehlleistungen wird man bescheiden und sorgt für Korrekturmöglichkeiten der gefassten Beschlüsse.

IV. Planungs- und Organisationswissenschaften als Lehrfach

Die Erstellung einer regionalwissenschaftlichen Analyse und ihre dauernde Überwachung kann verbunden sein mit einer allgemeinen Forschungs- und Lehrtätigkeit. Weil die Planung interdisziplinär ist und die verschiedensten Lehrfächer beschäftigt, könnten eine Reihe von Dozenten der Universität ihr Wissen beitragen und ihre Studenten und Institute an stadtplanerischen Themen interessieren.

Da es in Zukunft aber auch Fachleute braucht, welche einen Überblick über die Gebiete der Regionalplanung und ganz allgemein über Planung und Organisation haben sollten, könnten diese verschiedenen Disziplinen aber auch beitragen zu einer allgemeinen Planerausbildung. Aus historischen Gründen ist es bei uns bis heute die Regel, dass Regionalplaner aus dem Architektenberuf hervorgehen; die Regionalplanung aufgrund vorausgehender Regionalwissenschaft hat aber bedeutend mehr zu tun mit Statistik, Nationalökonomie, Soziologie und Geographie als speziell mit dem Bauwesen. Vielleicht könnte Basel die erste Schweizerische Universität sein, welche aus dieser Tatsache die nötigen Konsequenzen zieht.

V. Weiteres Vorgehen

Nach unserer Meinung wäre es also nötig, zunächst ein regionalwissenschaftliches Forschungsprogramm für die Region Basel aufzustellen. Sodann müsste abgeklärt werden, welche Forschung von bestehenden Instanzen (Stadtplanchef, statistisches Amt, Universität) durchgeführt werden können, und welche Lücken durch neue Fachstellen und auswärtige Fachleute aufgefüllt werden müssen.

Weiterhin sollte geprüft werden, inwieweit die Forschung mit Lehre verbunden werden kann; zunächst in einzelnen Fächern, aber mit dem Ziel einer Ausbildung in „Planungs- und Organisationswissenschaften". Dieses Programm kann nur aufgestellt werden aufgrund einer Reihe von Konsultationen mit Fachleuten. Diese wären eventuell zu Hearings einzuladen oder auf andere Weise an unserer Arbeit zu interessieren. Wir denken unter anderen an: Prof. Bombach, Basel; Dr. Evers, Freiburg i. Br.; Architekt Gutmann, Zürich/Basel; Dr. Farenholtz, Hamburg, Stadtplanungsamt; Dr. Hartenstein, Bad Godesberg, Institut für angewandte Sozialwissenschaft; Architekt Peter, Stadtplanchef Basel; Dr. Schütte, Freiburg i. Br.; Lic. phil. Vogt, Brugg, ETH-Institut für Betriebswirtschaft; Horst Rittel, San Francisco, University of California, Department of Environmental Design.

Perspektive Bau & Verkehr: Gegengewichte zum polytechnischen Kolonialismus (1986)

Ich möchte zuerst zwei Vorbemerkungen machen: Die Vortragsreihe heisst: „Basel – wohin?" Da stellt sich die Frage: Kann man denn prophezeien? In den fünfziger und sechziger Jahren hat man allzu gerne prophezeit. Man nannte das damals nicht Prophezeiung, sondern Extrapolation. Das beruhte auf der Annahme, so, wie eine Kurve anfange, gehe sie auch weiter: Wenn ich gestern einen Apfel gegessen habe und heute zwei, so werde ich morgen vier essen und im nächsten September eine ganze Tonne. Das war die Methode, mit der ernsthafte Leute die Zukunft vorausgesagt haben. Und sie haben diese Zukunft auch hergestellt. Es gibt in Deutschland Städte, für die hat man so ungeheure Einwohnerzahlen prognostiziert, dass diese Städte, in Erwartung des Wachstums, ihre Stadtmitte zerstört haben, so dass sie diese Einwohner, wenn sie gekommen wären, gleich auch vertrieben hätten. Beispielsweise feierte Stuttgart die Tatsache, dass es schon 150.000 Einwohner unter seiner Wachstumsprognose ist, die übrigens in Basel hergestellt wurde.

Kann man prophezeien? Es war an der Universität Basel – nicht hier am Petersplatz, sondern noch am Rheinsprung – ein Alttestamentler Bernhard Duhm, der beschäftigte sich mit den Propheten. Er stellte die Frage: was tut eigentlich ein Prophet? Und Duhm sagte: ein Prophet redet nicht von der Zukunft, sondern von der Gegenwart. Er hält der Gegenwart den Spiegel vor. Das wollen wir auch tun; das ist klüger, als so zu tun, als wüsste man etwas, was man nicht wissen kann. Natürlich werde ich auch in das Laster der Planer abgleiten und sagen, wir erkennen Tendenzen ...

Ich fange jetzt auch gleich an zu sündigen und sage, wir erkennen eine Tendenz, dass die Industrie mindestens quantitativ an ihre Grenzen gekommen ist; dass der Fortschritt, den es zweifellos noch gibt, ins Immaterielle geht oder ins Leichtgewichtige, oder in eine Kombination davon, in die Elektronik. Dass man nicht mehr mit Tonnen von Stahl hantieren wird, sondern mit Information, Steuerung, Verwaltung, auch mit Amüsement, Unterhaltung. Das ist eine Chance für Basel. Wir haben keinen Platz für die Ausdehnung der Industrie. Wir müssen, wenn wir eine Zukunft haben wollen, den sogenannten vierten Sektor pflegen, also das Handeln mit Immateriellem,

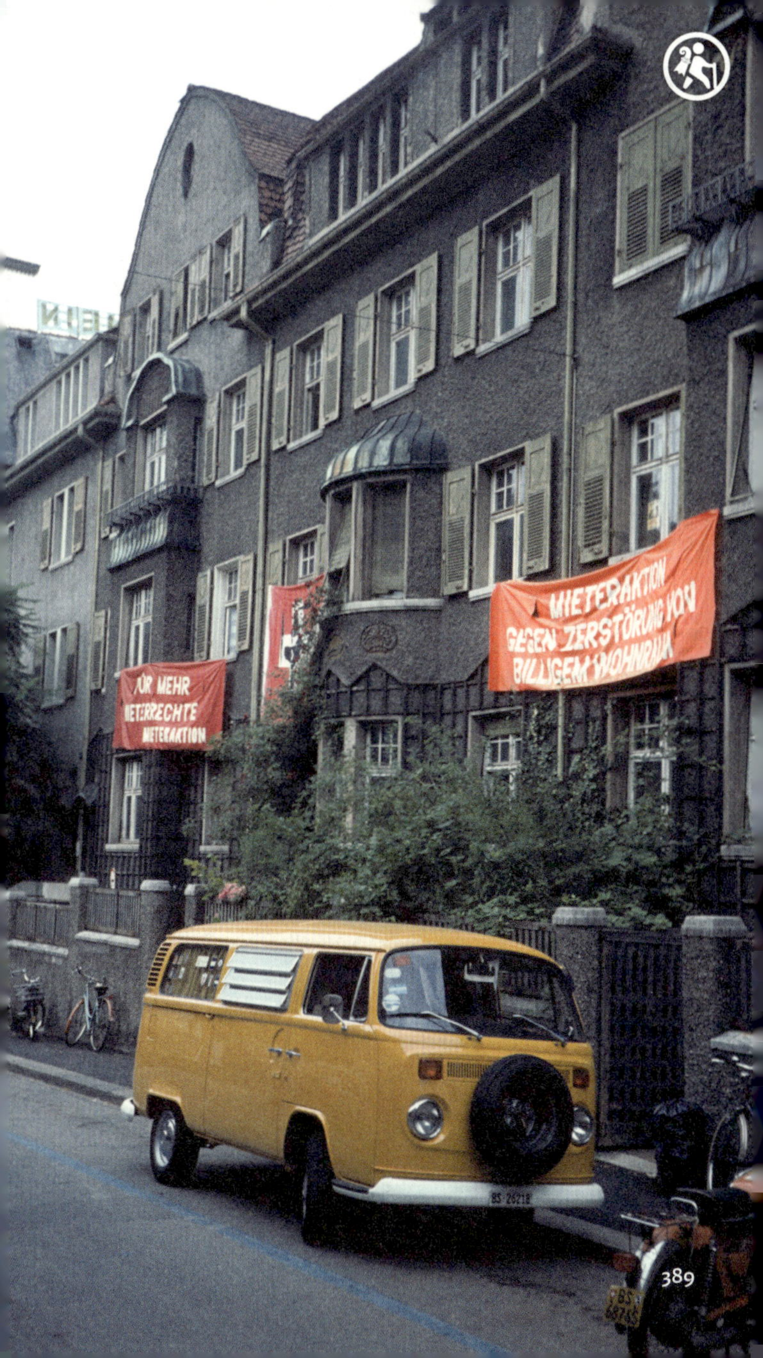
ÜR MEHR
IETERRECHTE
IETERAKTION
MIETERAKTION
GEGEN ZERSTÖRUNG VON
BILLIGEM WOHNRAUM

Elektronik oder Vergnügen, Verwaltung, Versicherung, Steuerung.

Dazu einige Maximen. Wir müssen das tun, was jeder Politiker sagt, dass er es tun will, nur führen die Ergebnisse der Handlungen der Politiker nicht immer in diese Richtung: Wir müssen die Wohnbevölkerung behalten. Unser Rohstoff ist die graue Hirnsubstanz der Einwohner. Wir haben keine anderen Rohstoffe. Auch die Planung verspricht, die Leute zu halten. Sie trägt aber dazu bei, sie zu vertreiben. – Wir müssen es vermeiden, unsere kostbare Fläche für ausdehnungsreiche Industrien zur Verfügung zu stellen.

Ich sage es deshalb, weil vor vierzehn Tagen hier gesagt wurde, wir müssen industriefreundlich denken und die Umzonung erleichtern. Im Gegenteil: Die Industrie muss in ihrem eigenen Interesse menschenfreundlich denken. – Wir dürfen keine falsche Zentralität schaffen: wir dürfen unsere Stadtmitte nicht über das hinausheben, was eine Stadtmitte leisten soll. Ich komme darauf noch zurück. Es hat keinen Sinn, Gegenstände des alltäglichen Bedarfs tonnenweise in die Warenhäuser der Innenstadt zu schaffen, damit die Frauen sie dann dort kaufen und in die Quartiere tragen. Es ist vernünftiger, diese Art Waren in den Quartieren zu verkaufen. Zentralität bedeutet, nur die wirklich zentralen Einrichtungen im Zentrum zu lassen.

Man muss es vermeiden, Distanzen, Transporte zu erzeugen, die unnötig sind. Man lobt immer die Mobilität: Der moderne Mensch sei eben mobil. Es gibt aber sinnvolle und sinnlose Mobilität. Die Tatsache, dass viele Leute gezwungen sind, eine halbe oder dreiviertel Stunde im Auto zu sitzen, ist noch nicht Mobilität. Derjenige, der zu Fuss in drei, vier Geschäfte gehen kann, ist mobiler als einer, der dafür hundert langweilige Kilometer fahren muss.

Noch eine Vorbemerkung. Weshalb spreche ich da, ein Soziologe? Dazu etwas Biographisches: Hier in diesem Hause sagte mir mein Lehrer Prof. Salm: „Burckhardt, Sie beschäftigen sich mit dem Falschen, Sie müssen die Soziologie des Industriearbeiters studieren!". Ich hatte aber eigentlich damals schon Colin Clark und Fourastiè gelesen, die sagten, die Industriearbeiterschaft wird sich nicht mehr vermehren, sondern vermindern. Hingegen werden die Dienstleistungsfunktionen und Verwaltungsfunktionen anwachsen. Mich interessiert also die Soziologie derjenigen, die Entscheidungen treffen und leiten, oder glauben zu leiten. Insbesondere interessiert mich die Soziologie des Fachmannes, die Rolle des Fachmannes.

Wenn wir heute über Bau und Verkehr reden, so müssen wir sagen, Basel produziert diese Fachleute nicht, mindestens nicht auf der oberen Entscheidungsebene. Wir sind also ein kolonialisierter Staat. Wir beziehen unsere Ingenieure von der ETH. Die ETH verbreitet eine bestimmte Lehre, und diese Lehre kritisiere ich. Ich meine, für die Zukunft Basels müssten wir eine geistige Position aufbauen, die in der Lage ist, den polytechnischen Ansatz von einem humanistischen Ansatz aus zu kritisieren und bessere Entscheidungen zu treffen.

Der polytechnische Lösungsansatz lautet: Benenne den Übelstand, löse das Problem durch einen Bau. Da ist das Verkehrsproblem: Eine Strasse ist verstopft, verbreitere sie! Wir haben das jetzt dreissig, vierzig Jahre durchexerziert. Ich habe 1949 als Erster das Referendum ergriffen gegen die „Talentlastungsstrasse". Das weiss wohl niemand mehr, was das war: das war die Verbreiterung der Schneidergasse auf sechs Meter. Man hatte uns davon die Verkehrslösung versprochen. Das war ein polytechnischer Ansatz, die Schneidergasse auf sechs Meter verbreitern. Wir sagen heute, das war kurzsichtig. Das ist eine Augenkrankheit, Kurzsichtigkeit. Heute sind die Fachleute weitsichtig. Auch das ist eine Augenkrankheit. Sie planen genau gleich und sagen, die Nordtangente und der Südzubringer lösen das Verkehrsproblem. – Da die uns kolonialisierenden Fachleute in Basel auf keine Diskussionspartner stossen, bilden sie das, was wir in der Soziologie eine Subkultur nennen. Das heisst, sie reden nur noch mit ihresgleichen und sie reisen an Kongresse, wo sie wieder Kollegen treffen, und sie kommen zurück mit den immer gleichen Ideen.

Ich spreche jetzt zu unserem ersten Thema, Verkehr. Wir haben ja eigentlich zwei Themen, aber ich habe sie auf drei erweitert: Es geht um Verkehr und Bauen und um Wohnlichkeit. Man hat uns, ich sagte es schon, in einem polytechnischen Ansatz immer die Lösung des Verkehrsproblems versprochen.

Man sagte 1949: wir lösen das Verkehrsproblem durch die Talentlastungsstrasse, 1962 durch die sogenannte Gesamtkonzeption. Seit diese zusammengebrochen ist, ist die Lösung die Kombination von Nordtangente und Südzubringer. Das wagt man uns allerdings nicht zu sagen: diese Lösung wird uns in vier Etappen vorgesetzt werden; die Nordtangente wahrscheinlich zuerst, dann der Südzubringer erster Teil, wobei man behaupten wird, das sei alles. Dann wird sich bei der Grosspetergarage eine solche Verstopfung einstellen, dass die zweite Etappe drankommt; und damit wird die Verstopfung in die Gegend des Bahnhofs geführt sein, und dann wird man sagen, es brauche jetzt für die endgültige Lösung des Verkehrsproblems eine dritte Etappe, nämlich den Durchbruch durch den Zoologischen Garten.

An der ETH lernt man, wie man Lösungen für lösbare Probleme entwirft. Der Verkehr ist aber ein unlösbares Problem. Er ist ein gesellschaftliches Problem. Unlösbare Probleme: das bedeutet nicht, dass wir nichts für sie tun sollen. Unlösbare Probleme brauchen einfach andere, kompliziertere, schwerer zu erarbeitende Bewältigungsansätze. Krankheiten können auch unlösbare Probleme sein, aber deswegen hat noch niemand gesagt, die Ärzte sollen wegbleiben: Sie sollen sich in das unlösbare Problem dieser Krankheit versetzen, aber sie können sie nicht heilen. Wir haben viele gesellschaftliche Probleme, mit denen sich jede Generation herumschleppen muss. Das Altenproblem, das Jugendproblem, das Krankenproblem. Für alles muss jede Generation immer ein Verhalten entwickeln. Wenn einer kommt und sagt, wir lösen jetzt das Jugendproblem ein für allemal, so tönt das lächerlich; das wäre ein polytechnischer Ansatz, und gesellschaftliche Probleme können mit polytechnischen Ansätzen – benenne das Problem, entwerfe die Lösung, baue sie – nicht bewältigt werden.

Der Versuch, unser Verkehrsproblem mit den Strategien der Lösbarkeit, also der polytechnischen Wissenschaft, zu lösen, ergibt einen Dreitakt: die Verstopfung, den Ruf nach Kanalisierung und dann die Feststellung, dass sich durch die Kanalisierung die Verstopfung an eine andere Stelle verlagert hat. Dagegen müssen wir lernen, mit dem Verkehrsproblem umzugehen. Die Idee der Kanalisierung ist grundsätzlich falsch. Man muss sich eigentlich wundern, dass das an den Kongressen der Verkehrsplaner-Subkultur nicht durchgesickert ist: dass man sich heute international mit dem Wort Kanalisierung lächerlich macht. Ich hatte die Ehre, den Erfinder der Kanalisierung und der Verkehrsberuhigung, Sir Colin Buchanan CBE, durch die Stadt Kassel zu führen. Ich habe ihn gefragt, weil Kassel eben eine kanalisierte und verkehrsberuhigte Stadt ist, ob er noch an seine Theorie glaube. Und er hat dann gelächelt und gesagt, er sei jetzt Rektor einer Schule zur Umschulung von Ingenieuren auf Ökologie. Aber das Buch von Sir Colin, „On Traffic in Towns“, steht auf dem Regal aller Verkehrsplaner immer noch zuvorderst.

Warum ist Kanalisierung falsch? Einmal deshalb, weil an den Entlastungsstrassen auch Menschen wohnen. Eine Entlastungsstrasse ist im polytechnischen Jargon eine Strasse, die belastet wird. Man baut eine Entlastungsstrasse, um den Verkehr hineinzulenken. Und in Basel wohnen an den Entlastungsstrassen auch Menschen. Wir können in Basel keine Strassen durch leeres Gebiet ziehen oder sie ganz mit schallindifferenten Nutzungen besetzen. Zweitens: die Kanalisierung erzeugt Distanzen. Sie vermindert nicht, sie vermehrt die Transporte, weil sie Verkehr anzieht. Sie schafft mehr Verkehrsfläche in der Stadt und lockt damit Verkehr von aussen in die Zentren. Drittens: Die Verbreiterung der Strassen erhöht die Geschwindigkeit und vermindert damit die Schluckfähigkeit der Strassen. Eine Strasse schluckt mehr Verkehr, wenn man langsam fährt, weil dann die Fahrzeuge näher aufeinander fahren können und sicherer sind.

Wir müssen also bei der Bewältigung unseres Verkehrs auf eines achten: wir dürfen unser Strassensystem nicht kanalisieren, sondern müssen es als ein Netz bewahren. Die Strassen, wie sie sind, bilden zusammen ein Netz. Dieses Netz ist vernünftig, weil es zu allen Häusern führt;

wenn irgendwo eine Verstopfung ist, kann man die Panne umfahren. Allerdings kann man auf diesem Netz nicht schnell fahren. Aber das erhöht gerade seine Sicherheit und erspart uns die sogenannte Verkehrsberuhigung. Die Verkehrsberuhigung, wie sie die Ingenieure vorschlagen, bedingt Kanäle, auf denen man schnell fährt, die deshalb weniger Fahrzeuge aufnehmen und die die Fahrzeuge nicht zu ihrem Ziel führen, also Distanzen erzeugen.

Nun noch drei kleine Schlussbemerkungen zum Verkehr: Eine über Grenzen. Wir sind eine Stadt in Grenzen. Wir stossen an Grenzen. Ich finde Grenzen in unserer Situation etwas sehr Gutes. Sie zwingen dazu, an sich selbst zu denken, denn es ist klar, dass diejenigen jenseits der Grenze andere Interessen haben. Die Stadt Zürich wird kaputt gemacht nicht von den Zürchern, sondern von den Leuten im Kanton Zürich, die in Zürich einfahren wollen und einen Parkplatz suchen. Die natürlich in den Volksabstimmungen auch dafür sind, dass man Strassen verbreitert und Parkplätze baut. Deshalb sind wir in Basel glücklich, dass wir nicht die Piste der anderen sind, sondern dass wir über unsere Stadt selber bestimmen können. Ich meine, dass Grenzen dazu da sind, sie zu behalten, mit den Nachbarn freundlich zu sein, aber die eigenen Interessen im eigenen Gelände zu wahren.

Zweite Bemerkung: Wir kriegen unsere Entlastungsstrasse, die Bundesstrassen, diese Autobahnzubringer fast geschenkt. Der Bund zahlt sie ja. Manchmal kann man es sich nicht leisten, Geschenke anzunehmen. Geschenke können sehr teuer sein. Wenn man mir ein Flugzeug schenken würde, würde ich sagen: vielen Dank, aber ich kann es mir nicht leisten. Solche Geschenke sind nicht etwas, was entlastet. Wir müssen dafür sorgen, dass wir diese

Geschenke nicht bekommen. Wir lesen oft von flankierenden Massnahmen: Das sind dann die Kosten, die wir bezahlen. Dann drittens etwas zum Parking: Parking ist auch eine Erhöhung der Verkehrsfläche. Parkieren im Zentrum zieht Verkehr an. Wir müssen vorsichtig bestimmen, wieviel Parking wir im Zentrum vorgeben wollen. Parking ist die Methode, mit der die Polytechniker die Verstopfung herstellen.

Ich möchte jetzt übergehen zum Bauen. Beim Bauen ist der polytechnische Ansatz besonders deutlich: Ein Problem löst man durch einen Bau. Solche Aufgabenstellungen habe ich an der ETH in Zürich viele erlebt. Man sagte den Studenten am Anfang des Semesters: Wir untersuchen die Freizeitprobleme der Einwohner von Biel, und dann entwerfen wir ein neues Theater auf dem Bahnhofareal von Biel. Man untersucht zuerst etwas, aber man weiss schon, was man herausfindet, und löst es durch einen Bau. So haben die Polytechniker auch unsere Basler Theaterschwierigkeiten durch einen Bau gelöst wie Sie alle wissen, und damit das Theater endgültig in Schwierigkeiten gebracht. Wir haben auch unsere medizinischen Probleme gelöst durch einen Bau, und dieser Bau hängt unserem Gesundheitsbudget sehr stark an. Ich weiss nicht, ob Sie das noch wissen: Die III. Bauetappe hat 1964 begonnen und der Bau wurde 1968 für drei Jahre eingestellt, weil die Fehlplanung so gewaltig war. Die Basler Universität hat dem Präsidenten der Baukommission den Ehrendoktor verliehen.

Benenne den Übelstand, plane einen Bau. Ein Neubau in Basel bedeutet ja meistens Abbruch; wenn wir etwas bauen, müssen wir auch etwas abbrechen. Es ist also wohl richtig, zu fragen: wieviel Selbstzerstörung wollen wir denn? Ich bin auch der Meinung, dass manchmal etwas

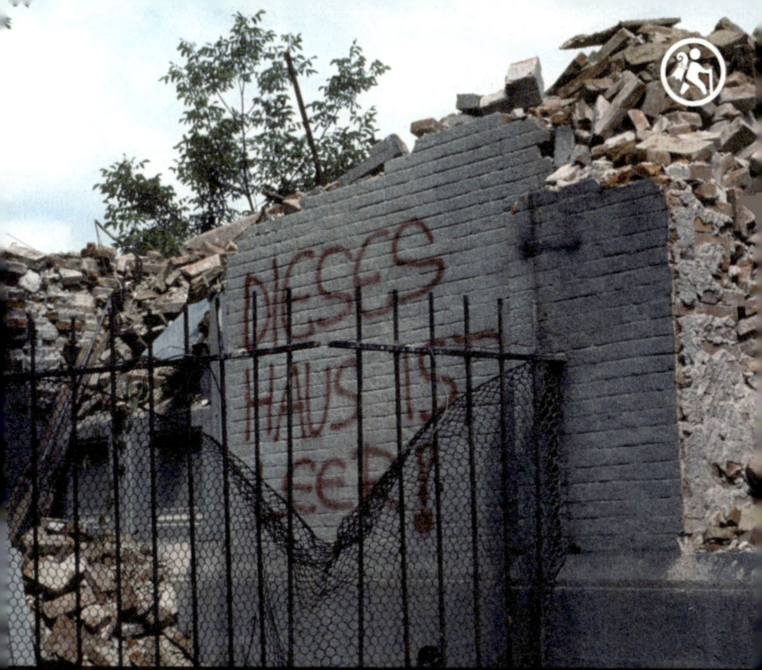
DIESES
HAUS IST
EER!

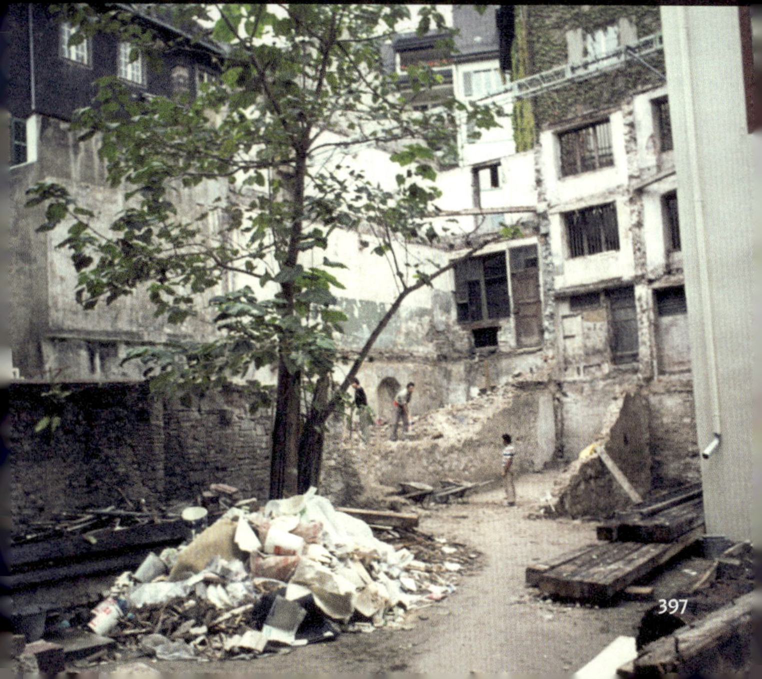

Neues kommen muss, und dass man dafür etwas abbrechen muss. Aber bis zu welchem Grade wollen wir die Stadt verändern? Wieviel Zerstörung wollen wir und können wir uns leisten? Beim Bauen ist ja das Merkwürdige, dass es zweierlei Rechnungen gibt. Nämlich die buchhalterische Rechnung, die sagt, Liegenschaften abreissen ist rentabel, die sind gar nichts wert. Und eine andere Rechnung, die sagt: der Baubestand ist der grösste Wert unseres Volksvermögens. Es leuchtet einem normal denkenden Menschen nicht ein, wenn man ihm sagt, ein Haus sei gar nichts wert, man könne es ruhig abbrechen. Der Bau ist doch etwas wert! Ein Bau, der nichts mehr wert sein soll, das ist doch ein buchhalterischer Trick. Mag sein, dass der Bau auf Abbruch gekauft ist. Aber ein Bau ist trotzdem ein Stück Volksvermögen. Ein Abbruch ist eine Zerstörung von geschaffenen Werten.

Nun haben wir auch ein Mittel gegen Zerstörung. Aber es ist sehr selektiv: es ist der Denkmalschutz. Wir dürfen den Baubestand schützen, aber nur wenn er historisch wertvoll ist. Das ist so, wie wenn das Christoph Merian'sche Vermögen, von dem wir ja hier profitieren, so verwaltet würde, dass man sagt: die schönen Goldstückchen behalten wir, das andere ist doch nichts wert. Zudem liefert die Liste der schönen Baudenkmäler das Argument, wenn man einen anderen Bau abreisst: Er ist ja nicht geschützt. Die Denkmalliste diskriminiert den Baubestand. Es ist seltsam, dass eigentlich alles andere geschützt ist, wir dürfen nichts zerstören; nur der Baubestand, dieser wertvollste Vermögensbestandteil unserer Gesellschaft, ist nicht geschützt. Und dazu habe ich eine Anregung. Bisher bildet man Fachleute aus für Gebäude: Architekten. Diese haben den polytechnischen Ansatz und sagen: abreissen, neubauen.

Von Zeit zu Zeit sagen sie auch: dieser Bau ist so vernachlässigt, man muss ihn renovieren. Aber das wird sehr teuer: man kündigt allen Mietern, macht eine durchgreifende Renovation, und dann können nur noch ganz wohlhabende Mieter einziehen. Mein Ratschlag wäre, an der Universität einen Studiengang zu kreieren, – ich habe dafür einen Namen erfunden: Bauwirt, oder Bauanwalt. Das wäre ein Fachmann, der beurteilt, was ein Bau wirklich wert ist, und der einem Besitzer sagt, er solle damit so und so umgehen. Er solle renovieren, bevor die Renovation unerschwinglich wird, und er müsse schauen, wie er den Bau verwenden, vielleicht teilweise umnutzen oder umbauen kann. Ein Ratgeber, der zeigt, wie man mehr herausholt, wenn man einen Bau stehen lässt, als wenn man ihn abbricht. Das Fach Baupflege wäre eine Position, die dem Ansatz: „Löse das Problem durch Abbruch und Neubau" entgegenzusetzen wäre.

Das heisst nun nicht, dass wir gegen jeden Neubau sind. Ich meine, dass man auch in Basel gute Architektur fördern könnte. Da las ich das „Kulturkonzept" für Basel, das letztes Jahr erstellt wurde, und stiess dann auf Seite 17 auf die Architektur; da steht: „Die Architektur war bisher nicht in die staatliche Kulturförderung einbezogen. Das hat folgende Gründe: Das Bauen als künstlerische Disziplin ist mit immensen Kosten verbunden ...". Sehr merkwürdig: Das gute Bauen kann von Staatswegen nicht gefördert werden, weil es zu teuer ist. Als ob man verlangen würde, der Staat müsse schöne, aber zwecklose Gebäude erstellen, die wir dann anschauen können. Der Staat ist sich offenbar nicht bewusst, dass er der grösste Bauherr am Platz ist. Er bräuchte doch bloss für diejenigen Bauten, die er ohnehin erstellt, junge und experimentierfreudige Architekten zu nehmen, anstatt immer die gleichen alten Firmen, mit denen man schon soundsoviele Gebäude gebaut hat, wobei immer alles gleich abläuft, so dass eben nicht die gute, sondern die konventionelle Architektur entsteht.

Das dritte Problem, ich habe mir selber erlaubt, es hier beizufügen, ist das Problem der Wohnlichkeit. Eine Stadt soll wohnlich sein. Dieses ist das oberste Ziel der Stadt. Ich wüsste keinen Begriff, der die Art, wie wir eine Stadt haben wollen, besser einfangen würde als Wohnlichkeit. Aber wir haben Mühe, diesen Begriff zu definieren. Wohnlichkeit ist ein komplexes Ziel. Es ist sicher kein polytechnisches Ziel. Um Wohnlichkeit zu bewahren oder zu erzeugen, braucht es komplexe Strategien. Wohnlichkeit besteht aus sichtbaren und greifbaren, und auch aus unsichtbaren Dingen, die sich einem technischen Ansatz entziehen.

Alle Instanzen wollen die Stadt wohnlich erhalten. Niemand würde da sagen, ich bin da dagegen. Indessen wird sie immer unwohnlicher. Mein Test dafür besteht aus zwei Strecken. Die eine ist mein Weg zum Bundesbahnhof und die andere führt zum Zahnarzt. Da frage ich mich jedesmal: ist der Weg seit dem letzten Mal besser geworden oder schlechter? Ich kann ganz genau sagen, dass beide Wege für den Fussgänger in zeitlichen Abständen schlechter werden. An irgendeiner Stelle wird dem Fussgänger etwas genommen; es wird ein Stück Trottoir weggenommen, es wird ein Übergang schwieriger. Es wird eine Stange in den verbliebenen Rest des Trottoirs eingesetzt, auf der ein Zeichen angebracht ist, das nicht den Fussgänger angeht, sondern den Autofahrer. In dessen Bahn kann man keine Stange platzieren, sonst gibt es eine Karambolage; aber dem Fussgänger kann man eine Stange genau in den Weg stellen.

Mein Gang zum Bundesbahnhof führt über die Ecke Peter-Merian-Strasse/Nauenstrasse. Um 7 und 8 Uhr früh gehen da grosse Pendlerströme zu Fuss aus dem Bahnhof über diese Ecke und verteilen sich auf die Arbeitsplätze in der östlichen Umgebung des Bahnhofs. Diese Ecke ist für den Fussgänger 1 m breit. Aber dieser Meter ist noch eingeengt dadurch, dass eine dreieckige Tafel in Kopfhöhe, und von der anderen Seite der Schaltkasten der Ampelanlage in diesen Meter hinein ragen. Die Fussgänger müssen warten, um diese Ecke passieren zu können. Derjenige, der diesen Engpass geplant hat, ist noch nie zu Fuss über diese Ecke gegangen. Er fährt halt Auto und kümmert sich im übrigen nicht drum, ob seine Planungen funktionieren.

Der zweite Test ist schlimmer, mein Weg zum Zahnarzt. Da muss ich über die Grosspeterstrasse auf die Münchensteinerbrücke. Soll ich das tun, wenn mir die Ampel Grün oder wenn sie Rot zeigt? – Es ist beides gefährlich. Wenn sie Rot zeigt, ist es ohnehin gefährlich. Wenn sie Grün zeigt, so ist das gleichzeitig die Grünphase, mit der die Rechtsabbieger von der Münchensteinerbrücke losgelassen werden. Diese haben zwar noch ein kleines gelbes Blinkzeichen, es gebe da Fussgänger, aber das ist den grossen Camions, die im Akkord fahren, völlig egal. Es steht auch nie ein Polizist da, der sie aufschreiben könnte. Also frage ich mich, ob es noch Sinn hat, dass ich meine Zähne pflegen lasse, wenn ich doch dabei früher oder später überfahren werde.

Dies waren jetzt „Kleinigkeiten" aus dem sichtbaren Bereich. Ich nenne jetzt noch Beispiele für das Unsichtbare. Dieser Bereich ist den polytechnischen Lösungen unzugänglich. Da ist einmal die nächtliche Unsicherheit. Die nächtliche Unsicherheit ist ein schleichendes Übel, von dem wir zum Glück noch relativ verschont sind.

Aber sie kommt Hand in Hand mit dem, was man Planung nennt. Die Verkehrsplanung und die nächtliche Unsicherheit sind Zwillinge. Verkehrsplanung macht, dass immer mehr Verkehrsteilnehmer in ihren Autos sitzen und nicht als Fussgänger für die Sicherheit der anderen Fussgänger sorgen. Niemand ist da, wenn etwas passiert; der Überfallene ist allein, und die andern brausen an ihm vorbei. Überdies schafft die sogenannte Planung jene dunklen Orte, vor denen man Angst hat, weil sich potentiell jemand verstecken könnte. Dieses Unsichtbare, die Unsicherheit, wird mit der Strassenplanung in die Stadt gebracht. Es ist totsicher, dass, wenn wir auf diese Weise weiterplanen, auch unsere Stadt die Kriminalität bekommen wird, die alle verplanten Städte von Amerika bis in die Bundesrepublik haben.

Das zweite ist die wachsende Distanz zwischen Wohnung und Arbeitsplatz und die wachsende Trennung von Versorgung und Wohnen. Diejenigen Quartiere, die bewohnt sind, sind immer weniger mit Dienstleistungen versorgt; dasjenige Quartier, das versorgt ist, das Zentrum, wird immer weniger bewohnt, obwohl man am Münsterplatz jetzt eine Wohnung geschaffen hat und sich ein Mieter darin niedergelassen hat, der den Münsterplatz belebt. Und das dritte ist die Bedrohung der Mieter von Altbauten durch Abbruch oder spekulative Renovation, die die Mieter vollkommen auswechselt. Das ist auch ein Teil der Wohnlichkeit: zu wissen, dass man nächstes Jahr auch noch da wohnt. Mit diesen unsichtbaren Komponenten der Wohnlichkeit könnte sich auch unsere Universität befassen. Von der Baupflege habe ich gesprochen. Jetzt denke ich an die Soziologie: von ihr könnte eine Gegenplanung ausgehen zur Bekämpfung der nächtlichen Unsicherheit.

Die Nationalökonomen könnten Vorschläge machen zur Bekämpfung der falschen Zentralität.

Zur Wohnlichkeit gehört noch eine kleine Bemerkung über das Grün. Dass wir Grün erleben, dass wir Pflanzen sehen, Spielplätze haben, das ist ein wesentliches Element der Wohnlichkeit. Auch hier beobachten wir eine sinnlose Zentralisierung: die Fehlplanung der G 80. Und auch hier hat es die Universität nicht versäumt, dem Initiator den Ehrendoktor zu verleihen. Grün und Zentralisierung sind ein Widerspruch. Übrigens war das Gebiet der G 80 grün, bevor die Gartenausstellung kam. Ich bin da immer spazieren gegangen. Es war eben ein Quartierspaziergang, und es wurde nicht die ganze Stadt dahin transportiert. Jeder soll von seinem Quartier aus am Stadtrand spazieren gehen. Im Grünen sollen keine zentralisierenden Attraktionen geboten werden. – Und noch dieses zum Grün in den Quartieren selbst: dreieckige Reste von Gelände, die mit Cotoneaster bepflanzt sind, sind kein Grün. Man kann sie weder betreten, noch sind sie schön zum Anschauen, weil die Leute Coca-Cola-Dosen hineinwerfen, noch sind sie für die Kinder geeignet, weil diese die Cotoneaster-Büsche kaputt trampeln, die allerdings gleich wieder gepflanzt werden; aber dann wird ein Gitter drumgemacht. Cotoneaster-Beete von dreieckiger Form sind kein Grün: Das wäre ein Lehrsatz für unseren neuen Lehrgang.

Auch ich finde, man muss Blumen pflanzen, die Leute wollen schöne Anlagen sehen, und die Stadt soll auch die hohe Gärtnerei pflegen. Aber irgendwo müssen spontane Pflanzen gedeihen, und irgendwo in Quartieren müssen die Kinder auch lernen, wie das aussieht, wenn der Boden benutzt wird. Dass es dann Trampelpfade gibt, dass es Brennesseln gibt, und dass beides mit der Benutzung verknüpft ist. Dass der Bewuchs informiert: ein Trampelpfad sagt, dass man da durchgehen kann. Wo keiner ist, da kann man nicht durchgehen. Das sind Erfahrungen, die ein Kind auf dem Land macht, und ein bisschen davon soll auch in der Stadt vorhanden sein.

Jetzt einige Schlussfolgerungen. Einmal: Der polytechnische Planungsansatz „Vom Übelstand zur Lösung" schafft die Übelstände, die er bekämpft. Denn: Planung zentralisiert, ob sie das will oder nicht; sie konzentriert und schafft Distanzen. Und sie funktionalisiert; das heisst, sie trennt Funktionen: Hier Wohnen, hier Einkaufen, hier Gewerbe. Sie funktionalisiert und schafft dadurch Wege, Transportnotwendigkeiten. Und sie jubelt dann, man sei eben mobil heutzutage. Die Zuordnung von Wohnen und Versorgung ist kein ein für allemal lösbares Problem: Es ist ein Problem, mit dem wir uns ständig auseinandersetzen müssen. Es gibt immer Zentren, und es müssen immer Leute ins Zentrum. Es gibt immer Transportnotwendigkeiten. Die Strategie muss dahin zielen, die Bodenwertspitzen des Zentrums zu mildern. Unsere gegenwärtige Planung schafft Zentralität und Bodenwertspitzen. Diese ziehen kapitalkräftige Warenverteiler und Dienstleistungen an, die an sich nicht hochzentral sind, denn sie verkaufen nicht seltene, gesuchte Waren und Leistungen, sondern Konsumartikel, die wir auch im Quartier bekommen können. Auch der Masterplan am Bahnhof ist eine Planung, die Zentralisierung schafft, die eine neue Bodenwertspitze erzeugt. Genau das Gegenteil ist nötig: Der Abbau der Spitzen, und die Versorgung der Bevölkerung mit Waren des Alltags dort, wo diese Bevölkerung tatsächlich wohnt.

Zweite Schlussfolgerung: Wir müssen endlich ein Baslerisches Gegengewicht schaffen gegen den polytechnischen

Kolonialismus. Das ist nicht leicht, denn er ist schon in das Stadium der Selbstkolonisierung gelangt, da unsere Leute selber an den Polytechniken studieren und dann zurückkommen, um das Gelernte bei uns anzuwenden; wie auch die früheren Kolonialvölker heute ihre eigenen Oberschichten haben, die in den USA oder in Europa gelernt haben, vom technischen Wissen zu leben.

Mein Aufruf geht an diese hohe Universität, in der wir uns befinden, nicht mehr, wie zur Kolonialzeit, Ehrungen an diejenigen zu vergeben, die die grossen Fehlplanungen gebracht haben. Vielmehr soll die Universität Methoden lehren, wie sich moderne Planer unserer Generation mit unlösbaren und bösartigen Problemen von Stadt und Besiedlung auseinandersetzen. Nämlich nicht durch vermeintliche „Lösungen", sondern durch die Erarbeitung komplexer Strategien, die den komplexen Strukturen der Gesellschaft adäquat sind. Vielleicht könnte hier an der Universität eine Arbeit geleistet werden, die dann im Kanton zu wahrhaft demokratischen Entscheidungen führt, bei welchen das Ergebnis nicht schon durch die Problemstellung vorweggenommen ist.

HdK Schweiz – Fragen zur Ausbildung in Gestaltung (1986)

Ein Land wie die Schweiz sollte seiner jugendlichen Bevölkerung die ganze Berufspalette der Ausbildung anbieten. Seit altersher aber mussten Künstler für ihre Ausbildung ins Ausland – nach München, Wien, Paris oder London – gehen. Wer zu Hause blieb, musste mit den Kunstgewerbeschulen vorlieb nehmen, deren Lehrerschaft aus dem lokalen Bestand rekrutiert und meist nicht in angemessenen Berufungsverfahren ausgewählt ist. Heute wird angestrebt, diese Kunstgewerbeschulen oder einzelne Klassen derselben auf das Niveau von Fachhochschulen „anzuheben“. Dabei bleibt mir ein schaler Geschmack im Munde, und niemand fragt mich, warum. Deshalb interviewe ich mich selbst mit Fragen, von denen ich gerne hätte, dass man sie mir stellt.

Kunstausbildung, ist das nicht ein überflüssiger Luxus in einer Zeit, wo kein Geld mehr da ist für das Notwendige?

Kunst und Gestaltung, nimmt man diese in einem weiten Sinne, mit Werbung, Grafik, TV, Musik, bilden den grössten Wirtschaftssektor, grösser als das Autogewerbe, von welchem angeblich jeder Neunte von uns abhängt: Kein Stück Stoff, kein Plattencover, kein Reklameblatt, keine Schalttafel, die nicht konzipiert, fotografiert, gestaltet oder gelayoutet wären.

Die industriellen Arbeitsplätze werden weniger; Rationalisierung und die Auslagerung in Tieflohnländer dünnen die Beschäftigung aus. Beschwörend leiert man immer noch die Fourastié'sche Prophezeiung herunter, dass der dienstleistende Sektor die Beschäftigungsmöglichkeiten schaffe, die in der Industrie verloren gingen. Nachdem sich dieses als falsch erwiesen hat, wovon soll dann ein Hochlohn-Land wie die Schweiz noch leben? – Von Ideen, vom Immateriellen, vom Nachdenken und von der Originalität! Neue Arbeitsplätze entstehen aber nicht von selber, im „neuen Gewerbe“, das die Sektoren Elektronik, Steuer- und Regeltechnik, Fototechnik, Repro, Sound, Audiovisuelles, sowie Medizintechnik und anderes umfasst.

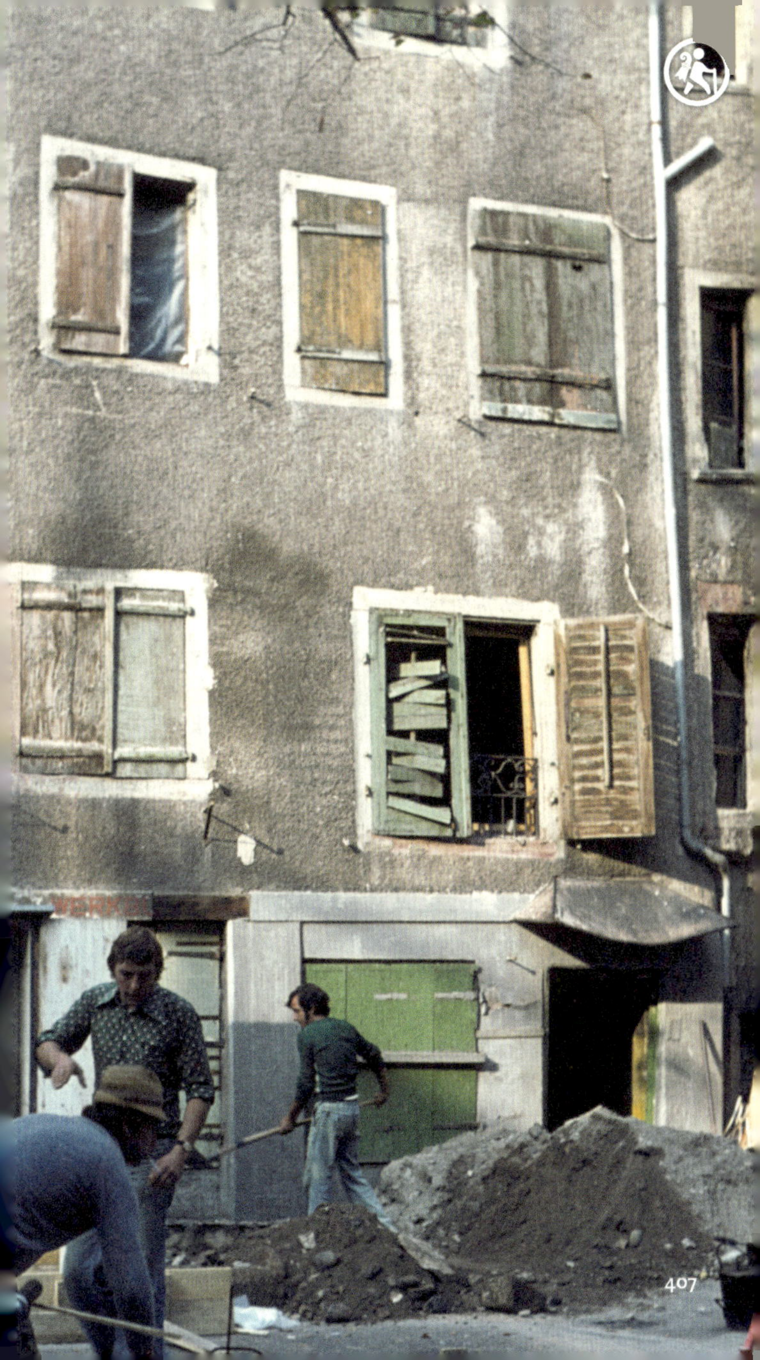

In und neben diesem „neuen Gewerbe“ bilden sich gestaltende Berufe und Werkstätten: Kleine, hochspezialisierte Buden, die gestalterische und reproduzierende Dienstleistungen anbieten.

Die Entstehung solcher Werkstätten schafft nicht nur Existenzmöglichkeiten, sondern ist auch die Voraussetzung für die Ansiedlung grösserer Firmen an einem Wirtschaftsstandort. Bevor sich ein grösserer Betrieb an einem Ort niederlässt, erkundigt er sich, ob dort gewisse Leistungsangebote, die er für seine Produktion, die Werbung und die Lebensqualität seiner Angestellten braucht, überhaupt ansässig sind.

So müssten sie also die Anhebung der Kunstgewerbeschulen auf das Niveau von Fachhochschulen wärmstens begrüssen!

Ich meine, dass es gestalterische Ausbildungen auf mehreren Stufen braucht. Die Ausbildung auf dem Gewerbeschul-Level sollte nicht „aufgestuft“, sondern reformiert werden. Überdies halte ich die Gründung von Fachhochschulen für Gestaltung in der Schweiz für notwendig. Darüber hinaus bin ich aber der Meinung, dass die Schweiz mit dem Ausland nur dann Schritt halten kann, wenn sie zwei gestalterische Ausbildungsstätten auf Hochschul-Niveau gründet, eine deutsch-schweizerische und eine romanische.

Natürlich bilden sich ständig Schweizer auf Hochschulniveau aus, die Deutsch-Schweizer vornehmlich in Deutschland oder Österreich. Diese Studienplätze verschliessen sich aber allmählich, teilweise deswegen, weil die inländischen Bewerber die Studienplätze beanspruchen, teilweise auch deshalb, weil ein Abitur verlangt wird.

In der Schweiz gilt aber immer noch das Schulversagen als das sicherste Zeichen beginnenden Künstlertums, und dass man für gestalterische Berufe die Matura haben müsse, wird als verstiegen angesehen.

Wieso machen Sie einen so starken Unterschied zwischen Fachhochschule und Hochschule?

Gerade in den künstlerischen Ausbildungen wäre Mobilität, ein Wechsel der Ausbildungsstätte, wirklich wichtig. Nun werden aber bei einem Wechsel die vorher erbrachten Studienleistungen nur dann voll anerkannt, wenn es sich um gleichrangige Schulen handelt. Ein Wechsel von der künftigen Fachhochschule für Gestaltung in Bern oder Luzern etwa an die Kunsthochschule Düsseldorf oder an die Fakultät Gestaltung in Weimar dürfte schwierig werden, es sei denn, dass man auf die Anerkennung der bisherigen Semester verzichtet.

Diese Rangfragen sind aber doch rein äusserlicher Natur; es kommt doch auf die Qualität der Lehre an!

Obwohl wir noch keine Fachhochschule für Gestaltung in der Schweiz haben, lässt sich voraussehen, dass die Ausbildung dort nicht der von Kunsthochschulen entspricht. Damit sage ich nicht, dass ich alles richtig finde, was an ausländischen Kunsthochschulen passiert. Ich sage nur, dass Kunsthochschule und Fachhochschule zwei unterschiedlichen Traditionen entspringen: Die Kunsthochschule der Akademie und die Fachhochschule der polytechnischen Schule. Das wird in der Schweiz selbst auf Neugründungen, wenn es solche geben wird, durchschlagen. Die polytechnischen Schulen bilden Befehlsempfänger aus; in der Schweiz nennt man das „mittlere Kader“; Leute also, die den Auftrag entgegennehmen und ihn auf dem Stande ihres Könnens durchführen. Den Auftrag selbst zu verbessern, richtigzustellen oder gar selbst zu formulieren, entspricht nicht ihrer Ausbildung.

Dagegen trainiert die Hochschule gerade den Einfall, die Kunst, zu einem ungelösten Problem eine Strategie zu finden. Ich sage das mit Vorbehalt und im Wissen, dass viele Kunsthochschulen den blossen Einfall überbewerten und damit Gefahr laufen, „Genies“ heranzubilden, die im konkreten Fall nicht handlungsfähig sind. Aber optimal wäre es, wenn auch wir in der Schweiz GestalterInnen ausbilden würden, die bei der Konzeption und der Entscheidung, nicht erst bei der Ausführung dabei sind.

Gilt das dann auch für die freie Kunst?

Ich meine, dass sich in der Ausbildung die anwendungsorientierten Fächer der Gestaltung und die freie Kunst ergänzen und deshalb an derselben Hochschule gelehrt werden sollten. Jedes der Gebiete kann vom anderen etwas mitbekommen. Die Aufgaben der Designer, Fotografen, Film- und Videoleute, Grafiker usw. sind, in einem weiten Sinne des Wortes genommen, konzeptionell. Sie erfüllen nicht Aufgaben, sondern sie erarbeiten sich den Rahmen einer Aufgabenstellung selbst. Dieses Vorgehen, die Suche nach einer Strategie, mit der man sich einem Thema nähern kann, ist charakteristisch für die künstlerische Arbeit, und bei den KünstlerInnen können es auch die GestalterInnen lernen. Deshalb ist für die GestalterInnen ein teilweise gemeinsames Studium mit den KünstlerInnen, ohne dass die einen oder die andern die Zugehörigkeit zum gewählten Studiengang in Frage stellen, sinnvoll, ja notwendig. Für angehende KünstlerInnen ist die Nachbarschaft zu angewandten Künsten ebenfalls richtig. Ich halte die traditionelle Meisterklasse der alten Kunsthochschulen angesichts der veränderten Berufsposition des Künstlers nicht mehr für zeitgemäss. Angehende KünstlerInnen, wie andere StudentInnen auch, sollten im Laufe des Studiums an mehreren Lehrstühlen arbeiten, nicht nur in einer Meisterklasse. Am Ende sollten sie ein Diplom erhalten und nicht nur eine briefliche Bestätigung, dass sie fünf Jahre lang beim grossen Meister X herumgelümmelt sind.

Wie wird ein solcher dipl. Künstler dann Künstler?

Nicht mehr so wie früher; damals verliess der junge Künstler den Meister, mietete ein Atelier und bot seine Bilder oder Statuen an der Weihnachtsausstellung dem Publikum an; im übrigen trug er, um nicht zu verhungern, frühmorgens Zeitungen aus oder wusch abends Teller. Das entspricht weder mehr dem Bildungsgang des heutigen Künstlers, der Künstlerin, noch der Situation auf dem Kunst- und Ausstellungsbetrieb. Vom dipl. Künstler zum Künstler gibt es heute zwei zeitgemässe Wege: Entweder den der weiteren Ausbildung und Arbeit aufgrund von Stipendien, Assistentenstellen und Gast-Lehraufträgen an fremden Hochschulen, oder aber die bezahlte Arbeit in kunstnahen Bereichen wie Galerien, TV, Presse, Museumswesen usw.

Wenn heute in der Schweiz zwei Hochschulen der Künste gegründet würden, wo sollten diese dann hinkommen?

Dorthin, wo der Rückgang der bisherigen Arbeitsmöglichkeiten am stärksten ist. Für die deutsche Schweiz ist das der Raum Basel. Basel leistet sich aus viel Steuergeld eine naturwissenschaftliche Universitätsfakultät mit starker Ausrichtung auf die Chemie. Für den Sektor, den ich „neues Gewerbe“ nenne, gibt es im technischen Bereich gute Ansätze am Technikum Beider-Basel in Muttenz.

Eine Hochschule der Künste und der Gestaltung würde hier eine wichtige Lücke füllen. Die Kunstgewerbeschule wäre auch neben einer solchen HdK aufrecht zu erhalten im Hinblick auf ein breites Ausbildungsangebot. Aber allein eine HdK könnte KünstlerInnen und GestalterInnen auf einem Niveau ausbilden, das den internationalen Austausch gewährleistet und dafür sorgt, dass junge SchweizerInnen die gleichen Ausbildungschancen haben, wie man sie ihren Altersgenossen in anderen potentiellen Krisenregionen eingerichtet hat, etwa im Saarland und in Thüringen, zwei Industrieregionen von einstigem Weltrang.

Eine Hochschule für Kunst und Design in Basel (1995)

In Hochwährungsgebieten wie dem unseren kann die künftig erforderliche Wertschöpfung nicht mehr allein aus der Industrie und aus einem tertiären Sektor konventioneller Art erfolgen. Ergänzend muss ein Bereich innovativer technischer und künstlerischer Dienstleistungen angestrebt werden. Dazu bedarf es einer Ausbildungsstätte auf Hochschulniveau.

Der Augenblick ist einem neuen finanziellen Engagement auf dem kulturellen Sektor nicht günstig. Aber die Finanzierung einer Ausbildungsstätte kann nicht verglichen werden mit dem Ankauf von Gemälden oder der

Inszenierung einer Oper. Eine Hochschule für Kunst und Design wäre eine Investition, die dazu mithilft, die allseitig beklagte Strukturschwäche unserer städtischen Volkswirtschaft und die daraus entstandenen riskanten Abhängigkeiten zu beheben.

Grundsätzliches zu Kunst und Kulturförderung

Kultur ist kein Tresor – etwa: die Summe der in den Museen angesammelten Wertgegenstände –, sondern ein Prozess; nämlich der Prozess der Erarbeitung, Erneuerung und Weitergabe von Wissen und Fähigkeiten. Insofern sind Stätten der Forschung und der künstlerischen Entwicklung kulturell wirksamer als die Institute der Reproduktion und Aufbewahrung.

Kultur ist vernetzt: es gibt keine feste Abgrenzung zwischen Wissenschaft und Kunst, zwischen Forschung und künstlerischer Tätigkeit. Beide bedeuten Innovation, und sie befruchten sich gegenseitig, sei es direkt, sei es durch gesellschaftliche Zusammenhänge. – Ein attraktiver Ort im Sinne des Kulturleitbildes Basel ist ein Ort, wo sich wissenschaftlich oder gestalterisch Tätige und zudem innovative Kaufleute begegnen und inspirieren.

Basel ist eine Stadt der Chemie mit einer hochstehenden naturwissenschaftlichen Ausbildung an der Universität. Basel ist eine Kunststadt ohne eine Kunstausbildung auf Hochschulniveau. Für die Aufnahme des Gesprächs über eine Hochschule für Kunst und Design in Basel gibt es gegenwärtig drei unmittelbare Anlässe.

- Im offiziellen Kulturleitbild Basel wird als oberstes Ziel der Kulturförderung des Staates genannt: Steigerung der Attraktivität des Kantons. Wir verstehen Attraktivität sowohl wirtschaftlich – Stärkung der Standortgunst durch das Vorhandensein höherer Ausbildung – als auch kulturell: In Basel leben anregende Leute und schaffen eine kulturelle Atmosphäre.

- Das Gutachten des Bundesamtes für Aussenwirtschaft fordert: Die Nordwestschweiz muss innovativer werden. Eine Hochschule für Gestaltung trägt sowohl direkt als auch indirekt zur Steigerung der Innovation bei. Direkt durch Entwürfe und Beratungen, indirekt durch die Erziehung zur Innovation.
- Das Projekt Aarau als Standort einer FH für Gestaltung wird von den dortigen Politikern auf Eis gelegt. Das Erziehungsdepartement Basel hatte stark mit dieser Gründung gerechnet und sich insofern von der Sorge um die künstlerische Ausbildung entlastet gefühlt. Damit ist es jetzt vorbei; – ganz abgesehen von dem Schaden für Basel, der daraus entstanden wäre, dass die Ausbildung in Kunst in der NO-Schweiz nicht nach Basel kommt. Als die Studiengänge einer Basler Hochschule für Kunst und Design möchten wir zur Diskussion stellen: Freie Kunst, Produktdesign, Visuelle Kommunikation, eventuell „Neue Medien".

Bei der Ausbildung in freier Kunst machte es sich Basel (wie die ganze Schweiz) seit je recht bequem: Es gibt bei uns nur eine Grundausbildung auf handwerklicher Ebene an der Kunstgewerbeschule. Kunstgewerbeschulen sind immer noch historisch bestimmt durch die Arts-and-Crafts-Ideologie, dass allein die perfekte Beherrschung der künstlerischen Techniken zur wahren Kunst führe. Angesichts des konzeptionellen Charakters der zeitgenössischen Kunst wäre aber längst eine andere Ausbildung erforderlich. KünstlerInnen, die sich voll ausbilden wollen, müssen im Ausland studieren wie zur Zeit Gottfried Kellers und Arnold Böcklins.

Der Zugang an ausländische Kunsthochschulen für SchweizerInnen ist durchaus nicht auf alle Zeiten gewährleistet. Die Zulassungen sind abhängig von Bestimmungen der einzelnen Länder, der Hochschulen, des Numerus Clausus, und von Aufnahmegremien im Falle der „Begabtenaufnahme". – Sollten immer mehr ausländische Hochschulen für SchweizerInnen dicht machen, so stünde unsere Jugend bezüglich Kunst ohne höhere Ausbildungsmöglichkeiten da!

Das Fehlen einer Kunstschule auf Hochschulniveau benachteiligt nicht nur unsere Jugend in ihrer Ausbildung; Basel begibt sich auch der Chance, auswärtige Künstlerpersönlichkeiten als ProfessorInnen in die Stadt zu berufen. Die Erfahrung, dass von auswärts berufenes Lehrpersonal das Kulturleben der Stadt bereichert, hat Basel schon vielfach auf dem Sektor der Wissenschaft gemacht, nie aber auf dem der bildenden Kunst. Auch dem Kunstmuseum und dem Kunstverein würde es guttun, wenn sie neben den Kunstgeschichtlern auch KünstlerInnen und KunstwissenschafterInnen als Ratgeber hätten.

Nicht unterschätzen darf man den Beitrag, den ein Studiengang in freier Kunst auf andere Studiengänge hat. Freie Kunst ist die Schule des kreativen und innovativen Denkens; sie fördert die Befähigung zur Intuition als einem notwendigen Weg zu Entscheidungen in nur teilweise rational erfassbaren Situationen und schult auch den Übergang vom bloss analytischen Denken zum Entwurf.

Vielleicht verstellt die alte Vorstellung von der „Brotlosigkeit" der Kunst noch den Blick auf die Notwendigkeit einer Kunsthochschule. In der Tat hingen viele der Basler

Künstler lebenslang am Tropf des staatlichen Kunstkredits. – Kunst ist heute wertschaffend, und zwar nicht erst posthum. Junge KünstlerInnen müssen aber lernen, sich in einem veränderten, nicht mehr lokalen Umfeld in den Prozess der wertschöpfenden Kunst einzubringen und sich darin zu halten. Dazu braucht es Vorbilder, eben KunstprofessorInnen, die selber in diesem Umfeld stehen.

Produktdesign

Das Aussehen und die Präsentation der Produkte bestimmen immer mehr ihren Verkaufserfolg. Infolge der fortschreitenden Privatisierung unterliegen immer mehr Produkte der Auswahl der Käufer (Beispiel: Telefonapparate) und nicht mehr dem staatlichen Grosseinkauf. Infolgedessen gibt es anstelle eines Produktes eine Vielfalt. Die Serien werden kleiner; die Produkte müssen so designt werden, dass gleiche Funktionen in unterschiedlich aussehenden Apparaten untergebracht werden können. Design und Produktionspläne müssen da zusammenarbeiten. Die immer „unsichtbarer" werdende Technik muss zunehmend durch Design ablesbar gemacht werden. Für die rentable Produktion kurz- und mittelfristiger Güter wird Design in Zukunft unentbehrlich.

Die Serviceberatung des Designers dehnt sich immer mehr aus. Das Produkt braucht nicht nur eine Form, es muss auch in den Gebrauch eingeführt werden, und die künftigen Produktionsschritte müssen, zusammen mit dem Ankauf der Werkzeuge, bedacht werden. Auch Verteilung und Verpackung gehört mit zu einem neuen Produkt.

Die Anwesenheit einer Design-Fakultät auf (Fach)-Hochschulebene wäre gewinnbringend für unsere Stadt und die Region. Eine solche Fakultät wäre ein Diskussionspartner

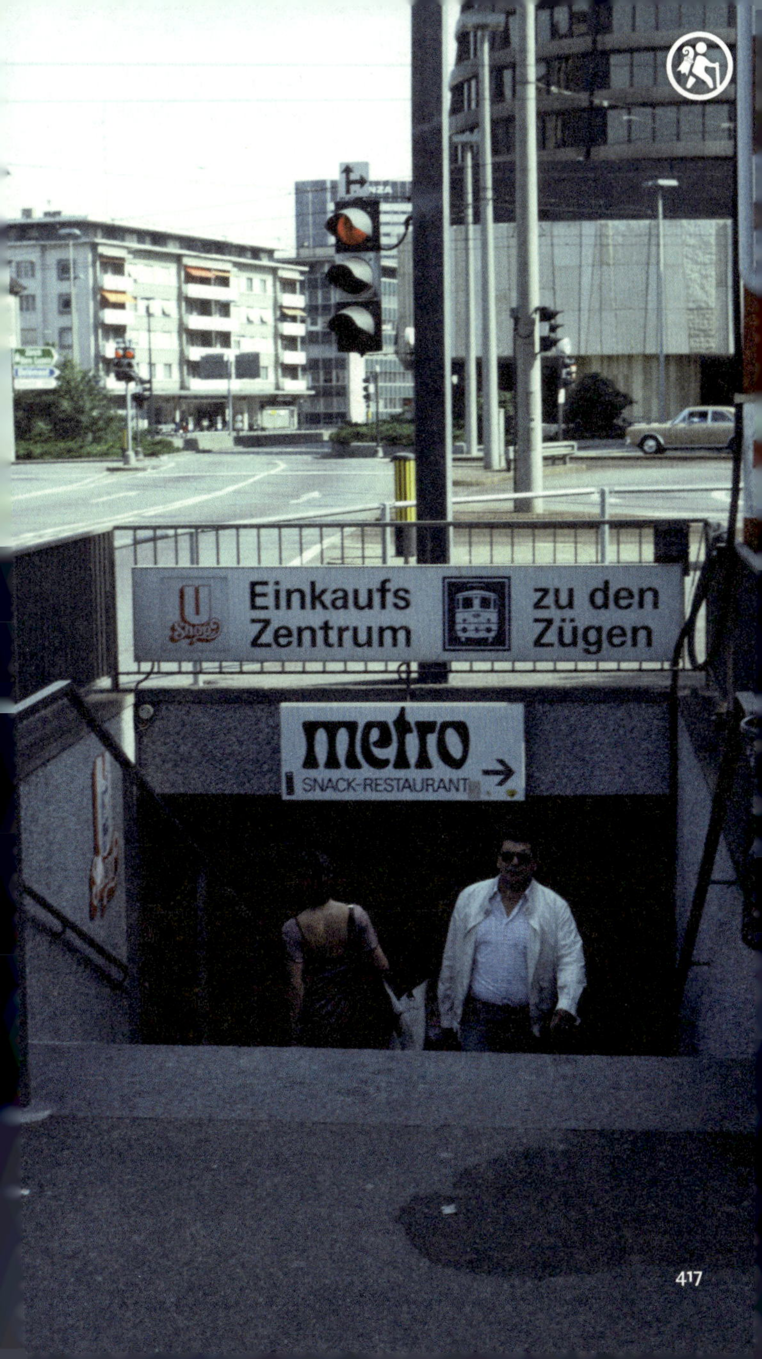
Einkaufs
Zentrum
zu den
Zügen
metro
SNACK-RESTAURANT

für die Produzenten, ein Ort des Nachdenkens über künftige Produktion und ein Informationszentrum mit Bibliothek und eventuell Ausstellungsräumen.

Heute an der Allgemeinen Gewerbeschule Basel (AGS): An der Kunstgewerbeschule verbirgt sich die Designausbildung in der FFI, der Fachklasse für Innenausbau. Das ist ungenügend: Erstens ist „Innenarchitektur" wohl ein veraltetes Konzept; immer mehr Teile des sogenannten Innenausbaus werden nicht für den Auftraggeber entworfen, sondern ausgesucht und angekauft. Der bauliche Teil wird auch von Architekten besorgt. Innenarchitektur löst sich also auf in Architektur und in Design für die Produktion. – Überdies ist die Leitung der FFI der AGS zurzeit nicht qualifiziert für die Aufgabe. Die Besetzung der Stellen erfolgte nicht nach lupenreinen Gesichtspunkten.

Visuelle Kommunikation

Kein Produktionssektor hat sich in der letzten Zeit so radikal verändert wie das Druckgewerbe. In rascher Folge wurden das Blei vom Offset und der Satz vom Computer abgelöst. Die Entwicklung ging so rasch, dass sich die Ästhetik noch nicht angepasst hat: immer noch gilt die Ästhetik des Bleis als allein anständig und sachgemäss. Infolgedessen gilt der „Schweizer Grafikstil" immer noch als höchstes Lernziel. – Tatsächlich müsste über die Zukunft nachgedacht werden: der Wandel der Technik wird unweigerlich einen Stilwandel nachsichziehen. Auch in der Schweiz darf man sich nicht auf den Lorbeeren der 1930er Jahre ausruhen.

Werbung und Kommunikation werden als solche nicht gelehrt; die AGS beschränkt sich auf Grafik. Visuelle Kommunikation geht aber heute weit über Grafik hinaus. Schon in der gedruckten Werbung hat das Wort gegenüber dem Bild an Wichtigkeit gewonnen; texten aber lernt man bei uns nicht. In dieser Hinsicht hat die Anwesenheit der Werbefirma GGK in Basel mehr geleistet als die AGS: Bei GGK wurde eine neue Art der Wort/Bild-Kombination eingeübt. Werbung und Kommunikation umfassen heute auch die Information über TV. Ein künftiger Art Director und Werbeberater muss mit Video mindestens umgehen können.

Nochmals: Die Anwesenheit einer Hochschule mit Professoren, die Erfahrungen mitbringen und Gesprächspartner sein können, wäre fruchtbar für die Stadt.

„Medienhochschule"

In Karlsruhe auf Hochschulniveau und in Köln auf FH-Niveau wurden spezielle Schulen für „Neue Medien" gegründet. Ist das nötig? Sicherlich muss darüber nachgedacht und diskutiert werden. Wir meinen: Sowohl in der freien Kunst wie in den angewandten, also Design und VK, müsste ein konzeptioneller Ansatz verfolgt werden. Das heisst: Medien, auch neue, müssen verfügbar sein, stehen aber nicht im Vordergrund. Die GestalterInnen gehen aus von Ideen und wählen dann das geeignete Medium. Der Umgang mit alten und Neuen Medien muss also eingeübt sein, wenn auch nicht bis zum Spezialistentum, soll aber nicht das konzeptionelle Denken beherrschen oder gar behindern.

Bei unserem gegenwärtigen Erfahrungsstand sehen wir eigentlich keinen Studiengang „Neue Medien"; vielmehr aber die Einrichtung einer Medienwerkstatt, die für Projektarbeiten in den drei anderen Studiengängen (und zu einem weiteren Zweck, siehe unten) zur Verfügung steht. Das entspricht auch unserem heutigen „konzeptionellen"

Verständnis von Kunst: Zuerst kommen Ideen und Inhalte, dann das Medium.

Hochschule für Kunst und Design Basel

Wir verfolgen den Gedanken einer einzigen, integrierten Hochschule für die künstlerischen Studiengänge Freie Kunst, Produktdesign und Visuelle Kommunikation. Kenner schütteln das Haupt: Design und Visuelle Kommunikation unterstehen dem Bundesamt für Industrie, Gewerbe und Arbeit und sind vom Bund bezuschussbar, Freie Kunst nicht.

Dennoch meinen wir, dass diese drei Fächer zusammen solche Synergieeffekte entwickeln, dass eine integrierte Hochschule ins Auge gefasst werden muss. Die HfK enthielte also drei Fakultäten auf zwei Niveaus: Die Kunst wäre auf Hochschulebene und angegliedert an die Universität Basel; eventuell könnte aus der Kunstgeschichte und der freien Kunst eine neue Fakultät gebildet werden. Design und VK wären auf Fachhochschulebene. Studenten und Studentinnen aller drei Studiengänge können, ohne den Berufsweg zu verlassen, Studien und Projekte in den jeweils anderen Bereichen mitmachen. Das gälte auch für die StudentInnen der Kunstgeschichte, deren Ferne von der Kunstausübung nachgerade anachronistisch wirkt.

Leider notwendige Feststellung: Unter der Gründung einer Fachhochschule für Produktdesign und Visuelle Kommunikation verstehen wir nicht die Aufstufung der an der AGS bestehenden Zustände durch Dekret. Es müssen für das Hochschulniveau vorgebildete ProfessorInnen in formalisierten Berufungsverfahren gesucht und angestellt werden. Wir tun unseren künftigen StudentInnen einen Bärendienst, wenn wir ihnen Zeugnisse und Diplome ausstellen, die auswärts keine Anerkennung finden. Unser bisheriges Motto: „Wir sind sowieso besser“ beginnt schon jetzt zu verblassen.

Beiprogramm „Neues Handwerk"

Eine markante Veränderung in der Beschäftigungsstruktur, insbesondere der Jungen, ist die Entstehung des „neuen Handwerkes“. Dieses Phänomen lässt auch die klassischen Beschäftigungsprognosen „Wachsen des tertiären Sektors“ als obsolet erscheinen, wiewohl manche Instanzen Mühe damit haben, sich zu korrigieren.

Die Grossproduktion ruht auf einem Umfeld von kleinen Zulieferern und Helfern. Die Roboter an den Produktionsstrassen werden selber nicht von Robotern hergestellt, sondern von Bastlern. Sie sind aufgebaut auf Bausteinen, die zum Teil vorfabriziert, zum Teil gebastelt sind und in kleinen Werkstätten montiert werden. Die Grossfirmen geben solche Aufträge gerne aus, weil sie im Innern nicht flexibel genug sind, um rasch Spezialisten einzustellen und wieder abzubauen. Aber auch weitere technische Serviceleistungen bietet das „neue Handwerk“ an: Unsere Wohnstrassen und Hinterhöfe füllen sich mit Shops, die je ein spezialisiertes Verfahren anbieten: auf dem Gebiet der Photographie, der Reproduktion, der Digitalisierung von Optik und Ton, der Veränderung elektronischer Musikgeräte, des Video, TV, der Steuertechnik und der Regeltechnik.

Überall da sind erfindungsreiche, begabte junge Leute am Werk: Wo werden sie ausgebildet? Nirgendwo weist die Ausbildung eine solche Lücke auf wie gerade da, wo sich eine zukunftsträchtige Entwicklung anbahnt. Diese jungen Leute entgehen mit ihrer selbst gestalteten Arbeit nicht nur der Arbeitslosigkeit, sie bilden sogar die Voraussetzung für die Attraktivität des Industrie- und Handelsstandorts. Sie sind heute unentbehrlich sowohl für die Produktion wie für die Kommunikation und Werbung, aber auch für die Unterhaltung.

Deshalb hier die Forderung: Wenn für die StudentInnen der freien Kunst und des Design und VK Werkstätten für computerisierte Techniken eingerichtet werden, so sollen diese auch den selbstbestimmten künftigen Spezialisten, den „Computerfreaks" und Fans neuer Musik- und VK-Techniken zugänglich sein. Damit würde unsere Stadt einen Grundstein für die so oft beschworene Strukturerneuerung des Berufsspektrums legen.

Auch die Hochschule für Kunst und Design würde von diesen jungen Spezialisten profitieren. Amateur-Elektroniker, Computerfreaks, experimentelle Musiker, Foto- und Repro-Pröbler sind oft sehr erfahren in ihrem Fach und können es an Skill im Umgang mit Apparaten mit den künftigen ProfessorInnen und WerkstattleiterInnen durchaus aufnehmen. Wenn wir diese für die wirtschaftliche Zukunft so wichtigen und heute vom Staat arg vernachlässigten Leute in unser Werkstattprogramm aufnehmen, so werden auch unsere StudentInnen von deren Ideen und Leistungen animiert werden.

QUELLEN

Lucius Burckhardt

- Nationalratswahlkampf 1987, Archiv Universitätsbibliothek Basel

Die Region am Rheinknie

- Die Region am Rheinknie in Geschichte, Gegenwart und Zukunft. – In: Internationale Regio Planertagung 1965, Schriften der Regio 3, Basel 1965, S. 76–83.

Die Stadt Basel

- Wie modern ist das Mittelalter? – Rückbesinnung auf das Ideal einer Stadt. – In: Merian 40/3, 1987, S. 34–39.
- Die Umwelt im Stadtstaat. – In: Verhandlungen der Naturforschenden Gesellschaft Basel 102/1, 1992, S. 47–110 (= Jubiläumsschrift zum 175-jährigen Bestehen der Naturforschenden Gesellschaft in Basel).

Planung ist Politik

- Vier Munatius Kolumnen, 1953–1955. – In: National-Zeitung, Basel.
- Der Prozess zu den drei Gassen. – In: Basler Studentenschaft Nr. 5–6/1952, S. 90–95.
- Zerstörung und Rettung der Städte – Basler Altstadt. – In: Weltwoche 12. Februar 1960.
- Die 1. Basler Chronik. – In. WERK-Chronik Nr. 3, 1960.

- Sichtbarmachen. Kunst und öffentlicher Raum, +/- Verlag, Basel 1990, anlässlich einer Tagung vom 28.–30.9.1990, Garage Schlotterbeck. Text von Ronald Wüthrich, Daniel Häni, Markus Ritter, Tom Gerber, Annemarie und Lucius Burckhardt.

Kritik der Basler Stadtentwicklung

- Basel 2000 – gerade noch gutgegangen. – In: Basler Zeitung Nr. 112, 15.5.1981. – In: Die Kinder fressen ihre Revolution, Köln 1985, S. 92–96.
- Heimat ist immer in der eigenen Zeit – 50 Jahre Basler Heimatschutz. – In: Beilage zur National-Zeitung Nr. 494, 25.10.1955, o. p. (S. 3).
- Basel '75 – Hauptziele eines Stadtkantons, Leserbrief für Basler Zeitung, 1975.
- Erhaltene Stadt – Was ist erhalten? Architekturkritische Anmerkungen. – In: Westermann Monatshefte Nr. 6, 1985, S. 78–81.
- Basler Messe: Handeln und handlungsfähig bleiben. Die Grüne Partei, Basel, Presseerklärung vom 4.10.1994.
- Werkstätten am schönen Rheinufer, wohnen hinter dem Bahndamm, Manuskript unveröffentlicht, 1996.
- Für einen Stadtplan der Hoffnung, Manuskript, 1997.
- Ein Konzept für Basel – Basel plant ohne ... – In: Broschüre der Grünen Partei Basel-Stadt (Hrsg.), Basel 1999.
- Universitätsklinik in der City? Basler Nachrichten, Nr. 19, 14. Januar 1964, S. 5.

- Nachhaltigkeit im Bauwesen, Manuskript, Vortrag 26. Januar 2001 anlässlich der Vorstellung des Projekts: Nachhaltiges Bauen und Planen am Oberrhein, Swissbau, Basel.

Das Auto ist nie zu Ende erfunden worden

- Die Altstadt in Gefahr, Die Altstadt in Gefahr, Lucius Burckhardt. – In: Basler Studentenschaft Nr. 1, Oktober 1949, 31. Jahrgang, Basel, S. 9–15. – In: achtung: die Schweiz. Der Urtext von Lucius Burckhardt über die Idee einer neuen Stadt. Die Geschichte eines Buches von Lucius Burckhardt, Max Frisch & Markus Kutter. Herausgegeben und kommentiert von Markus Ritter & Martin Schmitz, Berlin 2019.
- Die Talentlastungsstrasse, Manuskript unpubliziert 1994.
- „Ausfallstrasse" Aeschenvorstadt – Ein Lehrstück für Basel. – In: Ursula Pecinska (Hrsg.), Visionen und verpasste Chancen – Erinnerungen, Stellungnahmen, Polemiken, Basel 2000, S. 151–156.
- Vom Verkehrsplan zum Stadtplan. Zu den Gesamtzusammenhängen der Stadtwirtschaft. – In: Schweizerische Technische Zeitschrift Nr. 1, 1960, S. 2–6. – In: Bauen und Wohnen 14/6, 1960, S. VI 10–VI 18.
- Referat vor der grossrätlichen Kommission für den Gesamtverkehrsplan am 3. Oktober 1969.
- Masterplan Bahnhof. – In: Grien Drugg Nr. 5 1987, S. 4.
- Die Sperrung der City. Manuskript für Weltwoche (Handschriftlich vermerkt: abgesandt am 8.7.1991)

Gärten für Basel

- Gärten für Basel. Manuskript 1990, unveröffentlicht.
- Natur hat weder Kern noch Schale. – In: Jörg Huber u.a. (Hrsg.), Imitationen. Ausstellungskatalog des Museums für Gestaltung Zürich 1989, Basel und Frankfurt/Main 1989, S. 67–70. – In: Warum ist Landschaft schön? Die Spaziergangswissenschaft, Hrsg. Markus Ritter und Martin Schmitz, Berlin 2006, S. 56–67. – In: Lucius Burckhardt: Why Is Landscape Beautiful? The Science of Strollology, Markus Ritter and Martin Schmitz (Eds.), Basel 2015. Nature has neither core / Nor outer rind... S. 51–60.
- Zwei Bildwelten – Alte Stadtgärtnerei. – In: Programmzeitung Basel, September 1988.
- Kurt Brägger (1918–1999) – Gestalter des Basler Zolli, unpubliziert, 1999.
- Im Hof der Kaserne: ein Park? Manuskript für die Zeitschrift Dementi, Basel 1988.
- Freie Flächen, freie Räume, Niemandsland. Manuskript 1988, unpuliziert.
- Grün als Erlebnis – Fussgängerwege. Vortrag, 26.4.1990 – In: Dr grüen Drugg 2, Juni 1987.

Lehre und Forschung

- Regionalwissenschaftliche Forschung. Manuskript, 1965.
- Gegengewichte zum polytechnischen Kolonialismus. Perspektive Bau & Verkehr: Gegengewichte zum polytechnischen Kolonialismus. – In: Basel wohin? Hrsg. aus Anlass des Jubiläums der Christoph Merian Stiftung 1886–1986, Basel 1986, S. 47–54.
- HdK Schweiz – Fragen zur Ausbildung in Gestaltung. Gestern genialer Dilettant, morgen dipl. Künstler – Nachwuchsförderung: Die Gründung einer Schweizer Hochschule der Künste und der Gestaltung ist ein Gebot der Stunde. – In: Die Weltwoche Nr. 43 vom 24. Oktober 1996.
- Eine Hochschule für Kunst und Design in Basel. Manuskript, Vorschlag für eine Hochschule für Kunst und Design, Basel, 26. Februar 1995.

Bücher von Lucius Burckhardt
Deutsch im **Martin Schmitz Verlag**:

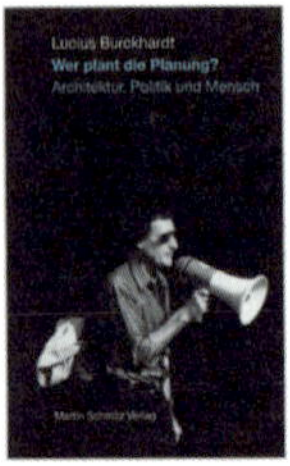

Wer plant die Planung?
Architektur, Politik und Mensch
978-3-927795-39-6

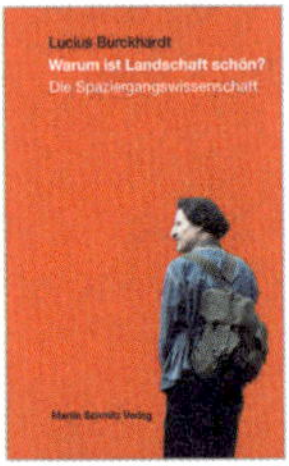

Warum ist Landschaft schön?
Die Spaziergangswissenschaft
978-3-927795-42-6

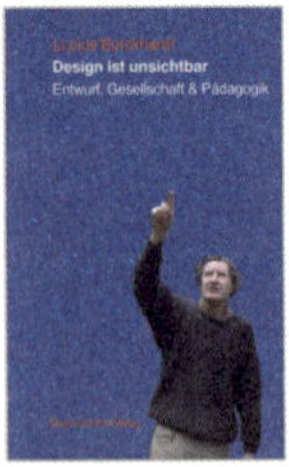

Design ist unsichtbar.
Entwurf, Gesellschaft & Pädagogik
978-3-927795-61-7

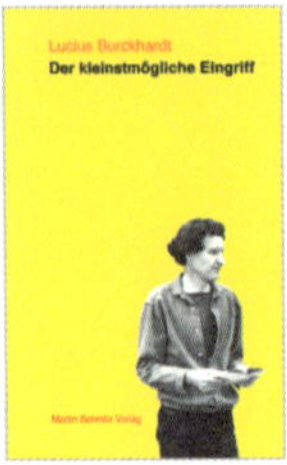

Der kleinstmögliche Eingriff
978-3-927795-66-2

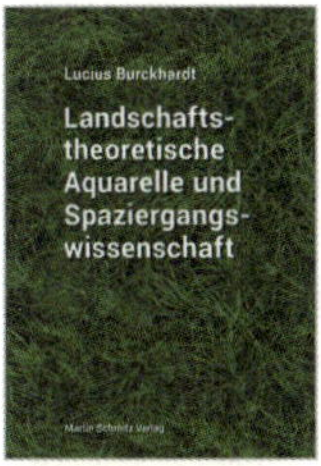

Landschaftstheoretische Aquarelle und Spaziergangswissenschaft

978-3-927795-75-4

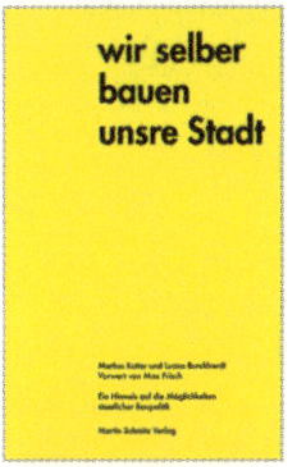

Wir selber bauen unsre Stadt

978-3-927795-52-5

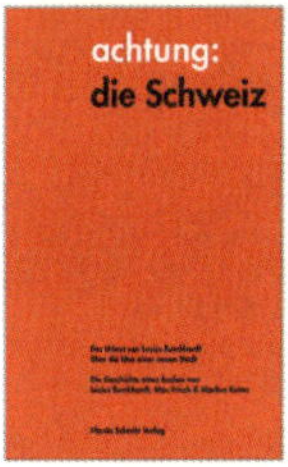

achtung: die Schweiz. Der Urtext von Lucius Burckhardt über die Idee einer neuen Stadt. Geschichte eines Buches von Lucius Burckhardt, Max Frisch & Markus Kutter

978-3-927795-77-8

Bücher von Lucius Burckhardt

English / Italiano / Français

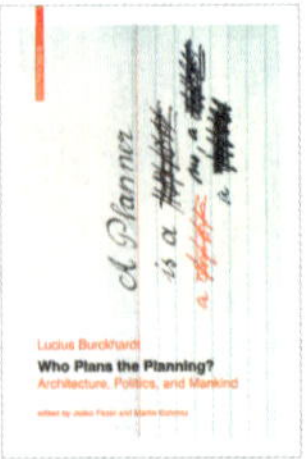

Who Plans the Planning? Architecture, Politics, and Mankind

978-3-0356-1901-0, Birkhäuser

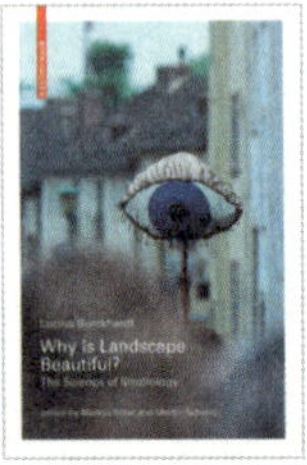

Why Is Landscape Beautiful? The Science of Strollology

978-3-0356-0407-8, Birkhäuser

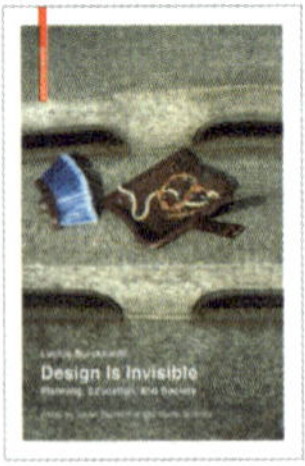

Design Is Invisible. Planning, Education, and Society

978-30356-1201-1, Birkhäuser

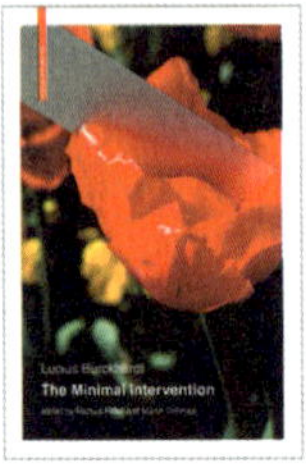

The Minimal Intervention

978-3-0356-2530-1, Birkhäuser

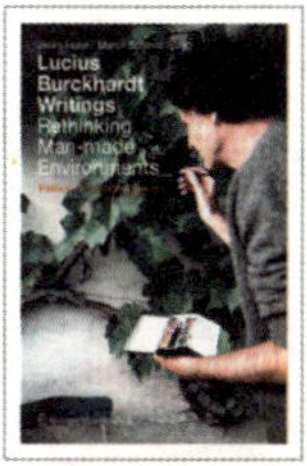

Lucius Burckhardt Writings – Rethinking Man-made Environments. Politics, Landscape & Design

978-3-99043-496-3, Springer

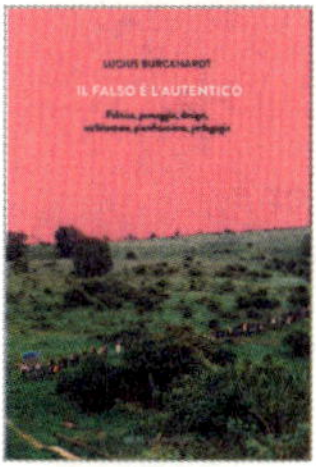

Il falso è l'autentico. Politica, paesaggio, design, architettura, pianificazione, pedagogia

978-8-82290-282-5, Quodlibet

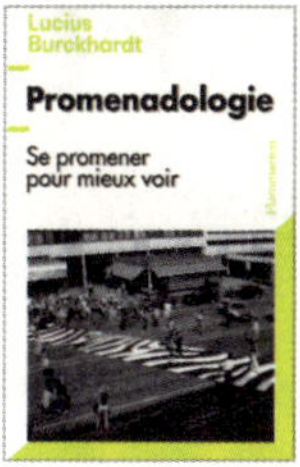

Promenadologie. Se promener pour mieux voir

978-2-080259-00-4, Flammarion